아리스토텔레스가 말했듯 인간은 정치적 동물이다. 사람됨과 정치, 개인과 국가는 떼려야 뗄 수 없는 관계다. 사실 그리스도인이 된다는 것도 이 땅의 혼탁한 정치에서 떨어진 거룩한 존재가 되는 것이 아니라 더 온전한 의미에서 정치적이 된다는 것을 의미한다. 오늘을 살아가는 그리스도인에게 절실히 필요한 것은 서로 다른 이념, 배경, 신념, 정체성을 가진 사람들이 더불어 살아가는 사회 속에서 사랑과 진리가 눈 맞추고 정의와 평화가 입 맞추는 성경적 번영의 전망을 일상에서 구현해 나갈 실천적 지혜다. 이를 위해 제임스 스미스는 문화적 예전 삼부작의 마지막을 장식하는 『왕을 기다리며』에서 이전 작품부터 그가 주목해 온 욕망과 예전의 중요성을 정치신학과 공공신학의 문맥에서 새롭게 부각한다. 그는 과거와 현재의 신학, 철학, 정치학, 사회학과 성실하면서도 창조적으로 대화하며 국가를 종교적으로 해석하고 교회를 정치적으로 바라보게 함으로써, 정치가 세상 안에서 진정한 왕이신 하나님의 통치를 갈망하는 문제임을 궁극적으로 보여 준다. 이 단단하고 알찬 책 덕분에 현실 정치를 병들게 하는 왜곡된 욕망이 새로운 지향성을 가지게 되고 공동체를 갈라놓던 메마른 정치적 상상력이 번영의 전망을 풍성히 머금게 되었다.

김진혁 횃불트리니티신학대학원대학교 조직신학 교수

『왕을 기다리며』에서는 세상을 외면하고 교회 안으로 숨어 버리는 은둔주의를 반대한다. 세상을 변화시키러 뛰어나갔다가 다시 교회로 돌아오지 못하는 세속주의도 비판한다. 세상을 기독교화해 버리려는 과도한 신정주의도 경계하며, 마지막으로 교회마저 정치 변혁을 위한 전초기지 정도로 보려는 정치지상주의와도 결별한다. 그렇다면 이 책에서 제시하는 새로운 영토에 도달하는 길은 무엇인가? 제임스 스미스는 그 길을 아우구스티누스에게서 발견한다. 문화적 예전 시리즈의 결정판으로 내놓은 이 책에서 스미스는 그 어떤 정치신학자보다도 정교하고 깊이 있게, 또한 세련되고 정확하게 아우구스티누스를 읽어 냈다. 그는 인간을 알기 위해서는 사랑과 욕망을 먼저 주목해야 한다고 주장한다. 또한 현실 정치는 그 사랑과 욕망이 형성되고 발현되는 아주 중요한 자리임을 보여 준다. 바로 이 지점에서 스미스는 그리스도인들이 반복해서 드리는 예배의 정치적 의미를 제시한다. 천상 도성을 향해 여행하는 순례자들이 행하는 신국적 정치는 "거리를 둔 참여"라고 부를 수 있는 태도로 특징지어진다. 이것은 장차 올 종말의 왕국을 끊임없이 주시하면서도 이 세상에서 우리들의 이웃을 사랑하기 위해 열심히 노력하는 삶의 자세를 말한다. 이러한

자세를 형성하기 위해 우리의 예배는 보다 낯선 정치적 방식으로 우리를 일깨워 주는 독특한 선물이 되어야 한다. 예배 시간에 뿌려진 효모는 그리스도인들이 세상 속에서 살아갈 때 세상 정치가 제공하는 사랑과 욕망을 거슬러 하나님 나라의 가치를 실현하는 꿈을 부풀려 줄 것이다.

우병훈 고신대학교 신학과 교수

이 책은 아우구스티누스의 『신국론』과 『고백록』의 현대판이며, 교회의 예배가 원초적 의미에서 정치적이라는 탁월한 메시지를 담은 책이다. 저자는 아우구스티누스를 따라 하나님의 도성 시민들은 지상 도성을 하나님의 도성에 병합하고 피조물의 삶이 종말론적 샬롬을 지향하게 함으로써 지상 도성의 안녕을 추구한다고 말한다. 이 과정에서 그는 찰스 테일러, 올리버 오도노반, 알래스데어 매킨타이어, 스탠리 하우어워스, 존 밀뱅크의 도움을 받는다. 여기에 반전이 있다. 저자는 자신의 근본주의를 벗어나게 한 카이퍼식 통전적 복음과 유기체적 교회를 배워 종교개혁이 기독교의 이원론을 거부한 것을 발견하고 기뻐하였다. 그러나 종교개혁과 카이퍼가, 비록 스스로 의도하지는 않았더라도 '이 세상'에만 관심을 기울이는 자연주의로 나아가는 문을 연 것을 반성한다. 스미스의 해답은 역시 예배다. 그는 카이퍼가 제도적 교회와 예배의 의미를 강조하였음에도 미국 복음주의에서 이를 놓친 것을 참회한다. 그리스도의 몸인 교회라는 폴리스가 성도들의 정치적 덕을 형성하여 십자가로 고난받고 부활하신 그리스도의 통치에 참여하며 이 왕의 재림을 소망하게 함을 강조한다. 교회의 메시지와 예배 자체가 정치적이며 하나님의 도성을 향한 도상에서 종말론적 소망을 가지고 이 땅에서 정치에 참여하면서 멋진 이방인으로 살아가기를 촉구한다. 이 책은 카이퍼의 논의를 제대로 이해하며 한국 교회를 짊어질 준비를 해야 할 다음 세대를 위한 필독서다.

유해무 전 고려신학대학원 교의학 교수

지난 20여 년 동안 개혁주의자를 자처하는 미국의 기독 지성인들은 아브라함 카이퍼 전통과 스탠리 하우어워스의 도전 사이에서 갈등과 고민을 거듭해 왔다. '세속 세계 모든 영역에서 하나님의 주권을 한 치도 양보할 수 없다'는 전자의 명제와 '하나님의 나그네 된 백성으로서 교회를 교회되게 하자'는 후자의 요청을 어떻게 결합하고 조화시킬 것인가? 이 책에서 제임스 스미스는 의례의 형성적 기능에 초점을 맞추어 정치의 종교성과 종교의 정치성을 대조하는 방식으로 이 질문에 답하려 한다. 개혁주의 정치신학이 나아갈 새로운 방향을 개척하기 위하여 그가 붙잡은 이름은 아우구스티누스, 올리버 오도노반, 찰스 테일러, 그리고 돈키호테다. 이 낯설고 이례적인 연결의 시도만으로도 충분히 흥미롭지 않은가?

이국운 한동대학교 법학부 교수

다작하는 작가이자 언제나 우리의 사고를 자극하는 철학자 제임스 스미스의 『왕을 기다리며』를 우리말로 만나게 되어 매우 감사하다. 독자들은 이 책을 통해 요즘 논의되는 공공신학을 다시 생각하며 진정한 공공신학이 무엇인지 성찰하는 계기를 마련할 수 있을 것이다. 참된 공공신학은 결국 하나님 나라 입장에서의 공공신학이어야 한다. 우리는 이미 주어진 하나님 나라의 왕이신 예수 그리스도의 다시 오심을 기다리면서 공적 영역에서 활동해야 하기 때문이다. 그런 점에서 한국어판 제목인 "왕을 기다리며"는 이 뉘앙스를 잘 드러낸 표현이다.

이 책은 문화적 예전 시리즈를 매듭짓는 책이다. 스미스는 앞선 두 책을 통해 인간이 참으로 예배하는 존재(Homo Liturgicus)라는 게 무슨 의미인지, 또한 예전 신학(Liturgical Theology)이란 무엇인지를 명확히 한 후에, 이 책에서 공적 영역에서의 활동 역시 우리의 예전적 활동의 하나임을 올바로 제시한다. 이 책이 좋은 교과서가 되어 생산적인 비판과 토론이 일어나 이 땅에 본격적인 '광장의 신학'이, 특별히 하나님 나라 관점에서의 광장의 신학이 제시되기를 기대하며 추천한다.

이승구 합동신학대학원대학교 조직신학 교수

저술에 10년이 넘게 걸린 『왕을 기다리며』는 분명 기다릴 만한 가치가 있었다. 이 탁월한 책에서 스미스는 자신의 문화적 예전 기획 전체에서 제시한 예전적 문화신학이 공적 영역에 어떤 함의를 갖는지 탐구하고, 그 과정에서 인상적일 정도로 다채로운 인물들과 대화를 나눈다. 그 결과는 우리 시대의 복잡한 현실에 주의를 기울이는 동시에 어떻게 우리가 그리스도 안에 굳건히 뿌리내리고 정치에 참여할 수 있는지 상상할 수 있도록 도와주는 건설적 정치신학 작업이다. 그와 함께 여행해 온 모든 사람뿐만 아니라 기독교의 공적 증언에 관심 있는 많은 새로운 독자까지도 향후 수십 년 동안 이 책을 필독서로 꼽을 것이다.

크리스틴 디드 존슨 웨스턴 신학교, 『정의의 소명』 저자

『왕을 기다리며』는 사려 깊고 지혜로우며 도발적인 책이다. 이 책에서 우리는 서양의 전통에 반하는 진리를 깨달으라는 도전을 받는다. 이것은 국가가 사랑을 빚어 가는 실천의 배양기로서 심층적으로 종교적이고, 교회가 왕을 중심으로 삼고 그분의 인도를 받는 공적 의식의 공간으로서 근본적으로 정치적이며, 따라서 교회의 공공신학이 창조에 비추어 정치적인 것을 다시 자리매김하고 영원에 비추어 그것을 새롭게 구성해야 한다는 진리다. 『왕을 기다리며』는 명석할 뿐만 아니라 잘 쓰였으며 공공신학, 정치학, 철학, 사회 윤리를 비롯한 다양한 관심 분야에 적용될 수 있다.

브루스 라일리 애쉬포드 사우스이스턴 침례교 신학교

스미스는 3부작의 대단원을 장식하는 이 책에서 예의 활기차고 명료한—정직하고 섬세하면서도—필치로 계보학과 근대성 비판을 넘어서는, 공적 삶에 관한 폭넓은 아우구스티누스적 관점을 제시한다. 이 책은 복음주의 정치사상에 대한 필독서로, 특별히 이 책이 실제로 신학적이라는 점에서, 정치적 관심을 복음 선포 및 그리스도인 형성과 분리하지 않는다는 점에서 그러하다. 동시대 대안들의 긍정적 기여를 인정하면서도 비판하는 스미스는 예전적·선교적 초점을 제시함으로써 주도적 공공신학자로서 독특한 공헌을 하고 있다. 『왕을 기다리며』를 읽으며 카이퍼주의와 그 비판자들뿐만 아니라 우리 시대를 위한 신학의 책무 역시 다시 생각하게 될 것이다.

에릭 그레고리 프린스턴 대학교 종교학 교수

『왕을 기다리며』에서는 스미스의 성숙한 공공신학—'계산된 양가성'과 '훈련된 신중함'을 위한 세심하게 균형 잡힌 호소—을 제시한다. 그것은 자신들을 둘러싼 세상을 헌신적으로 섬기는 이방인 기류민들에 대한 전망이다. 스미스는 늘 그렇듯 명쾌하고 설득력 있는 글을 통해 동시대 그리스도인들—자신이 속한 신칼뱅주의 전통을 포함해—이 샬롬을 자연화하는 위험을 무릅쓰고 있다고 이의를 제기한다. 스미스는 삶의 최종적·천상적 목적을 우리가 함께 살아가는 우리의 사회적 삶을 구성하는 방식을 위한 출발점으로 삼아야 한다고 대담하게 주장한다. 문화적 예전 기획을 마무리하며 완성하는 이 책에는 우리 시대의 공공신학과 공적 실천의 방향을 근본적으로 재설정할 가능성이 있다.

한스 부어스마 내쇼타 하우스, 『십자가, 폭력인가 환대인가』 저자

스미스의 책은 그의 동료 그리스도인들에게 꼭 필요한 사회적 삶에 관한 지침서일 뿐만 아니라 동료 시민들도 꼭 읽어야 할 책이다. 인간은 연대를 추구하도록 창조되었지만 연대를 성취하고 유지하기 위해서는 끊임없이 형성되고 재-형성되어야 한다는 그의 핵심 통찰은 정치신학의 결함에 대한 비판인 동시에 근대 정치에 대한 신선한 비판이다.

유벌 레빈 「내셔널 어페어스」 편집자, 『분열된 공화국』 저자

스미스는 공공신학으로 알려진 거대한 혼란 속에서 자신의 길을 헤쳐 나가면서 개혁주의 전통 안에서 건설적이며 섬세한 입장을 전개하는 탁월한 책을 써냈다. 게다가 이 과정에서 올리버 오도노반과 제프 스타우트와의 대화에 참여했다. 교회와 정치의 근본 문제를 다루는 데 관심 있는 사람들에게 폭넓게 읽혀야 할 책이다.

스탠리 하우어워스 듀크 대학교 신학대학원 신학부 및 법학부 길버트 로우 명예교수

『왕을 기다리며』에서 스미스는 개혁주의 공공신학의 개혁을 시도한다. 늘 그렇듯 명료함, 창의성, 활력을 갖고 그 목표를 완수했으며, 정치신학의 초점을 다시 교회라는 폴리스와 교회의 형성적인 예전적 실천에 맞춤으로써 긍정과 비판 사이에서 절묘하게 균형을 유지했다. 『왕을 기다리며』는 스미스의 문화적 예전 교향곡의 만족스러운 마지막 악장이며 정치신학의 더 광범위한 논의에 중요한 기여를 하는 책이다.

피터 라잇하르트 테오폴리스 인스티튜트 총장

스미스는 대단히 명료하고 문화적인 통찰로 가득한 이 책에서 오늘날 교회들조차—좌파든 우파든—너무나 자주 귀에 거슬리고 악의에 찬 참여자로 가담하고 있는, 심하게 양극화된 정치 형태에 대한 아우구스티누스적-개혁주의적 해독제를 제시한다. 동시에 그는 공동의 삶의 정치에 대한 건설적 신학 이론을 주장하는 사람들의 목소리에 힘을 보탠다.

루크 브레서튼 케넌 윤리학연구소, 듀크 대학교 신학대학원

왕을 기다리며

IVP(InterVarsity Press)는
캠퍼스와 세상 속의 하나님 나라 운동을 지향하는
IVF(InterVarsity Christian Fellowship)의 출판부로
생각하는 그리스도인을 위한 문서 운동을 실천합니다.

Copyright © 2017 by James K. A. Smith
Originally published in English under the title
Awaiting the King by Baker Academic,
a division of Baker Publishing Group
P.O. Box 6287, Grand Rapids, MI 49516, USA
All rights reserved.

Used and translated by the permission of Baker Publishing Group
through rMaeng2, Seoul, Republic of Korea.

This Korean edition copyright © 2019 by Korea InterVarsity Press
156-10 Donggyo-Ro, Mapo-Gu, Seoul 04031, Republic of Korea

이 한국어판 저작권은 알맹2 에이전시를 통하여
Baker Publishing Group과 독점 계약한 IVP에 있습니다.
신 저작권법에 의하여 한국 내에서 보호받는 저작물이므로
무단 전재와 무단 복제를 금합니다.

왕을 기다리며

하나님 나라 공공신학의 재형성

제임스 스미스 | 박세혁 옮김

lvp

북미의 사회적 건축의
갱신을 위해 함께 노력하는
카더스의 친구들과
「코멘트」 팀에게

아리마대 사람 요셉이 와서 당돌히 빌라도에게 들어가 예수의 시체를 달라 하니 이 사람은 존경받는 공회원이요 하나님의 나라를 기다리는 자라.

마가복음 15:43

신학이 복음적이려면 반드시 정치적이어야 한다. 정치적 질문을 배제해 보라. 하나님의 구원하시는 능력을 온전히 선포하지 못할 것이다. 사람들이 죄—자신의 죄 및 다른 죄—에서 해방되어야 하는 곳에서 그들을 노예 상태로 내버려 두게 될 것이다.

올리버 오도노반, 『열방의 소망』

교회가 복음을 선포하고 '정치적' 실체로서, 그 자신만의 정체로서 제대로 기능하는 한 이 땅의 왕들은 자신들의 손에 문제를 지니고 있는 셈이다.…교회가 등장하자마자, 명민한 정치인이라면 누구든 세속 정치가 더 이상 독점적 자리를 차지할 수 없음을 분명히 인식할 것이다. 어느 도성이든 교회가 들어가면 이는 그 도성의 성벽 안으로 도전자가 들어왔음을 의미한다.

피터 라잇하르트, 『기독교 반박』

[정치신학]은 무엇보다도 먼저 목회적 중요성을 지닌다. 기독교 신앙을 믿거나 불신앙을 보류하면서 정치적 책임을 수행해야 하는 이들에게 지침을 제공해야 한다. 대단히 전문적인 필요를 말하는 게 아니다. 우리는 정치 윤리를 정치인들이나 공무원들의 전문적 학문으로서 군주를-위한-거울 식의 틀에 국한할 필요가 없다. 이것은 정치 제도에 관한, 또한 그 안에서 지도자 역할을 맡는 것이 타당한가에 관한 우리의 견해와 상관없이 우리 모두가 직면한 책임이다.…은수자와 정치인 모두가 그들이 섬긴다고 주장하는 기관들을 인정할 수 있는지 그렇지 않은지 결정해야 한다.

올리버 오도노반, 『심판의 방식』

두려움은 그리스도인의 마음의 습관이 아니다.

메릴린 로빈슨, 『주어진 것들』

차례

머리말 15
감사의 말 21

서론 예전적 정치: 공공신학 개혁하기 27
1장 의례 이야기: 민주주의의 예배 55
2장 폴리스로서의 교회 재고하기: 교회의 무게 중심 강화하기 109
3장 복음의 분화구: 자유주의의 빌려온 자본 167
4장 다원주의의 한계와 가능성: 개혁주의 공공신학 개혁하기 229
5장 기독교 세계 구속하기: 아니, 자연법에 무슨 문제가 있는가? 259
6장 경쟁적 형성: 우리의 '대부' 문제 281
결론 하나님의 도성과 우리가 살고 있는 도성: 349
　　　공적 참여를 위한 아우구스티누스적 원리

인명 찾아보기 375
주제 찾아보기 383

머리말

이 책이 나오기까지 내가 예상했던 것보다 훨씬 더 오래 걸렸다면, 그것은 이 책이 『하나님 나라를 욕망하라』(*Desiring the Kingdom*)가 출간된 2009년에 내가 구상했던 것과는 전혀 다른 책이 되었기 때문이다. 그 당시 나는 앞으로 나올 문화적 예전 기획(Cultural Liturgies Project)의 3권이 '카이퍼주의자를 위한 하우어워스', 즉 문화를 변혁하고 일반 은혜를 주장하는 데 너무도 열정적인 모든 사람을 향해 요더(Yoder)에게 나아오라며 강단으로 초청하는 책이 되리라 생각했다. 나의 일차적 관심은, 개혁주의 전통 안에서 우리가 이 전통의 '대립' 진영―문화적 동화(同化)와 정치적 불의에 대해 '아니요!'라고 말하는 비판적·예언자적 충동[1970년대 초부터 리처드 마우(Richard Mouw)의 책에서 가장 선명하게 들을 수 있는 목소리]―이라고 부르는 것을 되살리는 것이었다. 나의 경험에 따르면, 더 긍정적인 태도를 취했던 이 전통의 '일반 은혜' 진영은 현재 상태에 그저 세례를 베푸는 방식으로 문화에 대해 '예!'라고 말하는 데 동원되고 말았다. 우리는 문화 '변혁'의 깃발 아래서 곧바로 동화를 향해 행진했다.

하지만 나의 질문이 계속 끓어오를수록 나의 전제와 분석 중 일부가 걸리적거리기 시작했다. 특히 내가 떨쳐 버릴 수 없었던 질문을 던졌던 나의 친구 한스 부어스마(Hans Boersma)와의 대화가 기억에 남는다. 그 질문으로 인해 나는 지난 5년 동안 두 가지 작업, 즉 아우구스티누스(Augustine)의 『신국론』

(*City of God*)을 계속해서 연구하는 일과 올리버 오도노반(Oliver O'Donovan)의 전작(全作)과 진지하게 대화하는 일에 몰두하게 되었다. 두 작업을 통해 나는 『하나님 나라를 욕망하라』 배후에 자리 잡고 있는 핵심 신념을 진지하게 재고하게 되었으며, 3권에 접근하는 다른 길을 모색하기 시작했다. 그 결과 나는 이 책이 사람들을 돕고 섬길(diaconal) 수 있기를 바라게 되었다. 나는 번역자이자 교사로서 아우구스티누스와 오도노반의 신학에 담긴 의미를 더 광범위한 실천가 회중에게 설명할 수 있기를 바라며 그들의 중요한 연구를 따라갔다.

따라서 문화적 예전 기획에 매달린 10년 동안 나의 사고의 궤적을 따라가 보면 일반 은혜에서 출발해 대립으로, 다시 우리의 공동의 삶에 대한 강조로 돌아간 것을 알 수 있다. 하지만 나는 폴 리쾨르(Paul Ricoeur)가 "제2의 소박성"(second naïveté)이라고 할 만한 태도를 갖게 되었다. 즉, 우리의 정치 참여가 지닌 왜곡된 형성의 힘에 주의를 기울이면서도 번영에 이바지하는 건강하고 정의로운 공유된 기관들을 만들어 감으로써 우리의 이웃을 사랑하라는 부르심을 포기하지 않으려는 태도를 갖게 되었다. 나는 그 결과가 더 공교회적인 '개혁된' 개혁주의 공공신학이라고 생각한다. 하지만 또한 이 결과가 우리의 공동의 삶이라는 아름다운 혼란에 참여하는 이들에게 더 건설적으로 도움이 되는 작업인 동시에 그런 실천가들을 돌보는 목자들을 위한 참고 자료가 되기를 바란다.

그렇다고 해서 이 책을 군수를 위한 지침서나 의원 보좌관을 위한 안내서로 삼으라고 주장하는 것은 아니다. 또한 이 책이 최종 결론을 담고 있다고 주장하지도 않을 것이다. 나는 이미 공공 정책의 암묵적 신학을 다루는 한층 더 결이 고운 책을 쓰고 싶다는 생각을 하고 있다. 하지만 나는 이 책이 우리가 후기 근본주의적인 허용 필요성('정치의 선')뿐만 아니라 자유주의와 국가에 대한 (충분히 이해할 만한) 의심(이른바 베네딕트 옵션)까지 넘어설 수 있게 해 주는 정치신학(political theology)과 공적 참여를 위한 새로운 틀을 제공할 수 있기를 바란다. 우리는 행동주의와 정적주의 모두를 거부하면서 현시대(saeculum)라는 중간 시간에 적극적으로 기다리는 법을 배워야 하는 책무에 직면해 있다.

모든 정치신학은 귀신을 내쫓는다. 문제는 어떤 귀신인가다. 문화적 예전 기획을 시작할 때 나는 카이퍼주의적 승리주의—혹은 적어도 복음주의권 내에 있는 그런 특정 형식—의 효과와 씨름했다. 오늘날에는 트럼프주의와 새롭게 활력을 얻은 (백인) 국가주의가 우리를 놀라게 한다. 내일은? 사나운 짐승이 숨어 있다가 우리가 가는 길을 덮칠지 누가 알겠는가? 하지만 어쩌면 이런 세대적 맥락이 내 세대의 많은 정치신학자에게 스탠리 하우어워스(Stanley Hauerwas)의 작업이 발사대이자 배경이 되었던 이유를 설명할 수 있을지도 모른다. 『하나님의 나그네 된 백성』(Resident Aliens)은 일종의 로르샤흐 검사(Rorschach test)다. 주류(mainline) 감리교인이 이 책을 읽는 방식은 나 같은 사람—개혁주의 전통의 (신통찮은) 복음주의자—이 이 책을 읽는 방식과 다를 것이다. '문화 변혁'에 나섰던 아브라함 카이퍼(Abraham Kuyper)의 특정 방식을 상속받은 사람으로서, 나는 하우어워스와 윌리몬(Willimon)을 통해서 우리가 문화 변혁의 깃발을 들었지만 결국 문화적 동화에 이르고 말 때가 얼마나 많은지 알게 되었다.

나는 『하나님의 나그네 된 백성』을 읽고 나서야 비로소 내게 기능적 교회론이 모자랐음을 깨달았다. 하우어워스와 윌리몬은 나를 일깨워 교회가 그 자체의 문화적 무게 중심을 가지고 있음을 인식하게 했다. 우리는 '그리스도'와 '문화'를 어떻게 연결할지 고민할 필요가 없었다. 그리스도의 몸이 하나의 문화, 구체적으로 말하면 형성적 문화이기 때문이다. 근본주의를 깨뜨리고 나온 우리에게 개혁주의 전통은 우리가 문화에 대해 '예'라고 말할 수 있는 '일반 은혜' 면허증을 제공했다. 그러나 긍정을 향한 새로운 열정 속에서 우리는 카이퍼 철학의 반대쪽—대립에 대한 강조—을 잃어버리는 경향이 있었다. 그리고 북미의 복음주의자로서 우리는 카이퍼 자신의 더 두꺼운 교회론에 귀를 기울이지 않는 경향이 있다. 따라서 우리가 그토록 열성적으로 긍정하고 변혁하려고 했던 삶의 다른 영역들이 왜곡되게 형성하는 힘을 지니고 있음을 폭로한다는 의미에서 『하나님의 나그네 된 백성』은 나에게 묵시론적이었다.

나는 우리 세대의 많은 사람이 이러한 대립을 이분법, 즉 '국가 **대신** 교회'로 받아들였다고 생각한다. 자유 민주주의 국가는 저주받았고, 우리는 '대안적 폴리스(polis)'를 세우는 데 헌신할 것이다. 이것이 입안자들의 의도였다고 생각하지 않지만, 그들의 수사는 그런 결론을 억제하는 데 별로 도움이 되지 않았다.

하지만 폴리스로서의—교회로 향하는 길에서 흥미로운 일이 일어났다. 올리버 오도노반과 피터 라잇하르트(Peter Leithart)의 작업과 함께 아우구스티누스의 『신국론』을 다시 읽으면서, 나는 이방인 거류민(resident alien)이 되어 국가에, 그 모든 찬란한 실패에 헌신하는 것을 상상할 수 있게 되었다. 대립은 언제나 상황 의존적이다. 그리고 성령께서는 정치적 질서를 구부리실 수 있다. 아이러니컬하게도 『하나님의 나그네 된 백성』을 통해서 나는 새롭고 큰 제약을 가하는 방식으로—축소된 '공민 종교'(civil religion)라는 의미에서가 아니라 오도노반이 주장하는 복음의 영향력의 '분화구 자국'을 지닌 사회라는 강력한 의미에서—기독교 세계(Christendom)를 높이 평가하게 되었다. 흑인 민권 운동(civil rights movement)을 다룬 찰스 마쉬(Charles Marsh)의 『사랑의 공동체』(The Beloved Community)는 이 점에서 촉매제가 되었다. 그는 그 구체적인 기독교적 증언이 땅의 법에 움푹 파인 자국을 만들기를 소망하는 '이 방인 거류민'의 공동체를 묘사했다. 마쉬의 이야기에서는 흑인 민권 운동이 교회라는 그 무게 중심을 상실했을 때 무슨 일이 일어났는지도 묘사한다. 신 실한 증언은 위태로운 춤이다. 따라서 나는 아우구스티누스와의 만남을 통해 연마된 새로운 렌즈를 가지고, 개혁주의 공공신학을 완전히 거부하거나 파괴하는 대신 그것을 **개혁**하겠다는 소망을 가지고 나의 개혁주의 유산으로 되돌아왔다. 그러므로『하나님 나라를 욕망하라』가 개혁주의 전통의 '세계관' 접근 방식을 교정하고 보충하는 책이 되기를 바랬듯이, 나는『왕을 기다리며』(Awaiting the King)가 아브라함 카이퍼와 헤르만 바빙크(Herman Bavinck), 특히 더 최근에 멘토와 본보기가 되었던 니콜라스 월터스토프(Nicholas Wolterstorff)와 리처드 마우 같은 사람들의 앞선 작업에 대해 미묘한 균형을 맞출 수 있기를 바란다. 가끔씩 비판을 가하기도 하지만 문화적 예전 기획─이 책을 포함해서─은 언제나 '도움'[내 삶에서 15년 동안 수비수로서 청색 선(아이스하키의 오프사이드 기준선─옮긴이) 아래서 경기하면서 배운 교훈]을 제공하려는 의도를 가지고 있었다.

아우구스티누스는 하나님의 도성 시민은 언제나 지상 도성의 전초 기지 안에서 이방인 거류민으로 살아가는 상황에 놓일 것이라고 강조한다. 그는 천상 도성의 시민들이 "이미 구속의 약속을 받았고, 그에 대한 일종의 서약인 성령의 선물을 받았음에도 이방의 땅인 이 지상 도성에서 포로의 삶이라고 부를 법한 삶을" 살아간다고 말한다.[1] 이것은 지상 도성에 대한 긍정적이거나 낙관적인 자세를 요구하지도 않고, 정치적 사회를 근본적으로 거부하는 입장을 요구하지도 않는다. 오히려 일차적인 정치적 충동은 공동선을 위한 선

---

1 Augustine, *City of God*, trans. Henry Bettenson (London: Penguin, 1984), 19.17.『신국론』(분도출판사).

택적 협력에 관한 상황 의존적 평가에 의해 제어된, 계산된 양가성과 신중함이다. 계속해서 아우구스티누스가 말하길, 이처럼 순례하는 천상 도성은 "죽을 수밖에 없는 인간의 삶을 돕기 위해 만들어진 것들을 규제할 지상 도성의 법에 순종하기를 주저하지 않는다. 그리고 이 순종의 목적은, 이러한 죽을 수밖에 없는 인간의 조건이 두 도성에 의해 공유되기 때문에 이 조건과 연관된 것들에 있어서 둘 사이의 조화를 보존하기 위함이다."[2] 이것은 '이방인 거류민'으로 살 것인지 말 것인지의 문제가 아니라, 어떻게 살 것인지의 문제다.

나는 『왕을 기다리며』를 **어떻게**에 관한 고민을 시작하기 위한 방법으로 제시한다. 따라서 이 책은 무엇보다도 특정 정책 추천이 아니라 자세를 기르는 데 관심을 기울인다. 교회가 한 세대 동안 어떤 관점을 취하고 어떤 입장을 주장할지 논쟁하는 동안 우리는 몸을 구부리고 적합성을 향해 나아가거나 그 자리에서 버티며 지키려다가 토대를 잃어버리고 말았다. 그러는 사이에 우리는 지상 도성에 우리의 상상력을 내주었으며, 천상 도성의 시민들을 특징지어야 할 자세를 잊어버리고 말았다. 왕이신 그리스도를 예배한다는 것은 왕국을 지향하는 자세를 지닌 백성이 되는 것을 뜻하며, 이런 자세는 때로는 초연해 보일 것이고 때로는 우리를 전투에 몰아넣을 것이다. 천상의 시민이 취하는 자세는 소망으로 오실 왕께 매여 들려 올라가는 자세다. 바울이 우리에게 상기시키듯이, 시민권이 하늘에 있는 사람들(빌 3:20)은 하늘에서 별처럼 빛나도록 부름받았다(2:15). 『왕을 기다리며』는 자세 교정 훈련이다. 나는 부분적으로는 진단을, 부분적으로는 처방을 제시하는 이 책을 통해서 성령께서 공동선을 위해 독특한 백성을 빚어내시는 자원인 교회의 예전적 유산을 새로운 틀에서 바라볼 수 있기를 바란다.

---

2 같은 곳.

감사의 말

이 책을 완성하기까지 너무 오래 걸렸기에 내가 진 빚을 모두 기억해 내기는 불가능하다. 가장 분명하게 빚을 진 몇 사람들만 언급하려고 한다.

많은 점에서 이 책은 중요한 시기에 나의 친구 한스 부어스마가 온화하게 제기했던 반론에서 출발한 궤적이 절정에 이른 결과물이다. 그의 작업과 사랑에서 우러난 도전에 대해 그에게 감사드린다. 그는 오랫동안 나의 소중한 대화 상대였다. 나는 또한 각주만으로는 다 드러나지 않는 방식으로 피터 라잇하르트의 작업에 도전과 영향을 받았다.

이 책에 담긴 생각 중 일부는 토론토 대학교(University of Toronto)의 트리니티 칼리지(Trinity College)와 캘빈 신학교(Calvin Theological Seminary)에서 진행한 아우구스티누스, 정치신학, 올리버 오도노반의 저작에 관한 대학원 세미나를 통해서 현장 실험을 거쳤다. 트리니티에 나를 임용하고 융통성을 발휘해 내가 실험적 수업들을 개설하도록 허락해 준 데이비드 닐랜즈(David Neelands) 학장에게 감사드린다. 이 세미나에 참여하여 글과 사상을 진지하게 탐구하고 질문을 통해 내가 나 자신의 사고를 날카롭게 다듬을 수 있도록 도와준 학생들에게 고마움을 전한다. 나는 그들에게 훨씬 더 많은 것을 배웠을 수도 있다고 확신한다.

나는 이 책의 여러 부분을 수많은 다양한 맥락에서 발표해 왔지만, 그중 몇몇 기회는 특별한 언급할 만하다. 2015년 유니온 대학교(Union University)에 상주 학자로 초대받았을 때는 네 차례의 공개 강연을 통해 이 책의 핵심 사상을 발표할 기회를 얻었다. 초대해 준 스캇 휼린(Scott Huelin)과 테네시주 잭슨에서 한 주를 보내는 동안 따뜻하게 환대해 준 유니온 공동체에 감사드린다. 강연이 끝날 때마다 함께 신중하고 진지한 대화를 나눈 소수의 학생에게도 감사하다. 풀러 신학교(Fuller Theological Seminary)의 페이튼 강연(Payton Lectures)을 통해 전혀 다른 맥락에서 나의 분석과 주장을 현장 실험해 볼 수 있는 또 다른 기회를 얻었다. 기회를 준 마크 래버튼(Mark Labberton) 총장과 (당시의) 조엘 그린(Joel Green) 학장에게 고마움을 전한다. 또한 2016년 여름 캘빈 칼리지(Calvin College)에서 개설한 "신실한 시민의 양성"(Cultivating Faithful Citizens)이라는 제목의 세미나에 참석한 이들, 특히 나와 공동으로 세미나를 지도한 케빈 덴덜크(Kevin DenDulk)와 우리가 초대한 학자 조너선 채플린(Jonathan Chaplin), 존 이나주(John Inazu), 크리스틴 디드 존슨(Kristen Deede Johnson)에게 감사드린다. 그 주간에 우리가 나눈 대화 덕분에 나는 이 뒤로 나올 수많은 관념을 명료하게 만들 수 있었다. 마지막으로 4장은 원래 네덜란드의 캄펀 신학대학교(Theologische Universiteit Kampen)의 연례 바빙크 강연(Bavinck Lecture)에서 발표했었다. 그곳에서 디애나와 나는 교수진과 대학원생들의 극진한 환대를 받으며 흥미진진한 대화를 하는 기쁨을 누렸다. 캄펀은 분명 오늘날 신칼뱅주의 사상을 위한 가장 역동적인 공간 중 하나로 부상했다.

이 책을 쓰는 마지막 단계에 몇몇 친구와 동료는 바쁜 스케줄 속에서도 시간을 내어 이 책의 완성된 원고를 읽고서 솔직하고 예리하며 유익한 논평을 전해 주었다. 특히 이렇게 나를 도와주고 내가 그들의 조언을 받아들이지 않을 때도 나의 완고함을 인내해 준 브라이언 데이커마(Brian Dijkema), 매튜

케이밍크(Matthew Kaemingk), 마이커 왓슨(Micah Watson), 브루스 애쉬포드(Bruce Ashford)에게 특별히 감사드린다.

캘빈 칼리지가 계속해서 나의 지적 고향인 여러 중요한 이유가 있다. 내가 개혁주의 신학과 세계관의 적용 분야의 게리와 헨리에타 바이커 석좌교수직(Gary & Henrietta Byker Chair in Applied Reformed Theology and Worldview)을 맡을 수 있도록 기금을 출연한 가족들에게 고마움을 전해야 한다. 그 덕분에 나는 꾸준히 글을 쓰고 성찰할 수 있는 시간을 얻고 있다. 또한 여러모로 나에게 넉넉한 재량권을 허락하는 철학과 동료들에게도 고마움을 전한다.

베이커 출판그룹(Baker Publishing Group)에서 일하는 나의 친구들은 처음부터 이 기획에 헌신했으며, 한 권이었던 구상을 삼부작으로 확대하자고 했을 때 나와 함께 기꺼이 꿈을 꾸었다. 문화적 예전 기획을 위해 착상에서 실현까지 내 삶의 10년이 소요되었고, 이 마지막 책을 출판하게 된 데에 나는 겸손함과 감사함을 느끼고 있다. 베이커 아카데믹(Baker Academic)의 직원들은 한결같이 나의 보호자와 지지자가 되어 주었으며, 나는 우리가 이 경험을 통해 함께 성장했다고 느낀다. 나의 친구이자 편집자인 밥 호색(Bob Hosack)에게 특별히 고마움을 전하지만, 그리스도인의 지적 증언을 위해 이 선한 일을 하고 있는 편집자, 디자이너, 마케터들을 비롯해 팀 전체에도 고마움을 전한다. 주님의 뜻이 있다면 앞으로도 오랜 시간 함께하기를 고대한다.

내가 선임 연구원으로 있는 온타리오주 해밀턴에 있는 싱크탱크 카더스(Cardus)에 있는 친구와 동료들에게 이 책을 바친다. 나는 이곳에서 발행하는 「코멘트」(Comment) 지의 편집자이기도 하다. 카더스는 "2천 년 동안의 기독교 사회사상"을 활용해 "북미의 사회적 건축을 갱신하는 일"에 헌신하고 있다. 나는 이 말이 이 책에서 목표하는 바를 간결하게 설명한다고 생각한다. 카더스와 맺은 관계를 통해 나는 활력과 생명력을 얻었다. 특히 그들이 디애

나를 공동체의 일부로 받아들인 데 감사드린다. 그곳에서 나는 장차 올 왕국을 위해 행복하게 함께 일할 수 있는 동지들의 공동체와 그리스도인의 사귐을 발견했다.

언제나 그렇듯이 나의 가족은 이루 다 헤아릴 수 없는 은혜의 수단이자 자비, 은혜, 용서, 사랑의 현실을 나에게 끊임없이 상기시켜 주는 하나님 나라의 자그마한 전초 기지다.

이 책에는 페리스 커피 앤드 너트(Ferris Coffee & Nut)에서 볶은 커피의 탁월한 향이 배어 있다. 이 가게의 친절한 직원들은 나에게 손흘림(pour-over) 커피의 기쁨을 알게 해 주었으며 셀 수 없을 정도로 많은 오후 시간 동안 그곳에서 글을 쓸 수 있게 해 주었다. 나에게 이런 '제3의 공간'이 있다는 데 감사하다. 그곳에서 글을 쓰며 들었던 사운드 트랙은 절충적이었다고 말할 수 있겠다. 라디오헤드(Radiohead)의 〈키드 에이〉(*Kid A*), 샌드라 매크래컨(Sandra McCracken)의 〈시편〉(*Psalms*), 제이슨 이스벨(Jason Isbell)의 걸작 앨범 〈섬싱 모어 댄 프리〉(*Something More Than Free*), 콜트레인(Coltrane)의 〈러브 수프림〉(*A Love Supreme*), 당신이 생각하는 것보다 훨씬 더 많이 들었던 보노보(Bonobo)와 익스플로전 인 더 스카이(Explosions in the Sky)의 음악이다.

이 책 내용 일부는 「코멘트」, 「책과 문화」(*Books & Culture*), 「캘빈 신학 학술지」(*Calvin Theological Journal*) 등에 다른 형식으로 발표된 적이 있다. 또한 『아우구스티누스와 탈근대적 사유: 근대성에 대항하는 새로운 연합?』[*Augustine and Postmodern Thought: A New Alliance against Modernity?*, ed. Lieven Boeve, Mathijs Lamberigts, Martin Wisse (Peeters, 2009)]과 『목회적 신학자 되기: 교회 리더십의 새로운 가능성』[*Becoming a Pastor Theologian: New Possibilities for*

Church Leadership, ed. Todd Wilson, Gerald Hiestand (IVP Academic, 2016)] 두 책에 기고한 나의 글에서 가져온 내용도 있다. 이 책에서 그 내용을 사용할 수 있도록 허락해 준 편집자와 출판사에 감사드린다.

서론 예전적 정치

공공신학 개혁하기

정치적 예전 그리기: 첫 번째 연습

열아홉 살인 손다(Shonda)는 트리니티 개혁교회(Trinity Reformed Church)에서 오랫동안 고대해 온 통과 의례(rite), 자신의 첫 번째 선거에 마침내 참여할 것이다. 손다는 시민으로서 자신의 신성한 의무를 수행하기 위해 11월 초 상쾌한 화요일 저녁에 교회—이 도심 지역에서 오랫동안 투표소 역할을 해 온—로 들어갈 것이다. 그녀는 처음으로 투표할 기회를 얻었고, 올해 선거는 특히 치열했다. 그녀는 거의 모든 단계에서—시에서, 주에서, 연방 의회에서, 심지어 대통령직에서—정부를 이끌 지도자에게 표를 던지라는 요청을 받을 것이다. 그녀의 부모는 그녀를 격려하며 흥분된 마음으로 함께 투표소를 찾았다. 이 도시에서 오랫동안 활동가로 있으면서, 학교 운영 위원회와 지역 재단에서 섬겼고 후보자들을 위해 가가호호 방문 유세도 하고 이웃을 위한 파티도 열곤 했던 손다의 부모는 그녀에게 공적으로 봉사하고 참여하는 삶의 본보기가 되었다. 어떤 의미에서 그녀의 삶 전체가 이 책임—세계 전역에서 독재자의 지배를 받으며 살아가는 이들이 그저 꿈꿀 수밖에 없는 기회—을 이행하기 위한 준비였다.

물론 대부분의 통과 의례가 그렇듯이 이것은 의식(ritual)이라기보다는 사건(event)—습관적 주기라기보다는 중대하지만 간헐적인 일화—이었다. 하지만 손다는 모든 종류의 의식을 통해 이 순간을 준비해 왔다. 학교의 아침 조회는 이 행동을 목표로 삼는 연도(litany), 그녀가 국기와 국가(republic)에 대한 충성을 맹세하는 매일의 의례였다. 수백 번의 미식축구 경기와 축구 시합이 바로 동일한 국가를 향한 찬가로 시작되었다. 이 찬가는 아이콘과 같은 국기로 둘러싸인 한 나라의 건국에 관한 이야기, 사실상의 신화를 담고 있으며, 그녀의 삶 어디서나 이 국기의 색깔과 별이 존재했다. 이 나라에 관한 이야기는 손다 자신의 이야기의 일관된 배경이었으며, 어떤 의미에서 그녀는 오늘밤 이 행동을 통해 자신의 정체성, 즉 시민으로서의 정체성을 실현한다.

하지만 여기에는 분명히 아이러니가 있었다. 왜냐하면 손다가 트리니티 교회를 방문한 것은 이번이 처음이 아니었기 때문이다. 사실 그녀는 어렸을 때부터 부모와 함께 이 방에 자주 들어오곤 했다. 18년 전 그녀가 태어났을 때 그들은 바로 이 문을 통해 이 방으로 들어왔고 이후로 거의 주일마다 이곳에 왔다. 그러나 주일에 그들은 지하실로 향하는 대신 본당으로 들어갔다. 그리고 오래전 그날 그들은 빛나는 흰색 세례식 드레스로 공주처럼 치장한 조그마한 손다를 데리고 들어왔다. 그녀의 부모는 충성에 관한 또 하나의 질문을 받았다. "누가 당신의 주이시며 구원자이십니까?" 그들은 "예수 그리스도께서 나의 주이시며 구원자이십니다"라고 답했다. 카이사르가 스스로 주(퀴리오스)라고 주장했으므로 이 고백은 모든 황제를 불안하게 만들었다. 목사는 손다에게 성부, 성자, 성령의 이름으로 세례를 베풀면서 바둥거리는 손다를 향해 강력한 진리를 선포했다.

손다야,
너를 위해 예수께서 이 세상에 오셨단다.
너를 위해 그분이 죽으셨고 죽음을 정복하셨단다.
너는 아직 아무것도 모르지만

이 모든 것을 그분이, 작은 아기인 너를 위해 행하셨단다.

하나님이 먼저 우리를 사랑하셨기 때문에 우리는 사랑한단다.

손다가 깽깽거리며 울음을 터트리는 사이에 목사는 이렇게 선언했다.

교회의 유일한 왕이자 머리이신

주 예수 그리스도의 이름으로

이 형제자매들은 이제

거룩한 공교회의 가시적인 교인으로 받아들여졌으며

삶이 끝날 때까지 그리스도를 고백하고

하나님의 신실한 종이 되겠다고 약속했습니다.

어쩌면 그때는 이 말이 지닌 정치적 메아리의 힘("유일한 왕")이 전혀 느껴지지 않았을 것이다. 하지만 손다는 이 11월 밤에 정치적 의미로 가득 차 있는 이 친교실에서 거의 매주일 예배가 시작될 때 자신과 회중에게 선포된 말을 새롭게 들었다. 그것은 하도 많이 들어서 이제는 외울 수 있게 된 축도, 그녀의 무의식 안으로 스며들어 이제는 예상치 못한 각도에서 끓어오르듯이 솟아나는 또 하나의 선언이다.

이제도 계시고 전에도 계셨고 장차 오실 이와 그의 보좌 앞에 있는 일곱 영과 또 충성된 증인으로 죽은 자들 가운데에서 먼저 나시고 땅의 임금들의 머리가 되신 예수 그리스도로 말미암아 은혜와 평강이 너희에게 있기를 원하노라. (계 1:4-5)

기표소의 커튼을 통과하기 직전 손다는 매주일이 정치적 회합이었으며 모든 예배가 공민적(civic) 의례였음을 깨달았다. 그리고 국가의 시민으로서 권리를 행하기 위해

흥분된 마음으로 투표하면서도 이제는 일종의 성화된 양가감정을 가지고 투표하게 되었다. 모든 대통령이 그녀가 평생 알아 왔으며 그녀를 평생 아시는 왕의 지배를 받는다는 것을 깨달았기 때문이다.

공적 삶에 관한 우화: 〈포스트맨〉

우리의 예배에는 정치적 의미가 담겨 있으며, 우리의 정치에는 종교적 의미가 담겨 있다. 하지만 우리는 공동으로 살아가도록 만들어졌다. 아리스토텔레스(Aristotle)가 말했듯이 우리는 "정치적 동물"이다. 따라서 정치적 삶, 즉 우리가 공동으로 살아가는 삶과 관련해 피조물적인―따라서 **선한**―무언가가 존재한다. 하지만 또한 이 때문에 정치는 더 중요한 무언가가 되려는 경향을 띠는 것일지도 모른다. 이런 역학(dynamic)에 관한 시각적 우화는 우리의 탐구를 촉진하는 데 도움을 줄 것이다.

이 영화를 기억하지 못할 것이다. 잊을 만한 영화―케빈 코스트너(Kevin Costner)가 [진 시스클(Gene Siskel)이 〈나 자신과 함께 춤을〉이라고 부른] 〈워터월드〉(Waterworld) 흥행 참패 이후에 출연한 또 하나의 실패작―이기 때문이다. 영화는 지나치게 감상적이며 엄밀하지 못하다. 심지어 함께 출연하는 로커인 톰 페티(Tom Petty)의 연기는 우리가 다시는 그를 영화에서 볼 수 없었던 이유를 확증해 준다. 하지만 이 모든 결점이 박혀 있음에도 이 영화는 우리가 공동으로 살아가는 삶, 우리가 공유하는 제도, 심지어 정부를 향한 우리의 열망에 관해 몇 가지 중요한 질문을 던지게 만드는 일종의 우화다.

세계의 종말을 다루는 묵시록 같은 시나리오들은 무엇이 정말 중요한지 명확하게 보여 주는 장점이 있다. 대재앙은 우리의 문화적 장식물을 제거하고 이를테면 우리를 자연 상태로 돌아가게 만든다. 모든 것을 잃어버릴 때까지 우리는 우리가 무엇을 잃어버렸는지 알지 못한다.[1] 〈포스트맨〉(*The Postman*)에서는, 무언가 모호하게 핵과 연관된 재앙으로 인해 인류가 수 세기에 걸쳐 성취한 모든 것이 순식간에 사라진다. 자동차는 버려져 있고 사람들은 말을 타고 이동한다. 인간은 다시 한번 수렵-채집인이 되어 생존을 위해 필요한 일에 대부분의 시간을 소진하고 있다. 이것은 역사적 배경을 지닌 공상과학적 세계다. 의미심장하게도 정부와 시장을 구성하는 기관 대부분은 해체되었고, 그 무정부적 진공을 나폴레옹을 닮은 베들레헴 장군이 이끄는 약탈집단인 홀니스트(Holnists)의 파시즘(과 인종주의)이 메우고 있다.

우리의 주인공은 음식과 잠자리를 제공받는 대가로 셰익스피어(Shakespeare) 연극의 여러 장면을 공연하는 이름 없는 떠돌이다.[2] 그는 군인 역할을 하고 자신의 노새 빌과 아옹다옹하기도 하며 행복하게 지내고 있지만 우리의 떠돌이 주인공은 혁명가가 아니다. 혁명가가 되려면 자신이 아닌 누군가나 무언가에 관심을 기울여야만 하기 때문이다! 홀니스트 부대가 마을에 내려와서 공물을 강요할 때 그들은 이 떠돌이가 몰래 도망치려는 것을 보고 그를 부른다. 그는 애원하며 "저는 이 사람들과 한 패가 아닙니다. 그냥 지나는 중이었어요"라고 말한다. 그는 연대에는 관심이 없다. 고립과 독립을 선호한다.

하지만 그의 선호에도 불구하고 이 모든 것이 바뀐다. 어느 날 밤 베들레헴 패거리로부터 도망치던 떠돌이는 버려진 차량을 은신처로 삼는다. 뼛속까지 흠뻑 젖은 그는 그 차량의 운전사의 유해 곁에서 벌벌 떨다가 라이터와 연료통―둘 다 온기를 줄 수 있는 물건―을 발견하고 기뻐한다. 그런 다음 해

---

1 코맥 매카시(Cormac McCarthy)의 소설 *The Road*에서는 바로 이 점에 초점을 맞추고 있다. 이 소설에서는 인류가 벌거벗은 삶으로 축소된 세계, 즉 문명이라는 버팀목이 무너져 버렸고 남은 것이라고는 이전에 있던 형성의 자원(혹은 그것의 부재)밖에 없는 상태를 그리고 있다. 2장에서 *The Road*를 다시 한번 다룰 것이다.

2 영화에서는 계속 셰익스피어를 떠올리게 하지만, 이 이야기 전체에는 돈키호테의 그림자가 어른거린다.

골이 입고 있던 마른 옷을 바라본다. 떠돌이 도망자는 탐욕스럽게 그 옷을 취하고 나서 이 차량이 우체국 트럭이며 옷은 집배원 제복이라는 것을 깨닫는다. 작은 불빛에 비추어 그는 트럭에 남아 있던 미처 배달하지 못한 편지들을 읽기 시작한다. 이런 평범한 것들이 사회 체제 전체가 상실되었음을 증언한다. 그는 신뢰와 희망의 구현체인 문명의 제도를 떠올린다. 그 제도 덕분에 어린 지미는 그의 할아버지에게 이가 빠졌다고 알리는 편지를 쓴 다음 편지를 봉투에 넣어 만날 수 없는 할아버지에게 그 소식이 전해지리라 확신할 수 있었다. 그는 일종의 확장된 사귐을 가능하게 했던 의사소통 제도의 유물을 손에 쥐고 있다.

우리의 떠돌이 주인공은 그저 편리함이라는 이기적 목적을 위해 집배원 제복을 입었다. 그에게는 마른 옷이 필요하다. 그러나 비극의 주인공이 될 그는 따뜻한 목욕과 부드러운 침대, 한두 끼 식사를 얻기 위해 제복의 상징성과 권력을 이용하기로 작정한다. 그래서 그는 오리건주 파인뷰 입구에 도달했을 때 새로운 인물을 즉흥적으로 만들어 낸다. 그는 거기서 (허구인) '회복된 미국 정부'의 대표를 자처한다. 그가 만들어 낸 새 인물은 편지로 (심지어 우리가 생각하기에는 누구나 눈치챌 수 있을 것 같은 광고지까지) 가득한 가죽 가방을 들고 굶주린 사람들의 소망을 위험하게 부추긴다. 그는 "우리는 전에 비축해 둔 것을 배달하고 있지만, 이제 새로운 편지도 배달하겠습니다"라고 말한다. 그가 파인뷰를 떠나기 전에 새로운 편지가 그에게 쇄도했다. 회의적인 보안관조차 그런 희망을 거부할 수 없다.

떠돌이가 깨닫지 못한 것은, 자신은 무대 의상을 입고 연기할 뿐이라고 생각했지만 사실은 문명의 복장을 입고 있었다는 사실이다. 이 영화의 나머지 부분에서는 그가 어떻게 훔친 제복의 삶을 살아가는 법을 배우는가에 관해 이야기한다. 복장은 그가 통제할 수 없는 의미를 지니게 된다. 이제 그는 집배원(Postman)이다. 이제 그는 **국가**의 기억과 전망, 예전에 시민이었던 이들이 갈망하는 공동체와 연대의 양식을 구현하게 될 것이다. 의사소통망을 나타내는 우편 제도는, 자아를 초월하고 가정보다 넓으며 부족과 마을을 능가하는 공동체―혈연과 친밀함을 넘어서는 연대를 요구하는 공동체―를 전제하는 동시에 창조한다. 그리고 사람들은 이러한 자기 초월의 기획에 기꺼이 참여하려고 한다.[3] 이를 미리 암시하는 한 장면에서 (지나치게 뻔해 보이기는 하지만) 포드 링컨 머큐리라는 한 젊은 남자는 집배원으로 서약한 후 이렇게 고백한다. "편지를 배달하기 위해 기꺼이 목숨을 바치겠습니다."[4]

바로 그런 이유로 이 영화적 우화는 연대를 위한 이러한 인간의 깊은 열망의 어둡고 도착적인 약점을 예증하는 것이다. 오래지 않아 우리는 국가주의의 망령과 정치적인 것(the political)의 어두운 면을 보여 준다. 즉, 정치적인 것이 준궁극적인 것(penultimate)이 되는 데 만족하지 않고 그 자체로 공민 종교가 되려고 함을 보여 준다. 이상을 위해 '기꺼이 죽겠다'는 마음이 왜 그토록 빨리 그것을 위해서 기꺼이 **죽이겠다**는 마음으로 변질되고 말까?[5] 금세

---

[3] 집배원 자신이 이런 자기 초월을 수용하는 데도 상당한 시간이 필요하다. 자기 존중의 습관이 잘 개발된다. 그가 홀니스트로부터 다시 한번 도망치다가 부상을 입고 그와 애인인 애비가 고립된 오두막에 거처를 마련했을 때 그는 세상으로부터 숨어서 침대에 머물며 섬김을 받는 데 만족한다. 애비가 강에 빠지고 그가 뛰어들어 그녀를 구하게 될 때까지 그랬다. 애비에 대한 관심 때문에 그는 자신 밖으로 나오게 된다. 사랑이 그를 밖으로 꺼냈다. 하지만 아직도 그는 오두막이라는 고립된 공간에 머무는 데 만족한다. 그렇기 때문에 봄이 되었을 때 애비는 그를 다시 문명으로 밀어넣기 위해 오두막을 불태워야 했다. 그는 돌아오자마자 우편 제도가 이제 집배원인 자신보다 더 크다는 것을 알게 된다. 제도가 제도 자체의 생명을 갖게 되었다.

[4] 때로 약간 서툴러 보이기는 하지만 이 영화에서는 인종주의를 끈질기게 비판한다. 홀니스트의 추악한 인종적 이데올로기가 흑인 지도자 역할을 맡는 회복된 우편 제도와 대비된다. (여전히 허구인) '회복된 미국'은 원래의 미국이 결코 지키지 못한 약속들을 실현해 간다.

[5] U2의 노래 "땅에는 평화"(Peace on Earth)에서는 이런 아이러니를 지적한다. "괴물이 너를 파괴하지 못하게 하려고 네가 괴물이 되었지." "Killing for the Telephone Company: Why the Nation-State Is Not the Keeper of the Common Good", *Modern Theology* 20 (2004): pp. 243-274에 실린 윌리엄 캐버너(William Cavanaugh)의 중요한 논의를 참고하라.

우체국은 군사화되고 저항 투사들은 자신들의 공포 정치를 시작하며 학살, 테러, 협박이라는 홀니스트의 무기로 맞서 싸운다. 마지막 전투에서 집배원은 이렇게 고백한다. "나는 미국을 믿는다!" 그것은 성공으로 간주되어야 한다. 이기적인 떠돌이가 이제 자신보다 더 큰 무언가를 **믿게** 되었다. 하지만 당신이 믿는 것을 조심하라. 모든 신조가 동등하게 창조되지는 않았다. 정말로 중요한 질문은, '당신이 무엇을 **사랑하는가**?'이기 때문이다.

〈포스트맨〉이 우화인 것은 우리는 누구인지, 우리는 무엇을 원하는지, 우리는 무엇을 바라는지에 관한 근본적 질문을 우리 스스로 던지게 하기 때문이다. 사실, 이는 이런 질문에 앞선 또 다른 질문을 하게 만든다. 이 '우리'란 무엇인가?[6] '우리'라는 말의 의미의 경계와 한계와 윤곽은 무엇인가? 우리는 하나 이상의 '우리'에 속해 있는가? 우리는 어떻게 '나'를 해체하지 않는 '우리'를 만들어 내는가? 우리는 어디서 자기 보존을 향한 우리의 성향에 맞서 '우리'를 만들어 갈 의지를 발견할 수 있는가? (오늘날 우리가 당연하게 여기는 바를 **시작할** 의지를 가지고 있는가?) 기독교 정치신학은 또 하나의 핵심적 질문에 답해야 한다. 교회라는 '독특한 사람들'은 어떤 식으로—어떤 범위까지—지상 도성의 시민들과 **공동으로** 살 수 있는가? 간단히 말해서, 이 영화는 이 책에서 내가 다루고자 하는 질문들—공동선, 정부의 역할, 연대라는 선물, 국가 통치라는 선한 일에 내재된 긴장에 관한 질문들—을 암묵적으로 제기한다.

인간 연대의 가능성과 한계에 관한 질문들—내가 정치신학의 근본적 질문이라고 주장하는 질문들—은 우리를 다시 문화적 예선 기획의 생동하는 핵심, 즉 철학적 인간론으로 이끈다. 혹은 거꾸로 말하면 철학적 인간론은 연대와 사회성에 관한 설명을 제시해야 한다. 피조물로서 우리의 본성이 연대를

---

6 집단적 정체성에 관한 강력하고 디스토피아적인 고찰로는 Yevgeny Zamyatin, *We*, trans. Natasha Randall (1921; repr., New York: Modern Library, 2006)을 보라. 『우리들』(열린책들).

요청한다고 하더라도 이를 실현하는 것은 언제나 일종의 성취이기 때문이다.

모든 정치 이론은 인간론을 전제하며, 모든 인간론은 특정한 정치적 궤적을 지지한다. 우리가 그저 생각하는 사물이거나 소비하는 동물이라면 우리의 자율성과 독립이 모든 '우리'보다 우선할 것이며, 그럴 경우 사회적인 것(the social)이란 거대한 허구이자 고귀한 거짓말, 파생적이며 이차적인 '부자연스러운' 발명품에 불과할 것이다.⁷ 우리는 연대를 위해 노력하고 공유하는 텔로스(telos)를 향해 공동으로 나아가기보다 오직 경쟁자로서 서로 관계를 맺을 것이다. 성육신에 뿌리내린 '공동성'(commonness)의 신학을 주창하는 선견지명을 보여 주는 논문에서 윌리 제임스 제닝스(Willie James Jennings)는 포스트모던 주체의 해체가 우리를 일종의 자연 상태로 되돌아가게 만든다고 지적한다. 주체의 '해방'이라는 미명 아래 우리 모두는 어떤 공동의 인간성에서도 분리되고 말았다. 대신 "나를 짓밟지 마!"라고 외치는 다양한 경계의 목소리만 존재할 뿐이다. 제닝스는 장프랑수아 리오타르(Jean-François Lyotard)를 인용한다. "현대 사회에서는 기독교의 우애(fraternity)든 공화국의 우애든 더 이상 우애에 관해 말하지 않는다. 부와 '발전'의 혜택을 나누는 것에 관해서만 이야기할 뿐이다. 분배 정의로 **정의된 것**의 한계 안에서는 무엇이든 허용된다. 우리는 우리 자신들 사이에서도 서비스 말고는 아무것도 빚지고 있지 않다. 우리는 매우 거대한 사업, 즉 발전이라는 사업의 사회-경제적 동업자일 뿐이다."⁸ 억압으로부터 해방되고자 하는 정의롭고 바르게 지향된 욕망

---

7   John Milbank, *Theology and Social Theory* (Oxford: Blackwell, 1990), chap. 1을 보라. 『신학과 사회이론』(새물결플러스).

8   Lyotard, *Political Writings*, trans. Bill Readings and Kevin Paul German (Minneapolis: University of Minnesota Press, 1993), p. 161, Willie James Jennings, "He Became Truly Human': Incarnation, Emancipation, and Authentic Humanity", *Modern Theology* 12 (1996): p. 243에서 재인용.

이 다른 모든 것에서, 인간 공동체의 의무에서, 데이비드 브룩스(David Brooks)가 "자기 과잉"(The Big Me)[9]이라고 부른 것을 이루고자 하는 기획에 방해가 되는 모든 것에서 해방되고자 하는 과도한 성향으로 변질되고 말았다.

이와 대조적으로 제닝스는 성육신의 교리에 내재된 인간론은 인간 연대에 대한 더 섬세한 그림을 담고 있으며 공동성을 만들어 내는 용광로와 같다고 지적한다.[10] 일반적이고 추상적인 '인간성'에 호소하는 대신 제닝스는—이레나이우스(Irenaeus)와 아타나시우스(Athanasius)를 따르며[11]—해방자이신 유대인 예수의 구체적 몸을 지적한다. 제닝스는 "이레나이우스에게서 우리는 해방을 향한 욕망이 성육신의 실체와 분리될 때마다 자유를 향한 욕망이 일차적이고 영원해지는 반면 예수의 몸은 그저 덧없이 사라지는 해방하는 **형상**(form)이 되고 만다는 것을 배운다"라고 말한다.[12] 아타나시우스와 아리우스(Arius)를 대조해 보면 그들의 차이가 "하나님의 실질적인 손에 의해 구원되고 해방되었으며 따라서 예수의 몸 안에 연합된 인간성이거나, 그 자신의 손이 행하는 일에 의해 구원되어야 하며 따라서 해방이라는 **필요한 일** 자체에

---

[9] David Brooks, *The Road to Character* (New York: Random House, 2015), chap. 10.『인간의 품격』(부키).

[10] 제닝스는 기독교 담론 역시 해방에 대한 무질서한 욕망에 사로잡힐 수 있다고 지적한다. "우리 중 많은 이에게 기독교적 정체성은 더 이상 우리의 인간성을 바라보게 하지 못한다. 그 대신 기독교적 정체성은 해방을 위한 너무도 많은 중요한 대의에 복무하도록 강요받는다. 해방, 즉 '자유로워짐'은 우리의 인간성을 규정하는 결정적 요소로 이해된다. 그리고 이런 상태에는 기뻐할 이유가 많으며, 특히 기독교 신앙이 삶을 긍정하는 것이자 해방하는 것임을 깨닫게 되었다는 데 기뻐할 수 있다. 하지만 자유를 향한 욕망에 의해 질서 지워진 기독교 신앙은 잘못 인식된 신앙이 되는 경우가 많다. 그런 신앙은 그것이 해방하기를 바라는 인간성을 제대로 분별할 수 없기 때문이다. 우리는 이전 세대가 가지고 있던 인간성이라는 추상적 관념에서 멀어졌지만, 추상적 자유에 대한 신념에 사로잡히고 말았다"("He Became Truly Human", p. 244). 제닝스가 *The Christian Imagination: Theology and the Origins of Race* (New Haven: Yale University Press, 2010)에서 제시한 이 문제에 관한 더 진척된 논의를 6장에서 다룰 것이다.

[11] J. Kameron Carter, *Race: A Theological Account* (New York: Oxford University Press, 2008), pp. 11-36에 실린 이레나이우스에 대한 논의를 보라.

[12] Jennings, "He Became Truly Human", p. 246.

의해서만 연합되는 인간성"과 관계가 있음을 알 수 있다.[13] 제닝스는 예수의 부활이 "인간 해방을 향한 추상적 갈망뿐만 아니라 공동의 인간성이라는 거짓 보편성"을 거부하는 연대를 보증한다고 주장한다.[14] 그는 "세례에서 출발해 일종의 지적 부흥을 향해 나아가는 해방에 관한 성육신적 관점 안에서" 이것을 발견할 수 있다고 조언하는데, "인본주의(들)의 지지자들도 포스트모던 해방주의자들도 세례라는 성경적 실천이 의미하는 죽음으로의 이상한 부르심을 충분히 떠올리지 않았기" 때문이다.[15] 연대는 예전을 가리킨다. 연대가 정치적인 것의 토대인 동시에 목적이라면 정치적인 것은 우리에게 예전적인 것(the liturgical)을 고찰하기를 요구한다.

예전적 양식의 공공신학

이 책에서 나의 목적은 이중적이다. 나는 우리가 정치 참여를 상상하고 계획하는 방식에 관한 '예전적' 문화신학의 함의를 풀어내고자 한다. 하지만 그러면서도 정치신학 분야에서 벌어지고 있는 논쟁을 넘어설 수 있는—혹은 적어도 실천의 관점에서, 실천을 목적으로 이 문제들을 새로운 틀에서 바라보는—대안적 패러다임도 제시할 수 있기를 바란다. 바로 이런 의미에서 나는 개혁주의 공공신학을 '개혁'하고, 결국에는 공교회적 제안이 될 만한 것을 주

---

[13] 같은 글, p. 247. 또한 그는 이렇게 말한다. "예수를 해방의 급진적 본보기로만 바라보는 사람들은 도착적 승리주의를 감추고 있다. 그들은 실질적인 사회적·정치적 변화를 원하지만 그런 변화를 위한 그들의 계획은 예수께서 어떻게 되시건 상관없이 계획될 것이다.…신학자, 기독교 철학자, 비슷한 생각을 하는 지식인들이 그저 해방을 주창하는 주된 비판자들과 같은 목소리를 낸다면 이는 대단히 비극적인 일이다"(pp. 251-252).

[14] 같은 글, p. 253.

[15] 같은 글, pp. 251-252.

창하기 위해 이 전통에 '도움'을 줄 수 있기를 바란다.¹⁶

내가 생각하기에 현재 우리의 패러다임은 적어도 두 가지 문제를 지니고 있다. 첫째, 우리는 기독교와 정치를 대체로 '공간화된' 관점에서 바라보는 경향이 있다. 따라서 교회와 국가라는 '영역'이 어떤 관계를 맺는가에 초점을 맞춘다. 예를 들어, 어떻게 두 왕국의 지배권 사이에서 움직일 것인가, 어떻게 자유주의의 통제를 벗어나는 '대안적' 폴리스를 만들어 낼 것인가에 초점을 맞춘다. 그리스도인이 정치에 참여하는 (혹은 정치와 거리를 두는) 전혀 다른 방식을 조언하는 다양한 신학적 흐름이 있지만, 그럼에도 우리는 '정치적인 것'이 일종의 영역, 지역, 영토라는 공통된 전제를 식별할 수 있다. 이런 의미에서 우리는 정치신학을 공간화하며 이를 경계 관리와 국경 순찰로 환원한다.

둘째, 우리는 시민들(즉, 정치적 행위자들)이란 경제학자들이 상상하기 좋아하는 '합리적 행위자'―신념과 사상에 근거한 의식적 숙고의 결과에 따라 행동하는 의사 결정 기계들―라고 전제하는 경향이 있다.¹⁷ 우리는 시민들이 투표라는 행동을 하는―그들의 '신념'에 근거하며 또한 그 신념을 **표현하는** 방

---

16 처음부터 이 책에 담긴 나의 제안과 주장이 아브라함 카이퍼, 헤르만 바빙크, 헤르만 도이어베르트(Herman Dooyeweerd)와 우리 시대에 그들의 작업을 계승한 이들(특히 니콜라스 월터스토프, 리처드 마우, 조너선 채플린)의 저작에 제시된 개혁주의적 공공신학 모형을 대체로 전제하고 있음―또한 그것을 기초로 삼고 있음―을 밝혀 두어야 하겠다. 그러므로 이 책은 내가 다른 곳, 특히 *Five Views on the Church and Politics*, ed. Amy E. Black (Grand Rapids: Zondervan, 2015), pp. 139-162에 실린 나의 글 "개혁주의적(변혁주의적) 관점"[The Reformed (Transformationist) View]에서 제시한 근본적인 주장과 설명에 의존하고―혹은 적어도 이를 전제하고―있다. 개혁주의 공공신학을 **개혁**하자는 나의 주장에는 비판이 포함되겠지만 이런 비판은 **개혁외** 정신에서, 이 전통을 신실하게 확장하고 수정하겠다는 목적에서 제시되고 있다. 이 비판은 결코 이 전통에 대한 기각이 아니다. 나는 독자들이 마지막까지 이 단서 조항을 염두에 두기를 바란다.

17 James K. A. Smith, *Imagining the Kingdom: How Worship Works*, Cultural Liturgies 2 (Grand Rapids: Baker Academic, 2013), pp. 31-41에서 다루는 행동의 철학에 관한 논의를 참고하라. 『하나님 나라를 상상하라』(IVP). 행동주의 경제학자 리처드 탈러(Richard Thaler)는 인간을 '경제적 동물'(Econs)로 보는 이러한 환원론을 비판한다. 이에 관한 개괄적 설명으로는 Thaler, *Misbehaving: The Making of Behavioural Economics* (New York: Penguin, 2016)를 보라. 『똑똑한 사람들의 멍청한 선택』(리더스북).

식으로[생각하는 사물(res cogitans)이 어떻게 기표소 안에서 붓두껍으로 기표하는지는 나에게 묻지 말라]―생각하는 사물로서 이른바 공적 광장(public square)으로 걸어 들어간다고 생각한다. 따라서 정치적인 것은 우리가 우리의 신념을 표현하고 우리가 아는 바를 입법화하며 유포해야 할 법을 성문화하는 장(arena)이라고 생각한다. 이런 식으로 우리는 정치를 **합리화**한다.[18]

따라서 많은 우리의 논쟁―및 우리의 문화 전쟁―은 누구 혹은 무엇이 '정치적인 것'으로 받아들여질 수 있는가에 관한 일종의 절차주의나 형식주의를 띠는 경향이 있으며, 그 결과 다시 우리는 '정치적인 것'을 신념과 사상의 표현을 위한 공간으로 이해한다. 예를 들어서, 정치적 논의의 장 안으로 진입하는 것을 감시하는 이들에 맞서서 우리는 '우리의' 신념과 사상을 공적 영역 안으로 가지고 들어갈 권리를 확보하기 위해 싸운다. 이로써 '정치적인 것'은 우리가 사상과 신념을 교환하는 '공간'을 다스리는 규칙과 절차로 환원된다.

그러나 우리의 '정치적' 삶은 특정 영역으로 격리되지 않는다. 정치적인 것은 식별 가능한 관문이 있는 광장이 아니다.[19] 우리는 흔히 공적 '광장'에 관해 이야기하지만 이 은유는 낡았으며 유익하지도 않다. 광장 같은 것은 없다. 또한 '정치적인 것'이 의사당, 의회, 투표소에 제한되지 않는다는 것은 분명하다. 정치적인 것과 '정부'의 영역 사이에 겹치는 부분이 많기는 하지만 정치적인 것은 '정부'의 영역과 동일하지도 않고 그것으로 환원되지도 않는다.

정치적인 것은 공간이라기보다는 삶의 방식이다. 정치적인 것은 영역이라

---

[18] 이런 식으로 '합리적 행위자'를 통해 정치를 설명하는 관점을 해체하는 논의로는 Jonathan Haidt, *The Righteous Mind: Why Good People Are Divided by Politics and Religion* (New York: Vintage, 2012)을 보라. 『바른 마음』(웅진지식하우스).

[19] 그것은 (마치 내가 강연할 때 무대에 올라가자마자 마이크가 켜지고 무대에서 내려오자마자 마이크가 꺼지는 것처럼) 우리의 발언권이 '켜지거나 꺼질' 수 있는 무대도 아니다. 정치는 우리가 상정한 깔끔하고도 정돈된 경계 너머로 번져 간다.

기보다는 **기획**이다. 이 이중적인 공간화와 합리화를 통해 정치적인 것을 환원할 때, 우리는 폴리스가 연대의 **형성적** 공동체임을 이해하지 못하고 정치 참여가 이런 형성-공동으로 특정한 목적을 향해, 하나의 텔로스를 지향하며 살아가기 위한 습관과 실천을 지닌 시민들—을 요구하고 전제한다는 사실을 망각하게 된다. 이러한 아리스토텔레스적(또한 아우구스티누스적) 직관이 근대 자유주의의 합리주의적 절차주의에 의해 잊혀 있었지만 그렇다고 해서 그 직관이 옳지 않다는 뜻은 아니다.[20] 정치적 동물은 태어나는 것이 아니라 **만들어진다**.[21]

그렇기 때문에 정치신학에서는 경계를 감시하거나 우리의 신념을 표현하는 무대를 확보하는 데 관심을 기울이기보다는 정치적 삶이 어떤 방식으로 우리의 정체성을 규정하는 습관과 욕망의 형성과 직결되어 있는지 주의 깊게 고찰하는 데 관심을 기울여야 한다. 근본적으로 우리가, 꺼내 놓을 생각을 가지고 정치라는 '공간'으로 들어가는 '생각하는 사물'이 아니라면? 우리가 욕망에 의해 규정되는 갈망하는 존재이며 세상 안에서 우리가 살아가는 방식이 우리가 동경하는 바에 의해 다스림을 받는다면? 정치적인 것이 그저 우리의 일상사를 관리하는 절차적 기술이 아니라 피조물로서 우리가 지닌 욕망과 필요의 표현, 인간 본성의 사회성에 관해 중요한 것을 알려 주는 피조물적 삶의 구조적 특징이라면? (아우구스티누스에 관해 논평하면서) 존 본 하이킹(John von Heyking)이 말하듯이, 정치가 사실은 "세상 안에서 갈망하기"에 관

---

20 이 주장에서 '자유주의'는 특정 정당의 정책 성향이 아니라 특정 종류의 정치 이론을 지칭한다. 예를 들어서, 이 용어를 더 전문적으로 사용할 경우 미국의 공화당과 민주당 모두 '자유주의'의 유산에 속한다.
21 우리가 (올바르게도) 인간은 '본성적으로' 정치적 동물이라고 주장하기 원한다고 할지라도 그것은 여전히 계발과 훈련을 요구하는—또한 잘못 형성될 수도 있는—능력에 관한 주장이다.
22 John von Heyking, *Augustine and Politics as Longing in the World* (Columbia: University of Missouri Press, 2001).

한 문제라면?²²

그렇다면 정치는 형성을 요구하는 동시에 우리를 형성한다. 정치적인 것은 관념을 표현하기 위한 '공간'이라기보다는 일군의 의례에 더 가깝다. 그렇다면 법률은 그저 경계를 표시하는 데 그치지 않는다. 그것은 우리를 특정 종류의 사람으로 만드는 사회적 자극이다. 기관들은 다양한 기능을 위해 추상적으로 공간을 차지하는 데 그치지 않는다. 기관들은 우리를 특정 종류의 사람으로 만드는 습관을 배양한다. 말하자면 '우리'라는 관념 자체를 만들어 낸다. 정치가 습관을 형성한다면, 정치는 또한 **사랑**을 빚어내며, 이는 우리가 예전의 문제에 서 있다는 뜻이다.²³

정치가 일군의 형성적 의례—우리를 다스릴 뿐만 아니라 우리를 형성하는 습관을 형성하는 실천의 집합체로서—임을 다시금 이해할 때, 우리는 정치가 덕의 문제와 직결되어 있음을 기억하게 될 것이다.²⁴ 덕의 역학을 바르게 이해하기 위해서는 목적론을, 우리가 추구하는 **목적** 곧 우리의 협력과 공동의 삶에 생기를 불어넣는 선에 대한 전망을 고려하는 정치적인 것에 관한 시야를 회복해야 한다.²⁵ '사람들', '우리'를 하나로 묶어 주는 것은 하나의 기획,

---

23 *Desiring the Kingdom: Worship, Worldview, and Cultural Formation*, Cultural Liturgies 1 (Grand Rapids: Baker Academic, 2009)에서 예전을 "정체성을 형성하고, 좋은 삶에 대한 특정한 전망을 심어 주며, 그럼으로써 어떤 면에서는 다른 의례적 형성보다 우선하는" "궁극적 관심의 의례"로 정의했음을 떠올려 보라(p. 86). 우리의 정체성이 욕망/사랑에 뿌리내리고 있기에 예전은 "궁극적 욕망의 교육으로 기능하는" 사랑—빚어내기의 실천이다(p. 87). 『하나님 나라를 욕망하라』(IVP).

24 물론 이것을 정치**만**이 덕과 직결되어 있다는 말로 오해해서는 안 된다. 사실 뒤에서 내가 주장하는 바는, 우리가 폴리스의 문제를 해결하려고 노력할 때 '투표의 정치'라고 부를 수 있는 것의 중요성을 상대화할 것이다. 이런 의미에서 나는 문화적 영향력에 대한 복음주의 개신교의 관념을 너무도 자주 지배하는 협소한 정치중심주의를 두고 제임스 데이비슨 헌터(James Davison Hunter)가 한 비판에 공감한다. Hunter, *To Change the World: The Irony, Tragedy, and Possibility of Christianity in the Late Modern World* (New York: Oxford University Press, 2010), 특히 pp. 101-149를 보라. 『기독교는 어떻게 세상을 변화시키는가』(새물결플러스).

25 뒤에서 논하겠지만, 이런 목적론은 자아가 자율적이라고 생각하는 근대적 자유주의 관점에 의해 배제당했다. Charles Taylor, *Modern Social Imaginaries* (Durham, NC: Duke University Press, 2004)

우리가 함께 추구하는 무언가다. 공동으로 추구할 선을 찾는 한 우리는 공동의 삶에서 협력한다. 그리고 우리는 이 선의 추구를 강화하는 기관, 체제, 주기를 만들어 간다. 따라서 정치적인 것에 대한 예전적 설명에서는 우리의 공적 의례가 지닌 형성적 힘을 분석할 뿐만 아니라 (결국에는) 우리가 거주하는 많은 폴리스(poleis)를 살아 움직이게 하는 선에 대한 상이한 전망을 더 자세히, 더 구체적으로 살펴보기를 요구한다.

기독교 사상의 경우 목적론을 고려하기 위해 더 폭넓게 바라보는 일은 종말론과 밀접한 연관이 있다. 우리의 목적론은 곧 종말론, 즉 섭리의 은혜에 의해 도착하며 부활하신 왕의 귀환 없이는 도착하지 않을 장차 올 나라에 대한 소망이다. 그리고 이것은 모든 것을 바꾼다. 종말론이기도 한 목적론은 인간의 창의력과 진보에 대한 휘그적 확신이나 절망을 부추기며 위기를 조장하는 태도를 전제하는 모든 정치적 허식에 맞선다는 의미에서 대항문화적이다. 그러나 기독교 종말론은 그 자체로 **소망**의 목적론이기 때문에 우리의 공동의 삶을 권력과 지배의 책략으로 환원하는 냉소적인 정치 이데올로기에도 맞설 것이다. 더 나아가서, 종말론을 지향하는 기독교 정치신학에서는 이른바 정의의 세대가 지지하는 경향을 보이는 후천년설적 진보주의(앞에서 제닝스가 묘사한 '아리우스주의적' 태도)에도 반대할 것이다.

그러나 기독교의 소망이 영원에 비추어 정치적인 것을 새로운 틀 안에 넣는다면, 기독교 신앙이 창조에 비추어 정치적인 것을 다시 자리 잡게 한다고 말할 수 있다. 종말론이 위와 너머로부터 정치적인 것을 '상대화한다면', 성경적 창조와 문화의 신학은 이를테면 아래로부터 정치적인 것을 상대화한다. 이런 까닭에 내가 하는 작업은 단순한 **정치**신학이 아니라 더 광범위한 **공공**

를 보라. 『근대의 사회적 상상』(이음).

신학이다. 나는 특정 양식의 투표의 정치에 협소하게 집중하는 것을 극복하고 폴리스의 삶을 구성하는 것이 국가와 정부라는 협소한 관심 외부에 존재하는—대통령의 정치에 집착하는 케이블 뉴스의 시야를 훌쩍 뛰어넘는—'공동의 삶'의 양식들임을 깨닫기를 촉구하고 싶다.[26] 따라서 우리가 공유하는 사회적-경제적-정치적 삶에 대한 기독교적 설명을 '공공'신학—우리가 믿는 바를 믿지 않고, 우리가 사랑하는 바를 사랑하지 않고, 우리가 기다리는 바를 소망하지 않는 이웃들과 어떻게 함께 살아갈 것인가에 관한 설명—이라고 부르는 것이 더 적합할 것이다. 정부 기관은 그 공동의 삶의 일부지만, 우리의 공동의 삶을 다스리는 기관과 실천의 더 광범위한 그물망의 한 단면일 뿐이다. 정부(government)만이 다스리는(govern) 것은 아니라고 말할 수 있다. 혹은 거꾸로 국가가 유일한—심지어 가장 원초적인—연대의 방식이 아니라고 말할 수 있다.

베른트 바넨베취(Bernd Wannenwetsch)는 그의 주요 저서 『정치적 예배』(*Political Worship*)에서 비슷한 주장을 한다. 특정 맥락과 시대에서는 정치신학이 총체성을 주장하는 정치 체제를 논할 필요가 있을지도 모르지만, 후기 근대 자유주의 시대에는 "사회"가 "총체성"을 주장한다. 사회는 이제 국가와 사적 삶을 흡수하는 동시에 주변화하는 "상위-체제"(super-system)이며, 이는 "특히 대중 매체의 의기양양한 진격"과 "'군중'의 비인격적 독재 때문이다."[27]

---

26 로스 다우섯(Ross Douthat)은 진 힐리(Gene Healy)의 표현을 빌려 "대통령직에 대한 제의"를 끈질긴 정치적 유혹이라고 명명한다. "이 제의의 신도들에게는 대통령이 곧 정부다. 힐리는 '그가 영혼에 영양을 공급하는 자, 희망을 주는 자, 허리케인과 테러리즘, 경제 불황, 영적 불안을 막는 살아 있는 미국의 부적이다'라고 말한다"[Douthat, *Bad Religion: How We Became a Nation of Heretics* (New York: Free Press, 2012), p. 269, Healy, "The Cult of the Presidency", *Reason* (June 2008)을 인용함, 『나쁜 종교』(인간희극)]. 이 책을 읽음으로써 연방 차원의 선거 정치를 향한 집착을 넘어서는 동시에 당파성에 감염되지 않은 '정치적인 것'의 다양한 층위와 표현을 이해할 수 있기를 바란다.

27 Bernd Wannenwetsch, *Political Worship: Ethics for Christian Citizens*, trans. Margaret Kohl (Oxford: Oxford University Press, 2004), pp. 207-208.

따라서 "교회가 전체주의 국가 경험으로부터 공공의 핵심적 권력이 언제나 일차적으로 국가의 공공성을 지향해야 한다고 결론 내린다면 이는 그릇될 것이다." 왜냐하면 오늘날 이런 비판은 "(적어도 서양의 정치적 공동체 안에서는) 오래전부터 국가의 공공성을 취하겠다고 주장해 온 **사회**의 총체성 주장을 겨냥해야 한다."[28] 만약 교회가 어떤 의미에서 지상의 폴리스의 거짓 주장에 **맞서는** "공공"[29]이라면, 우리는 이것이 국가만을 겨냥하는 비판으로 오해해서는 안 된다. 왜냐하면 자본주의가 전지구화된 현재의 상황에서 국가는 다양한 측면에서 시장과 사회의 힘에 압도당하고 있기 때문이다. 바넨베취는 서양 사회-와 점점 더 전지구화되고 있는 사회들-에서 경제가 모든 것을 빚어내는 "구조-건설의 힘"으로 기능하고 있다고 지적한다. 시장은 이제 사회 자체의 "내적 논리"를 구성한다. 사회의 역학은 "자기 몫을 키우기 위해 경쟁하는 참여자들 사이의 다툼이라는 시장의 법칙에 의해 형성된다."[30] 시장의 힘과 군중의 선전(publicity) 요구가 짝을 이룬다는 것은 모든 사람이 자신의 인스타그램 게시물로 돈 벌기를 꿈꾼다는 의미다. 그리고 **그것이** 사실상 사회의 에토스(ethos)가 된다. 따라서 '정치'신학은 좁은 의미에서 국가나 다스림에 관한 설명이 아니라 '사회'라는 폴리스에 대한 신학적 설명이다. 바로 이런 의미에서 나는 이 책의 기획을 '공공'신학이라고 부르려 하며, 그렇기 때

---

28 같은 책, p. 238.

29 *Bound to Be Free: Evangelical Catholic Engagements in Ecclesiology, Ethics, and Ecumenism* (Grand Rapids: Eerdmans, 2004), pp. 19 42에 실린 "공공으로서의 교회"를 다룬 라인하르트 휘디(Reinhard Hütter)의 중요한 논의를 보라. 휘터는 근대에 지상 도성의 거짓 주장 때문에 "교회를 '정치화하려고' 하는 '정치신학'은 그 자신이 궁극적·규범적 공공이라는 현시대의 이해를 그대로 받아들이고 그에 따라 교회를 재정의함으로써 불가피하게 교회의 부적합성을 심화시키고 교회의 공적(정치적) 속성을 약화시킬 뿐"이라고 지적한다(p. 32). 우리는 교회를 "정치화하는" 대신에 교회가 "특정 텔로스에 의해 규정되고 구성적 실천에 둘러싸여 있으며 규범적인 확신에 의해 승인된" "공공"이라는 감각을-한나 아렌트(Hannah Arendt)를 따르며-회복해야 한다(p. 31). 이러한 경륜(*oikonomia*)은 교회의 실천과 권징을 통해 표현된다(pp. 35-37).

30 Wannenwetsch, *Political Worship*, p. 241.

문에 우리의 '정치'신학은 후기 근대 사회의 형성적 에토스를 제대로 다루기 위해 정부가 아닌 영역까지 아우를 것이다.

이런 맥락에서 우리가 정치를 공간화하는 무익한 방식에 관해 앞에서 내가 했던 주장을 더 섬세하게 가다듬을 수 있다. 우리는 존 밀뱅크(John Milbank)를 따라, 우리의 공동의 삶을 "**복합적** 공간"으로 보는 풍성하고 다양하며 "고딕적인" 설명보다는 **단순한** 공간화가 문제라고 말할 수도 있다.[31] 창조의 신학과 성육신의 존재론에 뿌리내린 기독교 공공신학에서는 번영하는 한 사회가 수많은 층위와 조직과 특징을 지니고 있음을 이해할―우리가 지금 '시민' 사회라고 부르는 것, 즉 국가 번영에 필수적인 국가를 넘어서는 기관과 공동체들의 연결망을 인정할―것이다. 밀뱅크는 이런 사회의 복합성을 고딕 성당의 풍성함에 비유한다. "새로운 요소를 추가하여 확장하거나 세부적인 것을 채워 넣어 집약함으로써 끊임없이 더해질 수 있는 건물. 이런 조건은 불완전함에 대한, 고딕적 구조의 파편적인 또한 그렇기에 언제나―이미 '파멸된' 성격에 대한 끊임없는 인식을 구현하며, 이는 존 러스킨(John Ruskin)이 주장했듯이 유한하며 타락한 우리가 불충분함을 더 포괄적으로 드러낼 위험을 무릅쓰면서 궁극적인 것을 추구하라는 기독교의 명령을 표현하는 것이다."[32]

정치적인 것을 바라보는 예전이라는 렌즈

따라서 나의 책무는 예전이라는 렌즈를 통해 (넓게 이해된) 정치적인 것을 바라보는 것이다. 본성적으로 조온 폴리티콘(*zōon Politikon*, '정치적 동물')인 인간

---

[31] *The Word Made Strange: Theology, Language, Culture* (Oxford: Blackwell, 1997), pp. 268-292에 실린 밀뱅크의 난해하지만 예리한 논문 "On Complex Space"를 보라.

[32] 같은 글, p. 276. 3장의 보조성(subsidiarity)에 관한 논의에서 이런 주제들을 다시 다룰 것이다.

이 곧 호모 아도란스(*homo adorans*, '예전적 동물')이기도 하다는 전제에서 출발한다면 정치에 대한 우리의 신학적 성찰은 어떻게 달라지는가? 시민이 그저 생각하는 존재나 믿는 존재가 아니라 **사랑하는** 존재라면? 우리가 정치적 기관들이 사랑을 빚어내는 실천을 배양한다는 데, 단지 우리를 다스릴 뿐만 아니라 우리가 사랑하는 바를 형성한다는 데 주의를 기울인다면 정치적 기관들에 대한 우리의 분석은 어떻게 달라지는가? 우리가 정치적 영역에서 우리의 '관점'을 표현하기를 허락받으려 노력할 뿐만 아니라 샬롬을 지향하는 삶의 방식을 길러 내기 위해 실제로 국가, 주, 시의 에토스를 빚어내려 한다면 우리의 정치 참여는 어떻게 달라지는가? 우리의 상상력이 종말론적 전망에 의해 훈련받는다면 정치에 대한 우리의 기대는 어떻게 달라지는가? 저항의 실천과 혁명의 의례가 담고 있는 전제들을 고찰하기 시작한다면 우리의 열정적 행동주의는 어떻게 조율될 수 있는가?

나의 목적은 문제를 더 단순하게 만드는 것이 아니라 더 복잡하게 만드는 것이다. 이는 얽히고설킨 실체이며, 따라서 우리의 이론적·신학적 설명은 충분히 복잡해야 한다. 먼저 예전이라는 렌즈를 통해 정치적인 것을 바라보는 작업의 두 가지 함의를 지적하고자 한다.

국가를 '종교적인' 것으로 바라보기

내가 『하나님 나라를 욕망하라』 및 다른 글에서 보여 주고자 했듯이,[33] 일단 우리가 종교를 신념이나 세계관과 동일시하는 합리주의적·주지주의적 패러다임과 거리를 두고 그 대신 종교적인 것을 궁극적인 것에 관한 의식(즉, 예전)

---

[33] *The Post-Secular in Question*, ed. Philip Gorski, David Kyuman Kim, John Torpey, and Jonathan VanAntwerpen (New York: NYU Press, 2012), pp. 159-184에 실린 James K. A. Smith, "Secular Liturgies and the Prospects for a 'Post-Secular' Sociology of Religion"을 보라.

생각해 볼 문제: 사회적 건축의 갱신

내가 선임 연구원으로 일하고 있는 기독교 싱크탱크인 카더스에서는 2천 년 동안의 기독교 사회사상을 원용하면서 "북미의 사회적 건축을 갱신하는 것"이 자신들의 사명이라고 밝히고 있다. 이 사명은 유익한 은유를 암시한다. 폴리스는 건축에 의해 지탱되며, 이는 또한 폴리스가 설계되고 만들어졌으며 유지될 필요가 있음을 뜻한다. 건축 비평가 로완 무어(Rowan Moore)의 말처럼, "건축은 안전에 대한 욕망이든 웅장함에 대한 욕망이든 피난처에 대한 욕망이든 뿌리내림에 대한 욕망이든, 그것을 만드는 이들의 욕망으로부터 시작된다. 만들어진 건축물은 그것을 경험하고 사용하는 이들의 감정에 영향을 미치며, 다시 그들의 욕망은 계속해서 건축물을 빚어내고 변화시킨다." 이것은 사회적 건축에도 그대로 적용된다. 우리는 사회를 만들고 사회는 우리를 만든다.

그러나 우리의 공동의 삶을 '사회적 건축'의 설계와 유지로 이해한다면, 이는 또한 이 작업이 얼마나 철저하게 **협력적**인지 우리가 기억하는 데 기여할 것이다. 예를 들어, 2012년 베네치아 건축 비엔날레(Venice Biennale of Architecture)에서 "공동 기반"(Common Ground)이라는 주제에 초점을 맞춘 것은 우연이 아니다. 건축가들은 자신들의 계획이 설계 단계에 머무는 한 이상주의자가 될 수 있는 호사를 누린다. 하지만 무언가가 건설되는 것을 보고 싶어 하는 한 그들은 창의적 타협을 요구하는 의무와 협력의 연결망 안으로 들어갈 수밖에 없다. 데이비드 치퍼필드(David Chipperfield)가 비엔날레 안내서 머리말에서 지적하듯이, "건축은 협력을 요구하며, 가장 중요한 의미에서 이 협력의 질에 영향받을 수밖에 없다. 건축만큼 수없이 다양한 기여와 기대에 의존하는 평화로운 활동을 생각하기란 어렵다. 건축은 상업적 힘과 사회적 전망과 연관되어 있다. 기관과 기업들의 바람과 개인들의 필요와 욕망을 다뤄야 한다. 우리가 명시적으로 밝히든 그렇지 않든, 모든 주요한 건축물은 우리가 힘을 결합하여 다른 이들을 위해 무언가를 만들 수 있는 능력이 있음을 보여 주는 놀라운 증거다."[2] 사회적 건축의 설계, 건설, 유지에 기여하도록 부름받은 이들도 마찬가지다. 비록 우리는 아브라함처럼 "하나님이 계획하시고 지으실 터가 있는 성을 바라지만"(히 11:10), 본질적으로 이러한 일에는 연대, 협력, 타협이 필요하다.

---

1 Rowan Moore, *Why We Build* (London: Picador, 2012), p. 18. 『우리가 집을 짓는 10가지 이유』(계단).
2 David Chipperfield, introduction to *Common Ground: A Critical Reader*, ed. David Chipperfield, Kieran Long, and Shumi Bose (Venice: Marsilio Editori, 2012), p. 14.

과 동일시한다면, 전에는 중립적이거나 우호적이라고 생각했던 문화적 기관과 실천들이 우리의 사랑을 빚어내는 것을 목표로 삼기에 일종의 종교적 힘을 지니고 있음을 깨닫게 된다. 그것들을 종교적인 까닭은, 그것들이 신념과 세계관이라는 정보에 영향을 받을 뿐만 아니라 말 그대로 예전적인 형성적 주장을 하고 있기 때문이다. 당신의 '충성 맹세'를 원하는 기관이 당신의 마음을 얻을 때에야 비로소 만족하리라는 사실은 놀랍지 않다.

이 경우 예전이라는 렌즈는 '이 땅의 법'이나 대법원의 판결뿐만 아니라 우리의 공동의 삶과 얽혀 있는 의례—우리 안에 국가의 신화를 심어 주며 우리로 하여금 선에 대한 특정 전망을 향한 무의식적 충성을 습관화하게 하는 의식(儀式)과 예전-에 주의를 기울이게 하는 문화적 형광펜 역할을 한다. 예전이라는 렌즈를 통해 정치적인 것을 문화적으로 분석할 때, 우리가 민주주의와 시장을 구성하는 기관들에게 정보를 전달받을(informed) 뿐 아니라 민주주의와 시장의 의례에 의해 형성되고(formed) 있다는 점에 주의를 기울이게 될 것이다. 사실, 민주주의적 자유주의의 의례가 국가에 의해서만 관리되지 않음을-어쩌면 심지어 일차적으로 관리되지도 않음을-알아차리게 될 것이다. 오히려 우리는 정확하게 구획된 정치적 '영역'을 훌쩍 뛰어넘어서는, 마이클 핸비(Michael Hanby)가 "군사-연예 복합체"(military-entertainment complex)[34]라고 부른 것에 의해 촉진되는 복잡한 예전 연결망을 발견하게 될 것이다.

바로 이런 이유 때문에 나는 고대인이었지만 선견지명 있는 목소리를 낸 아우구스티누스 같은 인물로부터 포스트모던인인 우리가 배울 것이 많다고 생각한다. 사실 어떤 의미에서 나의 기획은 후기 근대 자유주의 맥락에서 지상 도성의 '공민적 신학'에 대한 아우구스티누스의 예전적 분석을 되풀이하는 것이라고 말할 수 있다. 1장에서는 이 점에 초점을 맞추어 지상 도성의 정치가 준궁극적인 것으로 남아 있는 데 만족하지 못함을 보여 줄 것이다.

교회를 '정치적인' 것으로 바라보기

예전이라는 렌즈가 '국가'의 종교적(즉, 예전적) 측면을 강조한다면, 그것은 똑같이 교회의 정치적 성격, 즉 그리스도의 몸이 일종의 상상력의 공화국, 하늘

---

[34] Michael Hanby, "Democracy and Its Demons", *Augustine and Politics*, ed. John Doody, Kevin L. Hughes, and Kim Paffenroth (Lanham, MD: Lexington Books, 2005), p. 129.

에 시민권을 두고 있는 이들(빌 3:20)로 이뤄진 정치체(body politic)임을 강조한다. 그리스도의 몸의 실천은 우리 안에 사회적 상상(social imaginary)을 심으며, 우리로 하여금 하나님 나라라는 텔로스를 지향하게 만든다. 예배는 하나님의 도성의 '국민 윤리'(civics)이며, 우리로 하여금 하나님이 피조물에 대해 욕망하시는 샬롬을 욕망하는 백성으로서 습관을 기르게 한다. 교회는 그저 영혼 구원의 거점으로 그때까지 우리가 '정치'라는 세속적 짐을 지고 힘겹게 살아가도록 내버려 두는 곳이 아니다. 교회는 우리로 하여금 어떻게 정치가 달라질 수 있는지 상상하도록 초대하는 정치체다. 그리고 우리는 예배를 마치고 우리 이웃에게, 우리 이웃을 위해 그리스도의 형상을 지닌 이가 되라고 보냄받는다. 우리는 번영에 이바지하지만 특히 약한 이들—우리 가운데 있는 과부, 고아, 이방인—에게 관심을 기울이는 방식으로 사회적 세계의 질서를 세우라는 피조물의 청지기직과 책임을 수행하라고 보냄받는다. 중생과 성화라는 성령의 능력이 연대를 만들어 내는 **정치적** 의지를 함양하기도 한다.[35]

그렇기 때문에 우리는 영적인 것과 정치적인 것을 깔끔하고 단정하게 구분하고 '교회'와 '국가' 사이에서 관할권을 감시하는 데 만족할 수 없다. 어떤 중요한 의미에서, 이런 구별은 단순한 분업이 아니다. 다툼과 경쟁의 관계다. 피터 라잇하르트가 지적하듯이, "교회가 복음을 선포하고 '정치적' 실체로서, 그 자신만의 정체로서 제대로 기능하는 한 이 땅의 왕들은 자신들의 손에 문제를 지니고 있는 셈이다.…교회가 등장하자마자, 명민한 정치인이라면 누구든 세속 정치가 더 이상 독점적 자리를 차지할 수 없음을 분명히 인식

---

[35] "오늘날 기독교 교회의 정치 윤리의 일차적 책무는 특정 사례나 부문에서 정치적 영향력을 추구하기보다는 예배 안에서 회중의 자리와 기능을 되찾는 것이어야 하며, 예배를 통해 회중은 복음과 일치하는 정치적 삶의 형태를 개발할 수 있다"(Wannenwetsch, *Political Worship*, p. 163).

할 것이다. **어느** 도성이든 교회가 들어가면 이는 그 도성의 성벽 안으로 도전자가 들어왔음을 의미한다."[36] 경쟁 상대가 될 왕에 관한 소문만 들려도 헤롯이 나타나 격노하여 상대를 진압할 암살 계획을 세울 것이다. 황제에게 충성하겠다고 맹세하기를 거부하는 이들을 무자비하게 짓밟으려는 하만은 언제나 존재한다. 그리고 "하나님의 나라를 기다리는" 아리마대 사람 요셉 같은 이들은 담대하게 자신들의 빌라도와 맞설 것이다(막 15:43). 2장에서는 이러한 교회의 정체(政體)가 지닌 특징을 설명하고 기독교 예배의 실천에 담긴 선에 대한 본질적 전망을 해설하는 데 초점을 맞출 것이다.

그러나 이 두 통찰—국가가 종교적이며 교회가 정치적이라는—이 상호 배제나 전면 대립을 뜻하지는 **않는다**. 이 두 통찰이 정치적인 것에 대한 우리의 관계에서 일종의 거룩한 양가성을, 즉 진보주의의 오만, 승리주의적 문화 전쟁, 절망적인 냉소주의에 맞서는 구체적으로 종말론적인 우리의 소망에 뿌리내린 건강한 거리를 유지하는 참여를 촉진한다고 생각하긴 하지만 말이다. 오히려 우리의 정치적 삶의 제자도는 천상 도성과 지상 도성 사이에서 나타나는 협력과 긴장을 두고 어떻게 협상하는지 분별할 수 있는 능력을 요구한다. 이 책 3-6장과 결론에서는 수많은 상이한 각도에서 이 중대한 책무에 초점을 맞출 것이다.

이 두 주장을 서로 배타적인 것으로 취급하지—혹은 우리가 교회와 정치 사이에서 선택해야 한다고 결론 내리지—않으면서 이 둘을 함께 견지하고자 한다면, 우리의 실천에 영향을 미칠 여러 층위의 미묘한 차이와 복합성을 추가해야 한다. 여기서는 그 함의를 지적해 두고, 그런 다음 이어지는 장들에서 이를 더 자세히 살펴보고자 한다.

36　Peter Leithart, *Against Christianity* (Moscow, ID: Canon Press, 2002), p. 136.

1. 우리는 '정치적인 것'이 지상 도성에서 이뤄지는 정치의 특수 사례와 동의어가 아님을 인식해야 한다. 다시 말해서, 우리는 지금 우리가 보고 있는 정치적인 것의 형태를 '정치적인 것' 자체와 동일시하려는 유혹에 저항해야 한다. 지상 도성은 정치를 독점하고 있지 않으며, 정치에 관한 최종적 권위를 가지고 있지도 않다. 그렇기 때문에 우리는 정치적인 것의 영역이 하나님 나라를 지향할 수 있도록 노력하고 소망하며 기도할 수 있다. **이것**이 바로 (당신이 지금까지 기독교 세계에 관해 들었던 거의 모든 것에 반하는) 우리가 '기독교 세계'(Christendom) 기획이라고 부르는 바다. 기독교 세계는 우리의 정치적 기관들이 아무리 미약하더라도 장차 올 사랑의 왕국을 지향할 수 있으리라는 소망으로 행하는 **선교적** 노력이다. 기독교 세계가 어떤 모습인지 알기 원한다면, 흑인 민권 운동의 역사를 다룬 찰스 마쉬의 책 『사랑의 공동체』를 읽어 보라.[37]

2. 우리는 우리의 정치적 기관과 실천이 장차 올 왕국을 되울릴 수 있기를 바라고 기도해야 할 뿐만 아니라 사실은 그것이 이미 일어났음을 인식해야 한다. 이 때문에 우리는 정치적 자유주의조차도 단순히 거부할 수 없다. 오히려 우리는 자유주의 자체가 빌려온 자본으로 살아가고 있으며, 자유주의가 가능한 유일한 이유가 복음의 충격과 기독교의 실천이 서양 사회에서 미친 형성적 영향임을 이해해야 한다[이에 관해서는 찰스 테일러(Charles Taylor)와 올리버 오도노반의 도움을 받아 더 자세히 설명할 것이다]. 자유 민주주의에 대해 우리는 대립적 입장만 취하지는 않으며, 우리 입장이 근본적으로 대립적인 것도 아니다.

3. 그럼에도 후기 근대의 자유 민주주의—오늘날 지상 도성의 기본 형태

---

[37] Charles Marsh, *The Beloved Community: How Faith Shapes Social Justice, from the Civil Rights Movement to Today* (New York: Basic Books, 2005).

인―는 궁극적으로 불완전하고 무질서할 뿐만 아니라 우리의 사랑을 무질서하게 만드는 경우가 많다. 따라서 우리의 정치 참여는 거부나 용인이나 칭송이 아니라, 궁극을 향한 정치의 허위에 대한 구체적 상황에 적합한 저항과 준궁극적 목적을 이루기 위해 협력할 수 있는 구체적 상황에 적합한 기회를 촉진하기 위해 어렵고 혼란스러운 분별 작업을 요구한다.

4. 마지막으로 우리는 예전이라는 렌즈로 우리의 정치적·공적 삶을 바라보는 작업을 통해 우리 자신의 동화에 주의를 기울이고, 더 나아가 지상 도성에 굴복하는 원인을 진단해 보아야 한다. 우리가 '세계관들'로 무장하고 우리의 사상과 주장으로 문화를 변혁하겠다고 자신만만하게 행진해 들어갈 때, 우리 자신의 사랑이 어느 정도까지 지상 도성의 의례에 사로잡혀 있는지 과소평가하는 경우가 너무 많다. 그 결과 문화를 변혁한다는 미명 아래 결국 교회는 세상에 동화되고 만다. 지상의 폴리스가 만들어 낸 지적 구조에 초점을 맞출 때 우리는 그 의식들이 지닌 형성적 힘을 놓치고 만다. **이것**이 바로 윌리 제닝스, J. 캐머런 카터(Kameron Carter), 브라이언 밴텀(Brian Bantum)이 주창하는 새로운 흑인 신학에서 역설하는 불편한 진실이다.[38] 인종 이데올로기에 대한 교회의 굴복은 우리가 최선의 주장과 확신을 함에도 지상 도성의 예전에 의해 동화되었음을 보여 주는 사례 연구가 될 것이다.

---

[38] 혹은 조지 얀시(George Yancy)가 (나의 책 *Imagining the Kingdom*의 개념적 지형과 교차하는 방식으로) 말하듯이, "깊이 자리 잡고 있는 인종주의적인 정서적 반응은, 인종적이며 인종주의적인 세계 안에서 신체적 상호 작용을 행하는 일상적 방식을 통해 이미 굳어진 백인의 신체적 레퍼토리의 일부를 형성한다고 볼 수 있다"[*Black Bodies, White Gazes: The Continuing Significance of Race* (Lanham, MD: Rowman & Littlefield, 2008), p. 5].

이런 논의의 지형 전체에 성 아우구스티누스의 거대한 그림자가 어른거리고 있으며, 그의 책 『신국론』은 나의 기획에 생기를 불어넣는 원천으로서 우리의 포스트모던적 조건을 진단하기 위한 자료를 제공한다. 그는 〈포스트맨〉에서 예증하는 우리의 정치적 갈망의 두 양상, 즉 친구와 친척이라는 편안한 범위를 넘어서서 협력의 공동체를 건설하려는―인간 번영을 위한 기관들을 세움으로써 우리의 이웃을 사랑하려는―피조물의 선한 욕망과 준궁극적인 것을 절대화하고 정치적인 것과 영원한 것을 혼동하는 타락한 성향 모두를 우리가 알아차리고 구별할 수 있도록 도와줄 것이다. 천상 도성의 신실한 시민이 된다는 것은 장차 올 왕국을 증언하면서 적극적으로 기다리는 법을 배우는 것이다.

1장 의례 이야기

민주주의의 예배

(준)궁극적인 것에 대한 구별 희미하게 하기

내 주장은, 우리의 '통속적' 정치신학—그리스도인의 공민적 참여와 관련된 그들의 일상적 실천—의 혼란과 혼동은 부분적으로 정치신학을 '공간화'하는 경향, 즉 '교회'와 '국가'라는 두 영역 혹은 관할권을 분리하는 경향에 기인한다는 것이다. 그 결과 기독교 공공신학의 문제는 어떻게 다른 두 '영역' 사이를 오갈 것인가, 혹은 우리의 '이중 시민권'[1]을 어떻게 처리할 것인가, 혹은 '교회'와 '문화'가 어떤 관계를 맺게 할 것인가?[2]로 틀 지어진다. 문제는 이런 식으로 가정된 경계들이 사실은 보이지 않는다는 것이다. 따라서 우리가 언제 경계를 넘어섰는지 알기 어려운 경우가 많다. 지상 도성을 표시하는 '시 경계'란 존재하지 않으며, 이는 지상 도성이 **공간**이 아니라 **삶의 방식**, 즉 공동체적 주기, 일상적 반복, 의식 안에 담긴 사랑과 갈망과 신념의 다발이기 때문

1　잠시 후 지적하겠지만, 반대되는 수많은 주장에도 불구하고 (천상 도성과 지상 도성의) 이중 시민권이라는 이 개념은 아우구스티누스의 사상이 **아니다**.

2　H. 리처드 니버(Richard Niebuhr)가 이 문제를 "그리스도와 문화"라는 틀에서 다룸으로써 상황이 더 복잡해졌다. 비판적인 논의로는 *Discipleship in the Present Tense: Reflections on Faith and Culture* (Grand Rapids: Calvin College Press, 2013), pp. 81–86에 실린 James K. A. Smith, "Thinking Biblically about Culture", review of *Christ and Culture Revisited*, by D. A. Carson[카슨의 책은 『교회와 문화 그 위태로운 관계』(국제제자훈련원)라는 제목으로 번역되었다—옮긴이]을 보라.

이다. 우리가 **어디**에 관해 묻기를 멈추고 **어떻게**에 관해 묻기 시작할 때 정치적인 것에 관한 신학적 지혜가 시작된다. 이것이 바로 내가 주장하려는, 정치적인 것을 공간화하는 습관을 극복하는 것을 의미한다.

또한 이것은 정치신학에서 자주 환기되는 구별, 즉 '궁극적인 것'(ultimate)과 '준궁극적인 것'(penultimate) 사이의 구별에 이의를 제기함을 뜻한다.[3] 정치적 자유주의, 그리고 기독교 정치신학의 특정 흐름에서는 궁극적인 것과 준궁극적인 것 사이에 분명하게 선을 긋기 좋아한다(때로는 이것을 '자연적인' 것과 '초자연적인' 것 사이의 구별과 동일시한다). 예를 들어, 정치적 자유주의에서는 '궁극적' 문제에 관해 불가지론적 태도를 주장하며 정치가 '준궁극적인' 것에 영향을 미친다고 강조한다. 기독교 신학의 일부 흐름에서는 사실상 이에 동의하면서 정치적 삶이 궁극적이고 '영적인' 실체와 대비되는 현세적이고 '준궁극적인' 실체만 다룬다고 전제한다. 이 둘 모두 우주가 여러 차원이나 단계로 이뤄져 있으며 우리가 **특정 지점까지는** 함께 걸어서 올라갈 수 있지만, 이 지점을 넘어서면 궁극적으로 차이를 인정할 수밖에 없다고 생각한다. 그리고 '정치'는 이 아래 층위에서 이뤄진다고 상상한다. 그러므로 이런 공통된 전제를 받아들이고 하위의 준궁극적 차원에서 함께할 수 있는 일에 집중하자고 한다.[4]

---

[3] 이런 구별이 공간적이기보다는 **시간적인** 성경적 구별, 즉 (만약 영원한 도성에서 '시간'이 올바른 말이 될 수 있다면) 현시대의 시간과 종말의 시간 사이의 구별과 대비된다는 점에 주목하라. 마이클 호튼(Michael Horton)은 성경적 구별이 공간이 아니라 시간의 문제, 즉 '우리는 어디에 있는가?'보다 '지금이 어떤 때인가?'라는 물음과 직결된 문제라고 주장해 왔다. 이에 관한 논의로는 Michael S. Horton, "Participation and Covenant", *Radical Orthodoxy and the Reformed Tradition*, ed. James K. A. Smith and James H. Olthuis (Grand Rapids: Baker Academic, 2005), pp. 107-132와 Horton, "The Time Between: Redefining the 'Secular' in Contemporary Debate", *After Modernity? Secularity, Globalization, and the Re-enchantment of the World*, ed. James K. A. Smith (Waco: Baylor University Press, 2008), chap. 3를 보라.

[4] 예를 들어, David VanDrunen, "The Importance of the Penultimate: Reformed Social Thought and the Contemporary Critiques of Liberal Society", *Journal of Markets and Morality* 9 (2006): pp. 219-249를 보라.

이런 식으로 (준)궁극적인 것의 구별은 현세적인 것과 영원한 것, 초월적 기대와 이 세상 현실 사이의 분업을 용인한다. 우리의 궁극적 신념과 기대는 일종의 종교적 성격[정치적 자유주의자인 존 롤스(John Rawls)가 "선에 대한 형이상학적 관념"이라고 불렀을 법한 것]을 지니고 있다.[5] 당신이 자연주의적 무신론자라고 할지라도 당신은 **무언가**를 궁극적인 것으로 고백한다. 당신은 무엇이 선하고 공정하고 바른가에 대한 어떤 거시적 전망(macrovision)에 헌신하고 있을 것이다. 당신의 '궁극적' 헌신이 별로 거대하지 않을 수도 있다. 사실 대단히 협소할 수도 있다. 궁극적이며 가장 신성한 헌신의 대상이 당신 자신의 보존과 이익—자기중심적 세계관—일 수도 있다. 세계와 그 안에서 당신의 소명에 대한 이해를 전적으로 빚어내는 방식으로 아인 랜드[Ayn Rand, 이기주의를 옹호하며 이타주의를 비판하는 '객관주의'(objectivism)를 주창한 러시아계 미국인 작가—옮긴이]나 프리드리히 니체(Friedrich Nietzsche)를 **신봉할** 수도 있다. 그러나 당신이 정직하다면 모두가 당신이 믿는 바를 믿지는 않을 것이라는 사실(찰스 테일러가 "세속적" 상황이라고 부른 것, 즉 누구의 신념도 한 사회 전체의 공리나 기본값으로 받아들여질 수 없는 상황)을 인정할 수밖에 없을 것이다. 이와 비슷하게, 당신이 그리스도인이라면 당신은 하나님에 관한 궁극적 신념과 만물의 완성에 대한 초월적 기대를 가지고 있다. 하지만 당신은 모두가 이것을 믿지는 않는다는 사실을 받아들여야 한다. 따라서 우리는 궁극적인 것에 관해[6] 의견

---

[5] *A Theory of Justice* (Cambridge: Belknap Press of Harvard University Press, 1971)에서 롤스는 자유주의 사회에서 정의와 공정에 관한 공적 토의는 모든 사람이 차이를 평준화하고 "이익"의 영향을 제거할 수 있는 "본원적 지위" 안에서 살고 있는 것처럼 가정한 상태에서 이뤄져야 한다고 주장했다. 가장 주목할 만한 점은, 그가 본원적 지위 안에서 정치 행위자들이 선에 관한 궁극적 신념을 제쳐 두어야 하며, 이는 이런 신념이 근본적 **차이**를 만들어 내는 원천이기 때문이라고 말했다. 롤스에 대한 제프리 스타우트(Jeffrey Stout)의 비판을 고찰하면서 이 주제를 다시 다룰 것이다(뒤의 '민주주의, 전통, 예전'을 보라). 『정의론』(이학사).

[6] 혹은 '근본적인' 것에 관해. 궁극적인 것과 우리를 갈라놓는 것이 가장 근본적이고 우리가 당연하게 여기는 출발점, 다른 모든 것의 기반이 되는 신념과 헌신이므로 '기초 동인'에 해당하는 지향으로 초점을

을 달리하는 상황에 처해 있다.

하지만 이런 논리에 따르면 궁극적인 것에 관해 의견의 차이가 있다고 해서, 쓰레기 수거, 교통 신호등, 공립 도서관, 주간(州間) 고속 도로, 상품과 용역의 상업적 교환과 같은 '준궁극적이고' 현세적인 문제에 관해 의견 일치를 이룰 수 없는 것은 아니다. 이런 것들은 하나님을 믿든지 안 믿든지 우리 모두가 다뤄야 하는 일상적이고 평범하며 '세속적인' 실체들이다. 인간이 하나님의 형상으로 창조되었다고 생각하든지 피부에 싸여 있는 감각 있는 고깃덩어리일 뿐이라고 생각하든지, 하수도 체계가 좋은 것이라는 데는 우리 모두 동의할 수 있을 것이다. 영혼의 영원한 운명이나 우리가 영혼을 **지니고** 있는가에 대해서는 의견을 달리할 수 있지만, 자동차의 유아용 보조 의자가 좋은 것이라는 데는 모두가 동의할 수 있을 것이다. 세속적이고 **준궁극적인** 문제에만 집중한다면 우리를 갈라놓는 궁극적 관심에 굳이 관심을 기울일 필요가 없다. 그런 문제는 주말 동안 집에서만 다루게 하자.

자유주의는 준궁극적인 것의 정치를 자랑스럽게 여긴다. 즉, 자유주의는 궁극적인 것에 관한 불가지론을 자랑스럽게 주장하며, 오직 우리에게 준궁극적인 것에 관해 협력하라고 요구하는 절차적 체계를 자처한다. 자유주의 여신은 "내겐 선을 공급하는 구체적 전망이 없어. 당신에게 무엇을 믿어야 한다고 말하지도 않을 거야. 사실 나는 아무것도 '믿지' 않아. 그냥 우리가 준궁

돌리려 한다면 '궁극적인 것' 대신 '근본적인 것'이라는 표현을 사용할 수도 있다. (이는 헤르만 도이어베르트 이후의 신칼뱅주의 전통에서 통용되는 표현이다.) 주장은 동일하다. **근본적** 신념이 우리를 갈라놓을 수도 있지만, '중간 차원의 원리'에 관해 실용적 합의에 도달할 수 있다는 것이다. 생명 윤리 분야에서 내놓은 이런 형태의 고전적 주장으로는 Tom L. Beauchamp and James F. Childress, *Principles of Biomedical Ethics*, 7th ed. (New York: Oxford University Press, 2012)을 보라. 『생명의료윤리의 원칙들』(부크크). 이런 기획에 대한 신랄하고, 다소 매킨타이어적인 비판으로는 H. Tristram Englehardt Jr., *Bioethics and Secular Humanism: The Search for a Common Morality* (Harrisburg, PA: Trinity Press International, 1991)를 보라.

극적 문제에 대해 합의에 이를 수 있도록 도와줄 몇 가지 규칙만 서로 동의하자"라고 속삭인다. 이런 이야기에 따르면 우리가 궁극적인 것에 집착할 때 사람들이 상처를 입는다. 준궁극적인 것은 누구도 다치게 하지 않는다.

물론, 다치게 할 때를 제외하면 말이다. 〈포스트맨〉에서 우편 제도가 야기한 폭력과 파괴를 떠올려 보라. 편지를 전달하는 사소한 문제가 어떻게 전쟁을 일으키게 되었을까? 대통령 선거에서든 흑인을 폭행하고 교수형에 처하는 나무(lynching tree)의 기괴한 그림자 아래에서든 르완다 인종 청소의 끔찍한 사례에서든, '단지' 정치적이며 사회적인 충성에 불과한 것이 언제나 종교적 충성을 압도한다.[7] 사실 궁극적인 것/준궁극적인 것 구별은 우리가 상상하듯이 행복한 분업이 아니며, 이는 특히 정치적인 것이 준궁극적인 것으로 남는 데 만족하지 않기 때문이다.

실제로, 우리가 영원이란 존재하지 않는다는 궁극적 확신을 가지고 있을 때 현세적인 것을 절대화하기가 쉽다. 조셉 바텀(Joseph Bottum)은 『불안한 시대』(An Anxious Age)에서[또한 특별히 「위클리 스탠더드」(The Weekly Standard)에 실린 통렬한 후속 기고문에서] 이런 식으로 준궁극적인 것을 절대화하는 태도를 지적한다.[8] 진보주의자들의 폭력과 좌파의 공적 파문을 열거하면서 바텀은 "현대 세계가 광적으로 변한 오랜 기독교의 덕목들"―"서로 고립된 채 홀로 떠돌아다니는" 덕목들―로 가득 차 있다는 G. K. 체스터턴(Chesterton)의 선견지명을 확증한다. 세속화된 문화가 종교적 열정을 결여하고 있는 것은 아니

---

7   James H. Cone, *The Cross and the Lynching Tree* (Maryknoll, NY: Orbis, 2013)와 Ephraim Radner, *A Brutal Unity: The Spiritual Politics of the Christian Church* (Waco: Baylor University Press, 2012)를 보라.

8   Joseph Bottum, *An Anxious Age: The Post-Protestant Ethic and the Spirit of America* (New York: Image, 2014); Bottum, "The Spiritual Shape of Political Ideas", *Weekly Standard*, December 1, 2014, http://www.weeklystandard.com/the-spiritual-shape-of-political-ideas/article/819707.

다. 새로운 출구를 찾았을 뿐이다. 바텀은 "후기-개신교 세대는 점점 더 그 신분이 상승하여 전에는 자신들의 주류(mainline) 조부모들이 차지하고 있던 높은 자리를 차지하면서 기독교 도덕의 개인적 행동은 버리고 한때 일관성을 지녔던 기독교 신학의 분위기와 구조만 받아들였다. 죽어 가는 주류 교단들로부터 탈출한 것은 옛 덕목들이 아니라 서로 고립된 채 홀로 떠돌아다니는 옛 관념들이다"라고 주장한다.[9] 세속화된 문화는 그 나름의 원죄, 그 나름의 성화(말하자면 정치적으로 올바른 형태의 계몽주의), 그 나름의 정화와 출교의 장치를 가지고 있다(결국 미국의 기독교 교회와 달리 준궁극적인 것의 교회는 실제로 치리를 행하고 있는 셈이다). 이것은 무엇이 궁극적인가에 대해 불가지론을 견지하는 에토스의 습관이 아니다.[10]

사실상 신전 뜰이라고 할 수 있는 내셔널 몰(National Mall, 워싱턴 D.C.의 국립공원으로 링컨 기념관과 국회 의사당 사이에 자리 잡고 있다—옮긴이)—국립공원

---

[9] Bottum, "Spiritual Shape."

[10] 톰 윌슨(Tom Wilson)이 어빙 크리스톨(Irving Kristol)의 "심한 종교적 강박"이라고 묘사한 바가 바로 이것과 연관이 있다.

    [그것은] 세속적 자유주의가 반드시 도덕적 무질서와 심지어 허무주의로 발전하는 가치 없는 개인주의를 조장한다는 신념이다. 크리스톨은 종교가 없다면 사회 안에서 민주주의적 자본주의가 현실적으로 제공할 수 있는 바에 대한 불만이 점점 더 커질 것을 두려워한다. 삶의 불가피한 불의와 단조로운 좌절을 이해할 수 있게 해 주는 더 높은 차원의 위로에 대한 일체의 신념이 제거되었을 때, 사람들이 정치 체제에 요구하는 바는 "그들이 상실한 무한성만큼이나 무한해진다." 결국 민주주의 체제는 아무런 영적 양육도 받지 못하는 시민들의 기대 앞에서 더 이상 스스로를 정당화하거나 방어할 수 없다. 그들이 자본주의가 약속하는 대로 정부가 무제한의 물질적 개선을 이뤄야 한다고 주장하는 상황에서 그들의 기대는 도저히 채울 수 없는 것이 되고 만다. 종교적 문화 없이는, 권위주의는 아니더라도 국가주의로의 추락에는 저항할 수 없는 것처럼 보인다. (Wilson, "Irving Kristol's God," *First Things*, March 2015, https://www.firstthings.com/article/2015/03/irving-kristols-god)

    올리버 오도노반은 *The Ways of Judgment* (Grand Rapids: Eerdmans, 2005), pp. 309-312에서 비슷한 현상을 분석한다. 근대는 기독교적 내성(introspection)을 물려받았지만 이 내면성(interiority)을 통해서 만나는 하나님을 잃어버렸다/거부했다. 그러므로 사회/정부에 대해 새로운 (초월적) 기대를 하게 되었으며, 그 결과는 절망이다(p. 311). 근대는 그리스도 안에서 이뤄진 하나님의 심판이라는 **좋은 소식** 없이 '스스로 판단하라'라는 기독교적 책임만 물려받았기 때문이다. 따라서 우리는 자의식적 절망에 빠져들고 '세속적' 기관들—즉, 사라지고 우리를 구원할 수 없는 기관들—에 더욱더 집착하게 된다.

관리청(National Parks Service)에서도 미국 수도의 "성상들"(icons)을 모셔둔 곳이라고 부르는[11]—을 방문할 때도 당신은 정치적인 것이 현세적이며 준궁극적인 것일 뿐이라고 결론 내리라고 강요받는다. 만약 성 바울을 아레오바고에서 내셔널 몰로 순간 이동시켜 웅장한 의사당을, 워싱턴 기념탑을, 에이브러햄 링컨(Abraham Lincoln)에 대한 영원한 기억을 모셔 둔 "신전"[12]을 둘러보게 한다면, 그가 관찰한 것 역시 비슷하리라 생각한다. "너희를 보니 범사에 종교심이 많도다"(행 17:22). 민주주의와 자유는 우리가 지상을 순례하는 '잠깐 동안'만을 위한 좋은 사상에 그치지 않는다. 우리가 그것을 위해 죽는(또한 죽이는) 궁극적 선이다. 이것은 국가적 신화와 군사적 힘을 화려하게 전시하는 운동장(stadium)과 경기장(arena)의 예전에 의해 더욱 강화된다. 이 예전은 아우구스티누스가 로마 제국의 "신화적인"[fabulous, 『신국론』에서 아우구스티누스는 이야기를 뜻하는 헬라어 *mythos*가 라틴어로는 *fabula*에 해당한다는 점을 들어 'fabulous'라는 단어를 '신화적인'(mythical)이라는 뜻으로 사용하겠다고 제안한다—옮긴이] 공민적 신학으로 묘사했던 바, 즉 그 자체로 예배와 다름없었던 공적 의식들과 비슷하다.[13] 정치적인 것은 준궁극적인 것의 경계를 넘어서 흘러간다. 우리의 공적 의식은 의례의 힘을 지니고 있다.

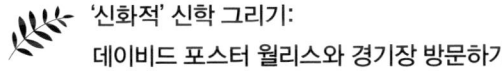

'신화적' 신학 그리기: 데이비드 포스터 월리스와 경기장 방문하기

많은 사람에게 격찬을 받은 데이비드 포스터 월리스(David Foster Wallace)의 『무한

---

11   "National Mall and Memorial Parks", National Park Service, accessed March 18, 2015, http://www.nps.gov/nama/index.htm.
12   링컨 기념관의 벽에 그렇게 새겨져 있다.
13   Augustine, *City of God* 6.5–12.

한 농담』(*Infinite Jest*)에 등장하는 한 장면을 소개하고자 한다. 애리조나주의 메사 (mesa, 미국 남서부에서 흔히 볼 수 있는 꼭대기가 평평하고 등성이는 벼랑인 지형—옮긴이) 의 아름다운 풍경을 배경으로, 스티플리(Steeply) 요원이 퀘벡 분리주의 단체인 휠 체어 암살단의 단원 레미 마라트(Rémy Marathe)를 만난다. 거의 즉시 그들의 대화 는 사랑의 문제로 전환된다. 처음부터 이는 배를 띄우고 전쟁을 시작하게 한 낭만 적 사랑이다. 아가멤논(Agamemnon)과 헬레네(Helen), 단테(Dante)와 베아트리체 (Beatrice), 키르케고르(Kierkegaard)와 레기네(Regina) 같은 사랑. 그들의 역할을 감 안할 때 이 대화가 국가주의의 힘에 관한 대화로 바뀌는 것도 놀랍지 않다. 그런 대 화를 나누던 중 마라트는 흔히 하는 표현을 사용한다. 여기 대화 한 토막은 우리의 관심을 끈다.

"당신네들이 미국에서 광신도를 가리킬 때 사용하는 '광적'(fanatic)라는 말, 거기선 그 게 '신전'을 뜻하는 라틴어에서 왔다는 걸 가르쳐 주나? 말 그대로 '신전에서 예배하는 사람'을 뜻하지."

"…또 시작이군." 스티플리가 말했다.

"말하자면 당신이 말하는 이 사랑, 타인 씨의 위대한 사랑은 **집착**을 의미할 뿐이야. 타인은 광적으로 집착하지. 우리의 집착은 우리의 신전, 우리가 예배하는 것이야. 그렇 지 않나? 우리가 자신을 바치는 대상, 우리가 믿음을 쏟는 대상 말이야."

스티플리는 지긋지긋할 정도로 익숙하다는 몸짓을 했다. "또, 또, 또 시작이군."

마라트는 부시했다. "우리 모두가 광신도 아닌가? 내 말은 당신네 미국인들이 모른 척하고 있을 뿐이라는 거야. 집착은 매우 중요한 거야. 집착하는 대상을 신중하게 고르 게. 광신의 신전을 정말 주의를 기울여 고르게…."

[나중에 마라트는 이렇게 지적했다. "결국엔 말야.] 당신이 사랑하는 바가 곧 당신이 라네."[14]

이 대화는 정치적 지형 위에서 이뤄진 정부 요원과 혁명가 사이의 대화지만, 팬덤(fandom)의 **종교적** 역학을 환기하는 이 장면은 『무한한 농담』에서 더 흔히 등장하는 장면인 엔필드 테니스 학교의 엄격한 테니스 훈련을 묘사하는 장면 바로 다음에 이어진다. 이 고립된 형성적 공동체를 감독하는 인물은 게르하르트 슈티트(Gerhardt Schtitt)다. 화자가 묘사하길, 슈티트는 "그 세대의 유럽인들 대부분이 그렇듯 어렸을 때부터 항구적 가치에 고정되어 있었다. 그 가치는 아마도—그래, 맞다, 인정한다—확실히 시원적 파시즘의 냄새를 풍기지만 그럼에도 영혼과 삶의 과정에 든든하게 뿌리내리고 있다."[15] 이는 "청소년 체육이 기본적으로 시민권을 위한 훈련이라는, 즉 청소년 체육의 핵심은 자아의 편협한 명령—필요, 욕망, 두려움, 개인적 욕구에 따른 의지의 다양한 갈망—을 희생하고 팀(좋다. 국가라고 하자)의 더 광범위한 명령 및 한계를 정하는 일군의 규칙(좋다. 법률이라고 하자)에 복무하는 법을 배우는 것이라는 칸트-헤겔적 사상에 따라 통일 이전의 김나지움"에서 받은 교육의 유산이다.[16] 따라서 테니스 학교의 의식이 신전의 기운, 종교(devotion)의 후광을 지니고 있다는 점도 그다지 놀랍지 않다.[17]

하지만 어쩌면 훨씬 더 흥미로운 점은, 월리스가 그의 **논픽션**에서 운동과 종교 사이의 이러한 교차 지점을 떠올리게 할 때다. 테니스 천재인 로저 페더러(Roger Federer)를 다룬 그의 글이 큰 관심을 불러일으키기는 했지만, 여기서는 거의 알려지지 않은 미국의 테니스 선수 마이클 조이스(Michael Joyce)에 관한 그의 도발적인 수필을 소개하고자 한다. 빽빽한 각주에서 월리스는 조이스의 **정체성**에 다가간다. "테니스는 마이클 조이스가 사랑하는 것, 그의 삶의 목적, 그의 존재 자체다…테니

---

[14] David Foster Wallace, *Infinite Jest* (1996; repr., Boston: Back Bay Books, 2006), p. 107.
[15] 같은 책, p. 82.
[16] 같은 책, pp. 82-83.
[17] 예를 들어, 같은 책, pp. 117, 168-169를 보라.

스는 그가 자신을 바치는 유일한 대상이며, 그는 테니스에 자신을 엄청나게 쏟아 부었다. 그가 이해하는 한 테니스는 그가 원하는 모든 것, 그가 되고 싶은 모든 것이다."[18] 그런 다음 월리스는 자신이 철학을 전공하던 학부 시절에 논문 주제로 삼았던 자유 의지와 결정론이라는 주제를 떠올리게 하면서,[19] **선택**과 헌신(devotion)에 관한 흥미로운 문제를 제기한다.

그는 두 살 때 테니스를 치기 시작하고 일곱 살 때 대회에 나가기 시작했으며…그의 경력 초반 6년 동안 아버지에게 **강력하게** 또한 **열정적으로** 감독받았기 때문에…조이스에게 테니스에 헌신하겠다는 것이 얼마나 자신의 '**선택**'인지 묻는 것이 타당해 보였다. 선택하기 위해 필요한 자원과 정보를 아직 받아들일 수 없는 나이에 무언가에 강력하게 또한 열정적으로 몰두하게 된다면 과연 그것을 '**선택**'했다고 할 수 있는가?[20]

월리스는 조이스의 답이 "만족스럽지 않았지만 동시에 놀라웠다"고 논평한다. "그가 원래 테니스를 진지하게 '**선택**'했는지 여부는 그에게 그다지 중요하지 않다. 그가 아는 것은 그저 자신이 테니스를 사랑한다는 것이다."[21] 월리스는 조이스의 눈에서

---

[18] David Foster Wallace, *A Supposedly Fun Thing I'll Never Do Again: Essays and Arguments* (Boston: Back Bay Books, 1997), pp. 227-228n24. 『재밌다고들 하지만 나는 두 번 다시 하지 않을 일』(바다출판사).

[19] 최근에 David Foster Wallace, *Fate, Time, and Language: An Essay on Free Will*, ed. Steven M. Cahn and Maureen Eckert (New York: Columbia University Press, 2011)로 출간되었다.

[20] Wallace, *Supposedly Fun Thing*, p. 228n24. 나는 여기서 월리스가 '**선택**'에 관해 말할 때마다 작은 따옴표와 강조체를 사용한 것이 일종의 잠재적인 아우구스티누스적 직관을 보여 주며 적절하다고 생각한다. 유아세례를 행하는 가톨릭 전통에서 자란 그리스도인들에게 여기서 월리스가 제기하는 문제는 익숙한 **종교적** 문제라는 점에도 주목하라.

[21] 같은 곳. 그런데 안드레 애거시(Andre Agassi)의 회고록인 *Open* (New York: Knopf, 2009) 역시 동일한 서사적 흐름을 보여 준다. 이 책은 아버지가 '억지로 시킨' 운동을 싫어했던 애거시의 모습으로 시작되고, 그 운동을 사랑하게 되었기에 조금 더 오래 코트에 머물고 싶어 하는 모습으로 마무리된다. 『오픈』(진성북스).

이 사랑을 확인할 수 있다고 말하며, 우리는 월리스의 글에서 경외심과 어쩌면 약간의 질투마저 느낄 수 있다. 그다음 그는 이렇게 말한다. "그것은 믿을 수 없을 정도로 오랫동안 행복한 결혼 생활을 이어 온 정말로 나이 많은 사람의 눈에서, 혹은 너무나 종교적이어서 종교에 자신의 삶을 바친 종교인들에게서 볼 수 있는 종류의 사랑이다. 그것을 위해 어떤 대가를 치렀는가, 그것을 위해서 무엇을 포기했는가에 따라 가늠해 볼 수 있는 그런 종류의 사랑이다. 어느 시점에서는 그것을 **선택**했는지 여부가 전혀 중요하지 않다…처음부터 그 사랑을 일깨운 것도 선택과 자아의 포기였기 때문이다."[22]

이 점을 기억하자. 여기서 우리는 테니스에 관해 이야기하고 있다. 하지만 그러는 사이에, 말하자면 우리는 이미 신전으로 들어왔다. 코트와 경기장은 그 동경이 종교적 어조로 묘사되고 그 의식(儀式)이 신전으로 들어가는 '광신자들'을 끌어 모으는 헌신의 공간이다. 휴버트 드레이퍼스(Hubert Dreyfus)와 션 켈리(Sean Kelly)가 이교주의를 회복시키기 위한 포스트모던적 노력의 일환으로 스포츠에서 구원을 찾고자 하는 것이 과연 놀라운 일일까? 납작해진 내재의 세계에서 광신적 헌신과 비슷한 것을 다른 어디서 찾을 수 있는가? 따라서 그들의 책 『모든 것은 빛난다』(*All Things Shining*)는 놀랍고 믿기지 않지만 동시에 예측 가능한 제안으로 마무리된다. 그들은 "스포츠는 미국인들이 현대의 삶에서 성스러운 공동체를 가장 쉽게 발견할 수 있는 공간이다…기뻐하며 주를 찬양하기 위해 함께 일어나는 것이나 헤일 메리 패스(Hail Mary pass, 미식축구에서 시간이 얼마 남지 않은 상황에서 득점을 노리고 길게 하는 패스로, '헤일 메리'는 원래 가톨릭과 정교회에서 드리는 성모송을 뜻한다—옮긴이), 흠 없는 반기[Immaculate Reception, 미식축구 역사에서 가장 극적인 플레이 중 하나로, 성모 무흠수태설(Immaculate Conception)을 패러디한 말—옮긴이], 에인절스(the Angels, 로스앤젤레스

---

22 Wallace, *Supposedly Fun Thing*, p. 228n24.

를 연고지로 둔 프로 야구팀—옮긴이), 세인츠(the Saints, 뉴올리언스를 연고지로 둔 미식축구팀—옮긴이), 프라이어스(Friars, 프로비던스 대학의 농구팀—옮긴이), 디먼 디컨스(Demon Deacons, 웨이크 포레스트 대학교의 농구팀—옮긴이)를 찬양하기 위해 함께 일어나는 것이나 본질적으로는 차이가 없다."[23]

성 아우구스티누스는 이에 동의하면서도 달리 생각할 것이다. 그 역시 빅 트웰브(Big 12, 열 개 대학 스포츠 팀으로 이뤄진 NCAA 산하의 컨퍼런스—옮긴이) 신전의 시끌벅적한 예전이든, 오거스타(Augusta)의 아멘 코너(Amen Corner, 매년 마스터스 토너먼트가 열리는 오거스타 내셔널 골프 클럽에서 까다롭기로 유명한 11, 12, 13번 홀에 붙여진 별명—옮긴이)의 조용하고 차분하게 드리는 기도든, 스포츠의 의식이 지닌 종교적 의미를 이해할 것이다. 그러나 그는 경기장의 의례와 그리스도의 몸의 성례전적 의례 사이에 존재하는 매우 '본질적인' 차이를 지적할 것이다. 왜냐하면 그저 "순간적 고양"(whoosh, 원래는 '휙 하고 날다'라는 뜻이다—옮긴이)이 아니라 당신이 **누구를** 혹은 **무엇을** 사랑하는지가 중요하기 때문이다.[24] 월리스는 정확히 옳았다. "당신이 사랑하는 바가 바로 당신이다." 그렇기 때문에 당신이 **무엇을** 사랑하는지가 '본질적 차이'를 만들어 낸다.

아우구스티누스의 정신을 따라 스포츠의 신전들에 대해 일종의 예전적 분석을 행함으로써 이 신전들이 우리에게 무엇을 사랑하라고 가르치며 이 의례

---

[23] Hubert Dreyfus, Sean Dorrance Kelly, *All Things Shining: Reading the Western Classics to Find Meaning in a Secular Age* (New York: Free Press, 2011), pp. 192-193. 『모든 것은 빛난다』(사월의책).

[24] 드레이퍼스와 켈리는 이러한 초월의 경험을 "순간적 고양"(whooshing up)이라고 부른 것으로 악명이 높다. "호메로스(Homer)가 사용한 퓌시스(*physis*)라는 말을 번역해야 한다면, 순간적 고양(whooshing)이 아마도 그 의미에 가장 가까울 것이다. 호메로스에게 정말로 존재하는 것은 순간적 고양이다. 전투 중에 빛나는 아킬레우스의 순간적 고양, 파리스처럼 찬란한 낯선 존재 앞에서 느끼는 압도적인 에로티시즘이 주는 순간적 고양…그리고 현대 스포츠의 위대한 장면에서도 바로 이런 순간적 고양이 일어난다"(같은 책, pp. 200-201).

들이 어떻게 우리의 헌신을 빚어내고 형성(왜곡)하는지 알아보자. 화성에서 온 인류학자들이 나스카(NASCAR, 미국의 자동차 경주 대회—옮긴이) 경주, 슈퍼볼(Super Bowl, 미국 프로 미식축구 리그의 우승팀을 결정하는 경기—옮긴이), 금요일 가을밤 텍사스의 어느 고등학교를 방문한다고 상상해 보라. 이들이 의례 연구를 전공한 외계인 종교 인류학자들이라고 상상해 보라. 그들은 무엇을 알아차리게 될까? 그들은 스포츠의 **의례**에 깊은 인상을 받고 이 의례들이 우리의 종교적 헌신의 특징임을, 경기장이 신전임을 보여 준다고 이해하지 않을까?

굳이 공상과학 같은 망상을 할 필요는 없다. 우리에게는 이미 아우구스티누스가 있다. 어떤 의미에서 아우구스티누스는 우리에게 로마의 의식에 대한 일종의 외부의 관점, '화성인의' 관점을 제공한다. 그는 사실상 다른 도성으로 이주했기 때문이다. 출세하여 제국의 궁정에 들어가는 데 시선을 고정하고 있던 젊은이가 다른 데서 자신의 집을 발견했다. 그의 마음은 천상 도성의 여권을 지니고 있었으며, 따라서 그는 전에 집으로 삼았던 곳에서 외부자, 순례자, 이방인으로 살아가고 있었다.

이런 식으로, 그가 쓴 『신국론』은 그저 로마의 가르침이나 신화에 초점을 맞추는 대신 제국의 **의례**에 접근하는, 신학적으로 굴절된 인간론을 다루는 책으로 읽을 수 있다. 그의 설명이 궁극적으로 예배에 관한 것이기 때문이다. 아우구스티누스에 따르면, 참된 정의는 참된 예배를 요구하기 때문에 기독교의 문화 비평은 일종의 **예전적** 분석일 수밖에 없다. 그가 인상적으로 말하듯이, "한 민족은 사랑하는 대상에 대한 공동의 합의에 의해 연합된 다수의 합리적 존재의 연합체이기 때문에 특정 민족의 성격을 관찰하기 위해서는 그들이 사랑하는 대상을 살펴보아야 한다."[25] 그리고 한 민족이 무엇을 **사랑하는**

---

[25] Augustine, *City of God*, trans. Henry Bettenson (London: Penguin, 1984), 19.24.

지 알고 싶다면 그들이 무엇을 **예배하는지**, 그들이 무엇에게 자신을 바치는지를 보라. 따라서 공민적 덕에 대한 비판적 분석은 한 민족의 사랑을 훈련시키는 의식에 대한 예전적 분석이다. 한 문화의 예전은 우리의 사랑을 형성하고 우리의 헌신을 빚어내는 구현된 각본(embodied scripts)이다.

로마는 더 일반적인 지상 도성—세워진 시기가 창조가 아니라 타락 때와 시간적으로 일치하는 도성—의 전초 기지일 뿐이다. 지상 도성은 지배 욕망(*libido dominandi*), 즉 이기심과 결합된 지배하고자 하는 욕망으로 표출되는, 잘못된 것을 지향하는 사랑에 의해 규정된다.[26] 드레이퍼스와 켈리의 주장과 달리 천상 도성과 지상 도성 사이에 '본질적 차이'가 존재한다면, 그것은 두 도성의 텔로스, 선에 대한 실질적—또한 실질적으로 다른—전망을 분별해 냄으로써 그 차이를 확인할 수 있다.

물론 로마는 지배 욕망을 다양한 방식으로 왕성하게 받아들였지만 지상 도성의 한 형태일 뿐이다. 더 나아가 오늘날 우리에게 관심을 불러일으키는 방식으로, 아우구스티누스는 사랑을 형성하는 로마의 의례가 황제나 '국가'에 의해 전적으로 통제되지는 않는다고 지적한다.[27] 시민 사회의 모든 부문이 동일한 신화를 섬기며, 좁은 의미에서 '정치적이지는' 않지만 그럼에도 폴리스의 의례 및 권력, 지배, 획득이라는 폴리스의 신화를 구현하는 의식을 장려한다. 시민 사회의 부문들이 국가를 섬기기 위해서 국가에 의해 관리되거나 소유될 필요는 없다.[28] 지상 도성의 예전이 '정부의 통제'에 국한되지는 않는다.

---

26 같은 책, 1.서문, 14.1, 14.28.
27 그렇지만 나는 아우구스티누스가 미국 전역에서 가장 높은 급여를 받는 공공 부문(즉, 정부) 피고용자들이 운동부 코치임을 보여 주는 급여 지도에 분명 상당한 관심을 보였으리라고 생각한다. Reuben Fischer-Baum, "Infographic: Is Your State's Highest-Paid Employee a Coach? (Probably)", *Deadspin*, May 9, 2013, http://deadspin.com/infographic-is-your-states-highest-paid-employee-a-co-489635228을 보라.
28 그렇지만 국가가 지불하는 돈은 확실히 중요한 유인책이다. 국방부가 군인들을 기리는 행사를 하도록

스포츠 주식회사(Sports, Inc.)에 대한 기독교의 문화적 비판을 위해서는 『고백록』(Confessions) 3권에 나오는 아우구스티누스의 검투사 경기 분석뿐만 아니라 그가 공민적 의례의 "신화적 신학"(fabulous theologies)이라고 부르는 것을 분석하는 『신국론』 6장을 공부할 필요가 있다.[29] 그의 대화 상대인 바로(Varro)는 "신화적"[mythical, 즉 지어낸(fabled, fabulous)] 신학과 존경받을 만한 제국의 "공민적"(civil) 신학을 구별하기 원한다. "신화적"(fabulous) 신학은 지어낸(mythical), 공상적인, 바로의 시대에도 믿기 어려운 것이었다. 반면에 공민적 신학은 존경받을 만한 폴리스의 필수적 공민 종교다. 하지만 아우구스티누스는 이 공민적 신학―"공식적으로 예배해야 하는" 받아들일 만한 신들과 "그 신들 각각에게 바쳐야 할 의례와 제사들"―을 자세히 살펴보자고 말한다. 그렇게 하고 보면, 이 구별은 유지하기 어려워질 것이며 신화적인 것과 공민적인 것이 서로에게 흘러든다는 것을 알게 될 것이다. 공화국의 신들 역시 희생 제사를 요구한다.[30] 그들은 우리에게 경쟁하는 신들을 사랑하라고 요구한다.[31]

오늘날 신화적인 공민적 신학의 예전적 의례를 찾고자 한다면 운동장, 경기장, 트랙보다 더 명백한 곳이 있을까? 하지만 이러한 예전적 공간에 던져야

NFL 팀에 수백만 달러를 지불했다는 확인된 보도를 보라. Jared Dubin, "US Defense Department Paid 14 NFL Teams $5.4M to Honor Soldiers", May 11, 2015, CBSSports.com, http://www.cbssports.com/nfl/eye-on-football/25181085/nfl-teams-received-54-million-from-defense-department-in-last-4-years.

29 Confessions 3권에 관한 관련된 논의로는 Mark Hamilton, "An Augustinian Critique of Our Relationship to Sport", in Theology, Ethics, and Transcendence, ed. Jim Parry, Mark Nesti, and Nick Watson (London: Routledge, 2011), pp. 25-34를 보라. 이 논문을 알려 준 나의 학생 제이슨 지글러(Jason Zeigler)에게 감사를 전한다.

30 Augustine, City of God 6.6-7.

31 이에 관해 City of God 6권을 아우구스티누스의 마귀론으로 읽을 수 있음―"통치자들과 권세들"에 대한 아우구스티누스의 설명으로 볼 수 있음―을 지적해 둘 필요가 있을 것이다.

할 질문은 우리가 팀이나 선수들을 우상화하는지 여부가 **아니다**. 분명히 '스포츠' 자체가 그 자체의 텔로스가 될 수 있다. 우리가 "운동선수들로 하여금 우리가 어느 학군에서 살아야 할지, 어떤 직업을 가져야 할지, 여가를 어떻게 보내야 할지, 누구와 결혼해야 할지, 자녀들에게 어떤 활동을 시킬지, 많은 액수의 돈을 어떻게 써야 할지, 누구와 친하게 지내야 할지를 정하도록 허용하고 있다"는 마크 해밀턴(Mark Hamilton)의 지적은 분명히 옳다.[32]

그러나 나는 아우구스티누스(와 월리스)가 이 신화적·공민적 신학에 던지는 질문을 제기하고 싶다. 이 '세속적' 성당들은 우리에게 무엇을 사랑하라고 가르치는가? 무엇에 우리 자신을 바치라고 유혹하고 있는가? 과격하고 부족적인 팀 정체성에 헌신하는 것에 관해 고찰해 보아야 할 타당한 이유가 존재하지만 나는 거기에 별로 관심이 없다. 나는 어떻게 우리의 **공민적** 신학들이 경기장을 감싸고 있는지, 어떻게 경기장이 마이클 핸비가 "군사-연예 복합체"라고 묘사한 것, 즉 대담함, 희생, 국가적 대의를 향한 헌신에 관한 이야기, 이미지, 찬가를 만들어 내는, 깊은 정서적 맥락에서의 신체적 움직임으로 안무가 연출된 강력한 문화적 기계 장치의 공간이 되는지에 더 관심이 많다.[33] 이것은 하나의 예전이 된다. 그것이 궁극적 관심의 물질적 의식이기 때문이다. 이 의식은 공감각적 전시를 통해 강력하고 미묘하게 우리를 감동시키며, 그리하여 우리 안에 숭배와 경외의 마음, 언젠가 **우리의** '희생'을 요청할

---

[32] Hamilton, "Augustinian Critique", p. 29. 우리는 또한 청소년 스포츠의 주기와 기정과 가족의 분위기를 주도하는 방식에 대해서도 고찰해 볼 수 있다. 관련된 논의로는 James K. A. Smith, *You Are What You Love: The Spiritual Power of Habit* (Grand Rapids: Brazos, 2016), chap. 5를 보라. 『습관이 영성이다』(비아토르).

[33] Michael Hanby, "Democracy and Its Demons", *Augustine and Politics*, ed. John Doody, Kevin L. Hughes, and Kim Paffenroth (Lanham, MD: Lexington Books, 2005), p. 129. 경기장의 의식에 대한 더 자세한 설명과 그것의 현상학에 관한 논의로는 James K. A. Smith, *Desiring the Kingdom: Worship, Worldview, and Cultural Formation*, Cultural Liturgies 1 (Grand Rapids: Baker Academic, 2009), pp. 103-110를 보라.

수도 있는 이상에 대한 학습된 복종을 심는다. 이것은 프로 스포츠에만 적용되는 것이 아니다. 국가적 정체성―과 국가주의―의 의식은 유소년 야구 리그에서 고등학교 미식축구에 이르기까지 운동 경기의 의식에 거의 지워지지 않을 정도로 깊이 새겨져 있다.[34]

앞서 이미 주장했듯이, 영원이란 존재하지 않는다는 것이 당신의 궁극적 확신이라면 당신은 시간적인 것을 절대화하는 경향을 띨 것이다. 당신에게 남은 유일한 신이 순간적 고양[whoosh, 혹은 당신이 오리건 덕스(Oregon Ducks, 오리건 대학교의 스포츠 팀―옮긴이)를 응원한다면 스우시(swoosh, 스포츠 용품 브랜드 나이키의 로고. 나이키는 오리건 대학교의 육상 선수였던 필 나이트와 코치였던 빌 보워먼이 공동 설립했으며, 설립 이후 오리건 대학교와 가까운 관계를 유지하고 있다―편집자)]의 신일 때, 경기장은 최후의 성지가 되고, 당신의 팀은 신실한 남은 자들이 되며, 경기일은 마지막 순례가 되고, 졸업생 기금에 당신이 기부하는 돈은 종교적 자선과 비슷해질 것이다. 이제 우리는 궁극적인 것의 영역에 들어온 것이다. 이것은 더 이상 그저 당신이 행하는 무언가가 아니다. 그것이 당신**에게** 무언가를 행한다. 당신은 여기서 무엇을 사랑하는 법을 배우고 있는가? 우리는 무엇에게 우리 자신을 바치고 있는가? 이런 관점에서 경기장을 바라볼 때 우리가 '정치적인' 것으로 간주하는 범위가 확장될 것이다. 이는 수많은 비정부적 기관이 자유주의의 에토스를 빚어내고 준비한다는 것을 우리에게 일깨워 준다.

애덤 고프닉(Adam Gopnik)의 탁월한 책 『식탁의 기쁨』(*The Table Comes*

---

[34] '익스트림' 스포츠가 이 규칙에서 예외임을 고찰해 보면 자못 흥미롭다. [엑스 게임스(X Games, 해마다 열리는 익스트림 스포츠 행사―옮긴이) 현장에서 국가를 연주할까? 온통 '무정부주의'라는 낙서가 적힌 스케이트보드를 타다가 갑자기 국가 연주를 위해 멈추는 일은 매우 어색할 것이다.] 하지만 나는 익스트림 스포츠의 특징을 이루는 개인주의는 다른 식으로 문제가 된다고 본다.

First)—음식에 관한 책처럼 보이지만 사실은 철학적 사색을 담고 있는 책[35]—에서 젊은이들의 표현처럼 "한 차원 더 올라가"(go meta) 음식에 관한 글쓰기에 **관해** 이야기한다. 그가 지적하길, "음식에 관한 좋은 글에는 두 분파가 있다. 즉, 서사시를 흉내내는 글(mock-epic)과 소우주를 다루는 신비적인 글(mystical microcosmic)이다."[36] 서사시를 흉내내는 글에서는 미식가를 우주만큼 거대한 이야기 안에 자리 잡게 하고 그를 일종의 영웅으로 묘사함으로써 그의 의미를 확대한다. 먹기는 삶과 죽음, 갈망과 욕망, 승리와 자유의 문제다! 서사시를 흉내내는 글에서 우리는 식탁에서 멀찍이 떨어져 신화의 차원에서 바라본다. 이와 대조적으로, 소우주를 다루는 신비적인 글은 시적 압축이라는, 즉 신비적 통찰로 들어가는 관문으로서 요리법이나 음식의 대단히 정교하고 특수한 요소에 집중하는 특징을 지닌다. 이렇게 자세히 들여다보는 이유는 접시 아래의 심층으로, 우리의 의식 아래 신비로 들어가는 관문을 통과하기 위해서다. 양쪽 모두 결국에는 실존적 의미로 가득 차 있는 공간에 도달하기 때문에 때로는 이 둘을 구별해 내기 어려울 수도 있다.[37]

고프닉은 이것이 스포츠에 관한 글쓰기에도 그대로 적용된다고 주장한다. "우리는 W. C. 하인즈(Heinz)의 눈물이나 짐 머리(Jim Murray)의 농담, 게리 스미스(Gary Smith)의 서사시, 로이 블런트 주니어(Roy Blount Jr.)의 하품 때문에 이런 글을 읽으며, 이는 하급 예술에 관해서도 우리의 접근법은 고전적임을 암시한다."[38] 이것은 정말 맞는 말처럼 보이며 우리의 사회적 건축의 의

---

[35] 그는 "미식"이 "예상치 못한 방식으로 **모든 것**을 이해하게 해 준다"고 여기는 사람이다. Adam Gopnik, *The Table Comes First: Family, France, and the Meaning of Food* (New York: Vintage, 2011), p. 6를 보라. 『식탁의 기쁨』(책읽는수요일).

[36] 같은 책, p. 222.

[37] 같은 책, p. 223.

[38] 같은 곳.

례적 특징을 보여 주는 스포츠의 본성을 간파하고 있다. 우리가 스포츠와 맺는 관계는 그것이 우리에게 무엇을 의미하며 사회 안에서 어떤 기능을 하는지에 대한 맥락을 제공하는 의미의 층위와 차원 안에 불가피하게 '깃들어 있다.' 이는 아우구스티누스의 주장을 되울린다. 신화적인 것이 공민적인 것 안으로 흘러든다. 준궁극적인 것이 궁극적 의미로 가득 차게 된다. 고프닉의 용어를 사용하자면, 서사시가 소우주 안으로 흘러든다. 아마추어는 신화적 지위와 권력을 부여받은 전문가를 모방한다. 기업화되어 질이 나빠진 '일류' 스포츠와 순수하다고 생각하는 공터 운동을 정확하고 깔끔하게 구별할 수 없다. 우리는 우리가 보는 것을 모방한다. 존재하는 것이 곧 **보이는** 것을 뜻하는 상호 전시의 시대에 우리 모두는 마치 우리를 향해 카메라가 켜진 것처럼 살아간다. 2부 리그 대학부 팀의 하프백(미식축구 공격수—옮긴이)이 하이스먼 자세(Heisman pose, 매년 최고의 대학 미식축구 선수에게 수여하는 상인 하이스먼 트로피가 묘사하는 자세로, 한 손으로 공을 잡은 채 다른 손을 밖으로 뻗는 모습을 취하고 있다—옮긴이)를 취할 때마다 서사시가 소우주로 흘러든다. 러셀 크로(Russell Crowe)의 검투사(영화 〈글래디에이터〉를 떠올려 보라—옮긴이)가 내슈빌 프레더터스(Nashville Predators)의 아이스하키 경기에서 "관중을 내 편으로 만들겠어"라고 으르렁거리듯 외칠 때 신화적인 것이 전문적인 것으로 흘러든다. 전문적인 사람들이 신화화되는 상호 전시의 시대에 관중으로서 우리의 경험이 우리의 경기 안으로 흘러든다. 실제로 우리는 우리 자신이 경기하는 것을 지켜보며, 누군가 우리를 지켜보는 것처럼 경기한다. (거대한 스크린에서 자신이 엔드 존으로 달려 들어가는 것을 지켜보는 선수들을 모습을 생각해 보라.) 〈프라이데이 나이트 라이츠〉(*Friday Night Lights*) 이후 모든 고등학교 미식축구 감독은 코치 테일러(〈프라이데이 나이트 라이츠〉의 주인공으로, 드라마 속 미식축구 팀의 감독—편집자)의 역할을 맡아 살고 있다.

정치적 의미에서도 서사시가 소우주 안으로 흘러든다. 고등학교 미식축구 경기에서 국가와 기수는 슈퍼볼 대축일에 절정에 달하는 대학과 프로 미식축구의 압도적인 장관 안에 '깃들어 있다.' 이처럼 반복되는 의례를 통해 하나의 이야기가 우리의 상상력 안에 자리 잡는다.

스포츠는 우리에게 대본을 부여한다. 따라서 우리가 지켜보는 경기가 우리가 행하는 경기, 우리가 상연하는 이야기가 된다. 이는 우리가 행하고 지켜보는 경기가 우리를 **특징**짓는다(character-ize)는 뜻이다. 경기는 우리에게 세속 시대에 우리가 살아갈 대문자 S 이야기들(Stories), 드레이퍼스와 켈리가 말하는 **순간적 고양**(whoosh)을 추구할 공간을 제공한다. 따라서 우리는 그 이야기 속 등장인물이 된다. 이는 곧 스포츠—행하든 지켜보든—의 각본이 우리 안에 스며들어 우리 성품(character)의 구조를 이루는 일부가 된다는 뜻이다. 그러므로 마라트의 경고가 되돌아온다. "광신의 신전을 정말로 주의를 기울여 고르게." 이 경기장—신전의 예전들은 우리에게 무엇을 사랑하라고 가르치고 있는가?

궁극적인 것이 준궁극적인 것 안으로 흘러든다

따라서 궁극적인 것과 준궁극적인 것 사이의 깔끔하고 분명한 구별—대략 종교와 정치의 구별과 동일한 것으로 취급되는—은 흐릿해진다. 정치적인 것은 준궁극적인 것으로 남아 있는 데 만족하지 않기 때문이다. 그러나 이 구별은 다른 방향으로도 흐릿해진다. 우리의 궁극적 전망은 준궁극적인 것에 대해 불가지론적 태도를 취하지 않는다. 성경의 종말론적 전망의 궁극성은 아득히 먼 영원을 위한 처방전에 불과한 것이 아니다. 그것은 타락했지만—속량된 피조물 안에서 지금 좋은 문화 만들기가 어떤 모습인지에 관한 규범이

기도 하다.[39] 따라서 궁극적인 것은 장차 올 왕국에만 제한적으로 적용되는 것이 아니다. 그것은 준궁극적인 현재의 문화적 갱신을 위한 길잡이이기도 하다. 이는 곧 우리의 종말론이 우리의 정치에 영향을 미침을 뜻한다.

이처럼 궁극적인 것이 준궁극적인 것으로 흘러든다는 사실은, 정치 참여에 전적으로 긍정적인 태도를 취하는 경향을 띠는 개혁주의/카이퍼주의 전통의 몇몇 신학적 접근 방식에 이의를 제기한다. 정치적인 것에 대한 개혁주의 진영의 이론에서는, 선에 관한 경쟁하는 전망 사이의 평화를 유지하기 위해 우리가 우리의 정치적·공적 삶을 조직화하는 방식과 관련해 궁극적인 것에는 사실상 불가지론적 입장을 채택하라고 권하는 것처럼 보인다. 이에 관한 나의 우려를 설명하기 위해 구체적 제안을 하나 살펴보자.

지금까지 받았던 것보다 훨씬 더 많은 관심을 받아 마땅한, 작지만 탁월한 책 『다원주의와 지평들』(*Pluralisms and Horizons*)에서 리처드 마우와 산더 흐리피운(Sander Griffioen)은 "적절한" 다원주의라고 부를 만한 것을 기독교의 공공 철학으로 인정할 수 있다는 통찰력 넘치고 지혜로우며 섬세한 주장을 펼친다.[40] 특히 이들은 여러 종류의 "공적 다원주의"를 구별한다.

- **지향적**(directional) 다원주의는 세계관의 다원주의, 즉 사람들이 선에 대한 근본적으로 다른 전망들을 지니고 있는 세계의 가장 심층적인 '고백적' 다원주의다. 이것은 '종교적' 다원주의로 환원되지는 않지만 이를 포함한다. 또한 찰스 테일러라면 "배타적 인본주의"(exclusive humanism)

---

39 그리고 이에 관해 우리는 일부 개혁주의 진영에서 다원주의를 설명하고 인정하는 데 대해 이의를 제기할 필요가 있다. 4장에서 이를 더 자세히 다룰 것이다.

40 Richard J. Mouw and Sander Griffioen, *Pluralisms and Horizons: An Essay in Christian Public Philosophy* (Grand Rapids: Eerdmans, 1993).

라고 불렀을 것과 정치적 자유주의를 뒷받침하는 도덕적 전망을 포함한다.[41] 지향적으로 다원주의적인 사회에서 산다는 것은 우리가 '궁극적인 것'에 관해 의견을 달리하는 세계 속에서 산다는 것을 뜻한다. '궁극적인 것'에 관해 고백적 차이가 존재하는 현실을 인정한다는 의미에서 그들의 주장은 대체로 서술적이다(descriptive).

- **관계적**(associational) 다원주의는 기관 및 인간 상호 작용 양식의 다원주의다. 우리는 가정과 학교, 기업과 정부를 포함해 복수의 '영역' 안에서 살아간다. 내가 시민으로서 결합되어 있는 유대 관계의 연결망은 아버지나 교사로서 나를 특징짓는 유대 관계의 연결망과 다르다. 이 점에 관한 마우와 흐리피운의 주장은 건강한 시민 사회를 반영하는 기관들의 견고한 다원성을 옹호한다는 점에서, 국가나 시장이 확대되어 인간의 사회적 삶의 모든 양상을 흡수하는 경향에 저항한다는 점에서 더 규정적이다(prescriptive).[42]

- **상황적**(contextual) 다원주의는 지역과 민족, 언어와 문학 안에 뿌리내린 다채로운 문화적 차이를 일컫는 말이다. 뉴욕은 자카르타가 아니며, 피오리아는 시애틀이 아니다. 이에 관한 마우와 흐리피운의 주장은 서술적이면서도 규정적이다. 그들은 그러한 문화적 다양성을 선물로 인정할 뿐만 아니라 이를 적극적으로 옹호하고 많은 문화적 꽃이 하나님이 기뻐하시는 다양성으로 피어날 수 있게 만들어야 한다고 주장한다.

---

[41] 찰스 테일러는 초월이나 신성을 언급하지 않고도 의미 있고 중요한 삶을 상상하는 세계관 혹은 (그의 표현처럼) "사회적 상상"을 묘사하기 위해 "배타적 인본주의"라는 용어를 만들었다. 테일러는 *A Secular Age* (Cambridge, MA: Harvard University Press, 2007), pp. 19-21에서 이를 논한다.

[42] 이것은 각 '영역'의 주권에 관한 카이퍼주의적 사회 철학의 고전적 원리다. 이에 관한 간결하고도 현대적인 재진술로는 Gideon Strauss, "Market Economy? Yes! Market Society? No!", *Comment* 23, no. 1 (Fall 2005): pp. 5-6를 보라.

이런 분류를 통해 마우와 흐리피운은 그리스도인들이 다원주의와 연관된 도전을 면밀히 살펴볼 수 있는 섬세한 방법을 제시한다. 그들이 보여 주듯이, 성경적 전망은 백인 앵글로색슨 개신교식(WASPy) 합의에 대한 향수와 달리 모든 종류의 관계적·상황적 다원주의를 받아들이며 칭송한다. 동시에 성경적 기독교는 이 현시대에 사람들이 지향적 다원주의를 받아들이리라 기대한다는 점을 인정하면서도 그런 현실이 애통할 수밖에 없다.

하지만 여전히 우리에게는 까다로운 물음이 남아 있다. 우리는 **그 사이에**, 즉 십자가와 장차 올 왕국 사이에서 어떻게 살아야 하는가? 지향적 다원주의를 칭송할 수 없지만 그 현실을 제대로 인식하지 못해서도 안 된다. 따라서 이렇게 물어야 한다. 우리는 이에 관해 무엇을 할 것인가? 우리가 상황적 다원주의와 공동선**을 위해** 지향적 다원주의라는 맥락 안에서 협력하는 관계를 만들어 가는 것을 상상해 볼 수 있는가? 궁극적인 것에 관해서는 이견을 가질 수 있지만, 준궁극적인 것에 관해 협력하고 두 시간 사이에 있는 이 시간, 즉 우리가 기다리고 있는 이 현시대 안에서 건강한 관계적 다원주의를 증진할 수 있는가?

그러나 나는 마우와 흐리피운이 내놓은 제안의 특정 양상에는 유보적 입장을 취한다. 그들이 바르게 지적하듯이, 우리가 '관계적' 다원주의를 다스리는 **방식**―사회를 구성하는 기관들의 다양성―은 어떤 고백적인 '지향적' 관점, 어떤 '궁극적' 관점에 영향받을 수밖에 없다. 따라서 이러한 질문이 나온다. "어떤 지향적 관점이 적절한 통합적 전망을 제공하는지 누가 결정하는가?" 그들은 두 가능성을 제시한다. 특정 집단의 전망이 사회에 "강요되어" 그런 전망이 생겨나거나, "어떤 특정 지향성으로도 치우치지 않은 상태에서 공적 토론을 주고받는 과정을 통해" 그런 전망이 생겨날 것이다.[43] 추측할 수 있듯이, 그들은 후자를 선호하며 자신들의 입장을 종말론적으로 진술한다.

"우리는 종말 이전에 어떤 구체적인 지향적 전망을 공적 질서에 가용하는 것에 반대한다." 그들은 이것이 "더 **공정한** 해법"이라고 주장한다."⁴⁴ 그러나 나는 그 결과가 거시자유주의(macroliberalism), 이를테면 '원하는 대로 살고 남들도 그렇게 살도록 내버려 두라'라는 입장으로 귀결되며 **그 자체가 하나의 '지향적' 전망인** 집단적 차원의 가장된 중립성일 뿐이라고 생각한다. 실체적 전망을 '강요'하지 않는다는 명목으로 제시되지만, 그들이 '공정하다'고 부르는 것이 사실은 그리스도인이 신학적으로 의심하고 비판할 만한, 정의에 대한 특정—실제로는 궁극적인—전망으로 채워져 있다.⁴⁵

마우와 흐리피운은 이렇게 주장한다. "가능하다면 어디서든 사람들이 스스로 선택한 지향적 전망의 함의를 실천하도록 허용되어야 한다." 그들은 심지어 이런 식의 자유방임주의적 입장을 정의의 문제로 만들어 버린다. "정의는 우리가 생각하기에 분명 잘못된 관점을 지닌 사람들조차도 자신들이 진심으로 고수하는 확신을 추구할 자명한(prima facie) 권리를 가지고 있음을 인정하라고 요구한다."⁴⁶ 하지만 정의에 대한 **어떤** 전망이 이것을 '요구'하는가? 그리고 정의에 대한 이 전망은 '궁극적으로' 중립인가?⁴⁷

---

43 Mouw and Griffioen, *Pluralisms and Horizons*, p. 118.

44 같은 곳.

45 여기서 오도노반의 지적이 중요한 의미를 갖는다. "'다원주의'에 대한 그리스도인의 열정은 상당 부분 국가와 맺는 관계보다는 주식 시장, 법원, 공립 학교에서 사용하는 진부한 말과 조화를 이루는 방식으로 말하고 싶어 하는 교회의 열망과 더 밀접한 연관이 있다. 그것은 근대 서양판 '물소신학'(신학의 철저한 상황화를 주장한 고수케 고야마의 대표 저서 제목—옮긴이)일 뿐이다"[*The Desire of the Nations: Rediscovering the Roots of Political Theology* (Cambridge: Cambridge University Press, 1996), p. 226]. 4장에서는 다원주의의 도전을 직접 다룰 것이다. 여기서 나의 관심은 마우와 흐리피운의 제안이 사회의 거시적 차원에서 '지향적으로' 불가지론적인 태도를 취하는 개혁주 특유의 경향성을 보여 준다는 점이다.

46 Mouw and Griffioen, *Pluralisms and Horizons*, p. 118. "자명한"이라는 말로 호소하는 것은 언제나 논증이 없을 때 이를 '명백하게' 말하는 식으로 약간은 교묘하게 주장하는 방법이다.

47 아이러니컬하게도 그들의 주장은 그들처럼 신칼뱅주의자인 철학자 로이 클라우저(Roy A. Clouser)가 *The Myth of Religious Neutrality: An Essay on the Hidden Role of Religious Belief in Theories*,

더 나아가 궁극적인 것에 대한 이런 식의 불가지론이 특히 가난하고 약한 이들에게 미칠 영향에 대해서도 마땅히 걱정해야 한다. 나는 찰스 머리(Charles Murray)나 로버트 퍼트넘(Robert Putnam)과 같은 사회과학자들의 최근 연구가 여기서 마우와 흐리피운이 조언하는 바를 사실상 '시험해 보았을' 때의 불행한 사회적 결과를 기록하고 있다고 생각한다. 몇 세대에 걸쳐 우리는, 예를 들어 가정, 결혼, 성에 관해 선한 삶에 대한 어떤 실체적 전망도 '강요하지' 않으려고 노력해 왔다. 우리는 사람들에게 자신들이 진심으로 고수하는 확신과 자신들의 쾌락을 향한 열정을 추구할 여지를 주었다. 우리는 "자율적인 인간이 되라"라는 격언을 제외하고는 인간의 사회적 구성에 대한 규범적 전망을 '강요하지' 않았다(그렇게 생각해 왔다). 그 결과는? (특히 가난한 이들의) 가족 안정성의 붕괴와 불평등 심화, 가장 약한 이들이 훨씬 더 많은 사회적 위협에 노출되는 상황, 노동 계급 착취, 불평등 극대화. 이것이 일종의 절차적 정의를 준수한 결과임에도 그 어떤 것도 그다지 공정해 보이지 않는다.[48] 또다시 말하자면, 마우와 흐리피운이 과소평가하는 바는 우리의 공공 정책과 정치 구성의 **형성적** 양상이다. 그들은 여전히 이 '공적' 공간을 특정 **신념**을 보유할 허가를 얻으려는 '생각하는 사물들'에 의해 점유된 공간으로 간주하는 경향이 있다. 다시 말해서, 그들은 스스로 롤스를 거부한다고 생각하지만 결국에는 몇몇 근본 전제를 롤스와 공유하게 된다. 사회를 이런 식으로 구성할 때 그저 당신이 원하는 바를 **생각하고** 당신이 의지하는 바를 **믿을** 수 있는 권리가 주어질 뿐만 아니라, 그런 사회의 구성 자체가 덕과 악덕의 배양기

---

rev. ed. (Notre Dame, IN: University of Notre Dame Press, 2005)에서 했던 중립성에 대한 중요한 비판을 떠올리게 한다. 『종교적 중립성의 신화』(아바서원).

[48] Charles Murray, *Coming Apart: The State of White America* (New York: Crown, 2012)와 Robert Putnam, *Our Kids: The American Dream in Crisis* (New York: Simon & Schuster, 2015)를 보라. 『우리 아이들』(페이퍼로드).

가 된다. 모든 사회는 특정한 '사람들'을 만들어 낸다. 모든 폴리스는 성품을 길러 낸다. 법률은 습관을 형성하는 "은근한 자극"(nudges)의 역할을 한다.[49]

마우와 흐리피운은 종말론적 기다림을 그 사이에서 자유주의자가 되어야 할 이유로 제시하며, 마치 이것이 정의에 관해 준궁극적 입장을 채택하라는 조언인 것처럼 말한다. 그러나 사실 이러한 정의의 모형은 궁극성으로 채워져 있으며, 그것이 한 사회의 씨줄과 날줄에 새겨질 때 특정 사람들을 형성하는 에토스가 된다. 샬롬으로서의 정의를 향한 성경적 열정이 우리로 하여금 정의에 대한 이런 단순한 절차적 기준을 거부하게 만들 수도 있다. 이 성경적 열정은 국가와 장차 올 왕국을 혼동하는 것을 용인하지 않으며, 오히려 우리 이웃을 위해 선의 실체적 전망을 증언하기를—또한 이 전망을 위해 영향력을 행사하기를—충동한다. 우리의 종말론적 지향은 우리의 목적이 아니라 우리의 기대를 바꾸어야 한다. 우리는 우리의 정책과 공적 의식을 바르게 질서 잡힌 사랑의 방향으로 구부릴 수 있기를 바라는 것을 단념해서는 안 되며, 이는 우리가 '승리'하거나 '통제'할 수 있기 위해서가 아니라 우리 이웃을 위해서, 가난하고 약한 이들의 번영을 위해서, 공동선을 위해서다.

민주주의, 전통, 예전

나는 지금까지 우리가 '종교'와 '정치'를 구분하는 방식으로 궁극적인 것과

---

[49] 여기서 나는 "은근한 자극"(nudging)에 관한 캐스 선스타인(Cass Sunstein)과 리처드 탈러의 중요한 연구를 염두에 두고 있다. 이와 관련한 최근의 연구서로는 Cass Sunstein, *The Ethics of Influence: Government in the Age of Behavioral Science* (Cambridge: Cambridge University Press, 2016)를 보라. 비슷한 주제를 조금 더 '실용적인' 차원에서 논의한 책으로는 David Halpern, *Inside the Nudge Unit: How Small Changes Can Make a Big Difference* (London: WH Allen, 2015)를 보라. 나는 다른 글에서 이 주제를 더 자세히 다룰 수 있기를 바란다.

준궁극적인 것을 깔끔하고 명확하게 구별하는 것에 대해 회의적인 태도를 취해야 하며, 이는 준궁극적인 것이 준궁극적인 것에 머무는 데 만족하지 않을 뿐만 아니라 우리의 궁극적 전망이 준궁극적인 결정과 정책에 대해 중립적이지 않기 때문이라는 점을 설명하려 했다. 이는 국가와 다른 공적 기관들이 일종의 종교적 성격을 지닌다고 주장하는 동시에 복음이 비정치적이지 않음을 강조하는 또 다른 방식이다.

결국 나는 이것이 우리가 교회와 국가 사이에서 하나를 선택해야 함을 뜻하지 않는다고 주장할 것이다. 비록 국가는 바르게 질서 잡히지 않은 예전을 지니고 있지만, 이를 근거로 우리가 국가의 운영과 공적 삶이라는 기획에서 '물러나도' 된다고 결론 내리지는 않을 것이다. 오히려 나는 결국 두 번째 큰 계명—이웃을 우리 자신처럼 사랑하라는 계명—과 결합된 문화 명령 때문에 우리가 그 안에서 순례자와 나그네로서 살아가는 나라와 지역 사회의 공적 삶에 대한 책임을 다해야 한다고 주장할 것이다. 그 도시가 바벨론일지라도 우리는 그 도시의 안녕을 구하도록 부름받았다(렘 29:7).

하지만 그러한 긍정적·건설적 노력에 임하기 전에 우리의 바벨론들에 대한 건강한 의심을 기르는 것도 똑같이 중요하다고 생각한다. 너무나 많은 기독교 공공신학이 비정치적이며 반문화적인 경건주의를 배격하는 올바른 태도를 취하지만, 그리스도인들이 어떻게, 왜 공적·정치적 참여를 수용할 수 있는가를 지나치게 낙관적으로 설명하는 경향이 있다.[50] 나는 이런 경향이 우리의 공적 기관들을 **예전적** 실체로 바라보지 못하고 국가를 뒤덮고 있는 **의례들**을 이해하지 못하는 데서 기인한다고 생각한다. 우리의 공적 기관들의 예전적 성격을 인식하는 데 실패할 때, 그 기관들의 형성(왜곡)하는 힘을 인식

---

50 나는 일차적으로 나 자신이 속한 개혁주의 전통 내 주장들을 염두에 두고 있으며, 그래서 이 책 [원서의—편집자] 부제가 '공공신학 개혁하기'다.

하는 데도 실패할 것이다.[51] 국가는 나의 사상과 신념을 지닌 채 성큼성큼 걸어 들어갈 수 있는 중립적이며 우호적인 공간이 아니다. 국가는 그저 권리의 수호자가 아니다. 국가는 가장 근원적인 것, 즉 나의 **사랑**을 빚어내는 데 초점을 맞추는 의례들의 집합체이기도 하다. 국가는 그저 나에게 결정을 내리라고 요구하지 않는다. 나에게 충성을 맹세하라고 요구한다. 다스림은 당신이 행하는 무언가에 그치지 않는다. 당신**에게** 무언가를 행한다. 지금까지 내가 설명하려고 노력했듯이, 지상 도성의 의례들은 국가나 정부에 의해서만 관리되지 않는다. 운동장과 경기장에서도 폴리스의 에토스를 촉진한다. '정치적인' 것은 정부보다 더 광범위하다.[52]

따라서 국가와 다양한 공적 기관들의 책략에 대한 건전한 의심과 이에 대해 거리를 두며 분별하는 태도를 기르는 것이 대단히 중요하다(미리 말해 두거니와 이는 철수나 퇴각이라는 입장과 다르다). 그리고 나는 알래스데어 매킨타이어(Alasdair MacIntyre), 스탠리 하우어워스, 존 밀뱅크로 대표되는 정치신학의 특정 학파가 민주주의의 **의례**가 지닌 형성적 힘에 대한 이런 종류의 의심을 길러 왔다고 생각한다.[53] 나의 기획은 그들과 다른 공간에 도달하겠지만, 그럼

---

[51] 나는 '형성(왜곡)하는'[(de)formative]이라는 신조어를 사용함으로써 지상 도성의 의례들이 우리를 언제나 왜곡하거나 그저 왜곡하기만 하는 것은 아니라는 사실을 존중하고자 한다. 지상 도성의 예전조차도 우주의 결을 따를 수 있고, 이로써 아브라함 카이퍼가 "일반" 은혜라고 불렀던 것의 통로가 될 수 있다. 하지만 현재의 맥락에서 나는 그 예전의 **왜곡**하는 힘을 과소평가하는 태도에 초점을 맞출 것이다.

[52] 내가 생각하기에 바로 이러한 이유 때문에 특히 영국에서, 비평가들은 '신자유주의'가 이를테면 자**본**주의의 논리에 포획된 국가와 시장 모두를 아우르는 구조라고 비판한다. 어맨다 루트(Amanda Root)는 *Market Citizenship: Experiments in Democracy and Globalization* (London: Sage, 2007)이라는 도발적인 책에서 민주주의적 참여를 향상시키기 위해 이러한 사회의 "시장화"(market-ization)를 지렛대로 삼고자 한다. 따라서 그녀의 기획은 후기 근대에 우리가 경험하는 '정치적인 것'에는 정부나 국가보다 훨씬 더 많은 것이 포함된다는 점을 확증해 준다.

[53] 이에 관한 더 자세한 설명은 James K. A. Smith, *Introducing Radical Orthodoxy: Mapping a Post-Secular Theology* (Grand Rapids: Baker Academic, 2005), 특히 chap. 7을 보라. 『급진 정통주의 신학』(기독교문서선교회).

에도 그 기획은 매킨타이어, 하우어워스, 밀뱅크의 제안으로부터 또한 그 제안에 의해 만들어졌으며, 그들의 유전자를 어느 정도 유지하고 있다.

과거 세대 정치신학 분야의 가장 중요한 연구서 중 하나였던 『민주주의와 전통』(Democracy and Tradition)에서 제프리 스타우트(Jeffrey Stout)는 신앙 공동체들이 우리의 공동의 삶에서 협력하는 것으로부터 사실상 철수하는 것을 부추겼다면서 이 "새로운 전통주의자들" 집단을 비판했다. 뒤에서 스타우트의 몇몇 비판에 내가 공감하는 바에 관해 다시 논하겠지만, 나는 먼저 스타우트가 왜 틀렸는지를 지적하고 싶다. 내가 보여 주려는 것처럼, 결정적인 것은 그 역시 민주주의의 의례가 가진 예전적 성격을 놓치고 있다는 점이다. 다시 말해서, 스타우트는 자유주의가 나의 **사랑들**을 형성하기를 원하는 방식들을 과소평가하고 있다.

『민주주의와 전통』에서 스타우트는 자신이 매킨타이어, 하우어워스, 밀뱅크의 "새로운 전통주의"(new traditionalism)라고 부른 것을 신랄하게 비판한다.[54] 새로운 전통주의를 가장 특징적으로 보여 주는 흐름은 밀뱅크가 "포스트모던적인 비판적 아우구스티누스주의"라고 묘사한 기획이며, 이 기획은 아우구스티누스의 교회론 안에서 **정치적** 통찰을 찾고자 하는 경향을 보인다.[55]

---

54 "새로운 전통주의"를 처음 언급한 곳으로는 Jeffrey Stout, *Democracy and Tradition* (Princeton: Princeton University Press, 2004), p. 2를 보라. 스타우트의 용어 자체가 특정 입장을 반영하고 있기에 나는 이 용어를 채택하고 싶지 않다. 그럼에도 이 용어가 폭넓게 사용되고 있기 때문에 이 말을 채택할 것이다. 이어지는 글에서 나는 스타우트의 밀뱅크 비판에 초점을 맞출 것이다. 밀뱅크는 자신의 기획이 아우구스티누스주의 전통 안에 자리 잡고 있음을 가장 명시적으로 밝히고 있기 때문이다.

55 John Milbank, "'Postmodern Critical Augustinianism': A Short *Summa* in Forty-Two Responses to Unasked Questions", *The Postmodern God: A Theological Reader*, ed. Graham Ward (Oxford: Blackwell, 1997), pp. 265-278를 보라. 이러한 대안적인 '포스트모던적' 아우구스티누스를 주장하는 글로는 John Milbank, *Theology and Social Theory* (Oxford: Blackwell, 1990), chaps. 10–12; Graham Ward, *Cities of God* (London: Routledge, 2000); Michael Hanby, *Augustine and Modernity* (London: Routledge, 2003); Doody, Hughes, and Paffenroth, *Augustine and Politics*에 수록된 여러 논문, 특히 데이비드 쉰들러(David C. Schindler), 마이클 C. 핸비, 유진 맥카라허(Eugene McCarraher)의 글이 있다. 핵심 논점에서 아우구스티누스와 대화를 주고받는 Stanley Hau-

이 기획이 만들어 낸 아우구스티누스의 초상은 지상 도성에 대해 세련된 의심과 반감을 드러내는, 세상에 대해 더 '적대적인' 아우구스티누스다. 스타우트가 이런 입장을 우려하는 것은, 그리스도인이 민주주의의 삶의 실천과 과정에서 철수해도 좋다는 신학적 보증을 제공하는 것처럼 보이기 때문이다.[56]

스타우트의 주장은 내가 아우구스티누스의 정치 현상학(political phenomenology)이라고 부르는 것에 대한 논의를 시작할 수 있게 해 주는 유익한 촉매제를 제공한다. 그의 설명과 반응은 이런 식으로 제시된다.

1. 스타우트는 롤스와 같은 이들이 제시하는 정의에 관한 근대적 자유주의의 이론을 비롯해 세속**주의**에 대한 새로운 전통주의자들의 비판을 수용한다. 스타우트는 새로운 전통주의자들과 함께 자유주의가 "순수 이성"의 중립적·객관적 발현이거나 종교적·비합리적 헌신에 의해 더럽혀지지 않은 채로 남아 있을 수도 있었으리라는 생각을 거부한다.[57] 따라서 이 점에서 그는, "선의 포괄적 관념에 대해 이상적으로 중립적인 근대 국민국가 이론을 지지하고" 성찰하는 이성이 "자유로우며" "전통에 대한 의

---

erwas, *After Christendom: How the Church Is to Behave If Freedom, Justice, and a Christian Nation Are Bad Ideas* (Nashville: Abingdon, 1991)가 여기에 포함될 수도 있다.

56 그러나 흥미로운 사실은, 아우구스티누스의 **교회론**에서 정치를 위한 자원을 구하려는 이 기획에서 "새로운 전통주의자들"이 Democracy and Tradition에 등장하는 스타우트의 영웅 중 한 사람인 셸던 월린(Sheldon Wolin)과 매우 가깝다는 점이다. 월린은 정치사상에 대한 초기 기독교의 공헌은 "정치적인 것"을 논하려는 식섭석 시노가 아니라 조기 기녹교가 에클레시아(ekklēsia)의 전망 안에서 제시하려던 "공동체의 새롭고 강력한 이상"을 통해서였다고 주장했다. Sheldon S. Wolin, *Politics and Vision: Continuity and Innovation in Western Political Thought* (Boston: Little, Brown, 1960), p. 97를 보라. 『정치와 비전』(후마니타스).

57 Stout, *Democracy and Tradition*, pp. 294-296. 그럼에도 스타우트는 '롤스적' 연습을 해 보는 것에 일종의 치유적 가치가 있다고 주장한다. "그런 사람들이 청년이 되었을 때 몇 주 동안 스스로 '본연의 상태'에서 '무지의 장막' 뒤에 있다고 상상해 보는 것은 매우 좋은 일일 것이다…그러나 롤스가 서서히 깨닫게 되었듯이, A Theory of Justice의 평등주의적 주장은 일반 대중이 광범위하게 공유하지 않는 포괄적 인생관의 표현이었다"(pp. 294-295).

존에서 독립적"이라고 주장하는, 정치적인 것에 관해 독특하게 "자유주의적인" 견해를 거부하는 매킨타이어나 밀뱅크와 입장을 같이한다.⁵⁸

2. 그러나 스타우트는 매킨타이어와 밀뱅크의 처방을 반대한다. 새로운 전통주의의 비판이 '자유주의'만을 겨냥하지 않고 근대 민주주의 자체를 겨냥하기 때문이다. 스타우트에 따르면, '새로운 전통주의'는 근대 민주주의를 '총체적으로' 비판하는데, 이는 (1) 새로운 전통주의자들이 무-전통성(a-traditioanlity)을 "근대 민주주의의 결정적" 요소로 보아야 한다고 주장할 뿐만 아니라⁵⁹ (2) 그런 무-전통성을 불가능한 이상으로 간주하기 때문이다. 그러므로 (새로운 전통주의에서도 다원주의적인 정치적 맥락에서 작동하는 전통의 복수성을 인정하기는 하지만) '정치적일' 수 있는 유일한 방법은 어떤 '전통에 속하는 것'(traditioned)이다. 그리고 이런 새로운 전통주의자들에 따르면, 민주주의와 전통이 상호 배타적이기에 민주주의는 치명적 결함을 안고 있는 정치 기획이다.⁶⁰

3. 스타우트는 이 마지막 주장에 이의를 제기하면서, (1) 민주주의가 본질적으로 "세속주의적"이지는 **않으며**⁶¹ (2) 민주주의가 그 자체로 하나의

---

58 같은 책, p. 2. (적어도 *A Theory of Justice*에 제시된) 롤스적 자유주의에서 주장하는 중립성에 대한 비슷한 비판으로는 Nicholas Wolterstorff, "The Role of Religion in Decision and Discussion of Political Issues", Robert Audi, Nicholas Wolterstorff, *Religion in the Public Square* (Lanham, MD: Rowman & Littlefield, 1997), pp. 67-120를 보라. 또한 Wolterstorff, "Engagement with Rorty", *Journal of Religious Ethics* 31 (2003): pp. 129-139를 보라.

59 Stout, *Democracy and Tradition*, p. 2.

60 최근에 출간된 책에서 더 혹독하고 더 열정적인 형태의 이런 주장을 확인할 수 있다. Ryszard Legutko, *The Demon in Democracy: Totalitarian Temptations in Free Societies* (New York: Encounter Books, 2016)와 이 책을 열광적으로 수용하는 Rod Dreher, *The Benedict Option: A Strategy for Christians in a Post-Christian Nation* (New York: Sentinel, 2017)을 보라. 『베네딕트 옵션』(IVP). 또한 Patrick J. Deneen, *Conserving America? Essays on Present Discontents* (South Bend, IN: St. Augustine's Press, 2016)를 참고하라.

61 Stout, *Democracy and Tradition*, pp. 11, 130.

전통이고 따라서 정치적 번영에 기여하는 덕과 실천을 함양할 수 있다고 주장한다.[62] 스타우트는 제임스(James)를 경유해 에머슨(Emerson)과 소로(Thoreau)까지 거슬러 올라가는 미국의 실용주의 전통이 민주주의를 전통으로서 상연하는 최선의 길이라고 생각한다.[63]

따라서 스타우트는 자신이 두 전선에서 싸우고 있다고 생각한다. "나는 한쪽으로는 롤스와 로티의 자유주의, 다른 쪽으로는 매킨타이어와 하우어워스의 전통주의 사이에서 수용할 만한 길을 규정하려 해 왔다."[64]

이제 내가 생각하기에 새로운 전통주의의 자유 민주주의 비판에 관해 스타우트가 과소평가한 부분에 초점을 맞추고자 한다. 스타우트가 말하듯이 매킨타이어와 밀뱅크가 민주주의를 비판하는 이유는, 민주주의가 하나의 전통이 되지 못하고 따라서 정치적 덕의 형성을 위한 필수 자원을 제공하지 못해서가 아니다. 스타우트는 새로운 전통주의의 자유 민주주의 비판이 "우리에게 훌륭한 삶의 방식을 유지하기 위해 필요한 덕이 부족하다"는 주장에 초점을 맞추고 있다고 생각한다.[65] 따라서, 만약 민주주의가 하나의 전통이며 덕을 심는다는 것을 스타우트가 입증할 수 있다면, 민주주의는 새로운 전통주의 비판을 피할 수 있을 것이다.

---

62 같은 책, p. 3. "나는 민주주의가 하나의 전통**이라고** 주장할 것이다." 나중에 그는 이렇게 말한다. "전통주의자들은 민주주의를 본질적으로 부정적이며 평준화하는 힘으로—문화의 반대로—보기 때문에 민주주의적 실천의 능력이 오랜 시간에 걸쳐 스스로를 유지할 능력을 과소평가하는 경향이 있다.···민주주의는 그 자체로 하나의 문화, 하나의 전통이다"(pp. 12, 13). 4장에서 우리는 스타우트가 더 최근에 낸 책인 *Blessed Are the Organized*에 담긴 아이러니—즉, 자유 민주주의를 위해 시민들을 형성하는 일을 가장 많이 하는 것은 바로 교회들이라는 사실—를 지적할 것이다.

63 Stout, *Democracy and Tradition*, p. 13. "이 논점을 경구처럼 역설적으로 표현하자면, **실용주의는 민주적 전통주의다**."

64 같은 책, p. 296.

65 같은 책, p. 118.

그러나 이것은 그들이 제기하는 비판의 더 본질적인 측면을 놓치고 있다. 문제는 자유 민주주의가 하나의 전통이 아니라는 것이 아니다. 오히려 문제는 그것이 **음험한**(insidious) 전통이라는(혹은 그런 전통이 되었다는)[66] 사실이다.[67] 달리 표현하자면, 문제는 자유 민주주의가 덕을 심지 못하는 것이 아니라 덕을 **심기는** 하지만 이런 덕이 (적어도 그중 일부가) 근본적 방식에서 하나님의 도성 시민권(즉, 그리스도인의 제자도)에 대해 적대적인 텔로스를 지향하고 있다는 것이다.[68]

---

[66] 이 점에 관해 올리버 오도노반이 그가 "초기의 기독교적" 자유주의와 "후기의" (계약론적) 자유주의라고 부른 것을 구별한다. *Desire of the Nations*, pp. 271-284에 실린 조지 그랜트(George Grant)의 "근대성 비판"에 관한 논의를 보라.

[67] 이 점에서 나는 밀뱅크의 비판이 매킨타이어의 비판보다 더 섬세하다고 생각한다.

[68] 여기서 스타우트가 리처드 존 뉴하우스(Richard John Neuhaus)와 밀뱅크의 주장을 혼동한다는 점은 시사하는 바가 크다. 스타우트는 이 두 사람을 같은 진영 출신으로 간주하는 경향이 있다. 그러나 그는 "뉴하우스가 밀뱅크보다 근대 민주주의에 더 호의적인 태도를 취하는 경향이 있음"을 인정한다. 뉴하우스가 안타까워하는 바는 "공적 광장에서 종교가 철수한 상황"이다(*Democracy and Tradition*, p. 92). 그러나 이것이 핵심적 차이다. 뉴하우스는 자유주의적·자본주의적 사회의 몇몇 핵심 특징에 이의를 제기하지 않는다. 그는 그저 이런 특징들이 '종교'라는 자양분을 필요로 한다고 생각할 뿐이다[스타우트가 논하는 엘슈테인(Elshtain)의 주장을 참고하라(p. 307)]. 다시 말해서, 뉴하우스는 (적어도 '현세적' 영역에서는) 어떤 **심층적** 대립도 존재하지 않는다고 생각한다. 오히려 그는 민주주의적 자본주의의 양분을 제공하는 데 관심이 있다. 반면에 밀뱅크가 자유 민주주의에 더 비판적인 것은 텔로스들(*teloi*) 사이에 근본적 대립이 존재한다고 생각하기 때문이다. 하지만 또한 바로 그런 이유 때문에 밀뱅크는 기독교 세계를 되살리는 데 관심이 없다. 다시 말해서, 스타우트는 밀뱅크가 다원주의자가 아니라고 생각하는 것처럼 보인다. 하지만 이는 분명 오해다. 사실 밀뱅크는 스타우트가 (세속**주의**와 구별되는) "세속화"의 상태라고 묘사하는 바를 받아들일 것이다. "담론의 형식을 세속된 것으로 만드는 것은…그 담론에 참여하는 사람들이 자신들의 종교적 신념을 포기하거나 그 신념을 이성으로 활용하기를 삼가는 경향이 아니다[그런 태도는 세속**주의**일 것이다]. 내가 이 용어를 사용할 때, 세속화의 표지는 특정한 담론적 실천에 참여하는 이들이 자신들의 대화 상대자가 당연히 자신과 똑같은 종교적 전제를 받아들이고 있다고 생각하지 않는다는 사실이다"(p. 97). 스타우트의 정의는 다소 규정적이며 자의적이라고 지적할 수 있다. 왜 이것을 **다원주의** 상황이라고 부르지 않는가? *Why I Am Not a Secularist* (Minneapolis: University of Minnesota Press, 2000)와 *Pluralism* (Durham, NC: Duke University Press, 2005)에 담긴 윌리엄 코널리(William Connolly)의 (중요한 방식에서 스타우트에 공명하는) 반세속주의적 설명을 참고하라.

어떤 경우든 참으로 "과거에 대한 향수를 가지고 있는" 입장(Stout, *Democracy and Tradition*, p. 115)에서는 세속주의뿐만 아니라 스타우트가 정의하는 세속화에 대해서도 안타까워할 것이다. 하지만 **이것이** 뉴하우스에게는 적용되지만 밀뱅크에게는 적용되지 않는다. 밀뱅크는 하나의 음모인 세속주의에 항의하고 있으며, 후기 근대 사회의 자본주의 체계가 '중립적'이라는 주장과 이 체제가 사실상의 표준적 지위를 차지하는 것에 문제를 제기하기 위해서 세속주의 자체에 문제를 제기한다. 스타우트는 밀

스타우트는 전통과 덕에 대한 비목적론적 혹은 비규범적 관념을 채택한 것처럼 보인다. 마치 역사와 구축된 일군의 '실천들'만 갖추고 있다면 덕을 형성하는 '전통'이 될 자격이 충분하다고 생각하는 것 같다.[69] 다르게 표현하자면, 스타우트는 덕의 '전통'이 될 자격을 충분히 갖춘 공적 담론과 민주적 실천의 '배후' 혹은 '전면'에 자리 잡고 있는 것에 초점을 맞추고 있는 것처럼 보이지만 전통이라고 간주하는 이것이 **지향하는** 바를—전통이 '탁월함'을 정의하는 텔로스를 지향하는 한에서만 덕을 형성함을—이해하지 못하고 있다. 스타우트는 텔로스가 없는 전통과 덕을 상상하는 것처럼 보인다. 혹은 적어도 그의 시각 때문에 그는 민주주의적 자유주의의 텔로스와 기독교 신앙의 텔로스 사이의 차이를 경시하게 되었다. 따라서 그는 '세속화된' 민주주의조차도 시민들이 종교인**으로서** 공적 담론에 참여하는 것을, 심지어 종교적 '이성들'을 환기하는 것조차도(물론 스타우트가 정의한 '세속화'의 상황에서 그렇게 하

밀뱅크가 사회주의자이지만 국가주의적(statist) 사회주의자가 아니라는 사실을 놓치고 있는 것처럼 보인다. 요컨대, 밀뱅크의 "포스트모던적인 비판적 아우구스티누스주의"는 (스타우트가 규정하는) 세속화에 '분노'하지 않는다. 반대로 그런 세속화가 언제나 다원주의적 공적 담론의 상황이라고 주장한다. 신정주의와 세속주의 둘 다 세속화에 분노한다.

[69] Joseph Rouse, *How Scientific Practices Matter* (Chicago: University of Chicago Press, 2002)에서도 그와 비슷하게 '실천'에 대한 비규범적·비목적론적 관념을 확인할 수 있다. 스타우트와 라우스(Rouse)의 공통분모는 로버트 브랜덤(Robert Brandom)의 실천에 관한 실용주의적 이론이다. *Making It Explicit: Reasoning, Representing, and Discursive Commitment* (Cambridge, MA: Harvard University Press, 1998)와 *Articulating Reasons: An Introduction to Inferentialism* (Cambridge, MA: Harvard University Press, 2001)을 보라. 따라서 더 왕성한 목적론을 배제하는 것은 실용주의에 대한 헌신인 것처럼 보인다. 하지만 공동체에 관한 비공동체주의적 이론이 과연 가능한가?(참고. Stout, *Democracy and Tradition*, p. 301) 스타우트는 한 집단이 "공동체"의 자격을 갖추기 위해서는 "공유된 활동들"만 가지고 있으면 충분하다고 생각하는 것처럼 보인다(p. 301). 이는 그가 공동체를 "무언가를 공동으로 보유하는 집단"으로 보는, 공동체에 대한 최소주의적 정의를 고수하기 때문이다(p. 300. "한 백성"에 대한 아우구스티누스의 정의를 참고하라). 하지만 이것을 조금 더 자세히 설명하기 시작할 때 그는 목적론적 언어를 사용할 수밖에 없다. 그는 이웃에 관해 이야기하면서 "우리가 공동으로 보유한 것, 우리가 공동체로서 함께 추구하는 것은 가치 있다고 여기는 사회적 실천들과 그와 연관된 **탁월성의 형태들**"이라고 결론 내린다(p. 302, 강조는 추가됨). 하지만 탁월성에 관해 이야기하려면 반드시 먼저 텔로스에 대해 말해야 한다.

는 것은 '경솔한' 일이겠지만) 사실상 배제하지 않는다고 주장한다.[70] 스타우트는 민주주의를 자유주의나 세속주의와 혼동해서는 안 된다고는 주장한다. 그리고 민주주의가 종교적 담론의 배제를 요구하지 않기 때문에 종교 공동체들은 민주주의에 비판적 태도를 취해서는 안 된다.[71] 따라서 민주주의는 하나의 '전통'이고, 민주주의는 '덕'을 심으며,[72] 민주주의는 '두꺼운' 종교적 헌신을 배제하지 않는다. 사랑하지 않을 이유가 무엇인가?[73]

민주주의와 (새로운 전통주의자들의) 공교회적 기독교 사이에서의 양립 가능성에 대한 스타우트의 평가는 지나치게 제한된 시각에 근거를 두고 있다. 앞서 지적했듯이 전통, 실천, 덕에 대한 스타우트의 실용주의적·비목적론적 관념 때문에 그는 매킨타이어, 밀뱅크, 하우어워스가 관심을 기울이는 바, 즉 실천에 정체성−형성 능력을 부여하는, 실천의 경쟁적이며 상호 배타적인 텔로스들(teloi)을 제대로 이해하지 못하고 있다. 스타우트는 텔로스들이 없는 실천과 덕을 상상하는 것처럼 보이기 때문에, 자유 민주주의와 기독교 제자도가 대립하는 공간을 놓치고 있다.

스타우트는 자신의 시야 안에 들어오는 것에 근거하여 민주주의와 기독

---

[70] Stout, *Democracy and Tradition*, p. 98.

[71] 여기에는 또 하나의 중요한 층위, 즉 민주주의가 공동선에 관해 효과적이고 관용적이며 공정하게 생각할 수 있는 **유일한** 방식이라는 스타우트의 일반적 전제가 있다. 따라서 새로운 전통주의자들이 어떤 불의에 반대할 때마다 스타우트는—마치 민주주의**만** 불의에 반대할 수 있는 것처럼—그들이 "끈질기게 남아 있는 민주적 정서"에 따라 행동한다고 주장한다(같은 책, p. 119).

[72] "나는 민주적 문화를 참여자들 안에 특징적 습관, 태도, 성향을 심는 일군의 사회적 실천으로 이해하는 것이 가장 좋다는 결론에 다가가고 있다"(같은 책, p. 203).

[73] 따라서 스타우트는 "아우구스티누스의 *City of God*에 충실해야 한다"고 주장하기 원하는 밀뱅크가 곤란에 빠지게 되며 "이교의 '덕'에 대한 아우구스티누스의 분명한 양가적 태도에 당혹스러워할" 수밖에 없다고 주장한다(같은 책, p. 103). 그러나 스타우트는 아우구스티누스의 '양가적 태도'가 마치 이교의 '덕'을 강력히 지지하는 것이며, 따라서 스타우트가 원하는 대로 종교 공동체들이 민주주의의 덕을 인정해야 함을 미리 보여 준 본보기가 되는 것처럼 이해하는 듯하다. 그러나 뒤에서 지적하듯이, 아우구스티누스의 '양가적 태도'는 스타우트의 긍정하는 입장이 아니라 밀뱅크의 의심하는 입장에서 해석될 수 있다.

교 사이의 통약 가능성(commensurability)을 주장한다. 즉, 둘 다 덕을 심는 형성적 실천을 위해 전통에 의존하며, 둘 다 비슷한 '공간'과 '시간' 안에 거주하고, 둘 다 (예를 들어, 한 동네에 대한) 실용적 관심을 공유한다. 하지만 이러한 비목적론적 설명의 제한된 시야 때문에 스타우트는 이 둘의 궁극적 양립 불가능성을 인식하지 못한다.[74] 또한 이는 제한된 시야로 멀리에서 바라보았을 때 교차하거나 수렴하는 선들처럼 보이는 것이 더 자세히 따라가 보면 사실은 갈라져 있다는 것을 의미한다.[75]

따라서 어떤 의미에서 나는 스타우트의 이론이 지나치게 형식주의적이며 절차주의적인 데 머물러 있다고 우려한다. 그는 민주주의가 하나의 전통이며 덕을 심는다는 것을 논증하는 데 열중하지만, 그것이 **어떤 종류의** 전통이고 **어떤 종류의** 사람들을 형성하고 창조하는지에 관한 질문에 대해서는 대체로 무관심하다. 형식적 차원에서 민주주의는 하나의 전통을 이루고 실천을 전수하며 그런 실천이 형성적이라고 말할 수 있다. 그러나 그것만으로는 새로운 전통주의의 자유 민주주의 비판을 피하기에 충분하지 않다. 이 비판은 **무-전통성**(민주주의는 전통을 결여하고 있다)에 대한 비판이 아니라 **잘못된**-전통성(민주주의는 복음이 제시하는 좋은 삶의 전망과 조화를 이룰 수 없는 목적을 위해 사람들을 형성하는 일군의 실천이다)에 대한 비판이기 때문이다.[76] 스타우트의 형식주의적 답변은 일종의 세속**주의**의 유물이 되고 만다. 그는 이러한 궁극적 텔로

---

[74] 아우구스티누스는 두 도성이 "다르며 서로를 반대한다"고 묘사한다(*City of God* 14.4). 이것은 굴드식의 "겹치지 않는 관할권"[non-overlapping magisteria, 과학과 종교가 서로 구별되는 영역을 다루기에 서로 중첩되지 않는다는 스티븐 제이 굴드(Stephen Jay Gould)의 견해—옮긴이]이 아니다.

[75] 혹은 매킨타이어가 *After Virtue: A Study in Moral Theory* (Notre Dame, IN: University of Notre Dame Press, 1981)에서 지적하듯이, 전통의 텔로스에 따라 동일한 습관이 덕으로도 악덕으로도 간주될 수 있다. 즉, 덕의 규정도 전통에 의존한다. 『덕의 상실』(문예출판사).

[76] 적어도 이것이 바로 밀뱅크와 하우어워스가 제기하는 비판이다. 매킨타이어는 상이한 주장으로 이해될 수 있다.

스들―궁극적으로는 '사랑의 대상'인―이 정체성-형성 역할을 한다는 것을 충분히 고려하지 못했기 때문이다. 대신 그는 새로운 전통주의를 주창하는 그리스도인들을 설득하여 그들이 (궁극적) 차이를 극복하고 (마치 그들이 떠나기라도 한 것처럼) 공유된 공적 담론의 경기에 복귀하게 만들려 한다.

하지만 그 결과는 거의 롤스주의적이다. 스타우트는 우리의 궁극적 사랑이 우리의 정체성을 이루는 정도와 이 공적이며 공유된 공간에 우리가 참여하는 **방식**을 빚어내는 정도를 과소평가하는 것처럼 보이기 때문이다.[77] 따라서 그는 '매우 시급한 태도로' "민족성, 인종, 종교를 초월하는 정체성을 길러내기 위한 일반 기획"을 주창한다.[78] 하지만 만약 **종교적** 정체성이 정말로 **궁극적** 정체성이라면? '초월'은 결국 '압도'를 뜻하는 것 아닐까? 그 결과 다시 한번 자유주의에 대한 그의 모든 비판에도 불구하고 스타우트가 종교인들에게 민주주의를 섬기기 위해 그들의 종교적 정체성의 특수성을 최소화하기를 요구하는 것은 아닐까? 그리고 이런 설명에서는―마치 한 사람이 자신의 종교적 정체성을 입구에 두고 들어올 수 있기라도 한 것처럼(무지의 장막을 핑계로 우리는 똑같은 요구를 받곤 한다)―여전히 일종의 기능적·실용적 중립성을 만

---

[77] 이따금 스타우트는 새로운 전통주의에서 공유된 공적 공간에 대한 관심이나 참여를 전적으로 배격한다고 주장하는 것처럼 보인다. 그는 "하우어워스의 독자 중 다수는 아마도 하층 계급에 대해 정의를 행하는 것보다 교회가 되는 데 더 많은 관심을 기울여야 한다는 말을 들으면서 좋아했을 것이다. 어떤 의미에서 그들은 정의를 행하고자 할 때 얼마나 큰 대가를 치러야 하는지 너무나도 잘 알고 있었다"라고 주장하는데(*Democracy and Tradition*, p. 158. 참고. p. 115), 이런 입장은 심각하게 피상적인 묘사다. 이것은 거짓되고 무책임한 주장일 뿐이다. 하우어워스는 교회가 **모든 사람**을 그리스도의 몸으로 들어오도록 환영함으로써 하층 계급에게 환대를 베푸는 만큼만 교회가 될 것이라고 분명히 주장하기 때문이다. 예를 들어, Stanley Hauerwas and Romand Coles, *Christianity, Democracy, and the Radical Ordinary* (Eugene, OR: Cascade Books, 2008)에 실린 그의 글을 보라. 여기서 다시 한번 스타우트가 민주주의**만**이 공동선에 대한 관심을 자극할 수 있다고 전제하고 있음을 알 수 있다. 아퀴나스가 그런 말을 들었다면 깜짝 놀랐을 것이다.

[78] Stout, *Democracy and Tradition*, p. 302. 이어지는 글에서 이것은 한 사람의 정체성이 '헌법'에 대한 헌신에 의해 규정되어야 함을 의미한다는 것이 명확해진다(p. 303). 하지만 종교적 관점에서 헌법이 불의해 보인다면? 혹은 이런 식의 헌법중심주의가 그 나름의 국가주의나 부족주의가 될 수도 있다고 우려할 수 있지 않겠는가?

들어 내는 것처럼 보이지 않을까? 우리의—특히 한 **백성**으로서—종교적 정체성이 준궁극적인 것의 차원에서도 (총체적이지는 않더라도)[79] 심층적 통약 불가능성이 존재함을 드러낸다면 어떻겠는가?[80]

새로운 전통주의의 민주주의 비판에 대한 스타우트의 오해는 (1) 그가 습관과 실천이 근본적으로 목적론적 성격을 지닌다는 것을 제대로 이해하지 못하고, 따라서 (2) 민주적 '전통'과 ('두껍게' 이해되는) 기독교 전통 사이의 근본적 양립 불가능성을 보여 주는 사례를 인식하지 못한 데 기인한다.[81] 이 두 요인을 한데 묶어서, 스타우트가 정치적 행위자와 공동체에 대한 **지향적**(intentional) 설명을 결여하고 있기 때문에 새로운 전통주의 기획의 미묘한 균형을 이해하지 못했고 더 구체적으로는 근본적이며 지향적인 **사랑**의 방식이 '시민'과 '백성'을 규정한다는 점을 놓쳤다고 말할 수 있을 것이다. 요컨대, 새로운 전통주의의 자유 민주주의 비판을 바르게 이해하기 위해서는 먼저 사

---

[79] 즉, 새로운 전통주의의 기획이 반드시 근대성이나 자유 민주주의에 대한 '총체적' 비판을 요구하지는 않는다. 그것은 특수한 요소에 대한 시의적절한 평가를 제시할 수 있다. 여기서 나는 새로운 전통주의의 비판이 올리버 오도노반의 통찰에 의해 잘 '조율될' 수 있다고 생각한다. 오도노반의 작업에 관해서는 2장과 3장에서 더 자세히 다루고 있다. 이에 관해 나와 몇 차례 대화를 나눈 한스 부어스마에게 감사를 전한다.

[80] 나는 민주주의와 그리스도인의 제자도의 통약 가능성에 관한 스타우트의 너무 낙관적인 전제에 반대하며 윌리엄 코널리의 불가지론이나 심층적 다원주의가—코널리가 *The Augustinian Imperative: A Reflection on the Politics of Morality*, new ed. (Lanham, MD: Rowman & Littlefield, 2002)과 *Pluralism* (Durham, NC: Duke University Press, 2005)에서 아우구스티누스를 잘못 해석하는 부분이 있다고 생각함에도—더 섬세하다고(또한 더 아우구스티누스주의적이라고) 생각한다. 이에 관한 논의로는 Kristen Deede Johnson, *Theology, Political Theory, and Pluralism: Beyond Tolerance and Difference* (Cambridge: Cambridge University Press, 2006)를 보라.

[81] 여기서 자세히 논할 수 없는 세 번째 요소가 존재한다. 즉, 스타우트가 한 정치 공동체 안에 거주하는 **행위자들**의 '상태'와 그들이 정의롭게 **살 수 있기** 위해 무엇이 필요한지에 관심을 기울이지 않는다는 점이다. 이에 관해 '덕을 갖춘' 행위자가 되기 위해서는 **은혜**가 필수 조건으로 필요하다는 아우구스티누스주의적 설명과 내재된 자원에 대한 스타우트의 계속된 확신["그런 흐름은 우리 안에 있으며 우리에게서 나온다"(Stout, *Democracy and Tradition*, p. 308)]은 두드러진 대조를 이룰 것이다. 관련된 논의로는 James K. A. Smith, "Formation, Grace, and Pneumatology: Or, Where's the Spirit in Gregory's Augustine?", *Journal of Religious Ethics* 39 (2011): pp. 556-569를 보라.

랑의 정치 현상학을 분명히 진술할 필요가 있다.

'지상 도성' 이해(오해)에 관하여

이 모든 것이 아우구스티누스와 무슨 관계가 있는가? 나는 정치적인 것에 관한 아우구스티누스의 설명을 원시-현상학으로 고찰하는 것이 『신국론』에서 말하는 사랑의 중심 역학을 더 잘 이해하는 데 도움이 되며, 일반적으로 지상 도성 안에서, 구체적으로는 제국 안에서 구현된 '정치적인 것'에 대한 아우구스티누스의 설명에서 (절대적이지는 않더라도) 근본적으로 '대립적'인 입장을 분별하는 데도 도움이 되리라 주장한다. 하나님의 도성과 지상 도성 사이의 관계에 대한 아우구스티누스의 설명이 정치적 삶이라는 공동의 책무로부터 철수나 고립을 요구하지는 않는다. 그럼에도 그는 제국의 '덕'을 신랄하게 비판하며, 이를 통해 공동의 정치적 책무에 기독교 공동체가 참여하는 일의 범위나 자세에 의문을 제기한다. 혹은 더 정확히 말해 (스타우트에 비해) 아우구스티누스는 기독교 공동체가 지상 도성의 정치적 실천에 참여하는 데 지나치게 우호적인 자세를 취할 때 일어나는 **형성**에 관해 우려한다. 요컨대, 나는 『신국론』에 대한 현상학적 독해가 더 대립적인 아우구스티누스를 보여 주리라 주장한다.

이 점에 관해 나는 더 '친절한' 아우구스티누스의 그림, 즉 천상 도성과 지상 도성의 구별이 **마치** 궁극적인 것과 준궁극적인 것의 구별, 시간적인 것과 영원한 것, 영적인 것과 정치적인 것의 분업**인 것처럼** 아우구스티누스를 해석하는 방식에 저항할 것이다. 이러한 오독은 두 가지 해석 실패의 산물이다. 이 오독에서는 (1) 정치적인 것에 관한 아우구스티누스의 설명에서 **사랑의** 핵심 역학, 특히 '두 도성'에 대한 그의 설명에서 사랑, 예배, 정의 사이의 상관관계를 무시하거나 아예 놓치고 있다. 또한 (2) 이 때문에 아우구스티누스를 스콜라주의적 토마스주의자처럼 묘사하고,[82] 지상 도성의 이른바 '자연적'이고 '세속적'인 목적을 확언하면서 초자연적이고 영원한 목적에 관심이 부족하거나 관심을 기울일 수 없다는 게 지상 도성의 실패라 지적한다.

밀뱅크의 "포스트모던적인 비판적 아우구스티누스주의"에 대한 토드 브레이포글(Todd Breyfogle)의 비판에서 이런 아우구스티누스 해석을 발견할 수 있다.[83] 아우구스티누스가 더 대립적인 태도를 취한다고 해석하는 밀뱅크를 반박하기 원하는 브레이포글은 아우구스티누스의 두 도성 구별을 '차원'—자연과 은혜, 시간적인 것과 영원한 것을 나누는 신스콜라주의의 구별—의 구별인 것처럼 해석해야 한다고 주장한다. 브레이포글이 밀뱅크의 '세속 이성' 거부에 비판적인 것은, 이것이 정치적인 것을 '자율적'으로 설명할 수 있는 능력—물론 밀뱅크는 바로 이것을 비판하고 싶어 한다("그건 오류가 아니다. 특징이다!")—을 몰수한다고 생각하기 때문이다. 그러나 [웨인 행키(Wayne Hankey)처럼] 철학이 자율적이며 기본적으로 세속적이라고만 착각하는 브레이포글은 "정치적인 것"이 합리적·"자연적" 영역의 진리로 확증되는 한에서만 확증될 수 있다고 주장한다.[84] 그는 이런 입장이 아우구스티누스에게서 기원했다

---

82 '스콜라주의적'이라는 수식어를 사용하는 이유는, '토마스주의'에 대한 이러한 통상적 묘사(희화화?)가 아퀴나스의 입장과 꼭 동일시되지는 않기 때문이다. 오히려 이것은 '교과서적' 토마스주의에서 생겨나서 특히 미국의 자연법사상의 정치적 부흥을 통해 오늘날에도 계속해서 영향을 미치는 해석이다. 이런 식이 이분법적 토마스와 대조적인 해석으로는 앙리 드 뤼박(Henri de Lubac)을 참고하라.

83 Todd Breyfogle, "Is There Room for Political Philosophy in Postmodern Critical Augustinianism?", *Deconstructing Radical Orthodoxy*, ed. Wayne J. Hankey, Douglas Hedley (Aldershot, UK: Ashgate, 2005), pp. 31-47. 이 맥락에서는 밀뱅크에 대한 브레이포글의 수많은, 때로는 깜짝 놀랄 정도의 오독에 관심을 기울이지 않겠다.

84 브레이포글이 급진 정통주의 안에 '정치철학'의 여지가 있는지 물을 때 그는 이렇게 묻는 셈이다. 정치라는 '자연적' 영역에 중립적·자율적·세속적 설명의 여지가 있는가? 이렇게 묻는 것은 그가 토마스주의에서 "자연적이며 은혜의 도움을 받지 않은 인간 이성"의 자율적 영역을 인정한다는, 널리 의문시되는 견해를 계속해서 고수하기 때문이다. 게다가 그는 이런 인간 이성 이해가 아우구스티누스에게서 기

고 보며, 아우구스티누스가 정치적인 것에 관해 "합리적으로 식별할" 수 있는 바와 구원에 관해 "믿음으로 식별할" 수 있는 바를 구별한다고 주장한다.[85] 그런 다음 이를 아우구스티누스가 지상 도성이 "자연적 목적"의 적합한 관리자가 될 수 있다고 주장했다는 식으로 해석하고,[86] 세계를 "영역들"로 깔끔하게 구획하는 것—마치 두 도성의 구별이 보조성의 관계인 것처럼—이 아우구스티누스에게서 기원했다고 설명한다.[87]

이와 비슷하게, 데이비드 반드루넨(David VanDrunen)은 아우구스티누스의 두 도성을 후대에 등장할 '두 왕국' 이론의 '선구자'로 해석한다. 반드루넨은 아우구스티누스가 하나님의 도성과 그가 "이 세상의 도성", "지상 도성", "인간의 도성" 등으로 다양하게 묘사하는 바를 구별한다고 바르게 지적한다.[88] 아우구스티누스에게 이 두 도성 혹은 사회[89] 혹은 '백성'은 그들이 채택한 삶

원했다고 주장한다! 적어도 웨인 행키는 보편적·세속적 이성에 관한 이런 전망을 받아들이기는 하지만 바로 이 지점에서 아우구스티누스와 아퀴나스가 갈라진다는 점을 정확히 인식하고 있다. Hankey, "Why Philosophy Abides for Aquinas", *Heythrop Journal* 42 (2001): pp. 329-348를 보라. 이에 대한 비판으로는 Smith, *Introducing Radical Orthodoxy*, pp. 48-60를 보라. 이러한 섬세함과 상상력의 결핍 때문에 브레이포글과 행키는 **자율성**이나 자신들이 생각하는 철학의 세속성에 대한 모든 비판이 철학 자체의 **거부**에 해당한다고 생각한다. 따라서 행키는 나를 "반(反)철학적 신학자"라고 부른다. 이에 대한 짧은 대답으로는 "Remythologizing Heidegger: A Response to Hankey", *The Influence of Augustine on Heidegger: The Emergence of an Augustinian Phenomenology*, ed. Craig J. N. De Paulo (Lewiston, NY: Edwin Mellen, 2006)를 보라.

85 Breyfogle, "Is There Room?", p. 35. *De libero arbitrio*에서 이런 해석의 단초를 찾을 수 있기는 하지만, 이것은 아우구스티누스의 더 성숙한 사상에 대한 설득력 있는 설명이 되기 어려워 보인다. 이에 관한 토론을 나눈 스티브 와익스트라(Steve Wykstra)와 크리스티나 반 다이크(Christina Van Dyke)에게 감사를 전한다. 『자유의지론』(분도출판사).

86 Breyfogle, "Is There Room?", p. 44.

87 같은 글, p. 41. 이런 설명은 "존재론"과 "역사", 더 구체적으로는 "본래적 창조"와 "역사적 창조"에 관한 (다시 말하지만, 아우구스티누스에게서 기원했다고 주장하는) 브레이포글의 흥미로운 구별—마치 "본래적" 창조가 역사적이지 않았다는 듯한—에 기인하는 것으로 보인다(pp. 35-36).

88 David VanDrunen, *Natural Law and the Two Kingdoms: A Study in the Development of Reformed Social Thought* (Grand Rapids: Eerdmans, 2010). 『자연법과 두 나라』(부흥과개혁사).

89 아우구스티누스는 하나님의 도성을 **도성**, 키비타스(*civitas*)라고 부름으로써 이미 그것을 정치적인 것으로 만들었다(그가 *City of God* 14.1에서 빌 3:20을 인용한다는 점에 주목하라). 두 왕국 이론가들은

의 기준에 의해 구별된다. 지상 도성은 육신의 기준에 따라 사는 반면, 하나님의 도성은 성령에 따라 산다.[90] 『신국론』의 도입부에서는 두 도성을 생동하게 하는 덕과 악덕(겸손과 자비 대 지배와 교만)으로 구별하는 반면,[91] 뒤에서는 두 도성을 궁극적으로 구별 짓는 것이 그들의 **사랑**임을 강조한다.[92] "따라서 우리는 두 도성이 두 종류의 사랑에 의해 창조되었음을 알 수 있다. 지상 도성은 하나님을 경멸하는 데까지 이르는 자기애에 의해 창조되었으며, 천상 도성은 자아를 경멸하는 데까지 나아가는 하나님 사랑에 의해 창조되었다."[93]

반드루넨은 여기서 아우구스티누스의 분석이 엄격하게 **대립적** 입장을 취하며 아우구스티누스에게 이중 시민권이란 존재하지 않는다고 바르게 지적한다.[94] "각 개인 구성원은 한 도성, 오직 한 도성의 구성원이다."[95] 하지만 그런 다음 반드루넨은 재빨리 아우구스티누스가 구별하는 것을 생략하기 시작한다. 특히, 인간의 도성이 점점 "더 광범위한 사회"나 (시대착오적으로) "국가"와 단순히 동일시되며, 이것들은 "세상"이나 "이생"과 동일시된다.[96] 이런 생략은 두 왕국 이론가들이 아우구스티누스를 소환할 때 이상한 해석에 이르게 한다. 따라서 반드루넨은 루터의 두 왕국 교리를 설명하면서 그것이 "아우구

하나님이 도성이 교회와 동일하지 않음을 강조하는 경우가 많지만, 사실 아우구스티누스는 16.2에서 동일하다고 주장한다. "그리스도와 하나님의 도성인 그분의 교회."

[90] Augustine, *City of God* 14.1-4. *City of God* 14.2-5에서 아우구스티누스가 몸과 물질성 자체를 '육신'과 구별하려고 끈질기게 노력한다는 점에 주목해야 한다.

[91] 같은 책, 1.1, 14.3.

[92] 같은 책, 19.24-26.

[93] 같은 책, 14.28.

[94] 아우구스티누스가 의도하는 바는 지상 도성과 천상 도성 사이에 이중 시민권이 존재하지 않는다는 것임을 분명히 지적해 둘 필요가 있다. 이 말을 그가 천상 도성의 시민들(즉, 그리스도인들)이 국가와 민족의 시민이 될 수 없다고 주장했다는 식으로 오해해서는 안 된다. 아우구스티누스에 따르면, 내가 캐나다 시민권을 지닌다는 것과 내가 지상 도성의 시민이라는 것은 전혀 다르다.

[95] VanDrunen, *Natural Law and the Two Kingdoms*, p. 22.

[96] 같은 책, pp. 22, 27, 28.

스티누스의 두 도성의 핵심적 특징과 대단히 비슷하다"고 주장한다.[97] 실제로 그는 루터를 아우구스티누스의 연장으로 해석한다. "루터의 교리는 분명한 아우구스티누스의 두 도성 교리와는 명확히 구별되어야 하는데, 이는 그것과 모순되기 때문이라기보다는 몇몇 중요한 관념으로 그것을 **보충**하고 있기 때문이다. 루터가 두 왕국이라는 형판에 두 정부라는 뉘앙스를 부여함으로써 아우구스티누스의 사상을 건설적으로 발전시켰다고 볼 수 있다. 예를 들어, 루터가 제시한 두 정부라는 틀은 『신국론』에서 표현 아래 잠복하고 있던 제도적 표현―교회와 국가라는―을 두 왕국에 부여한다."[98] 반드루넨은 이런 해석을 "보완적 패러다임"이라고 부르면서 루터가 그저 아우구스티누스의 사상을 확장했으며, 그의 이론을 더 복잡하게 만듦으로써 그를 "넘어설" 수 있었고, 그리스도인들에게 "공민적 영역에서 자신의 역할을 수용"하고 스스로를 "지상 영토의 참된 시민으로" 바라볼 수 있기를 허락하고 심지어 그렇게 하도록 부추겼다고 주장한다. 간단히 말해서, 그리스도인들은 "시민권" 보유를 허락받았다.[99]

하지만 이것이 정말로 그저 아우구스티누스를 보충하는 것인가? 루터가 그저 아우구스티누스의 설명에 복잡한 층위를 추가하고 있는 것인가? 그렇다면 이것은 이상한 수학이다. 그 과정에서 합이 아우구스티누스 사상의 핵심 양상을 **제거하기** 때문이다. 따라서 점진적·점증적 전환처럼 보이는 것은 사실은 치환이다. 아우구스티누스의 지상 "도성"(키비타스)이 이제 "공민적 **영역**"과 "지상 **영토**"로 공간화되었음에 주목하라.[100] 그러나 이러한 공간화가 어

---

97 같은 책, p. 59.
98 같은 책, p. 60.
99 같은 책, pp. 60-61.
100 같은 책, p. 61, 강조는 추가됨.

디서 왔는가? 그리고 이런 '전환'에서 무엇을 잃어버렸는가? 이러한 보충의 결과로 우리는 아우구스티누스가 분명히 거부하는 '이중 시민권' 개념으로—하지만 이제는 아우구스티누스의 이름으로!—되돌아왔다.

비슷한 방식으로, 대중적 담론 안에서 그리스도인들이 '지상 도성'을 더 나은 곳으로 만들기 위해 노력해야 한다는 말이나 우리가 천상 도성과 지상 도성 모두의 시민이라는 말을 점점 더 자주 듣게 되었다. 이처럼 지상 도성을 긍정하는 목소리는, 우리에게 아직도 남아 있는 내세 지향적 태도를 버리고 하나님이 그 도성**으로부터** 영혼을 구하는 데 관심 갖고 계실 뿐 아니라 그 도성**의** 번영을 바라신다는 것을 깨닫게 하려는 올바른 의도를 드러낸다. 지상 도성을 소환하고 긍정함으로써 성경의 강력한 창조 신학을 반영하며 우리의 육화된·물질적·사회적·문화적 삶을 긍정하고자 한다. 이것은 건전하고 성경적인 신학이다. 우리의 내세 지향적 방식을 바로잡기 위해서 매우 필요한 교정 수단이기도 하다. 하지만 역사적으로 이 용어는 다른 의미로 사용되었기 때문에 '지상 도성'에 관해 이런 식으로 말하는 것은 혼란을 초래할 수도 있다.

앞서 지적했듯이, 아우구스티누스는 지상 도성이 창조가 아니라 타락으로부터 시작되었다고 생각한다. 지상 도성은 창조와 함께 시작되지 않았다. 죄에서 기원했다. 그렇기에 아우구스티누스는 하나님의 도성을 지상 도성과 대립시킨다. 두 도성은 근본적으로 다른 사랑에 의해 정의되고 움직인다. 따라서 지상 도성을 단순히 '현세적' 도성이나 물질세계와 혼동해서는 안 된다. 지상 도성은 창조의 영토와 동일하지 않다. 오히려 아우구스티누스에게 지상 도성은 피조물적 삶의 체계적인—또한 무질서한—구성이다. 하지만 이 말은 아우구스티누스가 물질적·문화적·피조물적 삶을 전적으로 악한 자에게 양도한다는 뜻 **아니다**. 하나님의 도성은 그저 내세적인 것이 아니다. 그것은 하나님이 이 세상에 바라시는 사회적이고 문화적인 삶의 선취(foretaste)를 구현하도록 부름받은 사람들의 '사회'—키비타스—다.

아우구스티누스는 그리스도인들이 이 세상의 문화적 삶에 관심을 기울이게 만들려고 지상 도성을 소환하지 않는다. 그는 창조 신학을 통해 이미 그렇게 했다. 지상 도성에 대한 그의 분석은 오히려 주의하게 한다. 그리스도인들을 향해, 문화적 체계가 근본적으로 무질서한 경우가 많으며 그들이 문화의 모든 흐름 속에서 활동함으로써 저항하고 그 질서를 바로잡을 필요가 있음을 깨달아야 한다고 촉구한다. 그리고 그의 편지를 통해 알 수 있듯이 아우구스티누스는 스스로 그런 활동에 참여했다. 편지를 읽어 보면 이 주교가 정치와 공민적 삶이라는 구체적 현실에 적극적으로 참여했음을 알 수 있다.[101]

아우구스티누스는 현실을 '하늘'이라는 2층과 '땅'이라는 1층으로 구획하기 위해 '지상 도성'이라는 용어를 사용하지 않는다. 지상 도성과 하나님의 도성 모두가 하늘과 땅에 대한 경쟁적 전망이다. 따라서 '지상 도성'은 에덴동산보다는 바벨론에 더 가깝다. 하지만 이런 근본적 대립이 존재한다고 해서 우리가 거룩한 비밀 회합으로 퇴각하거나 지상 도성을 비난하기만 하면 되는 것은 아니다. (아우구스티누스가 사용한 엄밀한 의미에서) 지상 도성에 포로로 잡혀 있는 하나님의 도성 시민들은 예레미야가 조언하듯이 이 도성의 안녕을 추구하도록 부름받았다. 우리는 피조물을 가꾸도록 부름받았기 때문이다. 우리는 지상 도성을 하나님의 도성에 병합하고 그리하여 피조물의 삶이 다시 샬롬을 지향하게 함으로써 지상 도성의 안녕을 추구할 것이다.

브레이포글이나 반드루넨처럼 아우구스티누스를 잘못 해석하는 이들은

---

[101] 정치적 삶에 대한 관심을 보여 주는 아우구스티누스의 편지와 설교의 대표적 표본으로는 Augustine, *Political Writings*, ed. E. M. Atkins and R. J. Dodaro (Cambridge: Cambridge University Press, 2001)를 보라.

자연과 은혜를 나누는 일종의 물화된(reified) '토마스주의적' 구별을 통해 아우구스티누스가 지상 도성을 조율된 방식으로 긍정하는 것을 설명하려고 한다.[102] 이런 식의 해석에 의하면, 하나님의 도성은 영원한 일과 초자연적 목적을 다루는 반면 지상 도성은 '자연적' 목적을 지향하도록 '현세적' 일을 올바르게 집행한다고 인정받을 수 있다. 그러나 이런 해석은 아우구스티누스의 지상 도성 비판, 특히 로마 비판에 담긴 근본성(radicality)을 제대로 반영하지 못한다.[103] 두 가지로 이를 알 수 있다.

1. 아우구스티누스에게 지상 도성은 단순히 '현세적'이지 않다. 이것은 결정적으로 타락 이후의 현상이다(『신국론』 11.33-34, 14.4를 보라). 아우구스티누스에 대한 '현세적/자연적' 해석에서는 지상 도성을 '정치적인 것'과 동시적인 것으로 간주한다. 달리 표현하면, 지상 도성을 **창조**와 동시적인 것으로 간주한다. 그러나 아우구스티누스는 지상 도성의 계보가 타락에서 기원한다고 보며, 따라서 창조 고유의 요소로서 (또한 따라서 하나님의 도성에서 바르게 구현되는 것으로) 정치적인 것을 긍정할 뿐만 아니라 타락한 지상 도성에서 정치적인 것이 잘못 정향되었음을 비판하는 섬세한 입장을 취할 수 있었다.
2. 아우구스티누스의 지상 도성 비판은 단지 그 사랑이 불충분하고 모자라며 따라서 충분히 '멀리' 뻗지 못한다는 데 그치지 않는다. 오히려 지

---

102 이 점에 관하여 아퀴나스와 아우구스티누스의 차이를 구별하는 유익한 논의로는 Jesse Covington, "The Grammar of Virtue: Augustine and the Natural Law", *Natural Law and Evangelical Political Thought*, ed. Jesse Covington, Bryan McGraw, and Micah Watson (Lanham, MD: Lexington Books, 2013), pp. 167-193를 보라. 이 유익한 논문을 상기시켜 준 마이커 왓슨에게 고마움을 전한다.
103 브레이포글은 밀뱅크가 "지상의 평화에 대한 아우구스티누스의 평가를 평가 절하한다"고 주장한다("Is There Room?", p. 39). 나는 브레이포글이-'타협주의적'(accommodationist) 혹은 '자유주의적' 아우구스티누스를 옹호하는 다른 이들처럼-아우구스티누스의 평가를 **과대**평가한다고 주장하고 싶다.

상 도성을 살아 움직이게 만드는 이 사랑은 (피조물을 **마치** 그것이 창조주**인 것처럼** 사랑하기에) **무질서**하며 **잘못** 정향되어 있다.[104] 현상학에서 사랑을 '지향'으로 설명하는 것이 아우구스티누스의 비판이 갖는 이런 측면을 강조한다.

따라서 '타협주의적' 아우구스티누스는 사랑이라는 중심 역학을 놓친 독해 방식의 결과물이라고 주장할 수 있다. 즉, 내가 뒤에서 아우구스티누스의 사랑 개념의 '현상학적' 틀이라고 부르는 것을 놓치고 있다. 우리는 (『하나님 나라를 욕망하라』에서 더 자세히 살펴보았던) 개인적 주체에 대한 그의 묘사가 '백성'에 대한 그의 설명을 반영한다는 점을 지적할 것이다.

아우구스티누스의 정치 현상학

아우구스티누스는 내가 『하나님 나라를 욕망하라』에서 간략히 설명했던 인간에 대한 에로스적 현상학과 사회적·공동체적·정치적으로 연관된 것을 암시한다. 개별 '영혼'이 '사랑 안에서' 세상을 지향하며,[105] 따라서 그 사랑의 대상에 의해 동일시되는 것처럼, 아우구스티누스는 한 '백성'이나 '국가'(commonwealth)가 같은 방식으로, 즉 그 사랑의 대상에 의해 규정된다고 말한다. 이미 지적했듯이 아우구스티누스는 백성을 "사랑의 대상에 대한 공동의 합의에 의해 연합된 다수의 합리적 존재들의 연합체"로 정의하며, 따라서 "특

---

[104] 그렇기 때문에 지상 도성의 '본질'은 우상숭배와 밀접한 연관이 있다.
[105] *Desiring the Kingdom*, pp. 48-49에서 설명했듯이 우리는 '지향하다'(intend)라는 말을 후설(Husserl)과 하이데거의 현상학적 의미로 사용하고 있다. (*intentio*에서 온) '지향하다'라는 말은 겨냥하다, 특정 방식으로 세상에 대한 '의도'를 품는다는 뜻이다. 내가 내 앞에 있는 책상 위의 대상을 커피잔으로 바라볼 때, 현상학자는 내가 그것을 커피잔으로 '지향한다'라고 말할 것이다.

정 민족의 성격을 관찰하기" 위해서는 "그들이 사랑하는 대상"을 살펴보아야 한다(『신국론』 19.24). 이때 아우구스티누스가 백성에 대한 이 '지향적' 정의가 백성을 "'옳음에 대한 공동의 지각과 이익 공동체에 의해 연합된' 무리"로 보는 스키피오(Scipio)의 정의에 대한 대안이 된다고 주장한다는 점이 중요하다 (19.21). 아우구스티누스는, 스키피오의 정의에 따르면 정의는 참된 **예배**를 요구하므로 "참된 정의"가 존재하지 않기에 로마라는 국가는 존재하지 않았으며 이는 어떤 형태의 지상 도성에서도 불가능하다고 주장한다. "정의는 하나님, 한 분이신 지극히 높으신 하나님이 순종하는 도성을 그분의 은혜에 따라 지배하시며 오직 그분 한 분을 제외하고 다른 모든 존재에 대한 제사를 금지하시는 곳에서 발견할 수 있다"(19.23).

그러나 아우구스티누스는 백성에 대한 그의 정의를 스키피오의 더 정태적인 관념에서 더 역동적·지향적인 정의로 수정함으로써 **사랑**이 한 백성을 백성으로 만드는 핵심 요소가 되게 한다. 그의 다음 물음은 이 새로운 정의에 따르면 로마는 한 백성이나 국가가 될 자격을 갖추고 있는지 여부다. 여기서 그 결과는 사뭇 다르다. 이 새로운 정의에 따르면 "로마 백성은 하나의 백성이며, 그들의 나라는 의심할 나위 없이 국가다"(19.24). 어떤 이들은 이를 근거로 아우구스티누스가 로마를 긍정적으로 받아들인다고 성급하게 결론 내리는 경향이 있다.[106] 그러나 이것은 분명 잘못된 경우다. 아우구스티누스의 원시-현상학에서는 살아 움직이게 하는 이 사랑이 지향하는 **대상**에 관심을 기울이기 때문이다. 여기서도 결론은 비슷하지만 더 섬세하다. 스키피오의 정태적 범주를 따른다면 우리는 로마가 불의하기에 백성이 아니라고 결론 내릴 것이다. 그 대신 백성에 대한 더 지향적이고 '에로스적인' 정의를 받아들인다면

---

[106] 이런 경향에 대한 비판으로는 Timothy P. Jackson, "*Prima Caritas, Inde Jus*: Why Augustinians Shouldn't Baptize John Rawls", *Journal of Peace and Justice Studies* 8, no. 2 (1997): p. 49를 보라.

로마가 하나의 백성이라고 결론 내려야 할 것이다. 그러나 아우구스티누스는 여전히 로마(와 지상 도성의 다른 제국들)를 형식적으로는 '백성들'로 묘사할 수 있지만 그럼에도 **불의하다**고 결론 내린다. 아우구스티누스가 말하듯,

> 우리가 이렇게 정의할 때 로마 사람들은 하나의 백성이며 그들의 나라는 의심할 나위 없이 하나의 국가(commonwealth)다. 그러나 이 백성의 사랑의 대상에 관하여…이 모든 것에 관하여 우리에게는 역사의 증언이 있다.…하지만 사랑의 대상에 대한 공동의 합의에 의해 연합된 합리적 존재들의 무리 사이에 어떤 종류의 관계가 남아 있는 한 나는 이것을 하나의 백성이 사실은 백성이 아니라거나 한 나라가 국가가 아니라고 주장할 이유로 삼지 않을 것이다. **그러나** 로마 백성과 로마 국가에 관해 내가 지금까지 말한 것에 관해, 규모가 작든 크든 자신들의 국가 안에서 제국적 지배를 실행할 때 아테네인들과 다른 그리스인들의 국가나 앗시리아인들의 바벨론에 관해서도―사실 어떤 나라에 관해서도―내가 똑같이 말하고 생각했을 것이라고 이해해야 한다. 하나님은 경건하지 못한 이들의 도성을 지배하시는 분이 아니기 때문이며, 이는 이 도성이 그분께만 제사를 드려야 한다는 그분의 계명에 불순종하기 때문이다.…그리고 하나님이 그곳을 지배하시지 않기에 거기에는 참된 정의가 없다는 것이 그 도성의 **일반적 성격이다**. (19.24, 강조는 추가됨)

아우구스티누스는 지상 도성의 제국들에게 '백성들'이라는 형식적 지위를 부여하지만, 실질적으로 그는 이들이 '일반적으로', 즉 기본적으로 불의하다고 판단한다. 그들은 삼위일체 하나님에 대한 예배를 지향하는 바르게 질서 잡힌 사랑에 의해 움직이지 않기(또한 그럴 수 없기) 때문이다. 아우구스티누스는 사랑에 의해 움직이는 백성의 숨은 구조적 양상을 인식하고 있으며, 심지어 한 공동체의 이러한 에로스적 지향성이 결코 제거될 수 없다고 주장한다. 그

생각해 볼 문제: 여정을 위한 자세

선 채로 지하철을 타본 사람이라면 **자세**가 얼마나 중요한지 이해할 것이다. 런던의 지하철(Tube)에서든 파리의 지하철(Metro)에서든 토론토의 지하철(subway)에서든, 서서 타는 사람은 누구든지 어려움에 직면한다. 즉, 전철을 탈 때 흔히 경험하는 흔들림과 충격에도 똑바로 서 있어야 한다. 우리 모두가 영화나 텔레비전에서 시골뜨기가 처음 지하철에 오르는 장면을 떠올릴 수 있다. 떠밀리듯이 어렵사리 전철에 오르면 옆 사람은 사과 한마디 없이 그를 밀치고 지나가고 그는 자리 확보 경주에서 패해 객차 한가운데 서 있을 수밖에 없다. 전철이 갑자기 앞으로 쏠리면 우리의 주인공은 바닥에 넘어져 허둥거리며 무안해한다. (로맨틱 코미디라면 이 시점에 휴 그랜트가 손을 뻗어 우리의 주인공이 일어나도록 도와줄 테고, 그다음 이야기가 어떻게 전개될지는 당신도 잘 알고 있다.)

이 사람을, 활강하듯 무리를 통과해 자리를 잡고 한순간도 스마트폰을 놓치지 않고 차분하게 여정을 준비하는 노련한 승객과 대조해 보라. 차이는 그의 **자세**다. 그는 지금 생각하지 않고도 자세를 취할 수 있다. 다리를 어깨 너비로 벌린 채 살짝살짝 비틀거리는 우리의 도시인은 그 어떤 까다로운 선로도 통과할 준비가 되어 있다. 이 자세는 일종의 360도 저항 전략을 제공한다. 정차할 때와 출발할 때 앞뒤로 몸이 쏠리든 구부러진 선로를 지나가며 좌우로 몸이 쏠리든, 이 자세 덕분에 그는 서 있을 수 있다.

어떤 의미에서 아우구스티누스의 『신국론』이 담고 있는 지혜는 그 목적지인 장차 올 왕국을 향해 현시대를 통과해 여행하는 교회를 위한 자세 교육과도 같다. 아우구스티누스는 우리에게 집에 남아 있으라고 충고하지 않는다. 그는 우리에게 이 여정을 위해 승차권을 구입하라고 조언한다. 왕이신 그리스도의 신민이 된다는 것은 **길을 나선다**는 것이다. 아우구스티누스는 거기서 '안전한' 길을 찾으라고, 싸움에 휘말리지 않고 숨겨진 '영적' 경로를 따라 걷는 순례자들의 무리 속 '자기 자신'과만 여행하라고 조언하지도 않는다. 그의 충고는 우리가 여행할 때 다른 이들과 그 땅을 공유하는 **법**을 배우라는 것이다. 사실 아우구스티누스에게 현시대─타락과 장차 올 왕국 사이의 시대─는 본질적으로 혼합(*permixtum*)의 시대, 즉 교회와 세상이 중첩되는 영토 안에 함께 던져지고 뒤섞인 시대다(『신국론』 19.26). 따라서 아우구스티누스가 제공하는 것은 비밀 지도나 우리가 머글(Muggle, 영화 〈해리 포터〉에서 마법사가 아닌 보통 인간을 일컫는 말─옮긴이)과 섞이지 않게 해 주는 해리 포터의 마법 가루가 아니다. 대신 그는 어떻게 이 여정의 어려움에 대비해 좋은 자세와 태도를 기를 것인가에 관한 지혜를 제공한다. 이것은 당신이 순례자라면 어떻게 서 있어야 하는가에 관한 것이다.

러나 여기서 중요한 것은 한 백성이 사랑하는지 **여부**가 아니라 이 백성이 **무엇**을 사랑하는가다. 아우구스티누스는 한 백성의 "성품"을 보여 주는 사랑의 대상에 관심을 기울인다(19.24). 한 백성을 정의하는 것은 그들의 사랑에 담긴 텔로스이며, 따라서 아우구스티누스의 정치 현상학에서는 한 백성의 공동의·형식적·지향적 구조를 인식하는 동시에 그들을 **구별시키는** 것─즉, 이 공동체들의 지향적 대상─에 집중한다. 그들을 구별시키는 것은 그들이 겨냥하는 바, 즉 공동체들의 텔로스다. 그들의 다른 지향적 대상 사이에 아우구스티누스가 말하는 **대립**이 있다.

(누릴 수 있는 유일한 '것'이 삼위일체 하나님이신 것과 마찬가지로) 바르게 질서 잡힌 정치적 공동체의 유일하게 적합한 사랑의 대상은 삼위일체 하나님이다.[107] 이 말은 바르게 질서 잡힌 **정치적** 공동체가 바른 **예배**에 의해 정향되어야 한다는 뜻이다. 또한 지상 도성이 본질적으로 우상숭배적인 한(그저 '현세적' 도성은 아님을 기억하라) 바르게 질서 잡힐 수 없다. 지상 도성의 다양한 정치 구성은 '국가'로 분류될 수 있지만 잘못된 사랑의 대상을 겨냥하기 때문에 정의롭지 못하다(즉, 그들은 사랑의 대상을 잘못 **구성하고** 있다). 아우구스티누스는 사랑의 현상학 덕분에 이 차이에 주목할 수 있었는데, 이 현상학이 주체와 공동체에 관한 충분히 복합적인 설명을 제시했으며 이를 통해 그는 다양한 공동체에 의해 구성된 지향적 대상들에 초점을 맞출 수 있었기 때문이다.

하우어워스와 밀뱅크는 이런 종류의 아우구스티누스적 감수성을 갖추고 있다. 이들은 자유주의(와 민주주의)가 덕을 형성하지 못해서가 아니라 바로 덕을 형성하기에 의심스러워한다. 더 구체적으로 말하자면, 그들은 자유 민주주의가 사람들이 특정한 목적과 상품을 **사랑**하도록 그들을 매우 성공적으로 형성하는 일군의 의례라는 사실이라는 점을 우려한다. 이 특정 상품들에 대한 신학적 평가—민주주의 의례의 텔로스—가 그들의 비판과 주저함을 자아냈다. 이 점에서 아우구스티누스의 정치 현상학은 그가 스타우트의 제

---

[107] See Augustine, *Teaching Christianity* [*De doctrina christiana*], trans. Edmund Hill (New York: New City Press, 1994), bk. 1. 『그리스도교 교양』(분도출판사). 그렇기 때문에 나는 윌린이 교회가 비정치적이지 않고 대안적으로 정치적이라고 바르게 주장한다고 생각한다(*Politics and Vision*, pp. 99-100). 이런 입장이 교회와 하나님의 도성을 혼동하게 만든다고 성급하게 주장하는 이들에 관해서는 아우구스티누스가 *City of God* 16.2에서 이 둘을 동일시하는 것을 보라. 또한 우리는 '지상 도성'을 '정치적인 것'과 단순히 동일시해서는 안 된다는 것을 기억해야 한다.

한된 시각은 인식하지 못했던 대립에 주목할 수 있게 해 주었다. 즉, 지상 도성의 정치적 구성에 참여하는 것이 **예배**의 문제라는 점에 주목할 수 있게 해 주었다. 제국의 정치 실천은 '단지 정치적'이거나 '단지 세속적'이지 않다. 이 실천은 하나님의 도성에 속한 상품에 종종(often) 대립적인 텔로스를 지향하는, '의미로 가득 차 있고' 형성적인 실천이다.[108] (자유 민주주의를 통해 표현된 그것의 전초 기지들을 비롯해) 지상 도성의 공적 실천은 삼위일체 하나님이 아닌 다른 텔로스가 그 안에 자리 잡고 있기에 **우상숭배적** 실천이다. 그러나 뒤에서 논하듯, 이것은 거부나 후퇴를 위한 핑계가 될 수 없다.

이것이 다음 두 장을 나아가게 한다. 첫째, 그것이 천상 도성과 지상 도성을 구별하는 텔로스의 내용이라면 우리는 에클레시아(ekklēsia)의 텔로스의 내용에 주목해야 한다. 다시 말해서, 교회를 구별시키는 것은 그저 의식, 예전, 전통을 가지고 있는 '형식적' 현실이 아니다. 교회를 구별시키는 것은 이 의식과 예전 안에 담긴 텔로스의 **내용**이다. 따라서 2장에서 우리는 폴리스로서의 교회를 재고하고, 이 텔로스의 내용을 자세히 따져보고, 기독교 예배에 내재된 종말론적 지향이 교회의 '정치'에서 필수인 이유를 살펴볼 것이다.

둘째, 우리는 지상 도성과 천상 도성 사이의 이런 대립이 총체적인지 혹은 절대적인지 그 여부를 고려할 필요가 있다. 3장에서 보여 줄 수 있기를 바라는 대로, (자유 민주주의를 비롯한) 지상 도성을 근본적으로 대립적 시각에서 비판한다고 해서 반드시 전면적으로 부인하거나 거부하거나 후퇴할 필요는 없다. 그래서도 안 된다. 우리는 아우구스티누스가 교회와 우리의 정치적 유산의 혼합(permixtum)이라고 부른 것─교회와 세상을 깔끔하게 구별하려는 우리의 모든 시도가 성공하기 어려움─을 이해하고 이를 역사적으로 복음이

---

[108] 여기서 중요한 수식어는 '종종'이다. 이 점에 관해서는 3장에서 더 자세히 다룰 것이다.

민주주의의 의례에도 영향을 미쳤다는 사실에 대한 역사적 이해와 결합시킨 후, 어떻게 우리가 공동선을 위해 공적 영역에서 협력**할 수 있는**지 생각해 볼 것이다. 4-6장과 결론에서는 여기에 초점을 맞출 것이다.

2장 폴리스로서의 교회 재고하기

교회의 무게 중심 강화하기

1장에서는 정치적인 것을 단지 공간이나 영역이나 광장이 아니라 삶의 방식으로 보기를 제안했다. 마치 정치적 삶이 우리가 믿는 바를 위한 절차적 통로에 불과하다고 하는 듯이 정치적인 것을 정당이나 절차로 환원할 수는 없다. 정치적인 것은 단순히 내 신념을 표출하는 출구나 내 헌신을 표현하는 토론장이 아니다. 폴리스라는 공적 공간은 공유되는, 형성적인 행동 공간이다. 나는 행위자로서 참여하지만, 나의 참여가 내가 행위 능력을 어떻게 행사하는지와 내 행동이 어떤 목적으로 향하는지를 규정하기도 한다. 정치는 그저 나의 투표가 아니다. 내가 반복해서 암기하며 배우는 충성이다.

지금까지 우리가 미식축구 경기나 내셔널 몰 순례를 본질상 **예전적인** 행위로 보려고 노력했다면, 기독교 예배를 본질상 **정치적인** 것으로—'당파적'이라거나 '지상 도성'의 특수 이익 집단과 결부되어 있다는 의미에서가 아니라 그것이 승천하신 왕에게 초점을 맞추는, 더 나아가 그 왕이 인도하시는 공적 의식의 상연이라는 의미에서—보는 것도 똑같이 중요하다. 『하나님 나라를 욕망하라』의 5장에서 이미 설명했듯, 예배의 의례—죄 고백, 봉헌, 세례, 성만찬—은 **왕 같은** 제사장으로 부름받고 만왕의 왕의 대사로 보냄받은 백성의 불가피한 '정치적' 전망인 사회적 상상을 담고 있다.[1]

역사적 기독교 예배의 레퍼토리는 창조와 문화의 번영에 대한 성경적 전망을 이루고 있는 '사회적 상상'을 그 안에 담고 있다. 기독교 예배의 실천 안에는 경제학, 사회학, 정치학이 암시되어 있다. 따라서 이 장의 목적은 어떻게 기독교 예배가 폴리스로서의 교회에 대한 성경적 전망을 담고 있는지를 설명하고, 그런 다음 이것이 현시대, 즉 경합이 벌어지고 있는 창조의 영토 안에 우리가 살아갈 수밖에 없는, 타락과 재림(parousia) 사이의 '시대'에 있는 그리스도인의 정치 참여에 관해 어떤 의미를 갖는지 분별해 보는 것이다.

이 과정에서 우리는 교회를 폴리스로 보는 것이 무엇을 의미하는가에 관해서도 재고해 볼 것이다. 특히 하우어워스가 매킨타이어에 대한 해석을 통해 주장하기 시작한 이 표현을 우리의 도시, 주, 국가라는 '공적인 것'을 구성하는 공동의 삶으로부터 철수하자는 주장으로(심지어 이를 지지하는 이들조차도) 오해하는 경우가 많기 때문이다.² 교회를 '대안적' 폴리스로 본다는 것은 현시대를 사는 그리스도인 시민들이 교회 안에서**만** 숨어 지내야 한다는 과

---

1   James K. A. Smith, *Desiring the Kingdom: Worship, Worldview, and Cultural Formation*, Cultural Liturgies 1 (Grand Rapids: Baker Academic, 2009), pp. 155-214. 기독교 예배의 사회적 상상에 대한 해석이 이 장의 주장에 필수적이지만—또한 전제되고 있지만—여기서 되풀이하지는 않을 것이다.
2   이것은 하우어워스의 분명한 항의에도 불구하고 제프리 스타우트가 명백히 우려하는 바다. Stout, *Democracy and Tradition* (Princeton: Princeton University Press, 2004), pp. 147-148을 보라. 스타우트는 하우어워스의 주장이 하우어워스 자신의 의도를 앞질러 가는 결과를 낳았으며, 요더와 매킨타이어를 결합한 일종의 화학 실험이 크게 실패하고 말았다고 본다. "매킨타이어가 자유주의적 사회를 묘사하는 방식으로 주위의 세상을 묘사하는 동시에 요더의 관점에서 이해한 교회 안에 머물고자 한다면 1974년에 하우어워스가 바르게 우려했던 바로 그 측면에 관해 엄격하게 이원론적인 입장을 암묵적으로 채택하지 않을 수 없다"(p. 149). 나는 윌리몬과 하우어워스가 사용한 "이방인 거류민"이라는 표현[*Resident Aliens: Life in the Christian Colony* (Nashville: Abingdon, 1989), 『하나님의 나그네 된 백성』(복있는사람)]이 비판자들이 주장하는 것처럼 이른바 '분파주의적 퇴각'을 뜻한다고 생각하지 않는다. 뒤에서 살펴보겠지만, "이방인 거류민"이라는 표현은 아우구스티누스에게도 중요하다. 그럼에도 윌리몬과 하우어워스의 작업은 특정한 유사-수도원적 분위기 및 정치 자체에 대한 천년왕국적 절망과 결합되어 지나치게 단순한 방식으로 '국가' 자체를 악마화하고 국민 국가의 정치라는 공동의 삶으로부터 철수하려는 방식으로 받아들여졌다. 우리는 이른바 베네딕트 옵션(Benedict Option, 그리스도인들은 현대 문화 속에서 신앙을 지키기 위해 수도원 전통, 특별히 누르시아의 베네딕투스와 그가 쓴 "수도 규칙"에 착안해 주류 사회에서 적극적으로 물러나 대안적 계획 공동체를 이루고 살아야 한다는 로드 드리허의 주장—옮긴이)에 의해 이런 흐름이 반복되는 것을 볼 수 있다.

장된 주장을 뜻하지 않는다. 이방인 거류민은 이방인인 **거류민**이다. 그것은 우리가 공동의 삶에 대한 참여 **여부**에 관한 물음이 아니라 **어떻게** 참여할 것인지에 관한 물음이다. 교회를 폴리스로 이해한다는 것은 그리스도의 몸을 우리의 정치적 정체성의 중심이 되며 우리 안에 연대의 습관을 빚어내는 정치적 몸으로 보는 것을 뜻한다. 하우어워스가 강조하듯이, 이것은 교회를 "근대 국민 국가(nation-state)와 연관된 몸의 훈육, 특히 그 국가를 떠받치는 경제적 습관에 저항하는 능력을 길러 내는 훈육에 의해 구성된 몸"으로 보는 것을 뜻한다. "교회가 사회 윤리를 **지니기**보다는 그 자체로 하나의 사회 윤리가 **된다**는 것은 교회가 하나의 정치체여야 한다는(정치체라는) 뜻이다. 핵심 질문은, 교회가 어떻게 국민 국가를 모방하고/하거나 그것이 욕망하고 필요로 하는 훈육을 위해 국민 국가를 활용하려는 유혹을 받지 않고 그런 공동체가 될 수 있는가다.[3]

따라서 하우어워스의 의도는 천상의 시민들이 지상 도성의 시민들 가운데서 그들과 함께 행동하지 못하게 하려는 것이 아니라 교회를 **비**정치적인 것으로 보는 '영적' 이해를 바로잡으려는 것이다. 교회를 폴리스로 볼 때 핵심은 교회를 국가 가운데 있는 내세적 섬이라고 가정하는 것이 아니라 지상 도성만을 정치적이라 생각하고 국가의 습관과 훈련에 '정치'를—따라서 우리의 정치적 형성을—넘겨주려는 유혹에 저항하는 것이다. 하지만 이것은 결코 우

---

3 Stanley Hauerwas, *In Good Company: The Church as* Polis (Notre Dame, IN: University of Notre Dame Press, 1995), p. 26. 이 주장에 대한 각주에서 하우어워스는 Wendell Berry, *Sex, Economy, Freedom, and Community* (New York: Pantheon, 1993), p. 114를 인용한다. "현대의 기독교는 싫든 좋든 국가와 경제적 기득권 세력의 종교가 되었다. 근대 기독교는 주문을 외워 정령들을 천국에 보내는 일에만 몰두해 왔기 때문에 지상의 악당들이 사용하는 도구가 되고 말았다. 약탈적 경제가 세상을 파괴하고 자연의 아름다움과 건강을 망가뜨리며 인간 공동체와 가정을 분열시키고 수탈하는 동안 기독교는 그저 조용히 서 있을 뿐이었다. 기독교는 깃발을 날리며 제국의 구호를 외쳐 왔다." 『희망의 뿌리』(산해).

리가 '세상' 안에서 손을 더럽혀 가며 일하는 것을 배제하지 않는다.⁴ 오히려 우리는 천상의 폴리스의 형성적 훈련에 집중한 다음 현시대의 경쟁하는 창조 영역 안에서 일하도록 **보냄**받는다. 이는 허락받는 것이 아니다. 준비를 갖추는 것이다. 교회를 '참여'라는 혼란으로부터 격리하는 것에 관한 문제가 아니라 참여**를 위해** 교회를 형성하는 일과 관련된 지향성의 문제다.⁵ 요한계시록에 대한 탁월한 연구서를 마무리하면서 리처드 보컴(Richard Bauckham)은 이렇게 말한다.

요한계시록은 지배적 신학에 맞서 그리스도인들이 분파주의적인 고립된 공간으로 물러나 세상이 심판을 받도록 내버려 둔 채 천년왕국을 꿈꾸며 스스로를 위로하라고 부추기지 않는다.…그리스도인들이 하나님 나라를 위해 증언해야 할 곳은 바로 공적·정치적 세계 안이다. 요한계시록의 하나님 중심적 전망의 핵심을 차지하는 예배는 공적 세계로부터의 경건주의적 퇴각과는 아무런 관계가 없다. 그것은 공적 세계의 우상숭배에 대한 저항의 원천이다. 교회의 예배는, 피조물 전체가 드려야 할 보편적 예배를 통해 모든 민족이 참 하나님을 인정한다는 사실을 대표

---

4 *Desiring the Kingdom*, pp. 187-190에서 '세상'의 다양한 성경적 의미를 다룬 나의 논의를 보라.
5 나는 제임스 데이비슨 헌터의 "신실한 현존"(faithful presence) 모형을 이렇게 이해한다. 헌터는 "우리가 영향을 미치는 영역에 관해 신실한 현존의 신학은 하나님의 주권 아래서 우리가 하나님의 집에 속한 이들뿐만 아니라 모두의 안녕을 추구하는 샬롬을 지향하도록 삶과 노동과 관계의 본보기-즉, 우리의 삶을 구성하는 기관들-를 형성하기 위해 우리가 할 수 있는 일을 행하도록 요구한다"[*To Change the World: The Irony, Tragedy, and Possibility of Christianity in the Late Modern World* (New York: Oxford University Press, 2010), p. 254]. 『기독교는 어떻게 세상을 변화시키는가』(새물결플러스). 그는 이처럼 교회가 지상 도성이라는 다툼의 대상이 되는 영토 안으로 보냄받는 사람들을 형성해내기를 꿈꾼다. "교회의 소명은 장차 올 하나님 나라를 증언하고 그 구현체가 되는 것이다." "새로운 창조"의 전초 기지인 교회는 "현재의 문화 안에 통합되어 있지만 그럼에도 구별된 백성과 대안 문화로" 이뤄져 있다(pp. 95-96). 그렇기 때문에 "교회의 핵심 사역은 하나님 예배와 그분의 말씀 선포를 넘어서는 형성의 사역, 즉 제자 만들기 사역이다." 그리고 이것은 하나님의 백성들을 훈련시켜 "긍정과 대립이라는 변증법적 긴장과 더불어 살아가고 삶 속에서 이 긴장을 반영하는 법"을 배우게 하는 것을 의미한다(pp. 236-237).

하여 가리킨다.[6]

이런 의미에서, 예배가 요한계시록의 드라마의 핵심이기에 보컴이 요한계시록에 관해 말하는 바는 예배에도 동일하게 적용된다.

요한계시록의 [혹은 예배의] 기능 중 하나는 그리스도인의 상상력을 정화하고 쇄신하는 것이었다. 이 책은 사람들이 상상력을 통해 세계에 어떻게 반응하는지를 다루며, 이 반응은 적어도 지적 확신만큼 심층적이며 영향력이 크다. 지배 문화가 그 이미지와 이상을 통해 우리를 위해 세계를 구축함으로써 우리가 세계의 관점에서 세계를 지각하고 세계에 대응한다는 것을 일깨워 준다. 더 나아가, 이러한 지배적 세계의 구축이 강한 자들의 권력을 유지하는 데 기여하는 그들의 이데올로기임을 폭로한다. 요한계시록에서는 그 대신에 사람들이 지배 이데올로기의 효과에 저항하고 도전할 수 있게 하는, 세계를 지각하는 대안적 방식을 제시한다. 그뿐만 아니라 세계를 지각하는 이런 다른 방식은 근본적으로 세계를 초월에 개방시키기 때문에 이 세계 안의 모든 절대화하는 권력이나 구조나 이상에 대해 저항한다. 이것이 교회가 언제나 대항문화적인 것이 되도록 부름받는 가장 근본적인 방식이다.[7]

---

[6] Richard Bauckham, *The Theology of the Book of Revelation* (Cambridge: Cambridge University Press, 1993), p. 161. 『요한 계시록 신학』(한들출판사). 그러므로 헌터가 이 맥락에서 상상력의 중요성을 강조한다는 점 역시 흥미롭다(*To Change the World*, p. 42).

[7] Bauckham, *Revelation*, pp. 159-160. 보컴은 계속해서 지적한다. "요한계시록의 예언자적 비판은 세상에 대한 비판일 뿐만 아니라 교회에 대한 비판이기도 하다. 요한계시록에서는 권력과 번영이라는 노골적인 우상숭배뿐만 아니라 참된 종교가 거짓으로 변질되어 이런 우상숭배와 타협하고 하나님의 진리를 배반할 위험이 언제나 존재한다는 것을 인정한다. 다시 한번, 그렇기 때문에 예배와 진리에 대한 요한계시록의 하나님 중심적 강조가 여전히 유의미하다. 하나님의 진리는 하나님에 대한 참된 예배를 통해 알려진다"(p. 162).

『하나님 나라를 욕망하라』에서 기독교 예배 안에 담긴 '사회적 상상'을 해석했던 나의 논의를 기초로 이 장에서는 예배—그 자체가 성경적 서사의 예행연습인—안에서 시연되는 교회/세상, 하나님 나라/국가의 역학을 설명할 것이다. 나는 올리버 오도노반의 중요한 연구, 특히 『열방의 욕망』(The Desire of the Nations)에 대해 간략한 논평을 제시하고 베른트 바넨베취의 『정치적 예배』와 대화하며 작업할 것이다. 여기에 추진력을 제공하는 확신은 예배가 공공신학을 위한 우물이라는 것이다. 우리는 예배와 공적 삶을 연결하기 위한 신학적 '정당화'를 제시할 필요가 없다. 예배는 그 실천에 **내재된** 공적 삶에 대한 이해를 서술하기 때문이다. 우리의 책무는 그저 예전 안에 이미 내포된 바를 명시적으로 드러나게 하는 것이다.

세상 '안'으로의, 세상을 '위한' 침투인 예배

교회와 정치를 연결시키기 위해 지적 곡예를 감행할 필요가 없다. 예배와 시민권을 연결하기 위해 '적용'을 외삽할 필요도 없다. 정치적 실천과 개입은 기독교 예배라는 "실천에 내재되어 있다"[피에르 부르디외(Pierre Bourdieu)라면 그렇게 말했을 것이다].[8] 기독교 예배는 이미, 본질적으로 **정치적** 행동이다. 말씀 선포는 왕 같은 제사장들을 위한 해방 서사의 예행연습, 카이사르의 복음에 맞서는 복음(*euangelion*) 선언이다. 주의 만찬은 "없는 것들"(고전 1:28)조차도 왕의 식탁에 앉도록 초대받은 혁명적 식사다. 매주 열리는 성도의 모임은 그들이 지닌 천상의 시민권을 시연하는 의례다.

또한 교회의 예배는 그저 격리되고 고립된 공간의 '대안적' 폴리스가 아니

---

[8] James K. A. Smith, *Imagining the Kingdom: How Worship Works*, Cultural Liturgies 2 (Grand Rapids: Baker Academic, 2013), pp. 153-154를 보라.

생각해 볼 문제: 왕을 드러내는 것

왕권, 시민권, '통치'(reign)라는 정치적 언어는 성경과 기독교 예배의 언어와 너무도 밀접하게 얽혀 있기에, 우리는 그 정치적 의미에 주의를 놓쳐 버리기 쉽다. 그래서 우리에겐 우리의 예배 안에 내재된 정치적 주장을 새롭게 깨달을 수 있도록 도와줄 새로운 예전적 교리 교육이 필요하다. 이 훈련을 시리얼 상자에 인쇄된 아이들을 위한 '암호 풀기' 게임과 비슷하다고 생각해 보라. 상자 뒷면의 그림들은 맨눈으로는 볼 수 없는 '숨은 메시지'를 담고 있으며, 상자 안에 든 보물을 해독 장치로 사용하여 상자에 인쇄된 이미지들을 확대해 보면 숨은 메시지와 장면이 드러난다.

우리는 기독교 예배의 익숙한 언어와 실천에 대해서도 일종의 '정치적 해독기'를 적용해 보아야 한다. 이 훈련의 목적은 처음부터 우리 바로 앞에 있었던 것, 즉 **보좌**에 앉으신 어린양께서 "각 족속과 방언과 백성과 나라 가운데에서" 온 **한 백성**을 "우리 하나님 앞에서 나라와 제사장들"으로 삼으시고 "그들이 땅에서 **왕 노릇할**(reign)" 것이라는 복음을 '드러내는' 것이다(계 5:9-10). 이것은 끊임없이 변하는 정치적 삶으로부터 탈출을 약속하는 단순히 '영적' 메시지만을 담은 언어가 아니다. 다른 정치의 복음이다. 우리는 정치**로부터** 해방되지 않는다. 어린양이 그들의 등불인 폴리스의 시민으로 우리를 만드시는 왕에 의해 해방된다(계 21:23).

이 감수성이 우리의 예배 안에, 더 나아가 우리가 날마다 드리는 예배 안에 얽혀 들어가 있다. 예를 들어, 주현절—헤롯의 아기 경쟁자를 경배하러 온 세 왕을 드러내고 기억하는 절기—동안 나는 『성공회 기도서』(*Book of Common Prayer*)의 아침 기도 의례의 첫 문단을 읽으며 깜짝 놀랐다.

나라들은 네 빛으로, 왕들은 비치는 네 광명으로 나아오리라. (사 60:3)

내가 또 너를 이방의 빛으로 삼아 나의 구원을 베풀어서 땅끝까지 이르게 하리라. (사 49:6하)

만군의 여호와가 이르노라. 해 뜨는 곳에서부터 해 지는 곳까지의 이방 민족 중에서 내 이름이 크게 될 것이라. 각처에서 내 이름을 위하여 분향하며 깨끗한 제물을 드리리니 이는 내 이름이 이방 민족 중에서 크게 될 것임이니라. (말 1:11)[1]

우리가 깨어날 때, 이 의례는 우리를 일깨워 예수의 통치라는 우주적 정치를 깨닫게 한다. 우리의 아침 기도 역시 정치적 의례이며, 이 의례를 통해 우리는 왕이 행하고 계신 일에 참여하고, '나라가 임하시기를' 기도하며, 만국이 어린양의 빛 가운데로 다니고 땅의 나라들이 천상의 폴리스로 환영받으며 들어갈 그때를 고대한다(계 21:24-26).

---

[1] "Daily Morning Prayer: Rite One", *Book of Common Prayer…according to the Use of the Episcopal Church* (New York: Oxford University Press, 1990).

다. 그것은 언제나 이미 '세상' 속의 정치적 **개입**이다. "예수는 주이시다!"(예수스 퀴리오스!)라는 송영적 주장은 "카이사르는 주이시다!"라고 말하기를 거부하는 정치적 행동이기도 하다.⁹ 베른트 바넨베취는 그리스도인들이 예배하기 위해 모이는 평범한 행동에 관해 이렇게 말한다.

> 남자와 여자들은 하나님의 안식으로 들어가기 위해, 도덕적인 것과 비도덕적인 것이 떼려야 뗄 수 없도록 얽힌 연결망을 동반한 세상의 일에서 반복해서 물러난다. 그리고 이것은 세상이 세상의 축을 중심으로 돌아가고 있을지 몰라도 그 자체의 생명은 자신의 열광적 행위에 의존하지 않는다는 사실에 대해 증언한다. 세상의 미래는 도덕에 의해 확보될 수 없으며, 부도덕이 그것을 파괴할 수도 없다. 예배의 외적 증언은 세상의 흐름을 중단시키는 그 실존 자체의 본질에 해당하며, 이 증언으로 인해 모든 총체적 주장이 궁극적 비판을 받게 된다.¹⁰

우리는 세상과 같은 모습이 되지 않고 오히려 변화되기 위해 인간을 변화시키는 "영적 예배"(*leitourgia*, 롬 12:1)를 드린다. 하지만 이조차도 **세상을 위한 것이다**.¹¹ 분별과 판단이라는 어려운 일을 할 수 있도록 형성된 우리는 무엇이 참으로 선하고 진실되며 아름다운지를 분별하기 위해 세상이 '선하다'고 일컫는 것을 간파할 수 있어야 한다. 따라서 "세상을 위해 드리는 예배는 세상을 시험하는 비판을 포함한다."¹²

실로 교회의 예배는 예배당 문을 넘어 본 적 없는 사람들에게도 흘러넘

---

9   James K. A. Smith, "Christian Worship as Public Disturbance", in *The Devil Reads Derrida: And Other Essays on the University, the Church, Politics, and the Arts* (Grand Rapids: Eerdmans, 2009), pp. 71–77에서 내가 N. T. 라이트(Wright)에 관해 논한 내용을 보라.

10 Bernd Wannenwetsch, *Political Worship: Ethics for Christian Citizens*, trans. Margaret Kohl (Oxford: Oxford University Press, 2004), p. 5.

11 바넨베취는 여기서 변화되는 "마음"(mind, *nous*)이 "가장 넓은 의미에서 지각 기관, 즉 실천적 판단력"을 뜻한다고 바르게 지적한다(같은 책, p. 37).

12 같은 책, p. 38.

처 정치적 영향을 미친다. 예배가 자신의 이웃을 사랑하도록 보냄받은 천상의 시민들을 빚어낼 뿐만 아니라, 거기엔 그리스도의 몸 안에서 행하시는 그리스도의 구속 사역이 사회를 더 체계적인 방식으로 갱신한다는 중요한 의미도 있다. 조운 록우드 오도노반(Joan Lockwood O'Donovan)이 설명하듯이, 실천적 판단력의 성령을 통한, 성화된, 성례전적 갱신은 "도덕적 행동 능력의 갱신"이라는 흘러넘치는 효과를 발휘한다. "죄악된 인간 사회 안에서 도덕적 행동 능력과 행위의 갱신은 정치적 판단이라는 실천이 아니라 공동 예배의 중심에 있는 복음 선포라는 실천으로부터 시작된다."[13] 교회의 **정치적** 일은 "판단이 아니라 선포"로 실행된다.[14] 따라서 말씀 선포는 "공적이며 법적인 교육"이다. "잉글랜드 국교회를 체계화한 이들은…공동 예배가 인간의 도덕적 공동체를 갱신하는 데 있어 본보기 역할을 분별해 냄으로써 복음의 자유를 수호하는 데 특별히 기여했다. 잉글랜드 안의 개혁된 교회를 위해 자국어로 된 전례문을 만들었던 크랜머(Cranmer) 대주교와 그를 따르는 개혁자들은 하나님이 인간과 인간 아닌 피조물에 관해 결정을 내리시는 모든 의도, 판단, 행동을 아우르는 다층적인 하나님의 계시된 심판을 공동체가 듣고 이해하기 위해서는 인간의 선을 결정적으로 활용할 수 있다고 이해했다."[15] 도덕적 행동 능력의 갱신은 휴거를 위한 도덕 훈련이 아니다. 그것은 현시대에서 이웃들과 땅―그리고 정치적 책임―을 공유하는 백성을 형성하는 것에 관한 문제다.

잉글랜드의 예전에서는 우리 구주의 기도에 담긴 간구, "나라가 임하시오며 뜻이

---

13 Joan Lockwood O'Donovan, "The Liberal Legacy of English Church Establishment: A Theological Contribution to the Legal Accommodation of Religious Plurality in Europe", *Journal of Law, Philosophy and Culture* 4, no. 1 (2011): p. 31.
14 같은 글, p. 32.
15 같은 글, p. 33.

하늘에서 **이루어진 것 같이** 땅에서도 이루어지이다"를 진지하게 받아들인다. 이 예전에서는 그들의 자유와 그 자유가 하나님의 뜻에 그들이 단일하게 순종하는 데 있다는 것을 그들의 평등으로 삼는 사람들의 공동체를 현재의 소망으로 제시하기 때문이다. 순종하며 선포하는 그들의 모든 행동을 통해 신자들은 자비로우시며 구원하시는 하나님의 심판의 유익을 똑같이 누리는 사람들로서 서로의 곁에 나란히 서 있다. 그들은 동료보다 위에 서서 그들을 심판하지 않는다. 또한 그들은 그리스도 안에서 하나님의 구원하시는 심판을 아직 듣거나 받아들이지 않은 이들, 성령께서 행하시는 일의 일꾼으로서 그들이 하나님의 은혜의 말씀을 전할 책임을 위임받은 이들과 나란히 서 있다. 이 이웃들과 함께 그들은 영원한 하나님의 형상(imago dei)이신 그리스도 안에서 하나님과 누리는 사귐을 통해 온전한 인간성, 존엄성, 영광을 회복하라는 모든 인류의 보편적 소망에 똑같이 동참한다.[16]

교회의 예배는 정책으로 변환되거나 당파적 의제와 결합될 때 정치적인 것이 '되는' 게 아니다. 예배의 정치는 보냄받도록 형성된 하나님의 백성의 도덕적 행동 능력의 갱신과 결부되어 있다. 그런 의미에서 기독교 예배 자체가, 정치적 행위자들을 형성하고 입법자들에게 문화라는 창조된 질서가 더 높은 법에 복종해야 한다는 것을 선포하는 이중적인 정치적 행위다.[17]

교회의 공동 예배는 예수 그리스도 안에서 주어진 하나님의 심판의 말씀에 의해 인간의 도덕적 행동 능력과 행위가 종말론적으로 결정된다는 것을 드러냄으로써

---

16 같은 글, p. 38.
17 "국가적 차원이든 국제적 차원이든 강압적 사법권이 교회의 선포를 통한 인간 자유의 종말적 갱신에 의해 결정된다는 것을 인정하지 않을 때, 그것은 불가피하게…하나님의 보존하시는 심판의 도구가 아니라 인간을 죄와 정죄의 법의 노예로 만드는 도구가 되고 만다"(같은 글, p. 31).

도덕적 공동체가 정치적 판단의 실천에 의해 세속적으로 규정되고 힘을 행사할 수 있게 한다. 규정하기와 행사하기라는 교회의 핵심적인 예전적 행동은 질서 잡힌 성경 읽기다.[18] 이것은 참된 선포뿐만 아니라 교회의 정체(政體)와 세속적 정체(政體) 안에서 이뤄지는 정치적 판단에 대한 궁극적 잣대를 제공한다. 잉글랜드의 주류 개혁자들은 공동체의 권리, 정의, 의무에 관한 원리뿐만 아니라 정치적 심판의 권위, 목적, 한계까지도 하나님이 택하신 백성에게, 즉 하나님이 세우신 율법의 수여자와 해석자들을 통해 "옛 이스라엘에게", 또한 그리스도와 그분의 사도들의 본보기, 명령, 판단을 통해 "새 이스라엘에게" 결정적으로 계시되었다고 보았다.[19]

예배는 이성이나 양심으로 알 수 있는 '자연법'의 재연이 아니다. 그것은 예전적으로 교육받은 갱신된 인류를 회복하는 일/다시 이야기하는 일[restor(y)ing]이다. 정의 및 사회의 올바른 질서 확립을 위한 지표나 기준은 어떤 일반적, 보편적, 또는 '자연적' 규범이 아니라 하나님이 이스라엘과 교회와 맺으신 언약 관계 안에서 펼쳐진 계시된 성경의 이야기다. 이제 우리는 이 이야기의 줄거리를 다루고자 한다.

열방의 욕망

예배에서 시연되는 것은 일차적으로 하나님이 그분의 백성과 맺은 언약의 이

---

[18] 오도노반은 크랜머의 전례독서(lectionary)가 도덕적 행위 능력 갱신과 공적인 법적 교육을 위한 일이었음을 강조한다. "크랜머는 1년 동안 구약성경의 많은 부분을, 4달마다 (요한계시록을 제외한) 신약성경을, 매달 시편을 읽을 수 있도록 전례독서를 만들었다"(같은 글, p. 36n55).

[19] 같은 글, p. 38. 오도노반은 "후기 스콜라주의와 르네상스의 자연법(권리, 정의) 이론에서는…성경적 계시보다는 은혜의 도움 없는 이성에 인식론적 우선권을 부여한 반면", 이런 전략이 "크랜머의 동료 개혁자들 사이에서는 두드러지게 나타나지 않았다"고 지적한다(p. 38).

생각해 볼 문제: 정치적 드라마로서의 전례독서

상상력을 형성하는 기독교 예배 실천의 핵심에는 그리스도 안에서 세상을 자신과 회복시키시는 하나님의 이야기가 자리 잡고 있다(고후 5:19). 따라서 기독교 예배의 서사적 뼈대는 성경 자체다. 하지만 이것은 **선포된 말씀**—교훈적인 것을 우선시하는 설교 중심의 주장—만을 가리키지 않는다. 오히려 역사적 기독교 예배에서 성경은 예배로의 부름으로부터, 죄 고백을 지나, 사죄의 확신으로 선포되는 복음의 약속, 시편 부르기, 구약성경·신약성경·복음서 낭독, 성만찬을 통한 수난의 예행연습, 심지어 축도에 이르기까지 예전 전체에 녹아들어 있다. '성경을 높이는 관점'을 공적으로 고백하지만 성경 봉독을 설교자의 변덕에 맡기고 그것을 '설교 시간'에 포함시키는 설교 중심의 회중들과 달리 공교회적 기독교 예배에서 성경은 그저 설교의 초점에 머물지 않는다. 성경이 예배 전체를 위한 어휘를 제공한다.

"그렇다면 교회는 어떻게 성경의 권위에 복종하는가?"라고 올리버 오도노반은 묻는다. "먼저—이것이 너무 간단하게 들린다면 용서해 달라. 하지만 이것이 가장 중요하다—교회는 성경을 **읽는다**. 읽기를 통해 표현된 믿음은 성령께서 우리의 삶과 삶의 실천적 물음을 역사의 핵심 드라마 안으로 묶어 내시는 훈련이다."

그렇기 때문에 오도노반은 계속해서 "예전적 실천은 그것을 뒷받침하는 전례독서보다 더 나을 수 없다"라고 말한다. 따라서 공교회의 예전적 유산에서 핵심적인 역사적 훈련 중 하나는, 예배하는 회중들이 성경 전체를 읽어 가며 우리 자신의 선호에 도전하며 우리가 학습한 정치적 성향에 맞서는 부분을 포함해 하나님의 경륜 전체를 듣는 전례독서(kalendar)의 형식을 띤다. 전례독서에 따라 예배하는 모든 회중은 1년 내내 과부, 고아, 이방인들과 마주하게 될 것이다. 예를 들어, 토머스 크랜머(Thomas Cranmer)는 『성공회 기도서』를 만드는 작업을 하면서 성경 읽기를 갱신하는 방법으로서의 예전 개혁에 가장 큰 관심을 기울였다. 앨런 제이콥스(Alan Jacobs)는 "크랜머가 표준적 예전을 시행한 주된 목적은 성경이 더 폭넓고 더 철저히 알려질 수 있는 통로를 제공하고자 함이었다"라고 지적한다.[2] 하나님의 경륜 전체를 듣는 것이 정치적 훈련이기에, 전례독서는 하나님 나라의 의례다.

---

1 Oliver O'Donovan, "What Kind of Community Is the Church?", *Ecclesiology* 3 (2007): pp. 190–191.
2 Alan Jacobs, *The "Book of Common Prayer": A Biography* (Princeton: Princeton University Press, 2013), pp. 26–27.

야기다.[20] 그렇기 때문에 기독교 예배는 우리가 누구이며 누구의 것인가에 관한 재서술이다. 예전은 우리의 상상력 안으로 가라앉는 방식으로 이뤄지는

---

20 *A Better Way: Rediscovering the Drama of God-Centered Worship* (Grand Rapids: Baker Books, 2003), pp. 19-25에 실린, 예배를 "언약 갱신" 예식으로 보는 마이클 호튼의 설명을 보라. 『개혁주의 예배론』(부흥과개혁사). 뒤이은 내용에서 내가 오도노반에 집중하는 걸 고려한다면, 나는 조너선 채플린이 왜 서양 자유주의를 다루는 오도노반의 신학적 계보학에서는 언약의 신학적 개념이 거의 역할을 하지 않는지 올바로 물었다는 점을 강조해야 한다. Jonathan Chaplin, "Political Eschatology and Responsible Government: Oliver O'Donovan's 'Christian Liberalism'", in *A Royal Priesthood? The Use of the Bible Ethically and Politically: A Dialogue with Oliver O'Donovan*, ed. Craig Bartholomew, Jonathan Chaplin, Robert Song, and Al Wolters, Scripture and Hermeneutics 3 (Grand Rapids: Zondervan, 2002), pp. 265-308, 특히 pp. 272-273를 보라.

이야기의 상연이다.²¹ 하나님의 백성의 독특한 '정치적' 상상을 구별시키는 것은 이 이야기—그리고 그 역사—의 **구체적 사항들**이다. 이 이야기의 **내용**이 그리스도를 따르며 성령의 능력을 입은 이 폴리스의 에토스를 그려 낸다.

올리버 오도노반의 획기적인 저서 『열방의 욕망』은 바로 이 이야기와 역사에 대한 자세한 해석으로, 성경 안에 담겨 있으며 교회의 예전적 실천의 골격을 이루는 정치적 상상력을 분석한다. 따라서 이 장에서 나의 일차적 목적은 오도노반의 해석에 대한 간략한 해설을 통해 기독교 예배의 정치적 상상을 밝혀내는 것이다. 이 과정에서 우리의 책무는 기독교 예배 안에 암시된 정치신학을 분명히 드러내는 것이다.

하지만 이를 위해서 우리는 흔히 발생하는 두 가지 유혹을 극복해야 한다. 첫째, 우리는 예배를—또한 예배에 생기를 불어넣는 성경을—그저 '우리가 알고 있는 정치'를 뒷받침하는 연료로 바라보려는 유혹을 피해야 한다. 무언가가 현재의 정책과 연관된 시급한 문제에 '적용'되는 것을 우리가 듣는다고 생각할 때 예배가 정치적인 것이 **되는** 게 아니다. 예배는 현재의 당파적 논쟁에서 소환되고 어느 한쪽 편을 들 수 있는 한도 안에서만 정치적인 것이 아니다. 예전이 천상 도성의 시민들의 의례인 한 예배는 언제나 이미 정치적이다. 둘째, 우리는 '정치적인' 것에 대한 우리의 정의를 우리가 이 지상의 여정 중에 국가, 주, 시 안에서 경험하는 바에 한정하려는 유혹을 피해야 한다. 정치적인 것으로 간주되는 것은 우리의 민주주의나 전제적 독재 정치보다 더 오래된 것이다. 우리의 정치철학 안에서 상상하는 것보다 훨씬 더 많은 왕국이 하늘과 땅에 존재한다. 오도노반은 "하나님 나라는 단순한 하나의 왕국이 아니라 참된 왕국이다"라고 지적한다. 따라서 우리는 "하나님의 행동에

---

21 이것이 *Imagining the Kingdom*, chaps. 3-4에 담긴 내 주장의 핵심이다.

관한 담화의 의미론적 범위를 우리의 통상적인 정치적 토론의 한계로 축소하지 않고…오히려 통상적 정치의 지평을 확장해 그것이 하나님의 활동에 개방될 수 있도록" 주의를 기울여야 한다.[22] 이것이 오도노반의 기획, 즉 우리의 "통상적 정치" 안에서 하나님의 활동을 분별해 내려는 기획의 핵심에 자리 잡고 있다. 이렇게 개방하는 움직임을 통해 오도노반은 정치를 단순히 "자연화"하는 경향에 저항한다.[23]

따라서 오도노반의 정치신학 실험을 떠받치는 핵심적인 방법론적 확신이 존재한다. 즉, 구원에 관한 정치적 어휘–'왕국', '국가', '해방', '백성'과 같은 용어들–와 동일한 정치적 용어의 세속적 사용 사이에 근본적 **유비**가 존재한다는 확신이다. 이 둘이 정확히 동일한 것을 의미하지는 않지만 하나님의 행동과 인간의 행동 사이에 반향과 중첩–"실체에 근거한 유비"–이 존재하며, "두 행동 모두 하나님의 구원의 목적과 인류의 사회적 책무가 이뤄지는 극장인 하나의 공적 역사 안에서 일어난다"(DN, p. 2). 이것은 기독교 예배로 모일 때마다 시연되는 복음의 핵심을 차지하는 무언가를 상기시켜 준다. 즉, 우리는 역사 안으로 침투하시는, 인류의 '공적 역사' 안에서 아담으로부터 아브라함, 예수, 심지어 이방인에 이르는 언약의 동반자들을 자신에게로

---

[22] Oliver O'Donovan, *The Desire of the Nations: Rediscovering the Roots of Political Theology* (Cambridge: Cambridge University Press, 1996), p. 2 (이후에는 본문에서 인용할 때 DN으로 표기함).

[23] 이것은 아브라함 카이퍼 식으로 말하자면 피조물 안에 그리스도께서 "내 것!"이라고 말씀하지 않으시는 곳은 단 한 치도 없음을 강조하는 것과 역사적으로 동일한 역학이다. 카이퍼가 스톤 강연(Stone Lecture)에서 정치에 관해 제시한 방법론이 오도노반의 방법론과 다소 유사하다고 주장할 수도 있다. 둘 다 서양의 정치 현실의 전개 과정 속에서 하나님의 활동을 분별해 내고 서술한다(물론 이해할 수 있을 만한 이유 때문에 카이퍼의 이야기에서는 하나님의 갱신하시는 활동의 원동력이었던 칼뱅주의에 한정하여 초점을 맞췄다). Abraham Kuyper, "Calvinism and Politics", *Lectures on Calvinism* (Grand Rapids: Eerdmans, 1943), pp. 78-108를 보라. 『칼빈주의 강연』(CH북스). 하지만 나는 후대의 신칼뱅주의에서는 정치적 발전을 이처럼 변명하지 않으면서 섭리주의적으로 설명하는 것이 편하지는 않으리라 생각한다. 이 점에서 오도노반과의 만남이 우리가 잊고 있던 주제들을 다시 기억해 낼 수 있는 촉매제가 될 수도 있다.

부르신 살아 계신 주의 행동을 찬양하고 기억한다. 정치신학은 단순히 이상을 적용하는 것이 아니다. 특정한 시간과 장소("유대 왕 헤롯 때", "가이사 아구스도가 영을 내렸을" 때, "본디오 빌라도 아래에서")—스캔들로서의 특수성—에 묶여 있는 이 신적 활동의 역사에서 살아가는 법을 배우는 것이다. 따라서 예배를 통해 시연되고 기념되는, 역사 안에서 이뤄진 하나님의 행동은 그 자체로 **정치적** 행동이며, 하나님의 지배가 어떤 모습이며 "나라가 임하시옵기를"(thy kingdom come) 소망하고 기도하는 것이 무엇을 의미하는지에 관한 유비적인 신호와 실마리를 제공한다. 우리가 '세속'에서 기다리는 동안 지상의 정치가 아무리 미약한 정도라도 하나님 나라를 향하는 것을 보기 원한다면, 우리의 상상력은 하나님의 일하심을 보여 주는 이 역사 안에 흠뻑 젖어 있어야 하고 이로써 하나님이 **여전히** 역사 안에서 일하시는 계속되는 섭리 안에서 무엇이 하나님 나라의 모습인지 분별해 낼 수 있다.[24] 역사 안에서 이뤄진 하나님의 구원 행동은 우리가 오늘날 정치적 판단을 할 때 적용할 원칙이자 기준이다.[25] 따라서 우리는 하나님이 무엇을 행하시는지 분별할 수 있기 위해 성경적 역사를 읽고 흡수한다.

동시에 우리는 인간의 사회정치적 삶('인류의 사회적 책무')의 '공적 역사' 역시 하나님이 일하시는 장(arena)으로 해석한다. 따라서 정경인 성경이 우리의 정치적 상상력을 위한 원칙이자 기준인 반면, 우리 역시 역사 안으로 침투하시는 하나님의 일하심이 우리의 상향적인 정치적 실험에 어떻게 영향을 미쳐 왔고 계속해서 영향을 미치는지 분별하기 위해 정치적 역사를 더 폭넓게

---

[24] 이런 이유로 섭리라는 주제는 오도노반의 기획과 그의 선구자인 아우구스티누스의 *City of God* 모두에서 핵심적 위치를 차지한다. 참고. Stephen H. Webb, *American Providence: A Nation with a Mission* (New York: Continuum, 2004).

[25] 참고. William Abraham, *Canon and Criterion in Christian Theology: From the Fathers to Feminism* (New York: Oxford University Press, 1998).

'읽어 낸다.' 여기서 전략은 하나님의 구원 행동과 인간의 정치적 노력 사이의 (동일시가 아니라) 중첩을 상정하기 때문에 **유비적**이다. 오도노반이 요약하듯이, "해방, 지배, 공동체 형성이라는 지상적 사건들은 우리에게 하나님이 인간 역사 안에서 무엇을 행하시는지 부분적으로 보여 준다. 동시에 그에 상응해서 우리가 눈앞에서 벌어지는 정치적 사건들의 온전한 의미를 파악하고자 한다면 하나님의 구속적 목적이라는 지평을 바라보아야 한다. 신학은 흩어진 정치적 이미지 이상의 것을 필요로 한다. 온전한 정치적 개념화를 필요로 한다. 마찬가지로 정치 역시 신학적 개념화가 필요로 한다. 이 둘은 '열방의 욕망'이 신 그리스도 안에서 그 목적을 발견하는 한 역사와 관계가 있다"(DN, p. 2).

기독교 정치신학이 성경적인 까닭은, 이스라엘과 같은 '정경화된' 정치적 실체에 관심을 기울이기 때문만이 아니라 그것 자체가 우리에게 우리 자신의 정치적 맥락 안에서 분별력 있게 '시대의 징조를 읽어 내도록' 해 주는 성경적 상상력이기 때문이다. 역사적 기독교 예배는 성경이라는 정경과 그 극적 수행(performance)을 통해 하나님의 구원 행동에 관한 드라마를 시연하며, 이를 통해 이러한 성경의 서사가 우리의 뼛속 깊이 내려앉아 그것으로 우리가 정치적인 것을 '읽어 내는' 사회적 상상이 되는 길을 제공한다.[26] 이것은 그저 "아는 것에서 알지 못하는 것으로, '핵심적인' 정치적 개념에서 하나님 나라로" 넘어가는 것처럼, "[이른바] 영적 실체들을 해명하기 위해 지극히 현실적인 정치적 개념을" 사용하는 것에 관한 문제가 아니다(DN, p. 119). 그것은 지상적 정치를 표준으로 삼는 것이다. 오도노반은 "정반대의 움직임이 요청된다"라고 충고한다. "우리에게 익숙한 종류의 지배와 비슷하기도 하고 비슷하지 않기도 한 그런 종류의 지배를 만날 수는 없는가? 우리가 법정과 연관시

---

[26] 나는 *Desire of the Nations*에 담긴 오도노반의 독특하고 중요한 작업—성경 강해, 신학적 분별, 정치적 예리함, 역사적 통찰이 결합된—은 오도노반 자신의 예전적 형성 덕분에 가능했다고 주장한다.

키는 법의 문화와 비슷하기도 하고 비슷하지 않기도 한 방식으로 법 안에서 살아가는 것에 관해 생각해 보는 법을 배울 수는 없는가? 정치신학의 첫 번째 전제는, 이런 유비가 타당하며 이를 통해 그 왕국(the Kingdom)의 복음이 갇혀 있는 정치 문화를 해방한다는 것이어야 한다. 정치적 열망은 이처럼 예상하지 못한 방식으로 유사한 것 안에서 참된 만족을 발견한다"(DN, p. 119).

그는 정치신학—그리고 바라건대 신실한 정치적 행동—이 "예언자적"이어야 한다고 결론 내린다. 그러나 이것이 단순히 비판적이라는, 거짓 예언자들을 고발한다는 의미가 아니다. "참된 예언자들"의 판단력은…"갱신하려 하시는 하나님의 목적, 이스라엘과 유다처럼 약하고 부서지기 쉬운 사회를 향한 그분의 긍휼에 관해 그들이 무엇을 말해야 하는가"를 통해서 분명히 드러난다(DN, p. 11). 따라서 "기독교 신학은 예언자의 책무를 맡아야 하며, 역사가 정치와 윤리가 형태를 취하는 모판임을 받아들이고 그것이 하나님의 행동의 역사이며 단순한 우연성이 아니라 목적을 지니고 있다고 확언해야 한다." 그리고 참되게 예언자적으로 비판하고 목적을 인식하기 위해서는 우리가 원칙과 기준이라고 부르는 것이 필요하다. 즉, 상황이 어떠**해야 하는가**에 관한 대략적 내용, '장차 올 왕국'이 어떤 모습인가에 관한 윤곽이 필요하다. "예언자에게는 내용 없고 형식에 불과한 것이 되지 않는 방식으로 비판할 수 있게 해 주는 관점이 필요하다. 예언자에게 항구적 전복이라는 사치는 허용되지 않는다. 엘리야는 아합 이후에 하사엘 같은, 예후 같은 인물에게 기름을 부어야 한다"(DN, p. 12).[27]

또한 이런 이유 때문에 정치신학은 **기독교적**이어야 하며, 그저 유신론적

---

[27] Roger Stronstad, *The Prophethood of All Believers: A Study in Luke's Charismatic Theology* (Sheffield: Sheffield Academic Press, 1999), 그리고 *In the Days of Caesar: Pentecostalism and Political Theology* (Grand Rapids: Eerdmans, 2010), pp. 239-244에 실린 에이머스 영(Amos Yong)의 논평을 보라.

이거나 '자연법'이라는 낮은 기준으로 다스려져서는 안 된다.[28] 정치적인 것은 부활하신 그리스도의 통치로부터 분리된 '자연'의 한 특징으로 이해할 수 있는 단순한 현세적·지상적 실체가 아니다. 정치적인 것은 그리스도께서 창조하고 속량하며 지배하시는 "만물"의 범위 안에 들어간다(골 1장). 다시 한번, 이것은 양쪽 모두를 관통한다. 오도노반은 "신학이 복음적이려면 반드시 정치적이어야 한다"고 주장한다. "정치적 질문을 배제해 보라. 하나님의 구원하시는 능력을 온전히 선포하지 못할 것이다. 사람들이 죄―자신의 죄 및 다른 죄―에서 해방되어야 하는 곳에서 그들을 노예 상태로 내버려 두게 될 것이다"(*DN*, p. 3). 반대로 정치적인 것은 하나님의 행동, 특히 예수 그리스도의 십자가, 부활, 승천에 비추어 해석되어야 한다. "이스라엘의 역사는 **구속사**, 즉 어떻게 사회적·정치적 삶의 특정 원리들이 그 백성을 심판하고 회복시키시는 하나님의 행동을 통해 옳다고 입증되었는가에 관한 이야기로 해석해야 한다"(*DN*, p. 29). 따라서 정치신학은 근대성이 가진 내재성의 틀(immanent frame, 찰스 테일러가 제안한 용어로, 초자연적 질서를 부인하면서 세계가 자연적 질서로 이뤄져 있다고 보는 관점―옮긴이) 안에서 믿을 만한 것으로 제시된 정치적인 것에 대한 자연화된 관념들을 전달하는 데 만족해서는 안 된다. 정치신학은 "야훼(Yhwh)께서 통치하신다는 주장을 입증하는", 이스라엘과 예수 안에서 행하신 하나님의 구원 사역에 관한 성경적 서사의 구체성으로 뒷받침되어야 한다. 기독교 정치신학이 우리가 성경 안에 계시된 구속사에 관해 아는 바에 뿌리내리고 있으며 구체적으로 기독론적이고 구체적으로 선교적인 까닭은 그것이 역사적이기 때문이다. "그 주제는 입증되고 확증된 하나님의 지배, 그분이 이스라엘과 열방 안에서 이루시는 구원이다. 이런 방식으로 말하지

---

[28] 이는 5장에서 더 자세히 논할 것이다.

않는다면, 그것은 복음적 정치신학이 아니라 정치 이론의 신학적 한 유형을, '복음'이 아니라 신학적 의미에서의 '율법'을 제시할 뿐이다"(DN, p. 81).

복음이 불어넣는 정치적 상상력은 하나님이 이스라엘, 예수, 그분의 몸이신 교회와 맺으신 언약의 역사라는 우물에서 물을 긷는다. 정치신학을 위한 단 하나의 적합한 틀은 이스라엘의 "정경적 역사", 즉 이스라엘의 소명을 총괄 갱신하신(recapitulate) 그리스도의 삶에서 절정에 이르는 역사다(DN, p. 21).[29] 그리고 우리는 기독교 예배를 통해 이 정경적 역사를 흡수한다. 기독교 예배의 서사적 흐름을 해석한다는 것은 그 자체로 정치적인 구속의 이야기/역사[(hi)story]의 **내용**이 어떤 줄거리를 가지고 있는지 파악하는 것이다.

오도노반은 "정치적 개념"이라는 견지에서 이를 설명한다. 정치적 개념은 정치적 실체에 대한 우리의 설명을 빚어내며, 이것은 다시 우리의 정치적 행동과 정책 결정을 준비시키고 방향 짓는다. 그래서 이 모든 것을 다스리는 "참된 정치적 개념"을 발견하는 것이 대단히 중요하다. 우리가 그리스도께서 만왕의 왕으로 계시되셨고(계 17:14) 그분 앞에 모두가 무릎을 꿇게 될 것(빌 2:10)이라고 믿는다면, 성자의 계시는 참된 왕권이 드러나는 것이며 이는 또한 정치적인 것의 본성과 소명에 대한 계시된 통찰이기도 하다. 따라서 오도노반은 기독교적이라고 자처하는 정치신학에서는 성경이라는 정경의 계시

---

29 이 점에 관해, 오도노반의 해석은 N. T. 라이트가 *The New Testament and the People of God* (Minneapolis: Fortress, 1992)에서 제시한 이스라엘–예수–교회 관계에 대한 해석을 되울린다. 『신약성서와 하나님의 백성』(CH북스). J. 캐머런 카터는 이 언약 역사를 잊어버리고 '기독교'를 무역사적 '신념 체계'로 추상화할 때 무슨 일이 일어나는지 바르게 지적한다. 이 일이 일어날 때 우리는 "백인됨"이 새로운 기본 패러다임으로 떠오르는 것을 볼 수 있다. 카터는 "그것의 성취는 주로 이방인으로 이뤄진 동방의 그리스도인들이 더 이상 자신의 실존을 다른 이야기—이스라엘의 이야기—안에서 해석할 필요가 없게 만든다. 오히려 그 성취는 이스라엘의 이야기를 백인의 성취에 관한 이야기인 서양 문명의 이야기 안에 포함된 한순간에 불과한 것으로 만들어 버린다. 그런 의미에서 이스라엘의 이야기는 백인의 것, 즉 서양의 신화적–시적 상상력 안에 자리 잡고 있는 한순간이 되었다"[*Race: A Theological Account* (New York: Oxford University Press, 2008), p. 261]. 6장에서 이 주제를 다시 다룰 것이다.

된 역사 안에서 참된 정치적 개념을 찾아야 한다고 강조한다(*DN*, p. 15). 그리고 그러한 개념은 먼저 상상력 차원에서 암묵적으로 흡수된다.[30] 물론 이러한 상상을 위한 원천은 성경 안에서 찾을 수 있지만, 기독교 예배의 예전 안에서 구속사를 수행하는 상연을 통해 흡수된다. 따라서 왕국의 렌즈를 통해 세상을 **바라볼** 수 있도록 우리를 훈련시키는 기독교적인 정치적 상상력을 갖추기 위해서 우리는 그러한 형성적 예배에 몰입해야 한다. 반면에, 정치**신학**의 책무는 예배의 성경적 서사 안에 함축된 정치적 전망을 명시적으로 드러나게 하는 것이다. 오도노반의 『열방의 욕망』에서는 그리스도 안에서 절정에 이르는 하나님과 그분 백성의 언약적 역사를 정치적 개념의 저장고로 해석한다. 우리는 이 해석에 기대어 기독교 예배의 동일한 (정치적) 이야기를 듣는 길로 돌아선다.

하나님의 통치

이 언약적 역사의 핵심에는 '하나님의 통치'가 있다. 성경의 드라마를 시연하는 예배를 통해 우리는 "정치적 역사를 하나님의 통치 역사 안에" 두는 법을 배운다(*DN*, p. 19). 이 핵심적이고 정치적인 실체는 창조만큼이나 오래된 것이다. "신적 지배의 역사는 창조의 선한 것들을 보호하고 속량한다.…신적 지배에 관해 이야기할 때 우리는 세속적이며 인간적인 모든 것에 대해 약속된 성취를 이야기한다. 신적 지배에 비추어 정치를 판단한다는 것은 정치가 세상을 긍정하며 인간적인 성격을 지님을 확신한다는 뜻이다"(*DN*, p. 19). 하나님의 지배는 반자연적 전제정이 아니라 피조물을 가꾸어 그 온전함에 이르게 하

---

[30] *Imagining the Kingdom*, chap. 4를 보라.

는 정원사의 권위와 더 비슷하다.³¹ 하나님과 그분의 백성 사이의 관계에 관한 이후의 모든 역사는 피조물과 맺은 본래 언약의 연장이며, 따라서 이제 피조물을 올바르게 바라보기에 유일하게 적합한 렌즈는 이스라엘과 예수다. 그리스도의 통치는 이 "창조의" 지배가 회복, 실현, 강화된 것이다. "부활의 순간은 하늘로부터 갑자기 혜성처럼 나타나지 않고 신적 지배의 역사의 절정으로 나타난다"(DN, p. 20).

하지만 이는 신적 지배가 창조로부터 시작되고 인류 역사 전체에 적용됨에도 불구하고 창조—정치를 비롯한—에 대한 통찰이 이제 하나님의 특별 계시, 그리고 하나님이 예수 안에서 절정에 이른 이스라엘과 맺는 스캔들로서의 특수한 언약에 의존한다는 뜻이다. 참된 정치적 개념은 일반적이거나 '자연'이나 '이성'이나 일반 은혜를 통해 일반적으로 주어지지 않는다. 오도노반이 말하듯이, "히브리어 성경(구약성경—옮긴이) 안의 정치적 범주를 기독교적으로 원용하고자 할 때 이를 다스리는 해석적 원리는 이스라엘 자체다. 이 독특한 정치적 실체를 통해 하나님은 세상 안에서 그분의 목적이 알려지게 하셨다." 따라서 기독교 정치신학의 "다스리는 원리"는 "이스라엘의 공동체적 실존을 통해 표현되고 예수의 삶, 죽음, 부활을 통해 최종적으로 실현된 하나님의 왕적 지배"다(DN, p. 27). 이러한 정경적·언약적 역사라는 원천으로부터 규범적인 정치적 통찰을 끌어내야 하며, 그런 다음 이를 통해 우리 자신이 속해 있는 구체적인(contingent) 정치적 역사를 '해석'해 내야 한다.³² 하지

---

31 그렇기 때문에 인간의 정치적 역사를 해석하기에 적합한 유일한 렌즈는 특별 계시라는 렌즈다. 모든 '자연적' 개념은 부적합하며 심지어 참되지 않다는 것이 밝혀질 것이다. 정치적인 것을 자연화하는 일은 그것을 혼란스럽게 만들 뿐이다.

32 "이스라엘에 주의를 기울이지 않을 때 기독교 정치사상은 이상주의와 현실주의라는 양극단 사이에서 오락가락한다"(DN, p. 27). Race에서, 예를 들어 pp. 167-187에서 카터가 예수의 유대인됨을 잊어버리는 것이 얼마나 위험한지 끈질기게 경고하는 부분을 참고하라.

만 우리의 첫 번째 책무는 이 정경적 역사 **전체**를 이해하는 것이다. 해방신학자들이 그러듯이 "출애굽기를 근거로 가난한 이들의 해방을 주장한 다음 가나안 정복은 언급하지 않으려고 해서는 안 된다"(DN, p. 27). 오히려 "이스라엘의 역사는 **구속사로**, 즉 이 백성의 심판과 회복 안에서 하나님의 행동을 통해 사회적·정치적 삶에 관한 특정 원리가 옳다는 것이 어떻게 입증되었는가에 관한 이야기로 읽어야 한다"(DN, p. 29).[33] 우리는 이 역사에 의해 인준된 정치적 상상을 찾아내기 위해서 이 역사 **전체**를 주의 깊게 읽어야 한다. 그저 성경이 동시대의 정치적 감수성을 어떻게 승인하는가를 찾아내려 하기보다는 우리의 정치적 선호가 예수 안에서 실현된, 하나님이 이스라엘과 더불어 또한 그들을 통해 행하신 일에 도전받을 가능성에 열려 있어야 한다. "이는 사회의 형태와 구조에 관한 모든 질문을 규범적인 비판적 기준에 비추어 보아야 한다는 뜻이다. 그것은 이스라엘의 정치 형태가 권위 있는 방식으로 우리에게 가르쳐 주는, 인간 사회를 향한 하나님의 뜻을 성취하고 있는가?"(DN, p. 25) 여기서 기준은 계시적·정경적·성경적이며, 역사적 기독교 예배의 레퍼토리를 통해 시연된다.

정치적 역사를 다른 방식으로 그리기: 〈히든 피겨스〉

CNN이 1세기 예루살렘을 보도했다면, 또 하나의 범죄자가 도시 외곽에서 십자가

---

33 오도노반은 이것이 성경에 대한 **신학적** 해석이자 신앙 고백적 기획임을 인정한다. "이스라엘에 관심을 기울이는 일은 이미 신학자의 입장으로 믿음의 발걸음을 내딛은 것이다(DN, p. 28). 그렇기 때문에 이스라엘의 역사에 대한 해석은 언제나 기독론적 신학적 해석이다. 이러한 해석학과 관련한 논의로는 Richard B. Hays, *Reading Backwards: Figural Christology and the Fourfold Gospel Witness* (Waco: Baylor University Press, 2016)를 보라.

처형을 당한 일을 뉴스 가치가 있는 사건으로 여기지도 않았을 것이다. 빌라도 앞에 선 예수의 드라마—사복음서의 절정에 해당하는 수난 서사인 이 흥미진진하고 세상을 변화시키는 이야기—가 당시에는 종교적 소수파의 사소한 논쟁일 뿐이었으며 제국의 책략가들의 관심을 거의 받지 못했다. 수난 드라마가 이스라엘이 하나님과 맺은 언약 관계라는 계속 이어지고 있던 드라마 안에서 결정적 일화임을 깨달을 때에야 그 의미를 이해할 수 있을 것이다. 그리고 이 1세기 사건들이 역사의 탐지기에 걸린 이유는 우리의 신화적인 고대 CNN의 카메라에는 멸시당하던 범죄자나 분파적인 열광주의자처럼 보였던 그가 부활하고 승천하신 왕이 되셨기 때문이다. 회고, 그리고 계시된 믿음의 회고적 틀은 우리가 세상을 바꾸는 것으로 인식하는 바를 변화시킨다.

최근 영화도 이를 반영한다. 승자, 영웅, 운 좋은 사람들에게 초점을 맞추며 우리의 공식적 거대 서사와 교과서의 역사를 한층 강화하는 오랜 전통이 존재하지만, 지난 세대에 우리는 '역사'가—혹은 적어도 우리의 역사 *서술*이—간과한 이들에게 주목하게 되었다. 우리의 교과서 역사가 남성에게 초점을 맞추는 반면 소설과 영화에서는 지금까지 무시된 여성의 이야기를 들려주는 경우가 많았다. 우리의 표준적 설명에서는 백인과 유럽인에 초점을 맞추는 반면, 영화와 문학에서는 그들이 짓밟거나 사실은 의존했던 유색인들이 존재했음을 우리에게 상기시켜 준다. 우리가 흔히 생각하는 주인공들이 중앙 무대를 차지하고 수많은 등장인물이 주변으로 밀려나도록 역사를 구성해 왔지만, 수정주의적 영화에서는 주변에 빛을 비출 뿐만 아니라 우리의 집단적 이야기의 전형적 구조에 이의를 제기하고 주변화된 이들을 그들이 마땅히 속해야 할 중심부에 배치한다.

이런 책략의 초기 사례로는 연극을 영화화한 톰 스토파드(Tom Stoppard)의 1990년작 〈로젠크란츠와 길덴스턴은 죽었다〉(*Rosencrantz and Guildenstern Are Dead*)다. 주변부의 시선으로 『햄릿』(*Hamlet*)을 개작한 이 영화에서, 셰익스피어 비극의 중요하지 않은 두 등장인물 로젠크란츠와 길덴스턴은 스토파드의 희극에서는 주인공이 된다. 이 영화는 말하자면 '무대 위' 셰익스피어의 드라마와 교차하지만 주로 로젠크란츠와 길덴스턴의 숨겨진 삶과 욕망에 초점을 맞춘다. 그리고 이 '중요하지 않은' 인물들은 잉글랜드로 향하는 배 위에서 운명적 결정을 내림으로써 결국 세계사의 무대에 영향을 미치게 된다.

하지만 더 좋은 예는 최근의 영화들일 것이다. 이 영화들은 이미 상연된 무언가를 재상연하기보다는 실제 역사적 사건을 극적으로 재서술하기 때문이다. 예를 들어, 〈이미테이션 게임〉(The Imitation Game) — 윈스턴 처칠(Winston Churchill)이나 유럽 대륙 진격 개시일(D-Day)의 사령관들이나 용맹한 공군 전투기 조종사들이 아니라 앨런 튜링(Alan Turing)이란 이름을 가진 어색한 모습의 케임브리지 수학자에게 초점을 맞추는 전혀 다른 종류의 제2차 세계대전 영화 — 을 생각해 보라. 튜링은 그저 무시당하는 인물일 뿐만 아니라 여전히 '빅토리아 시대'처럼 느껴졌던 세계에서 그의 성적 지향 때문에 기피, 경멸, 억압을 당한다. 그런데 수개월 동안 연합군 쪽에 많은 사상자가 발생하고 군사 작전이 실패하는 피해가 생겼다. 독일에서 통신을 '해독할 수 없는' 방식으로 암호화하는 법을 개발했기 때문이다. 에니그마 머신(Enigma machine)은 모든 나치의 통신문을 비밀 암호로 번역했으며 영국, 프랑스, 러시아, 미국에 있는 수많은 탁월한 수학자 중 그 누구도 이를 해독하지 못했다. 이런 상황에서 영국 수학자인 튜링이 암호를 해독해 보겠다고 나선다. 무언가가 불가능하다는 말을 들을 때만 자극을 받는 문제 해결사 튜링은 자신의 팀과 함께 에니그마 머신에 대항하는 봄브(Bombe)를 만들어 마침내 암호를 해독해 낸다. 그 결과 한 수학자가 장군들의 노련한 병참과 죽음을 불사하는 병사들의 용기에 필적할 만한 군사적 승리를 성취한다. 전통적으로 역사적 전쟁을 다룬 영화에서는 이런 이야기에 초점을 맞추지 않았다. 하지만 〈이미테이션 게임〉은 다른 렌즈로 같은 역사를 바라보고 다른 곳에 초점을 맞춘다. 그리하여 우리가 그렇지 않았다면 몰랐을 무언가를 우리에게 보여 주며, 외롭고 탄압받았던 한 수학자에게 우리가 빚지고 있음을 깨닫게 해 준다.

흥미롭게도 새로운 틀에서 역사를 이야기하는 또 다른 영화로 아카데미상 후보작이었던 (동명의 「뉴욕 타임스」 베스트셀러가 원작인) 〈히든 피겨스〉(*Hidden Figures*)에서도 수학자들이 주인공이다. 이야기는 우주 개발 경쟁이 한창이던 1960년대를 배경으로 한다. 최초로 인간을 우주 궤도에 보내려고 노력하던 미국 항공우주국(NASA)에서는 발사와 재진입 궤적을 계산하는 데 어려움을 겪고 있다. 그들에게 필요한 두뇌와 재능—이 문제를 풀 수 있는 '인간 컴퓨터들'—은 미국 사회에 의해 숨겨지고 이중적으로 주변화된 '인물들'(figures)인 흑인 여성들이었다. 미국 항공우주국을 지배하는 백인 남성들로부터 가슴 아픈 차별을 견뎌야 했던 이 재능 있는 수학자들—특히 천재적인 캐서린 존슨(Katherine Johnson)—은 존 글렌(John Glenn)이 발사대에서 발사된 이후로 그에게 생명선과 같은 존재였다. 머큐리 우주 계획의 많은 부분이 수년간 알려져 왔지만, 세상을 바꾼 이 이야기에서 핵심 역할을 했던 이들은 무시되었다. 인종적으로 격리된 랭리 연구소의 서부 구역 컴퓨터실로 쫓겨나 있던 이들은 역사에서도 조용한 변두리로 쫓겨나 있었다. 마고 리 셰털리(Margot Lee Shetterly)의 책과 이 책을 원작으로 삼은 영화에서는 역사를 새로운 틀에서 이야기함으로써 전에는 숨겨져 있던 인물들의 영향력을 우리에게 보여 주었다.

『열방의 욕망』에서 오도노반이 했던 작업도 이와 비슷하게 역사를 새로운 틀에서 보여 주려는 시도라고 생각해 볼 수 있다. 신학적으로 굴절된 정치사를 서술하면서 오도노반은 우리가 서양 자유 민주주의의 이야기 안에서 숨겨진 인물들을 보도록 권유한다. 우리는 정치사에서 왕과 황제들, 혁명가와 지배자들에게 초점을 맞추리라 기대할지도 모르지만 오도노반은 정치적인 것의 본성을 푸는 열쇠는 특별 계시의 원천과 하나님이 그분의 백성과 맺은 관계의 역사라고 수장한다. 따라서 그는 정치적 권위의 본성을 폭로하는 렌즈로서 이스라엘과 예수에 초점을 맞춘다. 우리에게 정치적인 것을 세속화하고 자연화하는 습관이 있음에도, 사실상 인류의 정치적 소명을 이해하는 데 근본적인 것은 계시의 기초와 하나님이 인류와 맺은 관계에 관해 우리가 알고 있는 바다.

⟨히든 피겨스⟩가 아카데미상 후보작에 오른 바로 그해에 영화배우 바이올라 데이비스(Viola Davis)는 ⟨펜스⟩(*Fences*)에서 맡은 배역을 통해 여우조연상으로 오스카(Oscar, 아카데미상 수상자에게 수여되는 트로피—옮긴이)를 수상했다. 수상 연설에서 데이비스는 영화가 역사의 이면에 빛을 비추는 독특한 능력을 지니고 있다고 말했다. 그녀는 "가장 위대한 잠재력을 지닌 모든 사람이 모여 있는 한 장소가 있습니다. 그곳은 바로 묘지입니다"라는 말로 연설을 시작했다. 그녀는 "사람들은 늘 제게 묻습니다. 바이올라, 당신은 어떤 이야기를 하고 싶나요?"라며 회상한다. "그러면 저는 그 시체들을 발굴하고 싶다고 말합니다. 그들의 이야기를 발굴하고 싶다고요." 최근의 영화는 바로 이 일을 해 왔다. 잊힌 사람들의 이야기를 파내고, 우리가 잊거나 무시하거나 적극적으로 억압했던 이들의 영향력을 발굴해 냈다. 올리버 오도노반도 비슷한 일을 하고 있다. 그는 우리가 묻었던 정치적 이야기를 파내고 있다. 하지만 이스라엘의 이야기에서는 한 시체가 사라졌다. 그 왕께서는 죽은 자 가운데서 다시 살아나셨다. 이것이 모든 것을 바꾸어 놓는다. 그렇기 때문에 오도노반은 이 이야기를 해야 한다.

그렇다면 야훼의 왕적 지배의 특징과 표지는 무엇인가? 어떤 "참된 정치적 개념이 이 역사에 내새되어 있는가? 우리는 왕이신 야훼께서 이스라엘과 맺으신 언약 관계로부터 정치에 관해 무엇을 배울 수 있는가? 이것은 정치적인 것 자체에 관해 우리에게 무엇을 말해 주는가?[34]

---

[34] 다음 장에서 보겠지만, 이것은 이스라엘의 역사 안에서 정치적 개념을 찾고자 하는 한 그리스도인 신학자의 엉뚱한 시도나 그리스도인들이 정치에 참여하는 것에 대한 성경적 정당화를 발견하려는 일종

우리의 예상과 달리 이것은 '왕권신수설'에 따라 군주의 권력을 정당화하는 서사가 **아니다**. 그와 반대로, 오도노반은 마르틴 부버(Martin Buber)의 생각, 즉 "야훼의 왕권을 반군주정 사상으로 해석할" 수 있다는 데 동의한다(*DN*, p. 35).[35] 하나님의 통치로부터 내재적으로 '보수적인' 정치를 직접 연역하는 방식으로 지배 계급의 권리와 권력을 뒷받침할 수는 없다.[36] 그렇다고 해서 똑같이 단순한 방식으로 그런 지배를 악마화하는, 내재적으로 혁명적인 모형을 용인하지도 않는다. 오히려, 번영하는 인간 사회를 위한 하나님의 뜻이 무엇인지 분별하기 위해서는 야훼의 지배와 연관된 특징과 용어를 살펴보아야 한다. 따라서 오도노반은 하나님의 왕권과 "늘 짝을 이루는 주요한 정치적 용어"를 강조한다. 그는 세 용어를 지적한다.

1. **구원**. 야훼께서는 해방자, 방어자, 승리자, 보호자시다. 야훼께서는 그분의 백성을 해방하시는 하나님이자 아버지시며, 하나님의 백성의 찬송가

의 성경주의적 노력이 아니다. 그와 반대로, 오도노반은 이스라엘의 정경적·정치적 역사를 읽어 넘으로써 정치적인 것의 본성에 대한 규범적 통찰을 찾고자 하며, 이는 이스라엘의 역사가 결국 **우리의** 역사이기 때문이다. 서양의 입헌적 자유주의의 정치적 제도와 전제는 이 역사의 유산이다. 참고. Eric Nelson, *The Hebrew Republic: Jewish Sources and the Transformation of European Political Thought* (Cambridge, MA: Harvard University Press, 2010). 어느 모로도 기독교 철학자가 아닌 위르겐 하버마스(Jürgen Habermas)도 같은 주장을 한다는 점은 지적해 둘 만하다. "A Conversation about God and the World", *Time of Transitions* (London: Polity, 2006)에서 그는 "자유와 사회적 연대, 삶의 자율적 운영 및 해방, 양심의 개인적 도덕성, 인권과 민주주의의 사상을 배태한 평등주의적 보편주의는 유대교의 정의의 윤리와 기독교의 사랑의 윤리의 직접적 후계자다. 본질적으로 변하지 않은 이 유산은 지속적인 비판적 전유와 재해석의 대상이었다. 지금까지도 이것에 대한 대안은 없다. 그리고 현재의 탈국가적 지형(postnational constellation)이 제기하는 도전에 입각해 우리는 계속해서 이 유산의 본질을 원용한다. 다른 모든 것은 그저 한가로운 포스트모던 담론일 뿐이다"(pp. 150-151).

35 *Gratitude: An Intellectual History* (Waco: Baylor University Press, 2014), pp. 99-120에서 "괴물 같은 배은망덕함"(monster ingratitude, 셰익스피어의 희곡 『리어왕』에 등장하는 대사—옮긴이)에 대한 피터 라잇하르트의 논의를 참고하라. 어떤 의미에서 하나님의 왕 되심에 관한 계시는 지상의 왕들의 주장을 떠받치는 토대를 허문다.

36 관련된 논의로는 J. Richard Middleton, "Is Creation Theology Inherently Conservative? A Dialogue with Walter Brueggemann", *Harvard Theological Review* 87 (1994): pp. 257-277를 보라.

인 시편에서는 이 역사를 거듭거듭 시연한다["여호와여, 왕이 주의 힘으로 말미암아 기뻐하며 주의 구원으로 말미암아 크게 즐거워하리이다"(시 21:1)]. 정치적 사회는 안전과 보호를 누리는 사회다.

2. **심판.** 왕이신 하나님은 의로운 심판자로서 사법적 권위를 행사하신다. "'심판'이 임할 때, 그것은 이뤄지는 상태가 아니라 정당하게 수행되는 활동이다." 따라서 "미쉬파트(*mishpat*, 정의)가 '강 같이 흐르기'를 기원할 때 아모스는 사법적 활동이라는 강물이 마르지 않게 해 달라는 뜻으로 그렇게 말했다"(*DN*, p. 39). 야훼께서는 고아, 과부, 이방인과 나그네를 위해 의로운 심판을 행하실 것이다. 이것은 하나님이 그분의 신실하심과 "신적 결심"으로 "공평함"을 이루시리라는 말씀이기도 하다(*DN*, p. 40). 약한 이들을 위해 심판이 공정하게 이뤄지는 사회는 야훼의 정치적 규범을 반영하는 사회다.

3. **소유.** 야훼께서 이스라엘에게 소유물과 기업("땅")을 주시지만 이것은 "이스라엘 자체가 야훼의 소유라는 주장이기도 하다. 이스라엘은 선물을 소유함으로써 그것을 주신 분의 소유가 된다"(*DN*, p. 41). 오도노반은 이것을 한 백성으로 하여금 정체성과 에토스를 갖게 하고 "한 백성"이 되게 하는 조건으로 간주한다. 한 백성의 기업은 그들의 전통, 즉 그들의 자기 이해를 통제하며 그들의 도덕적 상상력의 재원을 제공하는 이야기다.

그런데 왜 이것이 우리에게 중요한가? 이것은 그저 옛것에 대한 호기심일 뿐인가? 앞서 제시한 방법론을 감안할 때 이것은 이제 정치 자체를 읽어 내기 위한 렌즈가 된다. "야훼와 이스라엘의 독특한 언약을 **모든** 정치적 권위의 본성을 파악하기 위한 관점으로 볼 수도 있다. 이 백성이 스스로 하나님의 소유임을 인식하는 것으로부터 다른 백성들도 하나님의 소유로 볼 수 있는 가능성이 생겨난다. 이스라엘의 경험과 서양의 전통 사이의 실질적 연속성은 이러한 해석학적 전제에 입각해 있다"(DN, p. 45, 강조는 추가됨).[37] 이 점에서 오도노반은 정치적 권위 자체에 관한 두 "공리"를 강조한다.

첫째는 정치적 권위가 작동하는 방식에 관한 기술(記述)적 혹은 현상학적 설명이다. "권력, 권리의 실행, 전통의 항구화가 한 통합된 행위자 안에서 보장되는 데서 정치적 권위가 생겨난다"(DN, p. 46). 이는 다리가 셋인 발판과 비슷하며, 정치 체제는 이 셋 모두가 없이는 존립할 수 없다. 따라서 사회적 조건의 변동으로 이 세 조건 중 어느 하나라도 위태로워진다면 권위가—따라서 정치 자체가—위협을 받게 된다. 나중에 오도노반은 바로 이런 이유 때문에 개인이 사회적·정치적 갱신의 원동력이 될 수 있다고 말한다. "일반화하자면…**한 공동체의 개별 구성원들의 양심은 그것을 빚어내는 도덕적 이해의 저장고이며 기풍이나 제도가 무너지는 위기의 때에 그 공동체를 영속화하는 기능을 한다**고 말할 수 있다. 개인은 자신의 사회 이전 혹은 정치 이전의 시원적 권위의 담지자로서가 아니라 공동체 자체의 형성적 자기 이해를 떠올리게 하는 사회적 이해의 담지자로서 공동체에 대한 존중을 요구한다. 양심적 개인은 사회가 망각한 목소리로 말한다"(DN, p. 80).[38]

둘째는 (이스라엘의 역사를 계시된 구원의 역사로 보는) 규범적 주장이다. "어떤 체제가 실제로 권위를 확보하거나 계속 보유하는 것은 단순히 정치적 봉사라는 인간적 책무의 성취가 아니라 역사 안에서 신적 섭리가 작동한 결과다"(DN, p. 46). 이것은 지속되는 모든 정치 체제에 관한 신적 지지 같은 것을 의

---

37 서양의 민주주의가 이스라엘에게 진 빚에 관한 역사는 3장에서 더 자세히 다룰 것이다.
38 같은 이유로, 그러한 형성적 공동체를 상실한 것이 더 광범위한 사회적 위협을 초래한다. MacIntyre, *After Virtue: A Study in Moral Theory* (Notre Dame, IN: University of Notre Dame Press, 1981), pp. 1-2에서 다루는 집단적 기억 상실의 시나리오를 보라.

미하는 게 아니라 한 체제가 지속되는 조건에 관한 설명으로 보아야 한다. 역사적으로 성공한 모든 체제의 배후에는 역사를 다스리는 신적 체제가 있다. 체제가 성취한 연속성은 신적 체제의 작동을 전제한다. 정치적 질서가 지닌 능력으로는 한 체제가 확정되지 않은 기간 동안 지속되기 위한 사회적 조건을 확보할 수 없기 때문이다"(*DN*, p. 46).

그런 다음 오도노반은 세 번째 핵심 공리를 덧붙인다. "사회는 정치적 권위를 인정함으로써 그 자체의 정치적 정체성을 입증한다." 다시 말해서, "인정은 한 사회와 그 사회의 정치적 권위 사이에 성립된 근본적 관계다"(*DN*, p. 47).

코맥 매카시의 『로드』에서 그리는 저항

앞에서 지적했듯이, 오도노반은 개인의 **사회적** 역할을 지적한다. 따라서 개인주의 비판은 개인을 삭제하는 방식으로 이뤄지지 않는다. 복음의 핵심에는 하나님과 개인 사이의 인격적 관계가 있으며 이 관계는 거룩하다. 또한 성령께서 형성하신 개인이 때때로 예언자적 기억의 전달자가 될 수 있다. 오도노반의 말처럼, 개인은 "공동체 자체의 형성적 자기 이해를 떠올리게 하는 사회적 이해의 담지자"일 수 있다. "양심적인 개인은 사회가 망각한 목소리로 말한다"(*DN*, p. 80).

세계 파괴 이후의 인간관계에 관한 탐구인 코맥 매카시(Cormac McCarthy)의 『로드』(*The Road*)에서 그리는 무자비한, 대재앙 이후의 세계 속에서 이처럼 한 개인이 '전달하는' 사회적 기억의 역학을 볼 수 있다. 『로드』에서 우리는 조르조 아감벤(Giorgio Agamben)이 "벌거벗은 삶"(bare life)이라고 부르는 것으로 축소된 상황을 목격한다. 그렇다면 무엇이 남아 있는가? 예전(liturgy)이다. 인간은 "벌거벗은 삶"으로, 조에[zoē. 아감벤은 정치적 삶인 비오스(bios)와 인간이 동물과 공유하는 자연적 삶인 조에를 구별한다—옮긴이]로 축소되어도 여전히 예전적 동물로 남아 있다. 이런 시선으로—이 렌즈를 통해—이 소설을 읽기 시작한다면 이 '벌거벗은 삶'의 황량한 풍경도 예전적 울림을 지니고 있음을 보게 될 것이다.[39]

"눈이 와요." 소년이 말했다. 그는 하늘을 보았다. 눈송이 하나가 내려온다. 그는 손에 내려앉은 눈송이가 마치 기독교 세계가 남긴 마지막 성만찬 빵처럼 사라지는 것을 바라보았다.

소년이 비틀거리며 앉았다. 남자는 아이가 불꽃 위로 쓰러지지 않는지 지켜보았다. 그는 소년이 엉덩이와 어깨를 묻고 잘 수 있도록 모래를 발로 차 구멍을 만들었고, 앉아서 아이를 잡은 채 불 앞에서 아이의 머리카락을 털어서 말렸다. 이 모든 것이 고대의 도유식 같았다. 그러거나 말거나. 형식을 떠올리게 하라. 아무것도 없는 곳에서 갑자기 예식을 만들어 내고 그 안에 숨을 불어넣으라.

소년은 꼼짝도 하지 않았다. 그는 아이 곁에 앉아서 아이의 창백하고 헝클어진 머리카락을 쓰다듬었다. 신이 보시기에 합당한 황금 성배. 이야기가 어떻게 끝나는지 나에게 말하지 말라.

그런 다음 그들은 식량을 구하도록 파송받은 탁발 수도사처럼 누더기를 걸친 채 구부정한 자세로 고깔 달린 외투를 입고 덜덜 떨면서 길을 나섰다.[40]

---

39 여기서 저자의 의도에 관한 주장을 하려는 게 아니다. 적어도 이런 양상들은 매카시가 어려서 받았던 가톨릭 교육의 '잔상'에 기인한 것으로 볼 수 있다.

40 Cormac McCarthy, *The Road* (New York: Vintage, 2006), 각각 pp. 16, 74, 75, 126에서 인용함. 『로

『로드』에서 중요한 것은 단순히 성례전 문제가 아니라 형성 문제, 더 구체적으로는 **도덕적** 형성의 문제다. 이 야만적 어둠 속에서 빛처럼 빛나는 이 인물들은 어디서 왔는가? 아버지와 아들은 이 대참사 이전에 어떤 사람들이었기에 지금 화자가 말하는 것처럼 "불을 전달하는" 그런 사람들이 되었는가? 어떤 실천이 그들을 형성하고 빚어냈는가? 어떤 의례가 그들 안에 도덕적 경계, 심지어 소망의 그림자를 만들어 냈는가? 아버지는 아들에게 무엇을 전달해 주었는가? 그리고 어떻게 전달해 주었는가? 그들이 지닌 저항의 저장고는 어디서 왔는가?

나는 매카시가 그들이 일종의 '타고난' 선함을 지니고 있다고 주장한다고 생각하지 않는다. 그들 주변에 있는 괴물이 되고 만 사람들만 보아도 그렇지 않음을 알 수 있다. 아버지와 아들이든, 마지막에 그 소년을 맞이해서 돌보는 가족이든,[41] 이 등장인물들(characters)은 다르게 **형성된** 인간 동물들이다. 이것은 '자연 상태'로의 회귀가 아니라 성품 형성을 유도하는 실천과 의례가 효과적이었는지 효과적이지 못했는지 판가름난 것으로 보아야 한다. 이 인물들은 이전의 형성을 담은 자들로, 사라지고 만 전망과 문명이라는 불을 지니고 있다. 따라서 이들의 '개인적' 저항은 이제는 낯선 백성처럼 보이는 사람들의 유산이다. 어쩌면 후기 근대라는 폐허 속에서 천상의 폴리스의 백성으로 살아간다는 것, 즉 "어그러지고 거스르는 세대 가운데서 하나님의 흠 없는 자녀로 세상에서 그들 가운데 빛들로" 살아간다는 것은 바로 이런 의미일지도 모른다(빌 2:15).

오도노반은 바로 여기서 정치와 예배가 교차한다고 말한다. 이스라엘이 찬양을 통해 야훼를 인정하기 때문에 그분의 '백성'인 것처럼, 모든 정치적 공동체

드』(문학동네).
[41] 같은 책, p. 282.

는, 어떤 권위에 가치를 부여하기에 그 자체로 예배로 간주할 수 있는 인정에 의해 성립된다. "공동체는 예배하는 공동체가 됨으로써 정치적 공동체가 된다"(DN, p. 47). 찬양 없는 정치는 없다(DN, p. 48). 이 통찰은 계시와 경고를 동시에 제공한다. 오도노반이 묻듯이,

> 그렇다면 모든 정치적 사회 안에서 암묵적으로 신적 통치에 대한 예배 행위가 발생한다고 결론 내려야 하는가? 나는 감히 그렇게 결론 내려도 좋다고 생각한다.… 또한 이를 통해 우리는 바로 이 지점에서 정치적 충성이 그토록 심하게 잘못될 수 있는 까닭을 이해할 수 있다. 신적 목적을 기억하거나 이해하지 못한 신적 통치에 대한 예배는 우상숭배적 정치를 용인하는 우상숭배적 예배일 뿐이기 때문이다. 또한 이것은 공공연히 신성함을 반대하는 편견 위에 구축된 정치가 처하게 된 곤경의 본질을 파악할 수 있게 해 준다. 예배의 행위가 없다면 정치적 권위는 믿을 수 없고, 따라서 구속력 있는 정치적 충성과 의무가 아무런 의미도 없는 것처럼 보일 수 있기 때문이다. (DN, p. 49)[42]

이스라엘의 서사 안에는 부족주의의 초월―야훼께서 "온 땅에 큰 왕"이시기 때문에(시 47:2) 그분의 "법이 원리상으로 이스라엘 아닌 다른 나라들에도 확장될 수 있다"는 확신―이 뿌리내리고 있다(DN, p. 65). "다른 나라들의 정치 구조는 정의로운 심판을 집행하라는 이스라엘의 정치 구조와 동일한 소명을 지니고 있었다"(DN, p. 68). 이스라엘은 그 본보기가 되고, 식민 지배를 통

---

[42] 계속해서 그는 예배의 필요성을 인정하지 않는 정치 체제의 위험성을 지적한다. "**우리가** 우리 자신이 가진 본질적으로 사적이고 지역적이며 비정치적인 목적을 보장하기 위한 장치로서 정치적 권위를 세운다는 교리는 서양 민주주의를 만연한 도덕적 허약 상태에 빠지게 했으며, 때로는 그 결과로 우상숭배적이며 권위주의적인 반동이 생겨나는 것을 피할 수 없다"(DN, p. 49).

해서가 아니라 증언을 통해서 이를 보여 주라는 부르심을 받았다.[43] 이스라엘이 이를 성공하든지 못하든지(스포일러 경고: 이스라엘은 실패했다), 이는 열방의 **책임**을 의미한다. 열방은 하나님의 지배에 순종해야 하며, 바로 그런 이유 때문에 예언자들은 열방에 책임을 묻는다. 뒤에서 살펴보겠지만, 또한 그렇기 때문에 열방은 여전히 하나님의 지배에 순종하도록 부름받으며, 예수의 부활 이후 그중 일부는 오류 있고 불완전하게나마 그 부르심에 응답할 것이다.

예수가 왕이시다

충만한 때가 되었을 때 여자에게서 나신 예수께서 이스라엘의 소명을 성취할 다윗의 자손으로 도착하신다. 그러나 이 왕의 오심이 또한 모든 것을 바꾸어 놓는다. 우리는 군림하는 정치권력에 대한 예수 자신의 반응을 통해 그 실마리를 확인할 수 있다. 공관복음의 인두세 관련 일화(막 12:13-17) — "가이사의 것은 가이사에게 바치라" — 에 대한 오도노반의 치밀한 해석은 시사하는 바가 크다. 오도노반은 예수께서 구별된 권위 관할권을 나누신다고 상상하는, **공간화하는** 해석에 비판적이다.[44] "인두세 이야기는…예수께서 로마 정부에 세속적 권리를 행사할 수 있는, 다툼이 되지 않는 특정 영역을 부여하셨다는 견해를 배제할 수 있게 해 준다"(DN, p. 92). 그 대신, 그분의 왕국에 대

---

43 여기서 오도노반은 "제국에 대한 비판 논리가 개발되는 것을 볼 수 있다"고 지적한다(DN, p. 70). 포로기 이후의 전망을 살펴보면 "이스라엘이 고향으로 돌아간 후 미래의 질서는 제국의 통합하는 강제력으로부터 자유로운 국제적으로 다원적인 질서일 것"임을 알 수 있다. "제국에 의한 이스라엘의 전복과 이어지는 이스라엘의 회복이라는 사건은 야훼께서 세상의 나라들을 가르치실 교훈이자 본보기가 될 것이다. 겸손한 나라의 가문이 제국의 잔해 아래서 기어 나올 것이다"(DN, p. 71). 국제적 다원주의에 관한 논의는 DN, p. 72를 보라.
44 오도노반의 말처럼, 이 일화를 바르게 해석하기 위한 기준은 듣는 이들이 "매우 놀랍게 여길" 정도로 "그분의 대답이 그토록 성공적으로 피했던 덫이 무엇이었는지를 판별하는 것"이다(DN, p. 91).

한 예수의 선언은 **시간**의 역동성에 전적으로 초점을 맞춘다. 우리는 그분의 선언을 공시적이 아니라 통시적으로 들어야 한다. 이런 의미에서 카이사르에게 그의 것을 준다는 것은, 누군가에게 파괴하기로 이미 정해져 있는 건물을 점유할 권리를 주거나 가까운 미래에 휴지조각이 될 화폐를 주는 것과 비슷하다. 오도노반은 현대의 우화를 통해 이를 설명한다.

> 1991년 10월에 러시아 정부의 공무원이 몰락하던 소비에트 당국으로부터 어떤 명령을 받는다고 상상해 보라. 그는 속으로 '이건 말도 안 되는 소리야!'라고 생각한다. '다음 주가 되면 우리 스스로 일을 처리하게 될 거야!' 하지만 공개적으로 경멸을 드러내는 것은 새로운 당국자들이 입헌 정치를 믿지 않는다는 인상을 줄 수도 있다. 그는 장차 올 [소비에트 이후] 질서의 모습에 대해 너무나도 확신하기 때문에, 사라져 가는 질서에 반대하며 새 질서를 주장하는 거만한 자세를 취할 필요가 전혀 없다. 마찬가지로 예수께서도 권력 위치 이동이 이미 일어나고 있으며 따라서 그 시점까지 지배적이었던 사회적 기관들이 이제는 시대착오적인 것이 되었다고 믿으셨다. 이 기관들에 대한 그분의 태도는 세속주의자의 태도도 열심당원의 태도도 아니었다. 그분은 그들에게 미래가 있음을 인정하지 않으셨으므로 그들이 생각하기에 권력의 영역 안에서 마땅히 바쳐야 할 복종을 그들에게 주지도 않으셨고 분노한 저항이라는 반전된 존중의 태도도 보이지 않으셨다. 그분은 영구히 이중적인 권위의 자리를 인정하지 않으셨다. 그분은 이스라엘 역사의 정점에 속한 덧없는 이중성, 즉 다가오는 질서와 사라져 가는 질서 사이의 이중성만을 인정하셨다. (*DN*, pp. 92-93)

다시 한번 **시간**의 정치가 **공간화된** 정치를 대체하는 것을 주목하라. 이 일화에서 핵심이 되는 물음은 관할권에 관한 물음(누가 무엇을 다스리는가?)이 아니라 시간에 관한 물음이다(지금 누가 다스리는가?). "두 도성"은 사실 "두 **시대**"다 (*DN*, 93, 강조는 추가됨). 예수를 통한 왕국의 도래는 곧 새로운 시대의 시작이다.

예수께서는 열심당원이 아니신데, 이는 그분께서 로마의 대체가 아니라 이스라엘의 갱신에 초점을 맞추셨기 때문이다. 오도노반의 말처럼, "예수께서는 로마의 권위를 박탈하는 것보다 이스라엘의 권위를 새롭게 세우는 데 관심을 가지고 계셨다. 야훼께서 그분의 백성 가운데서 권위를 행사하시는 자리는 총독 관저가 아니라 성전이었다. 이스라엘에서 참된 권위의 출현은 하나님의 지배 아래서 정치 영역과 종교 영역이 통일되는 것을 뜻했다. 순종과 예배는 하나이자 동일한 것이어야 했다.…권력 없는 성전과 예배 없는 총독 관저가 일종의 평행을 이루며 공존했던 두 왕국의 시대가 종식되었다"(*DN*, p. 117). 성전 휘장을 둘로 찢었던 그리스도-사건은 예전의 두 관할권을 나누던 구획선도 지워 버렸다. 카이사르의 권위가 '세속적인' 것은, 그가 땅에서 다스리고 예수께서 하늘에서 다스리시기 때문이 아니라 승천하신 왕의 포괄적인 통치에 비해 현시대에서 카이사르의 권위는 사라져 버리는 것일 뿐이기 때문이다. 그는 어제의 통치자다.

하나님 나라가 성자 **안에서** 구현되었다면, 우리는 예수 안에서 야훼께서 이스라엘과 맺으신 언약을 통해 세우신 정치적 권위의 특징들이 갱신되는 것을 볼 수 있다. 그러나 그러기 위해서 우리는 오도노반이 '예수론'(Jesuology)의 유혹이라고 부르는 것, 즉 예수께서 정점이 되시는 섭리와 구원의 **역사** 안에 그분을 두지 않으면서 그분을 그저 정치적 행위자로 해석하려는 경향, 혹은 예수의 메시지를 그분의 삶, 수난, 십자가, 부활, 승천 안에서 행하신 하나님의 행동과 분리하려는 경향에 저항해야 한다. "모든 정치적 예수론에서는 유용한 환상을 제공한다. 가야바와 빌라도는 무시하고 예수를 우리의 본보기로 삼자. 그러면 우리는 적어도 무언가를 이룰 수 있을 것이다"(*DN*, p.

생각해 볼 문제: 임신한 과부인 현시대

마틴 에이미스(Martin Amis)의 2010년 소설 『임신한 과부』(*The Pregnant Widow*)에서는 나이 든 한 쾌락주의자가 1970년 여름 이탈리아에서 있었던 자유분방한 연애 사건을 회고하며, 광범위한 차원에서 이른바 성적 혁명에 대한 평가를 내린다. 테드 휴즈(Ted Hughes)가 『오비디우스 이야기』(*Tales of Ovid*)에 수록한 나르키소스(Narcissus)의 이야기를 모티프로 삼은 이 소설은 에이미스가 예리한 해학과 신랄한 비판을 펼쳐 놓기에 완벽한 무대다. '임신한 과부'라는 이미지 자체가 이상한 전환을 암시한다. 더 이상 살아 있지 않은 남자에 의해 임신하게 된 과부는 아기가 잉태되었던 세상과 근본적으로 다른 세상에서 아기를 낳을 것이다. 이 이미지는 러시아 작가 알렉산드르 게르첸(Alexander Herzen)의 글에서 가져온 것으로 에이미는 한 단락을 소설 첫머리에 인용한다. "동시대의 사회 질서가 소멸하는 것을 바라보며 영혼은 괴로워하기보다 기뻐해야 한다. 하지만 두려운 것은 사라지는 세계가 후계자가 아니라 임신한 과부를 남긴다는 사실이다. 한 세계의 죽음과 다른 한 세계의 탄생 사이에 많은 물이 흘러갈 것이며 혼돈과 황폐의 긴 밤이 지나갈 것이다."

게르첸과 에이미스는 이 이미지를 전혀 다른 방식으로 적용하지만, 이 이미지는 현시대라는 독특한 시간, 온 세상이 악한 자에게 장악당한(요일 5:19) **동시에** 그리스도께서 이미 세상을 이기신(요 16:33) 이 긴 전환기를 이해하기 위한 한 방법을 떠올리게 할 수도 있다. 어떤 의미에서 교회는 태어나기를 기다리는 새로운 폴리스, 현재의 시대가 지나가고 왕의 도래

> 가 실현될 재림(parousia) 때까지 경쟁하는 왕국들 사이에서 잉태되어 자라 가는 왕국이다.

121). 하지만 오도노반이 충고하길, "확고한" 정치신학은 "가야바와 빌라도를 통해서도"—즉, 그들 역시 하나님의 통치를 받는 섭리적 기관과 행위자들을 통해서도—"일하신 '하나님의 은폐된 뜻'에 기초해 있어야 한다"(*DN*, p. 122). 따라서 정치신학은 두 모형을 지닌다. "자유주의적 모형의 정치신학"은 예언자적이며 비판적이다. "정부란 무엇인가에 관한 생각은 성령께서 각 예배자의 양심을 통해서 행사하시며…자율적인 정치 질서의 오만함을 공격하고 극복하시는, 그 거부할 수 없는 다스리심에 비추어 수정되어야 한다"(*DN*, p. 123). 하지만 "하나님 나라의 복음이 부활절의 복음으로 확장됨으로써 우리의 공동체 경험이 파괴되기보다는 고양된다는 것"을 보여 주는 건설적·교회론적 모형의 정치신학도 있다. 이러한 교회론적 모형의 정치신학에서는 "교회를 하나의 사회로 진지하게 받아들이며 하나님의 지배가 그곳에서 어떻게 실현되는지 보여 준다. 따라서 개별 신자의 독립"—자유주의적 모형의 정치신학에서 주장하는—"은 반사회적이지 않다. 그것은 부활하신 그리스도의 권위를 중심으로 삼는 또 다른 공동체의 권위에서 기원한다"(*DN*, p. 123). 이것은 예수의 삶과 가르침이 정치적 의미를 지닐 뿐만 아니라 완전히 성숙한 **기독론**, 평화의 왕이신 하나님의 아들의 삶, 죽음, 부활, 승천으로 이뤄진 그리스도-사건에 대한 강력하게 신학적인 이해 역시 정치적 의미를 지닌다는 것을 뜻한다. "기독론적 전통이 하나님 나라의 선포에 포함된다"(*DN*, p. 123).[45] (그리고 이 사건이 역사에 충격을 가했다면 그리스도의 지배와 권위 역시 이후의 정치사를 위한 일

종의 '거푸집'이 될 것이다. 이는 3장에서 더 자세히 다룰 것이다.)

따라서 그리스도의 죽음, 부활, 승천은 **중재**와 **대표**라는 하나님 나라의 중요한 특징을 보여 준다. 그리스도께서는 하나님 앞에서 이스라엘을 대표하심으로써 그들과—또한 이제는 인류와—하나님의 관계를 중재하시는 왕이자 제사장이시다. 그리스도께서 대표로서 행하시는 네 행동, 즉 강생, 수난, 회복, 승귀(exaltation, 높이 들리심)의 '순간'들이 존재한다(*DN*, 133).[46] 그분이 승천하시며 높이 들리신 것은 왕으로서 대관식을 치르신 사건이자 예수의 통치가 정당함이 입증된 사건이다. 따라서 "승천은 모든 미래의 시간을 규정하는 기초다"(*DN*, p. 145).[47] 오도노반은 **역사적** 실체로서의 승천의 정치적 의미에 관해 중요한 주장을 한다.

---

[45] N. T. 라이트가 *How God Became King: The Forgotten Story of the Gospels* [New York: HarperOne, 2012, 『하나님은 어떻게 왕이 되셨나』(에클레시아북스)]에서 제시하는 주장을 기대하게 하면서 오도노반은 이렇게 말한다. "만약 기독교 신학 전체가 부주의하거나 회의적인 사람들로 하여금 교회가 주후 50년 무렵에 선포하는 메시지를 하나님 나라에서 그리스도로 바꾸었다고 결론 내리도록 내버려 두었다면, 이런 인상을 지우는 것이 정치신학의 특별한 책무다"(*DN*, p. 123).

[46] 강생은 예수께서 하나님의 아들이심을 하나님이 승인하시는 행동이다. 예수를 통해 하나님 나라가 임한다. 수난은 심판—세상에 대한, 이스라엘에 대한—의 순간이지만 그 자체가 회복의 순간인 부활과 분리될 수 없다. "그리스도께서는 아브라함이 믿었던 약속들을 성취하심으로써 부활절 위기의 두 순간에 똑같이 이스라엘을 대표하시며, 아브라함의 믿음을 물려받은 이들을 위해 새로운 정체성의 초점이 되신다. 그러나 이러한 거부와 인정은 죽음의 정복이라는 형태를 띤다. 이는 이스라엘의 회복이 더 광범위한 인간의 소망, 인류 전체가 제 것으로 삼아야 할 회복이 되게 한다"(*DN*, p. 141). 하지만 오도노반은 중요한 유보 조건을 덧붙인다. "성취된 것은 단순히 아담의 삶이 회복되는 것 이상이다. '영'과 '흙'으로 묘사된 처음 주어진 것과 '영적이며 하늘로부터 오는' 주어질 것 사이에는 차이가 있다"(*DN*, p. 142). 구속이 언제나 단순 회복 '이상의 것'인 이유에 관한 유익한 논의로는 Jon Stanley, "Restoration and Renewal: The Nature of Grace in the Theology of Herman Bavinck", *The Kuyper Center Review*, vol. 2, *Revelation and Common Grace*, ed. John Bowlin (Grand Rapids: Eerdmans, 2011), pp. 81–104를 보라.

[47] 그렇기 때문에 스캇 맥나이트(Scot McKnight)의 *Kingdom Conspiracy: Returning to the Radical Mission of the Local Church* (Grand Rapids: Brazos, 2014)에서 승천을 다루지 않는 점은 매우 당혹스럽다. 『하나님 나라의 비밀』(새물결플러스). 더글러스 패로우(Douglas Farrow)의 논평을 참고하라. "나는 신학자가 어떻게 정치신학을 아예 외면할 수 있는지 모르겠다. 나의 경우, 승천을 다룰 때 정치신학을 피할 수가 없었다. 이 교리의 정치적 차원을 다루지 않고서는 이 교리 자체를 이해할 수 없기 때문이다"[*Desiring a Better Country: Forays in Political Theology* (Montreal: McGill-Queen's University Press, 2015), p. x].

이스라엘 역사의 직접적 맥락 안에서 기각된 예수에 대한 정치적 기대는 예수 자신의 역사 안에서 타당성이 입증되지 않는다면 전적으로 근거 없는 것으로 기각되어야 한다. 그러나 이러한 타당성에 관한 이야기가 사건의 역사가 아니라 해석의 신화라고 말한다면, 그런 정치적 기대는 결국 실체 없는 것일 뿐이다. 아무런 정치적 성취도 없었다. 정치적 성취에 대한 기대는 좌절된 노력과 성과 없는 자기희생의 삶을 종교적으로 정당화하기 위한 개념적 재료가 되었을 뿐이다.…하지만 높이 들리심이 없다면 이런 신원은 공적 성취의 영역에서 이뤄지지 않은 그저 개인적 사건이 될 뿐이다. 이런 식으로 복음을 비신화화하면 복음을 탈정치화할 수밖에 없다. (*DN*, pp. 144-145)

그리스도-사건을 참되고 역사적인 것으로 받아들이기 때문에(또한 그렇게 받아들일 때만) 지상 도성을 위한 이 사건의 정치적 영향력을 이해할 수 있다. 승천하신 왕의 역사적 실체는 현재 시대에 소망의 종말론적 빛을 비춘다[혹은 당신이 바벨론이라면 확실한 소멸이라는 긴 그림자를 드리울 것이다(계 18:21-24)]. 간단히 말해서, 정치적인 것은 이제 본질적으로 종말론적이다. 그리스도께서 권력을 무장 해제시키셨으며, 권력을 공적 구경거리로 만드셨고, 궁극성의 중재자라는 권력의 주장이 정당하지 못한 것임을 폭로하셨다. "이것이 세상을 지배하는 정치적이며 사탄적인 권위에 관한 첫 번째 종말론적 주장이어야 한다. 이 권위는 그리스도의 높이 들리심을 통해 하나님의 주권에 굴복하게 되었다. 제한을 가하는 두 번째 주장은, 이를 위해서는 그리스도의 최종적이며 보편적인 임재가 온전히 나타날 때를 기다려야 한다는 것이다." 이 두 주장—이미와 아직—이 정치적 권위의 자리와 상태를 완전히 새로운 틀에서 바라볼 수 있게 하는 변수들이다. "이 두 주장의 틀을 통해서 비로소 그리스도-사건이 결코 일어나지 않았다고 전제하지도 않으며 그리스도의 주권이 이제

생각해 볼 문제: 왕의 생애로서의 교회력

기독교 전례력에 관한 탁월한 입문서인 『교회력에 따른 예배와 설교』(*Ancient-Future Time*)에서 로버트 웨버(Robert Webber)는 "교회력 영성"의 원천과 초점이 그리스도임을 보여 준다. 전례력에 따라 산다는 것은 그저 교회와 함께 시간을 지키는 것에 그치지 않는다. 그것은 예수 그리스도의 삶—그분의 성육신, 삶, 수난, 부활, 승천—을 되돌아보는 것이다. 기독교의 절기를 지키는 실천은 우리로 하여금 우리가 모방하도록 부름받은 예수의 삶, 죽음, 부활을 되풀이해서 시연하도록 끊임없이 초대함으로써 소비주의 달력이 자기중심적으로 똑딱이는 시간에 맞선다. 그리고 그분이 승천하신 왕이심을 기억하고 예수의 통치가 갖는 정치적 함의에 관한 오도노반의 설명을 떠올릴 때, 교회력의 영성은 하나님 나라의 정치적 의례가 된다. 어린양이 새 예루살렘의 등불이시듯(계 21:22-23) 성자는 하나님의 도성의 태양으로서 빛나시며, 우리의 달력은 그분을 중심으로 순환한다. 이 왕의 삶을 되풀이해서 시연하면서 우리는 하늘에서 보냄받은 평화의 왕의 독특한 통치를 기억하며, 그분이 잊힌 헛간의 여물통 안에 나셨음을 떠올린다. 그분은 목수 일을 하셨으며, "그대로 이루어지이다"(Let it be)라고 말함으로써 역사를 바꾸어 놓았던 여인의 몸에서 나셨다. 그분의 탄생은 동방 왕들의 마음을 끌었지만 본국 통치자의 지배에는 위협이 되었다. 그분이 승리의 입성을 하실 때 사람들은 즉석에서 그분이 타신 나귀 새끼 앞에 겉옷을 깔았다. '대관식'에서 그분은 가시와 조롱의 관을 쓰셨다. 그분의 승천을 목격한 이들은 어부들과 경멸당하던 여인들이었다.

그분은 때로 신적 광기처럼 보일 수밖에 없는 방식으로 우리 같은 사람들을 이 왕국의 부왕(副王)이자 공동 상속자로 지명하셨다. 교회력은 우리에게 우리 왕의 삶을 되풀이하고 재림을 기다리는 시간 동안 이곳에서 그분의 왕국의 낯선 정치를 모방한다는 것이 어떤 모습일지를 배우라고 권하는 정치적 의례다.

한눈에 보는 교회력의 영성

절기	강조점	영적 도전
대강절 (오심)	역사의 마지막과 베들레헴에 그리스도의 오심을 준비함(성탄절 전 네 번의 주일).	회개하고 그리스도의 재림을 준비하라. 당신의 마음속에 메시아가 오시길 바라는 간절한 갈망이 피어나게 하라.
성탄절	이스라엘이 고대하던 바의 성취. 메시아가 오셨다. 예언이 성취되었다. 세상의 구원자께서 도착하셨다(12월 25일부터 1월 5일까지).	성육신의 영성을 받아들여라. 그리스도께서 새로운 방식으로 당신 안에 태어나시게 하라.
주현절 (나타나심)	예수께서 유대인들뿐만 아니라 온 세상을 위한 구원자로 모두에게 나타나심(1월 6일).	예수께서 당신의 삶 안에서, 당신의 삶을 통해서 드러나시게 하겠다고 새롭게 다짐하라.
주현절 이후	표적과 기사를 통해 자신이 하나님의 아들이심을 드러내시는 그리스도와 더불어 떠나는 여정(1월 6일부터 사순절이 시작될 때까지의 기간).	삶과 행위의 증언을 통해 그리스도의 삶을 나타내는 법을 배우라.
사순절 (봄)	예수의 죽음을 향해 그분과 함께 여행하는 시간. 예수께서는 끊임없이 공격을 받으셨지만 무리를 효과적으로 섬기셨다. 사순절 동안 폭풍이 점점 몰려든다(재의 수요일부터 부활절 전까지 6주 반의 기간. 종려주일이 포함되고 고난 주간 목요일 일몰 때 끝난다).	사순절은 예수의 여정을 따라가며 자기 점검과 갱신을 통해 회개하는 시간이다. 기도, 금식, 자선을 위한 시간이다.
성삼일 (Great Triduum)	구원 역사에서 가장 중요한 시간. 교회는 예배를 통해 세족 목요일과 성금요일의 사건들을 회상한다. 성토요일의 파스카 성야(Paschal Vigil)는 부활절 성만찬으로 마무리된다(고난 주간의 목요일, 금요일, 토요일).	거룩한 삼일은 금식과 기도를 위한 시간이다. 우리는 예수의 죽음과 부활의 본보기를 따라, 세례를 통해 우리가 참여하는 삶의 본보기를 따라 살겠다고 다짐한다.

절기	강조점	영적 도전
부활절 (기독교의 유월절—초기 교회에서는 파스카 신비로 알려짐)	세상을 구원하기 위한 예수의 죽음과 부활이라는 위대한 구원 사건을 기념하는 절기. 교회력에서 가장 핵심인 사건이자 모든 교회력 영성의 원천(부활절 이후 50일 동안의 기간으로, 승천일을 포함하며 오순절에서 마무리된다).	여기에 영성의 삶의 원천이 있다. 우리는 예수의 죽음 안에서 죄에 대해 죽고 부활의 영성으로 성령의 삶으로 다시 살아나도록 부름받았다.
오순절 이후	오순절 주일에 성령의 오심을 통해 교회가 태어났다. 오순절 이후 복음이 전파되고 초기 교회는 성장과 시련을 경험한다(오순절 주일부터 대강절 시작까지 약 6개월 기간).	교회의 가르침을 받아들이고 역사 안에서 일어난 하나님의 구원 사건에 관한 진리 안으로 더 깊이 들어가는 시간.

출처는 Robert Webber, *Ancient-Future Time* (Grand Rapids: Baker Books, 2004), pp. 16-17. 허락받고 사용함.『교회력에 따른 예배와 설교』(기독교문서선교회).

는 자명하며 논란의 여지가 없다고 전제하지도 않으면서 세속 권력을 설명할 수 있게 된다"(*DN*, p. 146). 그 결과가 오도노반이 "복음에 의한 정치의 '탈신성화'(desacralisation)"이라고 부른 것이다. "세속 권력은 더 이상 온전한 의미에서 하나님 지배의 매개자가 아니다. 세속 권력은 그분의 심판을 매개할 뿐이다. 이 권력이 적을 무찌르면서 행사하는 힘이나 이 권력이 보호하는 국가의 소유물이 이제는 그리스도의 승리에 의해 무의미한 것이 되었다"(*DN*, p. 151). 따라서 "요한은 천사들이 일곱 번째 나팔을 불 때 요한은 하늘로부터 '세상 나라가 우리 주와 그의 그리스도의 나라가 되어 그가 세세토록 왕 노릇 하시리로다'라고 외치는 소리를 들었다"(*DN*, p. 156). 바로 이러한 종말론적 틈입—아우구스티누스의『신국론』을 규정하는 것과 동일한 종말론—은 정치에 대한 그리스도인의 자세를 급진적으로 재규정한다.

샬롬 자연화하기: 카이퍼적 세속주의의 유혹

오도노반이 우리에게 상기시키듯이 기독교 종말론은 기독교 정치신학의 본질적 요소다.[48] 우리는 매주 주의 만찬을 행하면서 이것을 되풀이해서 시연하며, "이 떡을 먹으며 이 잔을 마실 때마다 주의 죽으심을 **그가 오실 때까지** 전한다"는 것을 기억한다. 성찬을 행하는 것 자체가 우리가 기다리는 중간 시간(현시대) 안에서 살아가는 것을 상기시키기 때문에 성만찬은 어떤 의미에서 **세속적** 식사다. 이 종말론을 상기시키는 것이 비정치적 정적주의(quietism)를 만들어 내지는 않으며, 오히려 이것은 우리가 정치적 자만에 빠지지 않게 하는 훈련으로, 동시에 정치적인 것은 '장차 올 것'에 대한 기대에 의해 나타난다는 것을 상기시키는 장치로 기능한다. 이 종말론에 대한 기억을 상실하는 것은 독특하게 기독교적인 '정치'의 소명을 포기하는 것이다.

그러나 종말론적 망각의 힘은 강력하며, 그리스도인의 정치적 증언에 미치는 영향력도 지대하다. 신정론적·'에우세비오스적'(4세기 교회사가인 에우세비오스는 로마 황제 콘스탄티누스의 회심과 그에 의한 기독교 공인을 구약 예언의 성취로 보았다―옮긴이) 의제와 기다림 없이 정의를 실현하려는 펠라기우스적 노력 모두 망각의 힘이 얼마나 강력한지를 보여 준다. 이러한 종말론의 망각에 저항하는 것은, 현시대에 지상 도성 가운데서 신실하게 살아가도록 하나님의 도성 시민들을 빚어내는 중요한 목회적 책무다. 나 역시 종말론적 망각의 단계를 거쳤기 때문에 이에 관한 간증을 해 보고자 한다.

약 12년 전에 나는 샌프란시스코 대학교(University of San Francisco)에서 열린 "예수회 서부 고등 교육 기관 집담회"에 참여했다. 해마다 열리는 이 행사에서는 미시시피 서쪽에 있는 예수회 대학교들이 모여 선교와 정체성 문제에 관해 이야기를 나눈다. 나는 복음주의 개신교인이었지만 그 당시 로스앤젤레스에 있는 로욜라 메리마운트 대학교(Loyola Marymount University)에서 가르

---

[48] 그레이엄 워드(Graham Ward) 역시 *Political Discipleship: Becoming Postmaterial Citizens* (Grand Rapids: Baker Academic, 2009), pp. 167-180에서 "종말론을 상기시키는 것"에 관해 논한다.

치고 있었으며 가톨릭 전통의 인문 교양 교육 문제를 다루는 팀에 참여하게 되었다.

우리가 샌프란시스코 대학교에서 모인 것이 매우 시의적절했음을 알게 되었다. 마침 바로 그 주에 이 학교에서 새로운 사명 선언문을 발표했기 때문이다. 새로운 사명 선언문을 발표하는 한 예수회 대학교의 주최로 예수회 대학교들에서 온 교수들이 예수회 가톨릭 고등 교육의 사명에 관해 토론하고 있었다. 이것은 우리 코앞에서 펼쳐지고 있는 사례 연구였다. 그러나 우리 중 일부는 사명 선언문에 흥미로운 맹점이 있는 것처럼 보인다는 것을 금세 알아차렸다. 정의, 다양성, 섬김에 관해서는 길게 말하고 있지만, 이 문서 어디에도 **하나님**이라는 단어가 등장하지 않았다. 이 예수회 대학교의 사명 선언문에 **예수**라는 말이 없었다. (이런 상황 때문에 독실한 로마 가톨릭교인인 나의 친구는 "나는 예수회 대학교에서 가르치는 걸 좋아해. 하지만 제발 **가톨릭** 대학교에서 가르치고 **싶어**!"라고 빈정대듯이 말한다.)

오랫동안 나는 이것이 '그들의' 문제라고—북미에서 가톨릭 고등 교육이 세속화된 것을 보여 주는 또 하나의 표지일 뿐이라고—생각했다. 하지만 그 후로 나는 이것이 **우리**의 문제임을 깨닫게 되었다. 이상한, 때로는 의도하지 않은 방식으로 '정의', 샬롬, '통전적' 복음의 추구 자체가 세속화하는 결과를 낳을 수도 있다. 복음에 의해 추동된 정의에 대한 관심으로 시작된 것이 하나님이 전혀 등장하지 않는 정의에 대한 자연화된 집착으로 변할 수 있다. 그리고 그런 일이 벌어질 때, '정의'는 전혀 다른 무언가—하나의 우상, 하나님의 계시로서의 예수의 특수성이 이상하게 부재한 사회 개선 기획으로 복음을 평평하게 만듦으로써 사실상 복음을 자연화하는 방식—가 되고 만다. 복음주의자들이 정의와 샬롬을 새롭게 이해하게 되었음을 감안할 때 우리는 이렇게 지나온 과정을 경고의 이야기로, 마치 미래의 성탄절 유령이 우리를 찾아와 우리가 결국 어디에 도달하게 될지를 보여 주는 것으로 받아들여야 한다.

만약 내가 지금 다른 이들을 향해 손가락질하는 것처럼 보인다면 나를 향하고 있는 손가락이 세 개 더 있음을 기억하라. 이것을 젊은 날의 나에게 보내는 편지라고 생각하라. 근본주의자였던 나는 아브라함 카이퍼의 후예들이 제시한 통전적 복음에 대한 성경적 전망을 배우게 되었다.[49] 그러나 이를테면 **온전한** 카이퍼에 주의를 기울이지 않는다면—카이퍼적 기획의 일부만 취사선택한다면—결국에는 이상한 괴물 같은 것을 만들어 내고 말 수도 있음을 깨닫게 되었다. 그것은 역설적으로 샬롬을 자연화하는 '카이퍼적 세속주의'라고 부를 수도 있다. 정치적인 것을 자연화하고 예수 통치의 구체성에서 분리시키기 때문이다.

내가 카이퍼적 세속주의에 빠지게 된 것에 관해 이야기하기 전에 그 맥락을 설명하고자 한다. 이 이야기의 배후에는 찰스 테일러가 그의 대작 『세속 시대』(A Secular Age)에서 서술하는 훨씬 더 큰 뒷이야기가 자리 잡고 있다.[50] 이것은 개신교 종교개혁이 초래한 프랑켄슈타인 같은 결과에 관한 이야기로 볼 수도 있다. 테일러가 아주 매력적인 방식으로 설명하듯이, 세상을 바꾸어 놓은 종교개혁의 결과 중 하나는 "일상적 삶의 성화"다. 이것은 사제와 수도사를 칭송하고 정육업자와 제빵업자와 양초 제조업자를 마치 하나님 나라의

---

[49] 예를 들어, 말하자면 '마약 중독에 이르게 하는 초기 약물'과 같은 척 콜슨(Chuck Colson)의 *How Now Shall We Live?*를 생각해 보라. 『그리스도인, 이제 어떻게 살 것인가?』(요단출판사). 이에 관한 배경 이야기로는 *Comment*: "Learning from Kuyper, Following Jesus: A Conversation with Richard Mouw", September 13, 2013, https://www.cardus.ca/comment/article/4044/learning-from-kuyper-following-jesus-a-conversation-with-richard-mouw/에 실린, 내가 리처드 마우와 했던 인터뷰를 보라.

[50] 이 책에 관한 나의 요약과 논의로는 *How (Not) to Be Secular: Reading Charles Taylor* (Grand Rapids: Eerdmans, 2014), pp. 35-40를 보라.

이등 시민에 불과하듯이 대했던 중세 말기의 두 층위 기독교에 대한 거부였다. 이런 기독교에 대해 종교개혁자들은 "아니다!"(Nein!)라고 외쳤다. 우리의 모든 삶이 코람데오(coram Deo)로, 즉 하나님 앞에서 사는 삶이라면 모든 소명은 거룩하다. 모든 것을 하나님의 영광을 위해(고전 10:31), 하나님에 대한 감사의 표현으로(골 3:17) 할 수 있으며 해야 한다. 요컨대, 모든 피조 세계 가운데 그리스도께서 "내 것!"(Mine!)이라고 말씀하시지 않는 곳은 한 치도 없을 것이다.[51]

또한 이는 우리가 구원, 구속, 회복에 관해 생각하는 방식도 변화시킨다. 이 그림에서 하나님은 세상**으로부터**, 세상 **밖으로** 영혼을 구해 내는 '영혼 구원'에만 관심을 기울이지 않으신다. 그분은 **이** 세상을 속량하고 계신다. 예수께서는 가난한 이들을 위한, 억압당하는 이들을 위한, 약한 이들을 위한, 모두를 위한 정의에 의해 특징지어지는 왕국을 선언하신다. 하나님의 구원의 범위에는 물질적인 것이 포함된다. 그리스도께서는 영혼만 속량하지 않으신다. 그분은 세상을 바로잡으신다. 그렇기 때문에 예수께서는 몸을 치유하시고 무리를 먹이신다. 정의—샬롬, 번영—가 하나님의 관심사라면 그것은 우리의 관심사이기도 해야 한다. 그리스도인은 이 말의 최선의 의미에서 '이 세상적'이어야 한다. 즉, **이** 세상에 대한 하나님의 갱신과 구속에 참여해야 하며, 따라서 정의라는 대의에 열정적으로 헌신하고 정치라는 난장판으로 뛰어들어야 한다.

하지만 테일러는 그 결과가 의도하지 않은, 프랑켄슈타인 같은 전환이었다고 지적한다. 종교개혁은 '이 세상의' 정의에 대한 새로운 관심과 노력을 촉발

---

[51] 이것은 아브라함 카이퍼가 사용한 유명한 구절이다. 유익한 소개로는 Richard Mouw, *Abraham Kuyper: A Short and Personal Introduction* (Grand Rapids: Eerdmans, 2011), pp. 86–90를 보라. 『아브라함 카이퍼』(SFC출판부).

함으로써 우리가 하늘을 잊어버릴 수 있는 가능성까지 촉발시켰다. 종교개혁은 두 층위 기독교의 이원론을 거부함으로써 '이 세상'에만 관심을 기울이는 자연주의로 나아가는 문을 열었다. 테일러는 이것을 "일식"—"더 심층적인 목적", 즉 단순한 인간 번영을 초월하는 선의 일식—이라는 용어로 설명한다. 그가 다른 곳에서 말하듯이, "그리스도인들은 하나님이 인간 번영을 원하신다고 생각하지만, '뜻이 이루어지이다'는 '인간이 번영하게 하소서'로 환원되지 않는다."[52] 전근대 기독교에서는 행위자와 사회적 기관 모두가 영원한 텔로스—마지막 심판, 지복 직관 등—를 인식하며 살았다. 그리고 테일러가 보기에 이러한 "더 높은 선"은 인간 번영을 "넘어서는" 의무감을 포함하는 번영에 관한 세속적 관심과 일정한 긴장 관계에 있다. 다시 말해서, 이생은 "존재하는 모든 것"이 **아니며**, 이를 인정할 때 우리는 이생을 다르게 살 수밖에 없다. 예를 들면, 이것은 특정한 금욕적 제약을 만들어 낸다. 내일 우리가 죽을 수도 있는데 그것이 끝이 아니라면 우리는 그저 먹고 마시고 즐길 수가 없다. 그 후에는 심판이 오기 때문이다.

그러나 테일러는 이 점에서 중요한 전환이 있으며 그 전환은 종교개혁에 의해 가능해졌지만 애덤 스미스(Adam Smith)와 존 로크(John Locke) 등의 작업에서 확고히 자리를 잡았다고 지적한다. 역사적으로 섭리의 교리는 우주에 대한 자비로운 **궁극적** 계획을 보증하는 반면, 로크와 스미스에게서 우리는 새로운 강조점을 확인할 수 있다. 즉, 섭리는 일차적으로 상호 이익, 특히 **경제적** 이익을 위해 세상을 질서 짓는 것과 관계가 있다는 것이다. 인간은 근본적으로 "용역의 교환"에 참여하며, 따라서 인간 중심적 관점에서 우주 전체가 이러한 경제를 위한 장이라고 생각한다. 따라서 "새로운 섭리"를 말하는

---

[52] Charles Taylor, "A Catholic Modernity?", *Believing Scholars: Ten Catholic Intellectuals*, ed. James L. Heft, SM (New York: Fordham University Press, 2005), p. 17.

이들은 하나님의 목적을 "축소"시키며, 하나님의 관심을 "경제적인 것으로 만든다." 그 결과 유신론마저 인간화·내재화되고 하나님의 섭리적 관심의 텔로스가 내재성 안에 포위당한다. 그리고 이것은 "정통적" 신자들의 경우도 마찬가지다. "정통적인 믿음을 고수하는 이들조차도 이러한 인간화 경향에 영향을 받았다. 그들의 믿음의 초월적 차원이 덜 핵심적으로 되는 경우가 많다."[53] 영원이 일식처럼 지워졌기 때문에 이 세상의 것이 확대되고 모든 것을 집어삼키겠다고 위협한다.

테일러가 말하는 내용이 우리에게는 아주 오랜 역사처럼 들린다. 그러나 그의 설명이 내게는 정곡을 찔렀다고 인정할 수밖에 없다. 그것은 내가 평생 삶으로 다시 반복한 역사이며, 더 젊은 세대 사이에서 반복되는 것을 내가 목격하는 이야기다.

내 경우 이 이야기는 '카이퍼적으로' 변주된다. 나는 종말에 대해 확고한 세대주의적 관점을 견지하며 구속을 대단히 편협하게 이해하는 북미 복음주의의 대체로 이원론적인 분파 안에서 회심하고 성장했다. 그것은 그리스도인이 도시 계획이나 화학 공학이나 개발도상국의 수자원 확보에 관해 어떻게 혹은 왜 관심을 기울여야 하는지에 관해서는 할 말이 거의 없었던, 휴거에 대비하는 천국 중심의 경건이었다. 결국 불타서 없어질 세상에서 정의나 번영에 왜 굳이 관심을 기울여야 하겠는가?

따라서 말하자면 카이퍼의 복음을 들었을 때, 나는 큰 충격을 받은 동시에 약간 화가 났다. 나는 죄와 영혼 구원뿐만 아니라 창조, 문화 만들기, 정의에 대한 관심을 포함하는 구속에 대한 통전적 이해를 아우르는, 성경 서사에 대한 더 풍성한 이해를 접하게 되었다. 나는 하나님이 비물질적인 영혼에만

---

53 Charles Taylor, *A Secular Age* (Cambridge, MA: Harvard University Press, 2007), p. 222.

관심을 기울이시는 것이 아니라 만물을 속량하시며 피조물을 갱신하신다는 것을 깨달았다. 그리스도께서 하신 일이 이 세상의 구속도 성취했다. 복음은 우리의 영혼을 위한 탈출 장치에 관한 선언이 아니라 샬롬의 틈입이다.

내가 마침내 '이 세상'을 나에게 돌려주는 기독교 이해를 받아들이게 되었다고 생각할지도 모른다. 카이퍼적 관점에서 성경 이야기에 대한 이런 설명은 **조직**(말씀과 성례전을 중심으로 모인 그리스도의 몸)으로서의 교회를 강조할 뿐만 아니라 **유기체**(문화 만들기, 돌보기, 정의에 참여하는 그리스도인들)로서의 교회를 강조한다. 복음에 대한 이처럼 더 강력하고 종합적인 이해를 내가 알지 못하도록 비밀처럼 숨겨 왔다고 느꼈기 때문에 나는 나의 근본주의적 형성에 일종의 적개심과 분노를 품게 되었다. 나는 세상을 돌려받은 후 나를 가르친 선생님들이 끊임없이 천국만 강조했다는 것에 대해 거의 화를 냈다.

그 결과 '이 세상의' 정의와 문화 만들기를 향한 나의 카이퍼적 회심은 그 나름의 내재성으로 빠져들기 시작했다. 다시 말해서, 테일러가 근대로의 전환에 관해 지적하듯이, 신자들조차도 '이 세상'을 긍정한다는 미명 아래 자신도 모르는 사이에 이 세상만 귀하게 여기는 사회적 상상에 굴복하고 말 수도 있다. 우리는 '피조물의 선함'을 긍정하는 태도 안에 스스로 갇히게 되며, 피조물은 하나님의 영광을 드러내는 극장이 아니라 우리 자신의 관심만 메아리처럼 울려 퍼지는 공간이 되고 만다. 요컨대, 나는 카이퍼적 세속주의자라는 가장 이상한 종류의 괴물이 되었다. 피조물에 대한 나의 개혁주의적 긍정은 기능적 자연주의로 변질되고 말았다. 샬롬에 대한 나의 헌신은 '진보' 정당의 정치적 강령과 구별할 수 없는 것이 되고 말았다. 그리고 유기체로서의 교회를 소중히 여기는 나의 마음은 조직으로서의 교회를 비난하는 마음으로 변질되고 말았다.

물론 이것은 실제로 '카이퍼적'이지 않다. 그것은 카이퍼의 한 단면, 선조 아브라함의 한 측면으로 보는 것이 더 타당하다. 이는 마치 샬롬에 관한 관심이 통치자들과 권세들을 정복하신 예수의 부활과 분리될 수 있기라도 한 것처럼, 마치 문화 만들기가 성화와 예전적 형성과 분리될 수 있기라도 한 것처럼, 마치 정의에 대한 성경적 전망이 이신칭의와 분리될 수 있기라도 한 것처럼 대단히 선택적인 수용이다. 리치 마우가 작지만 탁월한 책 『(개인적으로 간략하게 소개하는) 아브라함 카이퍼』(*Abraham Kuyper: A Short and Personal Introduction*)에서 보여 주었듯이, 카이퍼 안에서 이 모든 것이 하나로 결합된다. 이것을 분리해서 기능적 '세속주의'로 왜곡시킨 사람들은 우리다.

북미에서 카이퍼는 다른 방식으로 계승되어 다른 카이퍼주의들을 만들어 냈다. 헨리 즈완스트라(Henry Zwaanstra)는 "교회론이 [카이퍼] 신학의 핵심이었다"라고 주장하면서,[54] 곧바로 **유기체**로서의 교회가 그의 교리의 '중심'이라고 덧붙인다. 이러한 강조가 카이퍼 사상의 다른 강조점들과 결합된 결과 그리스도인의 문화 참여를 이해할 때 **조직**으로서의 교회를 위한 자리를 거의 남겨 두지 않는 카이퍼주의의 흐름이 만들어졌다. 사실 대단히 **반**-교회적인 카이퍼주의의 흐름들이 있었다.

그러나 카이퍼 자신은 분명히 조직으로서의 교회가 핵심 역할을 한다고 생각했으며 교회의 안녕과 개혁을 위해 자신의 시간, 열정, 재능을 쏟아부었다.[55] 카이퍼가 그렇게 했다는 사실 자체가 이 점에 관해 카이퍼를 다른 방식으로 계승할 수 있음을 암시한다. 이런 사상은 우리에게 새로운 시선으로 카이퍼를 다시 읽어 보기를 권하며, 나는 여기서 그러한 다시 읽기의 결과를 간략히 설명하고자 한다. 『일반 은혜』(*Common Grace*)에서 그가 영역 주권과

---

[54] Henry Zwaanstra, "Abraham Kuyper's Conception of the Church", *Calvin Theological Journal* 9 (1974): p. 150.

[55] Abraham Kuyper, *Our Worship*, ed. Harry Boonstra (Grand Rapids: Eerdmans, 2009).

조직/유기체의 구별을 설명하는 고전적 진술을 예로 들어 보자.[56] 문제의 핵심으로 들어가기 위해 잠시 우회해서 그의 주장을 살펴보자. 먼저 우리는 그가 두 전선에서 전투를 벌이고 있음을 이해해야 한다. 한편으로 그는 (그 당시 네덜란드에서 여전히 선택 가능한 방식이었던) '국민 교회'(national church) 모형에 반대하고 있다. 다른 한편으로 그는 자신이 이미 비판했던 경건주의의 교회론적 결과물인 '종파주의'와 싸우고 있다. 국민 교회에 대한 그의 비판을 살펴보자.

먼저 카이퍼가 어떤 점에서 자신이 국민 교회 '분파'에 동의한다고 말하는가를 눈여겨보라. "우리와 그들은 그리스도의 교회와 그 은혜의 수단이 특별 은혜만의 수단보다 더 넓은 범위에 적용된다는 점에 동의한다"(CG, p. 189). 다시 말해서, 양쪽 모두 그리스도의 몸인 교회가 단순히 '영적' 문제를 넘어서는 영향을 미치도록 부름받았다는 점에 동의한다. 그리스도의 몸은 '자연'에 대한 그리스도의 '의의'를 명백히 드러내는 행위자가 되어야 한다. "우리 모두는 교회가 두 가지를 행한다는 것을 인정한다. (1) 교회는 **직접적으로** 택자들의 안녕을 위해 일하며, 그들을 회심으로 이끌고, 위로하며, 믿음 안에서 세우고, 연합시키며, 성화시킨다. 그러나 (2) **간접적으로는** 시민 사회 전체의 안녕을 위해서 일하며 시민 사회가 공민적 덕을 갖추게 한다"(CG, pp. 189-190). 따라서 교회는 사회에 '누룩과 같은' 효과를 발휘해 인간의 문화적 생산의 모든 영역에 영향을 미치도록 부름받았다.

이렇게 동의하는 바를 염두에 둔 채로 우리는 둘 사이의 차이를 이해할 수 있다. 그들은 "그 선한 목적에 도달하는 방식에서" 의견을 달리한다. 다시

---

[56] Abraham Kuyper, "Church and Culture", *Common Grace, Abraham Kuyper: A Centennial Reader*, ed. J. Bratt (Grand Rapids: Eerdmans, 1998), pp. 187-201에서 재인용(이후에는 본문에서 인용할 때 *CG*로 표기함).

말해서, '국민 교회' 모형에 대한 카이퍼의 이견은 전략에 관한 것이다. 국민 교회 분파에서는 이런 영향력을 갖는 길이 "교회 안에 시민 사회를 포함시키는 것"이라고 생각한다. 이와 반대로 카이퍼는 **조직으로서의** 교회가 "시민 사회 가운데 있는 산 위의 동네"(CG, p. 190)가 되어야 하며 **그곳으로부터** 유기체로서의 교회가 시민 사회로 스며들어 시민 사회를 누룩처럼 서서히 변화시켜야 한다고 강조한다. 그가 뒤에서 말하듯이, "이 조직은 기독교적인 모든 것을 다루지 않는다. 기독교의 등불은 이 조직의 벽 안에서만 타오르지만 그 빛은 창문을 통해 그 벽을 넘어서는 영역까지 비추며 다양한 인간의 삶과 활동을 아우르는 모든 부문과 기관을 밝힌다." 따라서 그는 우리가 이 관계를, 조직으로서의 교회가—성례전 집행, 권징 실시, 제자 형성을 통해—유기체로서 시민 사회로 스며들어 시민 사회를 누룩처럼 서서히 변화시키는 신자들이라는 활기찬 핵심을 건강하게 자라게 하는 동심원 구조로 보아야 한다고 주장한다(CG, pp. 194-195).[57]

이 모형을 염두에 둘 때 우리는 국민 교회와 종파주의 모두에 대한 카이퍼의 비판을 이해할 수 있다. 말하자면 국민 교회 모형은 "단 하나의 원만 인정하기" 때문에(CG, p. 194)—조직으로서의 교회만 상상할 수 있으며 따라서 그 조직 안으로 시민 사회를 흡수하기 때문에—그렇게 함으로써 누룩의 역할을 하기 위해 필요한 활기찬 핵심을 희석시킨다. 다시 말해서, 모두에게 세례를 베풂으로써 국민 교회는 믿음을 고백하지 않는 사람과 불신자 다수를 교회 안으로 받아들이며, 교회의 권징을 실시하지 못함으로써 사회에 영향을 미치기 위해 필요한 정화나 성화를 위해 필요한 활기를 잃어버린다. 사실

---

[57] 카이퍼는 개신교적 어법으로 유기체로서의 교회가 조직으로서의 교회보다 **선행한다**고—또한 심지어 조직으로서의 교회가 더 이상 제 기능을 하지 못하는 곳에서도 "나타날" 수 있다고—주장한다(CG, p. 195).

상 "세상"(즉, 시민 사회, CG, p. 194)을 교회 안으로 받아들임으로써 교회는 그저 세속적인 것이 되고 만다(CG, p. 196). 국민 교회는 그리스도를 사회의 나머지를 위해 "중요하게" 만들기 위한 원천이 될 그리스도로-훈육된 중심을 결여하게 된다.[58]

그러나 국민 교회가 중심을 잃어버림으로써 잘못한다면, **종파주의**는 순수한 '중심'으로 퇴각하여 그 안에서 스스로를 강화하고 그로 인해 '자연'에 대한 책임을 무시함으로써 잘못한다. 카이퍼는 "종파"가 사실상 스스로를 "**인간 삶**의 맥락 외부에" 두는 기독교의 형태(혹은 **왜곡된** 형태)라고 생각한다. 종파는 "실수로 지상에 남아 있으며 실제로는 이곳 아래의 삶과 아무 상관없는 얼마 되지 않는 거룩한 무리"다(CG, p. 191). 종파주의자들도 국민 교회를 비판하지만, 그들은 **전략**과 **목표** 모두를 비판한다. 그들이 보기에 복음은 시민 사회의 제도와 실천과 아무런 관계가 없다. 정치, 경제, 예술, 교육은 그들에게 관심이 없는 '세속'의 문제일 뿐이다. 간단히 말해서, 종파주의는 하나님이 선하다고 인정하신 것-즉, 피조물의 모든 양상-을 거부한다. 따라서 일반 은혜라는 개념도 모두 거부한다.[59] 혹은 카이퍼의 초기 용어를 사용하자면, 종파주의자들은 "자연"을 거부한다.

조직으로서의 교회와 유기체로서의 교회 사이의 이러한 구별이 우리의 관심사-예배와 정치, 종말과 현시대 사이의 관계-와 무슨 관계가 있는가? 여

---

[58] 또한 이런 맥락에서 카이퍼는 원칙에 입각한 다원주의에 대한 신학적 설명을 제시한다. "우리가 원하는 바는 강력하게 신앙을 고백하는 교회지 신앙을 고백하는 시민 사회나 신앙을 고백하는 국가가 **아닙니다**." 따라서 그는 특정 종류의 "국가와 사회의 세속화"-국가와 시민 사회 안에서 신앙 고백적 다원주의를 위한 공간을 만들어 내는 세속화-를 "칼뱅주의의 가장 근본적인 사상 중 하나로서" 옹호한다 (CG, p. 197). [이것은 "시민 사회에 대한 교회의 영향력을 무효화"하려는 공격적 세속**주의**와 구별되어야 한다(CG, p. 196)]. 이 주제는 4장에서 다시 다룰 것이다.

[59] 여기서 카이퍼의 논리는 다소 순환적이다. 그는 일반 은혜를 인정하기를 거부하며, 따라서 시민 사회의 선함을 인정하기를 거부한다는 이유로 종파주의자들을 비판한다(CG, p. 192). 또한 우리는 (뒤에서) 경건주의적 종파주의와 대조적 비판을 구별할 필요가 있다.

기서 어떻게 이 둘을 구별하는가가 중요할 뿐만 아니라 어떻게 이 둘의 **관계**를 이해하는가도 중요하다. 따라서 카이퍼는 "이 조직이 기독교적인 모든 것을 다루진 않는다"고 분명히 강조하는 동시에(CG, p. 194), 계속해서 동심원 비유를 상기시키면서 "조직이라는 이 첫 번째 원 외에, 또한 **그것과의 필수적 연관성 속에서** 교회라는 조직으로부터 사람들과 국가의 삶을 비추는 빛의 길이에 의해 그 원주가 결정되는 또 하나의 원을 인정한다"라고 지적한다(CG, p. 195, 강조는 추가됨). 나는 조직과 유기체 사이에 **필수적 연관성**이 존재한다는 카이퍼의 이러한 주장이 카이퍼주의의 특정한 흐름에서 상실되었다고 생각한다. 왜 카이퍼는 이 둘 사이에 필수적 연관성이 있다고 주장하는가? 이는 바로 시민 사회 안에서 빛줄기가 될 사람들을 **형성하는** 것이 조직으로서의 교회의 예배이기 때문이다. 우리가 번영을 위한 규범과 어떻게 기다릴 것인가에 관한 규범 모두를 배우는 것은 교회의 형성적 예배―종말이 그 텔로스인 성경의 드라마를 재연하는―를 통해서다.

하지만 아브라함 카이퍼에 관해 아무것도 알지 못하는 이들도 어떻게 정의를 추구하는지를 마땅히 생각해 보아야 한다. 샬롬을 '자연화'할 때 그것은 더 이상 샬롬이 아니다. 새 예루살렘은 마치 우리에 의해 건설되는 것처럼 우리의 상향적 노력의 산물이 아니기 때문이다. 새 예루살렘은 하늘에서 내려온다(계 21:2, 10). 그리고 거룩한 도성의 빛은 '자연적' 성취가 아니라 부활하셨고 정복하시는 어린양의 영광으로부터 퍼져 나오는 빛이다(계 21:22-25). 마치 통전적 복음이 자연주의자가 되는 법을 배우는 성화된 방식이기라도 한 것처럼 피조물의 선함과 '이 세상의' 정의의 중요성에 대한 통전적 긍정을 하늘의 **대체물**로 간주해서는 안 된다. 그와 반대로, '이 세상'에 만족하려는 경향을 지닌 우리를 훈련시키고 혼란스럽게 만드는 것은 바로 하나님의 초월―지금 하늘에서 통치하시는 성자의 승천을 통한, 또한 우리가 기도하는 다가오는 왕국의 미래성을 통한—이다. **우리가** 이 모든 것을 해결하고, **우리가** 이 모든 것을 이룰 수 있다는 환상에 맞서는 것은 하늘로부터 오는 성자의 부르심, 하늘에서 내려오는 새 예루살렘의 전망이다. 샬롬은 진보주의적 사회 개선을 뜻하는 성경 용어가 아니다. 샬롬은 장차 올 왕국을 갈망하라는 그리스도의 부르심이다.[60]

이 점에 관해 기독교 예배는 낯선 방식으로 우리를 일깨워 주는 독특한 선물이다. 우리에게 과거뿐만 아니라 미래를 상기시켜 주기 때문이다. 따라서 베른트 바넨베취는 기독교 예배의 훈련이 우리에게 그 자체로 정치적 미덕인 독특한 종류의 관성(*inertia*)을 선물해 준다고 말한다. "예배는 반복해서 이 세상의 흐름을 방해한다. 예배를 통해 기독교 공동체는 세상이 스스로 존재할 수 없음을 증언한다. 그리고 이것은, 안식을 알지 못하는 정치가 우리로 하여금 믿도록 만들려고 노력하는 것처럼, 세상이 정치에 의해 유지될 수 없음을 뜻한다. 그렇기 때문에 예배는 단지 이런 혹은 저런 전체주의 체제에만 맞서지 않는다. 예배는 일반적인 정치적 실존의 전체주의화에 맞선다."[61] 그런 의미에서 "마음을 드높이!"(성만찬 기도 첫 구절로 라틴어 *sursum corda*를 번역한 말—옮긴이)는 우리가 매주 듣는 정치적 훈계다.

---

60 이에 관한 유익한 논의로는 Bethany Hanke Hoang and Kristen Deede Johnson, *The Justice Calling: Where Passion Meets Perseverance* (Grand Rapids: Brazos, 2016)를 보라.
61 Wannenwetsch, *Political Worship*, pp. 126-127.

3장 복음의 분화구

자유주의의 빌려온 자본

인정받지 못하는 입법자

"시인들은 인정받지 못한 세상의 입법자들이다." 퍼시 비시 셸리(Percy Bysshe Shelley)는 "시에 대한 변론"(A Defence of Poetry)이라는 유명한 글을 마무리하면서 이렇게 말했다. 시인을 최고의 창조자로, 세상을 불러내 존재하게 하며 따라서 자신이 생각하는 대로 세상을 재창조하는 사람으로 보는, 시인에 대한 이런 낭만주의적 전망은 물론 조금 과장된 것—시인들을 폴리스 성벽 밖으로 추방당한 사람들로 간주하기를 선호하는 플라톤적 철인왕의 오랜 전통에 맞서 끈질기게 시인을 옹호하려는 노력—이다. 셸리는 시인들이 "서로 관련을 맺으며 존재하는 진리와 아름다움과…선함을 포착해 낸다"고 말한다. 시인들은 영원하며 신적인 것에 대한 통찰을 지닌 예언자들과 같다. 그들은 초월적 질서를 대담하게 탐험하는 사람들로, 세상이 어떻게 변할 수 있는지 알아보기 위해 여행한 다음 보고서와 청사진을 들고 우리에게 돌아온다.

시인들, 즉 이 파괴할 수 없는 질서를 상상하고 표현하는 이들은 언어와 음악, 춤, 건축, 조각상, 회화의 창조자일 뿐만 아니라 법의 제정자, 시민 사회의 건립자, 삶의 기술의 고안자, 종교라고 불리는 곧 보이지 않는 세상의 작동 방식에 대한 부분적 이해를 아름다운 것과 참된 것에 가깝게 그려 내는 선생이다. 따라서 모든 종교는 본디 우의적이거나 우의(allegory)를 허용하며, 야누스처럼 거짓과 참의 두 얼굴을 지닌다. 시인들이 나타나는 시대와 국가의 상황에 따라 그들은 세상의 이전 시대에 입법자나 예언자로 불렸다. 시인은 본질적으로 이 특성 모두로 이뤄져 있으며 이 둘을 결합한다. 그는 현재를 있는 그대로 강렬하게 바라보며 현재의 것들에 질서를 부여해야 하는 법칙을 발견할 뿐만 아니라 현재 안에서 미래를 바라본다. 그리고 그의 생각은 꽃의 싹이며 마지막 시대의 열매다.[1]

따라서 셸리는 시인들에 대한 최선의 변호는 사회가 그들에게 진 빚을 인정하는 것이라고 생각한다. 그들은 우리 모두가 당연히 여기는 사회의 '인정받지 못한 입법자들'이다. 그들은 대담한 창의성과 혁신적 통찰로 법의 윤곽과 우리가 살아가는 지상 도성의 경계를 그려 낸, '시민 사회의 건립자'다. 시인들은 우리가 종말을 어렴풋이 볼 수 있게 해 주었으며, 그리하여 우리가 세상이 어떻게 달라질 수 있는지를 상상함으로써 혁명을 개시하고 개혁을 추진할 수 있도록 도와주었다. 우리가 왕권신수설에 도전할 상상을 할 수 있었던 것은 시인들이 우리가 신민이 아니라 시민인 세상을 상상할 수 있도록 도와주었기 때문이다.

하지만 우리의 자유 민주주의는 시인들뿐만 아니라 그들의 통찰력으로 혁명과 개혁을 낳아 왔던 또 하나의 '인정받지 못한 입법자' 집단인 신학자들에게도 빚지고 있다. 혹은 교회가 후기 근대 **폴리스**의 인정받지 못한 입법자

---

1 Percy Bysshe Shelley, "A Defence of Poetry", *English Essays, from Sir Philip Sidney to Macaulay*, ed. Charles W. Eliot, Harvard Classics 27 (New York: P. F. Collier & Son, 1909–14), p. 4, http://www.bartleby.com/27/23.html. 크리스토퍼 히친스(Christopher Hitchens)의 통렬한 글을 모은 *Unacknowledged Legislators: Writers in the Public Sphere* (London: Verso, 2000)가 아니었다면 나는 셸리의 구절을 몰랐을 것이다.

였다고 말할 수도 있다. 교회라는 정치체의 통찰력(계시)과 실천(예전)은 국가의 주기와 우리가 '헌법'이라고 부르는 일련의 자기 이해 안으로 흘러든 전망, 이론, 의례를 낳아 왔다. 따라서 우리가 만나는 (또한 이의를 제기하는) 국가는 어떤 의미에서 에클레시아의 자녀다.

이로부터 두 핵심적 함의가 도출된다. 하나는 우리의 다원주의적·경쟁적·민주적인 시민 정체(政體)에 영향을 미치며, 다른 하나는 교회가 국가나 자유 민주주의 체제와 맺고 있는 관계를 이해하는 데 영향을 미친다.

교회의 공공신학적 교육

첫째, 기독교 정치신학의 **공적** 책무의 한 부분은 신학적으로 굴절된 자유 민주주의의 역사를 서술함으로써 인정받지 못한 이 입법을 드러내는 것이다. 올리버 오도노반이 지적하듯, "서양과 그 과거 사이의 불연속성에도 불구하고 여전히 유럽과 아메리카의 기관들에 명확히 나타나 있는 유산이 존재한다. 기독교 세계가 우리의 전통이 아닐지라도 우리는 그것이 우리 증조부들의 전통이었음을 잊을 수는 없다. 그것은 16, 17세기에 결정적 영향력을 미치는 방식으로 결합된, 사회적·정치적 사상들의 유익한 결합이었다."[2] 자유 민주주의를 개신교의 소유물로 만드는 방식의 바람직하지 못한 역사 서술과, 마찬가지로 기독교 유산을 무시하고 자유 민주주의가 계몽주의적 합리주의로부터 독자적으로 출현했다고 주장하는 왜곡된 역사 서술이 존재하지만, 오도노반은 논박 불가능한 역사 서술이 나타났다고 지적한다. "반세기의 정치사 연구를 통해 분명해진 점은, 정치적 우선순위의 이러한 새로운 조직화의 뿌리가 그보다 앞선 세기까지 거슬러 올라간다는 것이다. 이 뿌리는 분

---

2   Oliver O'Donovan, *The Desire of the Nations: Rediscovering the Roots of Political Theology* (Cambridge: Cambridge University Press, 1996), p. 226 (이후에는 본문에서 인용할 때 *DN*으로 표기함).

명히 확인할 수 있는 종교개혁의 선구자들인 후기 스콜라주의자들뿐만 아니라 초기 스콜라주의자들과 그 이전의 카롤링거 왕조 시대 및 교부 시대까지 거슬러 올라간다. 또한 신학자들과 그들의 토론뿐만 아니라 교회 내 단체(corporations), 수도원 공동체, 교회법, 고해 등 기독교 공동체 안의 다양하고 구체적인 삶의 형태까지 거슬러 올라간다"(*DN*, p. 226).[3]

계몽주의, 프랑스 혁명, 세속화의 광범위한 영향력을 인정한다고 해도, 서양의 정치 체제를 위한 이처럼 독특하게 기독교적이며 신학적인 원천의 역사와 유산은 그저 지워지길 바란다고 해서 지워질 수가 없다.[4] 물론 오도노반이 "후기 근대" 자유주의라고 부르는 바를 구성하는 것은 이런 원천으로부터 한참 멀어져 있다. "후기 근대 서양에서는 기표소와 주식 시장이라는 쌍둥이 제도에 근거한 '민주주의'를 너무나도 자랑스러워하며 이를 수출하기 위해 크나큰 불행과 정치적 파멸을 가하고, 심지어는 그 원수를 갚기 위해 핵에 의한 전멸의 위협까지 가할 정도다. 이 민주주의는 결정적으로 중요했던 근대 초기에 체계화된 원리들의 단순 연장이 아니다"(*DN*, p. 226). 정치적 자유주의의 분파들은 그것의 기독교적·신학적 근원으로부터 한참 멀어져 있다. "하지만" 오도노반은 "이런 성급한 이데올로기가 세워 놓은 광고판 배후에서 근대의 형성적 전통에 의해 서서히 주입된 특정한 습관과 실천이 적어도 전통적 중심지에서는 분별될 수 있으며, 이 습관과 실천은 인정받지 못하

---

[3] 이 역사를 서술하는 일차 자료를 모은 책으로는 Oliver O'Donovan and Joan Lockwood O'Donovan, eds., *From Irenaeus to Grotius: A Sourcebook in Christian Political Thought* (Grand Rapids: Eerdmans, 1999)를 보라.

[4] 찰스 테일러 역시 "근대적 도덕 질서"가 기독교 전통의 특정 형식화로부터 출현한 과정을 추적했다. *Secular Age* (Cambridge, MA: Harvard University Press, 2007), pp. 234-259를 보라. 그의 말처럼, "새로운 인본주의는 우리가 동료 인간들의 유익을 위해 행동하고자 하는 동기를 부여받는다고 가정하기" 때문에 "그 기독교적 원천으로부터 보편주의를 넘겨받았다"(p. 246). 하지만 사실 이런 가정은 "우리가 이미 존재하는 모든 연대의 한계를 넘어설 수 있게 하는 것"으로서의 "기독교적 아가페"에 근거를 두고 있다(p. 246).

더라도 그 후손의 충동적 결론을 뒷받침하는 도덕적 담보를 제공할 수는 있다"고 평한다(*DN*, pp. 226-227). 따라서 정치신학은 후기 근대의 자유주의적 사회들을 향해 그들의 종교적·신학적 유산을 단지 재서술함으로써 공적 역할을 수행할 수 있다.

이런 형태의 정치신학은 오늘날 중요한 이차적 기능을 가지고 있다. "정치적 제도와 전통에 대한 이해도가 심각하게 위협받는 세상을 향해 진술될 때 그것은 **변증적** 힘을 지닌다. 기독교 신학은 제도와 전통을 해명하여 신자들보다 비신자들에게 더 긴급한 위기에 대처할 수 있게 한다. 따라서 믿어야 할 이유를 제공하기도 한다."[5] 이런 의미에서 정치신학은 **공공**신학이며, (현대 서양에서) 공공의 제도의 **계보**를 제공함으로써 공공에 봉사한다. "서양 문명은 자신이 소중히 여기는 특정한 정치적 제도와 전통의 계승자임을 깨닫는데, 왜 혹은 어느 정도까지 이 정치적 제도와 전통을 소중히 여기는지는 분명히 알지 못하고 있다"(*WJ*, p. xiii). 여기서 독특하게 기독교적인 계보는 공적 선물이다. "신학적 설명을 통한 재발견을 통해 우리는 우리의 제도와 전통이 어떤 유익을 주는지 이해할 수 있을 뿐만 아니라 이런 유익이 왜, 어떻게 제한적이며 부패할 수 있는지, 또한 이로 인해 우리가 어떤 상응하는 오류에 빠질 수 있는지 이해할 수 있다"(*WJ*, pp. xiv-xv). 따라서 이는 찬탈하는 자의 일이 아니다. 오히려 이는 교회의 가르치는 사역의 일부다. "이런 상황에서 기독교 신학은 한 백성이 정치적 책무를 수행하기 위해 필요한 실천적 합리성을 갖추도록 그들을 교육하는 고대의 역할을 계속 이어 간다"(*WJ*, p. xv).[6] (다음 부분에

---

5   Oliver O'Donovan, *The Ways of Judgment* (Grand Rapids: Eerdmans, 2005), p. xii (이후에는 본문에서 인용할 때 *WJ*로 표기함).

6   조운 록우드 오도노반은 "The Liberal Legacy of English Church Establishment: A Theological Contribution to the Legal Accommodation of Religious Plurality in Europe", *Journal of Law, Philosophy and Culture* 6 (2011): pp. 17-45에서 이것을 교회의 "공적 법률 교육"의 일부로 설명한

서 살펴보겠지만, 이 교육적 역할은 정치의 절대화로부터 개인을 보호하는 것을 목표로 삼는 예언자적 비판의 한 양식이 될 수도 있다.)

자유 민주주의 국가를 예전적 실체, 일종의 경쟁적 에클레시아로 볼 필요가 있다고 주장했다고 해서 우리가 물러나거나 퇴각해야 한다고 결론 내리는 것은 **아니다**. 아우구스티누스적 섬세함과 복합성을 견지하면서 우리는 그때그때 상황에 맞는 분석과 비판을 수행할 필요가 있으며, 우리의 공적 삶에서 왜곡되게 형성하는 불의한 양상에 바르게 저항하면서도, 긍정할 수 있고 심지어 칭송할 수 있는 양상은 기꺼이 인정하겠다는 자세를 취해야 한다. 이를 위해서는 말하자면 우리가 어떻게 여기까지 왔는지에 관한 더 섬세한 역사적 설명—자유주의의 구체적이며 우연적인 역사에 대한 이해—이 필요하다. 특히 이 장에서는 찰스 테일러와 올리버 오도노반의 연구를 따르면서 기독교가 서양의 자유주의에 남긴 유산과 영향을 지적함으로써 단순한 악마화나 거리 두기를 더 복잡하게 만들고자 한다. 이런 의미에서 테일러와 오도노반은 아우구스티누스 자신이 『신국론』에서 전개한 자세한(더 나아가 섭리론적) 역사 읽기를 되울린다.[7]

다. 인용은 p. 19. 그녀가 지적하듯이, 교회의 선포와 실천은 공적 역할을 수행하며, 여기에는 사회—특히 입법자, 판사, 경찰—를 향해 그들의 판단이 궁극적이지 않음을 상기시키는 일이 포함된다. 따라서 교회의 공적 선포는 많은 경우 세속화된 국가주의를 수반하는 "법적 완전주의"에 맞선다(pp. 41–42). 이러한 공적 법률 교육은 후기 근대 자유주의가 그 원천을 상기하도록 하여 초월을 통해 이런 완전주의를 훈육한다. "공적 법이 더 이상 사법 질서가 선포를 따르고 있음을 입증하지 못할 때, 다시 말해서 공적 법이 삼위일체적으로 충만한 하나님의 법에서 스스로를 분리할 때 그 법은 하나님이 정하신 인간 도덕 공동체의 선과 권리와의 관계에서 그것이 파생적·의존적·종속적 지위를 갖고 있음을 잊어버리게 된다. 그것은 다층적인 사회적 구현 형태 안에서 인간의 자유를 보호하는 일이 영적으로 주변적인 성격을 지니고 있음을 잊어버리고, 거짓된 영적·사회적 중심성을 주장하며 실천적 판단력을 약화시키고 질식시키는 법률 중심적이며 사법적인 도덕적·사회적 에토스를 조장한다"(p. 44). 간단히 말해서, 교회의 공적 법률 교육은 은밀한 신정 정치가 결코 아니며 오히려 국가주의적 절대주의에 대한 해독제다.

7 아우구스티누스는 *City of God* [trans. Henry Bettenson (London: Penguin, 1984)] 4권과 5권에서 '섭리론적' 로마 역사를 제시한다. 그의 역사 서술은 로마의 이교적 우상숭배에 대한 신랄한 비판인 동시에 "모든 왕국에 대해 권세를 가지신 참 하나님이 어떤 목적으로 황송하게도 로마 제국의 성장을 도우셨는지"(4.2)와 "하나님은 왜 로마 제국이 그토록 넓게 확장하고 그토록 오래 지속하게 하셨는가"

보냄: 참여를 위한 분별

한편으로 이러한 역사는 세속화된 자유 민주주의에 대한 공적 봉사의 한 형태로(심지어 그것이 도전일 때도) 제공되지만 이 역사는 근대 안에서 교회의 '정치적' 사명에 대한 교회의 자기 이해에도 똑같이 필수적이다. 따라서 이렇게 신학적으로 굴절된 자유주의의 역사로부터 두 번째 함의가 도출된다. 기독교 정치신학은, 복음이 서양과 현재의 세계에 미친 강력한 영향의 산물인 자유 민주주의의 양상들에 대한 섬세한, 심지어 혼란스러운 이해—그리고 **긍정적인 평가**—를 명확히 서술해야 한다. 다시 말해서, 폴리스로서의 교회와 우리 중 너무도 많은 사람이 그 안에서 '섞여' 지낼 수밖에 없는 자유 민주주의적 폴리스 사이의 대립을 지나치게 단순화시켜서는 안 된다.[8] 그 대신 필요한 것은, 오도노반이 이미 주장했듯이 주의 깊은 **분별**을 할 수 있는 기독교적 상상력이다. "근대의 짜임새를 더 자세히 살펴봄으로써 우리는 자유주의적 제도 안에서의 그리스도의 승리와 적그리스도의 도래를 분별할 자유를 얻는다"(*DN*, p. 228).[9]

(5.서문)에 관한 설명이다.

[8] *Desiring the Kingdom*이 자유 민주주의(와 자본주의)에 대해 거의 전적으로 대립적인 입장인 것처럼 느껴지는 바를 묘사하는 경향이 있었다면, 나는 두 제한 요소를 지적하고 싶다. 첫째, 첫 번째 책의 강조점은 대체로 교정적이고 상황적이었으며, 따라서 특히 '일반 은혜'를 강조하다가 현 상황을 그대로 받아들이고 단순히 세례를 베푸는 것으로 귀결되는 기획들에 비추어 볼 때 대립의 의미를 재발견할 필요성을 강조하는 경향이 있었다. 하지만 이러한 특수하고 전략적인 강조점만으로 책 전체를 설명할 수는 없다. 첫 번째 요소에 관해서는 James K. A. Smith, *Desiring the Kingdom: Worship, Worldview, and Cultural Formation*, Cultural Liturgies 1 (Grand Rapids: Baker Academic, 2009), p. 17n2를 보라. 또한 James K. A. Smith, "Worldview, Sphere Sovereignty, and *Desiring the Kingdom*: A Guide for (Perplexed) Reformed Folk", *Pro Rege* 39 (2011): pp. 15-24를 보라. 둘째, 정확히 이 점에 관해 나의 생각이 바뀌었다는 점도 인정하고 싶은데, 이는 대체로 내가 아우구스티누스의 *City of God*과 올리버 오도노반의 전작(全作)과 꾸준히 대화해 왔기 때문이다. 따라서 여기서 나의 주장은 이 문제에 대한 더 성숙한 이해를 보여 주고 있으며, 이것이 *Desiring the Kingdom*에 나타난 더 제한적인 설명을 대체해야 한다.

[9] 몇몇 구체적 사항에서 이견이 있지만 나는 정의에 관한 니콜라스 월터스토프의 연구도 같은 종류의 기획, 즉 정의, 권리, 약자들에 대한 법적 보호에 관한 자유 민주주의적 관심이 신학적으로 굴절된 계보

이를 예전의 틀로 보면, 예배가 보냄으로 마무리되기 때문에[10] 우리는 기독교 예배가 고립된 영토의 의례라기보다는 자신의 사명(missio)으로 인해 시장과 선거, 기업과 지방 정부 의회라는 다투는 공간으로 들어갈 수밖에 없는 **보냄받은** 백성을 위한 훈련장임을 지적해야 한다. 우리의 창조와 재창조의 시연으로서의 기독교 예배라는 상연된 서사는 창세기 1장과 마태복음 28장의 "가라!"에서 절정을 이룬다. 따라서 교회는 우리가 퇴각해 들어가는 대조 사회라기보다는 거기**로부터** 우리가 보냄받는, 다시 중심을 잡는 실천 공동체다. 복음에 의해 우리의 사회적 상상이 빚어지는 상상력의 장인 교회는 목적 그 자체, 대안 공간이 아니라 우리가 **분별**할 능력을 갖추도록 훈련받는 성령의 교육 공동체다. 하지만 우리의 분별은 일차적으로 방어적이지 않다. '안전'과 '순결'을 지킬 수 있는 점점 더 축소되는 공간으로 우리를 밀어넣는 위협과 위험을 경계하는 데만 몰두하게 만들지 않는다. 그와 반대로, 기독교 예배를 통한 사회적 상상의 형성을 통해 우리는 적극적 분별, 즉 현시대라는 더 광범위한 다툼의 공간 안에서 참여, 협력, 비판의 여지를 포착할 수 있게 해 주는 실천적 지혜와 신중함을 갖춘다.

성경의 이야기—또한 성육신에 의해 공급받는 성례전적 상상력—에서 필수적인 것은 이것이 역사와 시간 변화에 독특하게 주목한다는 것, 역사와 시간 변화 안에 자리 잡고 있다는 것이다("때가 차매", "본디오 빌라도 아래에서 고난을 받으사"). 그렇다면 기독교적 상상력은 관념론, 즉 온갖 우여곡절을 지닌 역사의 지그재그에서 9킬로미터 상공에 자리 잡고 있는 일군의 추상적 원리가

학으로 분류할 수 있다고 생각한다. Wolterstorff, *Justice: Rights and Wrongs* (Princeton: Princeton University Press, 2008)와 *Justice in Love* (Grand Rapids: Eerdmans, 2011)를 보라. 『사랑과 정의』(IVP).

10 James K. A. Smith, *Imagining the Kingdom: How Worship Works*, Cultural Liturgies 2 (Grand Rapids: Baker Academic, 2013), pp. 151–157.

아니다.¹¹ 그와 반대로, 예배 안에서 구속의 드라마를 시연함으로써 우리는 구원 역사 안에 우리 자신을 발견하게 되며, 이로써 세속적이고 역사적이며 상황적이고 수정 가능한 분별의 능력을 갖춘 백성이 될 수 있다.¹²

간단히 말해서, 기독교적인 정치 분석과 문화 해석은 적절한 섭리의 신학에서 출발해야 한다.¹³ 따라서 여기에는 분별의 층위가 작동하고 있다. 첫째, 우리는 복음 자체에 담긴 정치적 전망의 윤곽을 분별한다. 이것이 2장에서 했던 작업이다. 둘째, 우리는 우리가 '자유 민주주의'라고 부르는 제도와 실천의 독특한 역사를 분별할 필요가 있다. 우리가 북미와 유럽, 그리고 이 지역으로부터의 이민(과 정복)과 결합된 역사를 가진 다른 지역에서 살고 있다면 우리는 바로 이 자유 민주주의라는 물 안에서 헤엄치고 있는 셈이기 때문이다. 이것이 이번 장에서 할 일차 작업이며, 이는 예전적 정치가 반드시 혹은 전적으로 자유 민주주의에 반대한다는 성급한 결론을 차단하고자 함이다.¹⁴

---

11 뒤의 "보론: 일반 은혜 대 섭리"에서 주장하겠지만, 나는 이런 관념론―역사 위에 떠 있으며 역사로부터 독립적인 원리와 사상과 이론에 대한 집착―이 카이퍼주의의 몇몇 형태, 하우어워스의 독특한 '가톨릭 재세례파 사상', (스스로 '두 왕국' 신학이라 부르는 특정 형태의 기획을 포함한) 일부 자연법 기획을 비롯해 정치신학 내 다른 다양한 제안을 물리고 있다고 생각한다.

12 사실 이 책에 제시된 나의 기획 역시 서양의 자유 민주주의라는 경계로 상황화되어 있다. 나는 이 책이 어디서 읽히든 교회에 유익한 통찰이 이 책 안에 담겨 있기를 바라지만, 감히 '서양'의 영향력을 넘어서는 다양한 역사를 아우를 수 있다고 주장하지 않는다. 이런 역사들이 중요하지 않기 때문이 아니다. 그와 반대로, 교회의 상당 부분은 그런 역사들 안에 자리 잡고 있다! 나는 그저 나 자신이 일정한 전문 지식을 갖추고 있는 곳에 대한 문화 분석으로 스스로를 한정하려 할 뿐이며, 이를 넘어서는 맥락 속에 들어가 권위적으로 말하려 하지 않겠다는 것이다. 그렇다 하더라도, 자본주의, 자유주의, 표현적 개인주의가 점점 더 전지구화되는 세상에서는 이런 맥락적 통찰까지도 우리가 예상하는 것보다 더 지구적인 의미를 가질 수도 있다. 바로 그런 이유 때문에 아우구스티누스의 정치적 환경은 우리의 정치적 환경과 근본적으로 다름에도 우리는 그의 *City of God*을 읽으며 여전히 유익을 얻을 수 있다. [혹은 오도노반이 지적하듯이, "디오클레티아누스의 박해가 절정에 이른 시기의 순교자-교회를 위해 썼던 락탄티우스(Lactantius)의 *Institutes*를…콘스탄티누스에게 바치는 서문을 덧붙여 손쉽게 2판으로 다시 내놓을 수 있었다!"(*DN*, p. 217)].

13 뒤의 보론에서는, 이를 위해서는 개혁주의, 카이퍼주의 전통에서 너무 자주 소환되는 '일반 은혜'라는 무역사적 추상화가 아니라 갱신된 섭리의 신학이 필요하다고 생각하는 이유를 설명할 것이다.

14 2장에서 나는 제프리 스타우트가 자유 민주주의 예전의 중요성을 과소평가하고 있다는 점을 강조했지만, 이 장에서는 하우어워스와 매킨타이어가 이로부터 도출하는 결론에 이의를 제기할 것이며 이를 위

마지막으로 우리가 이처럼 신학적으로 굴절된 자유 민주주의의 계보를 분별하도록 훈련을 받고 예배를 통해 성경의 이야기에 몰입함으로써 복음에 의해 빚어질 때, 그리스도인 시민들이 '세상' 안으로 **보냄받은** 이들로서 수행해야 할 현세적 분별이라는 지속적 작업이 존재한다. 이것은 교회가 말하자면 행동—**이러한** 현재의 도전과 **이러한** 정책 제안과 **이러한** 의회의 정치적 환경 등등을 감안할 때 이 시간 **우리의** 공간 안에서 신실한 정치 참여가 어떤 모습일지를 분별하는, 그때그때 적합한 방식으로 상황화된 작업—으로 써 내려가야 하는 장이다. 따라서 오도노반은 "정치신학이 할 일은 후기–근대 서양 사회 안에서 살아가는 삶에 관해 사고하는 난해한 도전을 기독교 신앙의 관점에서 해명하는 것이다"라고 논평한다(*WJ*, p. x). 그가 강조하길, 이런 작업의 가치는 "먼저, 이 작업이 목회적 중요성을 지니고 있다"는 것, "즉 기독교 신앙을 믿거나 자신의 불신앙을 보류하면서 정치적 책임을 수행해야 하는 이들에게 지침을 제공할 수 있다는 것이다." 그러나 이것이 단지 정치인과 공무원들의 영역만은 아니다.

이것은 정치 제도에 관한, 또한 그 안에서 지도자 역할을 맡는 것이 타당한가에 관한 우리의 견해와 상관없이 우리 모두가 직면한 책임이다.…은수자와 정치인 모두가 그들이 섬긴다고 주장하는 기관들(민주적 선거, 민사 법원 등)을 인정할 수 있는지 그렇지 않은지, 또한 그들이 속한 공동체의 이름으로 시행되는 특정 정책(대마초 합법화나 전쟁 개시 등)을 옹호할 수 있는지 그렇지 않은지 결정해야 한다. 우리 모두가 무언가에 찬성할지 반대할지 결정해야 할 때가 많다. 중요하지 않게 보일지 몰라도 이런 결정은 우리의 도덕적·영적 완전성 면에서 전혀 사소한 문제가

해 자유주의 **안에** 기독교 사상의 유산이 남아 있음을 지적할 것이다. 따라서 나는 자유주의 국가 자체를 거부하여 후퇴하는 자세나 자유주의 국가 자체에 대한 반감을 차단하고자 한다.

아니다. (*WJ*, p. xi)

여기서 우리가 제시하려는 기획을 간결히 요약하면 '교회의 담론 내부로부터 지침을 제공하려는 것'이다. 그러므로 먼저 다시 한번 오도노반의 작업에 도움을 받아 자유 민주주의에 역사로 눈을 돌려 보자.

민주적 자유주의의 교회적 기원

"우주로부터 온 폭격으로 곳곳이 분화구처럼 움푹 파인 행성의 표면처럼 지난 시대의 정부들은 동이 트듯 밝아오는 그리스도의 영광이 미친 영향을 보여 준다"(*DN*, p. 212). 오도노반의 우주적 이미지는 우리 기획을 묘사하는 그림을 암시한다. 복음이 서양의 자유 민주주의에 미친 영향을 보여 주는 분화구들은 어디에 있는가? 우리가 자유주의의 의례와 소비 자본주의의 에토스를 신랄하게 비판했음에도 여전히 이 영역 안에 꾸준히 남아 있는 복음의 유산을 확인할 수 있는가?[15] 후기 근대 자유주의의 지형을 살펴볼 때 우리는 정원이 자라고 있으며 우리가 깨닫지 못할지도 모르는 방식으로 우리에게 자양분을 제공하는, 복음의 영향이라는 무성한 분화구들을 분별할 수 있는가? 우리의 정치 제도가 가진 특징 중에서 그 유전자가 그것이 교회의 계승자임을 보여 주는 것들이 존재하는가? 이를 분별해 내는 것은 단순히 변증 작업, 즉 기독교와 자유 민주주의 사이의 거짓 대립을 사실로 받아들이는 세속주의의 침투에 맞서는 '방어'에 그치지 않는다. 그것은 중요한 목회적 기능을

---

15 여기서 오도노반의 논평은 시의적절하다. "하우어워스는 열방 가운데서 거두신 그리스도의 승리를 바라볼 준비가 되어 있지 않다"(*DN*, p. 216). 이런 방식으로 '미국'의 상황을 읽은―미국의 섭리적 역할과 우상숭배적 성향 모두를 분별하는―모범 작업으로는 Peter Leithart, *Between Babel and Beast: America and Empires in Biblical Perspective* (Eugene, OR: Cascade Books, 2012)를 보라.

지니고 있기도 하다. 한 세대의 영향력 있는 기독교 신학자와 윤리학자들이 자유 민주주의를 악마화하여 단순히 '세상'으로 환원시켰던 상황에서는 이것이 특히 중요하다.

정치적 계보 그리기: 〈당신의 뿌리를 찾아서〉

미국공영방송(PBS)의 텔레비전 시리즈 〈당신의 뿌리를 찾아서〉(Finding Your Roots)에서 하버드의 문학사학자인 헨리 루이스 게이츠 주니어(Henry Louis Gates Jr.)는 우리가 어디서 왔는지 알고 싶어 하는 우리의 내재된 욕망을 건드린다. 우리는 계보에 대한 호기심을 가지고 태어난 것처럼 보인다. 직계 가족의 역사 속 빈틈은 마치 잃어버린 퍼즐 조각처럼 우리를 불안하게 한다. 사람들은 자신의 이야기를 이해하기 위해 조상들이 살던 곳으로 순례를 떠난다. 입양아들은 수많은 의심과 갈망을 누그러뜨리기 위해, 스스로에 관해 경험하는 기묘한 일들을 설명하기 위해 자신의 생물학적 부모를 찾는 원정에 나선다. 이런 여정은 빛나는 계시와 어두운 폭로를 통해 기쁨을 줄 수도 있고 가슴 찢어지는 슬픔을 줄 수도 있다. 하지만 어떤 의미에서 우리의 계보를 직면하는 것은 우리 자신을 정면으로 마주하는 일이다.

〈당신의 뿌리를 찾아서〉에서 게이츠와 그의 팀은 개인의 역사를 철저히 조사하기 위해 사용할 수 있는 모든 도구를 동원한다. 그들은 족보 연구를 위해 공들여서 고문헌을 뒤지는 동시에 유전체학과 유전자 연구라는 최첨단 과학을 활용함으로써 여러 세대를 거슬러 올라가 사람들에게 그들 자신의 조상을 소개시켜 준다. 물론 이 프로그램은 유명인을 숭배하는 우리의 문화도 건드리며, 따라서 배우, 음악가, 정치인들에게 초점을 맞추는 경향이 있다. 하지만 이러한 유명인들의 개인적 역사는 셀 수 없이 많은 미국인의 이야기를 구성하는 인종, 민족, 이민이라는 조각보를 예증할 뿐이다.

때로는 족보가 독특한 거울처럼 보이기도 한다. 상원 의원 존 매케인(John McCain)은 자기 조상 윌리엄 알렉산더 매케인(William Alexander McCain) 역시 1864년에 남부 연합군을 탈영한 후 전쟁 포로로 있었다는 사실을 발견했다. 자신의 조상이 군대에서 용서받지 못할 죄를 저질렀음을 알게 되었을 때, 훈장 받은 군인인 매케인이 느꼈던 불쾌함이 그대로 드러났다. 하지만 자신의 조상이 전쟁 포로로서 겪은 경험을 알게 되었을 때 그가 잠깐이나마 인정하는 모습도 그대로 드러났다. 게이츠가 조각가 마야 린(Maya Lin)의 이야기를 파고들 때, 우리는 아직 젊었던 그녀의 어머니가 1949년 혁명기의 중국을 떠나야 했던 이유를 알게 된다. 그녀의 어머니(린의 할머니)가 자기 딸 앞에서 자살하고 그녀를 세상에 홀로 남겨 두었기 때문이었다. 배우이자 코미디언인 마야 루돌프(Maya Rudolph)는 노예였던 자신의 조상 중 몇 사람의 경우 그들의 소유주 중 한 사람이 유언장에 그들에게 자유를 주겠다고 기록했다는 사실을 알게 되었다. 유감스럽게도 남은 가족들은 이 유언을 결코 존중하지 않았다. 하지만 그다음 놀라운 사실이 밝혀진다. 노예 상태의 흑인 남성이었던 루돌프의 조상은 자유를 위해 자신의 소유주인 백인들을 상대로 소송을 제기해 **승소했다!** 음악가 션 콤스(Sean Combs)는 자신의 가족사에서 놀라울 정도로 빛나는 점을 발견한다. 자신의 조상 중 한 사람이 1850년대 메릴랜드주에 사는 자유인 남성이었다는 놀라운 사실이다. 우리는 그 당시 이 주에서 7만 5천 명의 유색인이 자유인이었음을 알게 된다. 하지만 이렇게 많은 자유로운 흑인과 해방된 흑인을 '위협'으로 보는 인식으로 인한 역풍이 불며 가혹한 법률과 억압적인 치안 정책이 만들어진다. 그다음 콤스는 지금 자신에게도 너무나 익숙한 이야기를 알게 된다. 그의 현조부는 '도망 노예'라는 혐의로—자유인이었음에도 불구하고—체포되고 투옥되었다. 콤스가 이 이야기를 들을 때 분노에 찬 인식의 그림자가 그의 얼굴에 드리우는 것처럼 보였다.

우리는 우리의 유산에 의해 빚어진 역사적 피조물, 우리 가족의 역사를 구성하는 문화적 눈덩이의 후계자들이다. 우리는 어딘가에서 왔고, 온갖 방식으로 우리를 '만든' 수많은 사람에 의해 생성되었다. 족보는 언제나 자기 발견의 항해다.

올리버 오도노반은 공공신학이 할 일 중 하나가 서양의 자유 민주주의 안에 있는 우리의 정치적 제도와 의례에 대한 신학적으로 굴절된 계보를 제공하는 것이라고 주장한다. 그런 의미에서 공공신학자는 제도의 계보학자로서 세속 사회의 어쩌면 은폐된(어쩌면 당혹스러운?) 역사를 드러낸다. 정치적 실체들을 위한 기독교의 신학적 영향력이 고대사 안에 은폐되거나 수정주의적 이유 때문에 적극적으로 망각될 때, 그리고 그런 곳에서 공공신학자는 그저 집단적 기억을 담당하는 기관이 됨으로써 예언자 역할을 수행할 수 있다. 공공신학자는 자유 민주주의의 가족사를 그 종교적 조모와 기독교적 숙부들을 아우르며 드러낸다. 어쩌면 이것은 우리 자신에게 우리를 설명하는 데 도움을 줄 수 있을 것이다. 어쩌면 이것은 더 나아가 우리에게 우리 자신을 다르게 상상해 보라고 권유할지도 모른다.

우리의 대표이신 그리스도에서 국회 의사당까지

오도노반은 근대의 '국가'라는 개념 자체가 기독교 세계의 유산, 즉 왕의 초림에 의해 정치적 권위가 대체된 후 남겨진 것이라고 주장함으로써 발굴 작업을 개시한다. 하나님 나라의 선포와 유대인들의 왕의 부활은 지상의 왕국들이 사라지고 있음을 말해 주는 신호다. 황제는 하나님이 아니다. 카이사르는 주가 아니다. 제국은 왕국이 아니다. 따라서 "기독교 세계에서 출현한 정치적 교리는 정부가 책임이 있다는 개념에 의해 특징지어진다. 그리스도의 승리에 정복당한 통치자들은 잠정적으로, 특별한 목적을 위해 용인되는 한 존재한다"(*DN*, p. 231). 통치 권력은 현세적이기만 한 권력을 소유하며, 질서와 법과 영원한 왕에 대해 책임을 져야 한다. 간단히 말해서, 정부가 자신의 권위를 '세속적인' 것으로, 즉 현시대에 국한된 것, 영원한 것에 의해 한정되어 있고 궁극적으로 사라질 것으로 바라보게 될 때, 그리고 그렇게 바라보기 때문에 '국가'가 출현한다. 정부와 다스리는 이들이 다른 무언가, 더 고차원적인 무언가, 어떤 타자에 대해 책임을 져야 한다는 생각이 서양 정치사에서 갑자기 출현했으며, 이는 통치자들에게 책임을 묻는 민주주의의 핵심에 계속해서 영향을 미치고 있다.

오도노반은 "국가는 심판을 내리기 위해 존재하지만, 그리스도의 지배라는 권위 아래 있는 국가는 결코 그 자신의 법으로 심판하지 않고 **법 아래에서 심판한다**"라고 주장한다(DN, p. 233). 그리스도 안에 드러난 하나님의 계시는 지상의 모든 권력을 상대화하는 효과를 발휘한다. "따라서 군주의 입법 행위는 그 자체로 시작이 아니었다. 그것은 그리스도 안에서 하나님이 먼저 법을 만드는 것에 대한 대답이었으며, 따라서 그 하나님의 법 아래에서 심판 받아야 한다. 기독교 세계는 사실상 통치자가 '살아있는 법'이며 그의 개인적 권위가 그가 주는 법의 권위와 구별되지 않는다는 고전적 표현을 거부했다"(DN, p. 234). 따라서 우리가 정부에 책임을 물을 때마다—선거, 탄핵 절차, 항의 집회, 또는 주민 회의를 통해—우리는 왕이신 그리스도의 계시라는 유산을 담은 정치적 행동을 하고 있는 셈이다. 이런 정치적 선물을 우리는 인정하고 그에 감사해야 한다.

이렇게 현세적 권위를 제한하는 태도는 정부를 **대표**로 보는 이해로 전환된다. 그렇기 때문에 "헌법에 관한 사상이 기독교 정치의 전통과 최선의 정부 형태—민주정, 과두정, 군주정—가 무엇인가에 관한 고전적 사상을 구별 짓는 특징 중 하나가 되었다. 기독교 문화에서 초점을 맞추는 질문은, 어떤 형태의 정부든 그 정부가 어떻게 특정한 한 백성의 정부라고 주장할 수 있느냐는 것이다. 다시 말해서, 어떻게 한 정부가 대의적일 수 있는가?"(DN, pp.

234-235).¹⁶ 한때 기독교 세계가 그리스도의 통치라는 필수적인 '세속적' 표현으로서 '세계 제국'을 상상하려는 유혹에 빠졌을 때도[이 전통의 최저점을 보려면 단테의 『제정론』(De monarchia, 경세원)을 보라], 성경의 근본적 경고는 계속 이어졌다. "정경 안에 요한계시록이 들어 있다는 사실 때문에 그리스도인들은 적그리스도 역시 세계-통치 안에 완벽하게 표현되었음을 망각할 수 없었다"(DN, p. 236). 기독교 세계의 정치사상에서는 그리스도의 보편적 통치의 표현을 현시대의 세상 통치자 안에서 찾는 대신에 이 보편성이 **법** 안에 자리 잡게 했다. "기독교 세계의 마지막이자 가장 위대한 법적 성취는, 어떤 체제나 어떤 법령에도 의존하지 않고 하나님이 인간의 마음 안에 심어 두신 자연법에 의존하며 국제적인 관습과 관행에 의해 효과를 발휘하는 국제법이 그저 이상으로서가 아니라 실제로 존재한다는 사상이었다"(DN, p. 236). 따라서 '세속' 세계 전체가 한 기독교인 황제의 지배 아래로 들어가기보다는 모든 통치자—기독교인이든 아니든—가 그들보다 높으며 그들의 재가에 의존하지 않는 법에 책임을 져야 했다.¹⁷ 따라서 기독교 세계라는 모판에서 "헌법이 탄생하는 것을 우리는 목격한다." "법은 단지 통치자에게서 나오지 않는다. 법은 통치자보다 선행한다. 통치자 자신의 정당성은 법에 대한 호소의 문제일 수밖에 없다"(DN, p. 236).¹⁸ 서양에서 사는 우리가 자유 민주주의에 대해 가지고

---

16 2장에서 보았듯이 이런 대표의 역학은 기독론 자체로, 심지어는 이스라엘로 거슬러 올라간다.

17 오도노반은 "16세기 말 급진적 칼뱅주의 이론에서는 최고의 행정관을 제어하거나 제거할 책임을 진 특정 직책이 필요하며 이 필요성이 모든 헌법적 질서 안에 암시되었다고 주장할" 정도로 이를 공식화했음을 지적한다(DN, p. 238). 이는 마치 간달프가 도착해서 데네소르에게 그가 곤도르의 **청지기**일 뿐임을 일깨워 주는 것과 같다. 신적 법에 대한 책임보다는 내재주의적 사회 계약론을 채택한 후대의 자유주의는 개인주의, 무정부주의, 다양한 종류의 절대주의에 의해 국가가 약화되기 쉬운 '국가주의적 실증주의'(nationalist positivism)에 포획되고 말았다. 하지만 오도노반은 이것이 새로운 현상이 아니라고 지적한다. "사방에서 전문가들이 국민 국가가 곤경에 처했다고 선언한다. 진실은, 그것은 그리스도께서 죽은 자 가운데서 부활하신 이후 줄곧 곤경에 처해 있었다는 것이다. 주어진, 선험적인 정치적 정체성에 대한 도전은 기독교 사상의 일관된 주제(Leitmotiv)였다"(DN, p. 241).

18 나의 동료 마이커 왓슨은 소포클레스의 Antigone에서도 비슷한 통찰을 얻을 수 있음을, 오도노반은

있는 모든 실망감에도 불구하고 이것이 바로 자유 민주주의를 구별시켜 주는 정치적 에토스다. 권력이 법에 의해 통제되는 국가에서 산다는 것은 어느 정도까지는 복음의 영향을 받은 정치적 환경 안에서 살고 있다는 뜻이다. 그리고 자유 민주주의가 이를 **망각하는** 한 불의의 유령이 다시 출현한다.[19] "후기 근대 시대의 '자유주의적 독재'는 많은 부분 **사회**가 국가의 복종을 요구한다는 것을 이해하지 못하는 데서 기인한다"(DN, pp. 241-242). 그리고 바로 이런 이유 때문에 그러한 계보를 제공하는 정치신학이 **공적** 봉사를 한다고 말할 수 있다.[20]

오도노반은 "자유주의 사회의 특징을 추적하면서 우리는 그 사회가 그 자체로 그리스도-사건의 요약인 교회의 서사 구조에 영향받아 왔음을 보여 줄 필요가 있다"라고 말한다(DN, p. 250). 따라서 그의 계보학에서는 (앞서 2장의 "예수가 왕이시다" 부분에서 다뤘던) 그리스도의 대표의 네 순간과 병행하는

대체로 고대 그리스 시대에 존재했던 공화주의 정치의 선례를 무시하는 경향이 있음을 나에게 상기시킨다. 오도노반 역시 이 점을 인정하면서 *Desire of the Nations*는 대단히 구체적인 이유 때문에 다른 계보학에 초점을 맞추고 있다고 주장하리라는 게 나의 직감이다. 한정된 지면을 감안해 이 문제는 두 사람이 다른 데서 더 자세히 논할 수 있도록 맡겨 두겠다.

[19] 바로 이런 이유 때문에 오도노반은 미국 헌법에 대단히 비판적이다. 그는 미국 헌법을 "기독교 세계의 상징적 종말"로 보며 "혁명 시대의 표지"를 지니고 "아래로부터 구성된 사회라는 개념을 반영한다"고 생각한다(DN, p. 244). 특히 그는 수정 헌법 1조의 함의를 강조한다. "수정 헌법 1조를 입안한 이들은 원칙적으로 어느 교회에도 국교의 지위를 부여하기를 거부함으로써 자신들이 알고 있던 것보다 더 많은 것을 내주었다. 그들은 사실상 정치권력이 복음적 순종을 할 수 없다고 선언했다. 그리고 이로써 이미 타격이 가해졌다. 신학적 관점에서 이 공식을 매우 엄격히 이단적으로 만들기 위해 20세기의 법원이 추구했던 반종교적 해석도 필요 없었다. 신조에서는 '그분의 왕국은 끝이 없을 것이다'(*cuius regni non erit finis*, 니케아 신조의 한 구절—옮긴이)라고, 또한 사도는 '모든 무릎을 예수의 이름에 꿇게 하실'(빌 2:10) 것이라고 주장한다. 수정 헌법 1조에서는 감히 '…을 제외하고는'이라는 말을 덧붙인다. 정부를 복음적 순종에서 제외한 것이 사회 자체를 이해하는 방식에 영향을 미쳐 왔다"(DN, p. 246). 수정 헌법 1조에서는 '통치자들과 권세들' 중 하나를 그리스도의 통치에 대한 복종으로부터 사실상 배제시킨다. 자연법과 '두 왕국' 정치신학 역시 정부, 통치자, 국가가 **복음적** 순종—복음으로 선포된 그리스도의 지배에 대한 복종—을 하도록 부름받았다는 개념을 부인한다.

[20] 나는 "Revolution*ism* and Our Secular Age", *Comment* 34, no. 3 (Fall 2016): pp. 43-48에서 이 주제를 더 자세히 다룬다.

자유주의 사회의 네 양상을 강조한다.

첫째, 자유주의 사회는 당연히 **자유**에 의해 특징지어진다. 하지만 우리는 이 자유의 발견이—세속주의의 서사와 달리—먼저 교회의 증언이 제공한 선물이었음을 이해해야 한다. "그 가운데서 신적 권위를 가지고 말하는 예언자적 교회는 이미 존재하는 권력의 장악력을 느슨하게 만들며 자유의 전망을 환기하기 때문이다"(*DN*, p. 252). 복음이 자유를 해방시키며, 주의 성령께서 자유를 보장하신다. "하나님은 우리가 더 이상 인간 사회의 권위를 최종적이며 불투명한 것으로 취급할 수 없게 만드는 무언가를 행하셨다. 그분은 기름부음을 받으신 이를 보내 지배하게 하셨으며, 그분이 나타나신 곳마다—요단 강변의 세례 요한에게, 가버나움의 병자에게, 그분이 나귀를 타고 예루살렘에 입성하실 때 무리에게—그분은 기존 권위의 주장을 해체하고, 그것들을 겸손하게 하여 그분의 사랑의 법의 통제 아래 두셨다"(*DN*, p. 253). 물론 헤아릴 수 없을 정도로 많은 점에서 이것이 현시대에서 여전히 실현되지 않은 채로 남아 있기는 하다. 이런 의미에서 "복음적 자유는 더 일반화된 자유의 토대임이 입증되었다"(*DN*, p. 255). 따라서 후기 근대에 자유(freedom)가 자율(autonomy)로 변질되었음에도 우리는 자유(freedom)나 자유(liberty) 자체를 악마화해서는 안 된다.[21]

둘째, 그리스도의 몸이 고통당하는 교회가 되도록 부름받았다는 사실로부터 긍휼을 베풀라는 독특한 부르심이 생겨났다. 자유주의 사회에서 이것은 **심판 중 자비**라는 견지에서 표현된다. 십자가에서 우리를 대신해 심판을 받으신 왕으로부터 받은 은혜를 알고 자신의 심판이 하나님의 심판 아래에 있음을 인정하는 사회는 심판을 행하기 전에 받은 용서를 기억하라는 복음

---

21 자유지상주의가 확대되고 있는 현재 상황에서 우리가 거의 정반대의 유혹, 즉 자유(liberty)를 자율로 물신화하고 우상화하려는 유혹에 직면하고 있다고 우려할 수도 있다.

적 요구를 자각할 것이다. 오도노반이 인정하듯이, "십자가의 선포에서 도출할 수 있는 유일한 결론이 모든 인간의 심판은 중지되었다는 것"—비판을 받지 아니하려거든 비판하지 말라—"처럼 보일 것이다"(DN, p. 256). "그러나 이는 부활 없이 십자가만 선포하는 셈이다"라고 그는 지적한다. 그리고 그러한 경우 부활이 화해로 귀결되는 심판을 의미한다는 사실을 놓치고 말 것이다.

더 나아가 이 심판에 의해 이뤄진 구속은 피조물의 회복이며, 따라서 여기에는 현시대라는 중간 시간에도 잘 판단할 수 있는 능력을 회복하는 일이 포함된다. 심판은 십자가에 비추어 재정향되고 부활에 의해 갱신될 뿐만 아니라 종말에 의해 제어된다. 우리는 궁극적 심판을 기다리며 판단한다. 오도노반은 이렇게 결론 내린다. "이로부터 인간의 판단에 관한 대단히 변증법적인 사상이 출현했으며, 이 사상에서 세속 정부를 위한 사법적 패러다임은 십자가의 심판에 의해 대체되지 않고 오히려 강화되었다. 부활의 시대에 세속적 권위는 하나님이 하기로 작정하신 바를 수행할 때만 그 정당성을 인정받을 수 있었다. 사회 안의 세속적 기능은, 말하자면 신적 심판을 계속 상연함으로써 그것을 증언하는 것이었다. 반면에 교회는 송사를 피하고 용서를 통해 갈등을 삼켜 판단하지 않음으로써 신적 심판을 증언해야 한다"(DN, p. 259). 이 둘이 함께 '사회'를 이루며, **기독교적** 사회의 가능성을 형성한다. 다툼의 대상이 되는 피조물의 영역과 지상 도성을 다스리는 책무를 맡은 '세속적'이며 사라져 가는 정치권력은 자신들의 심판의 준궁극성을 지각하면서 이 일을 수행하고 이에 따라 자신의 실천을 개혁한다. "기독교적 자유주의에서는 재판관들에게 자신들과 같은 처지인 죄인들의 범죄에 대해 판결을 내릴 때 어깨 너머를 바라보라고 가르쳤다. 그들 역시 자비롭게 심판하는 이들을 자비롭게 심판하실 하나님의 더 높은 심판을 받게 되리라고 가르쳤다"

(*DN*, p. 278).²²

그러나 다툼의 대상인 동일한 공간에서 장차 올 왕국의 실현을 기다리는 교회는 판단하지 않고 용서, 자비, 화해라는 온 세상을 뒤흔드는 기쁜 소식을 퍼트리는 폴리스다. 주교들은 황제에게 처형과 보복 전쟁을 삼가고 관대함을 보이며 사면을 베풀라고 요구했다. 그리고 시간이 흐름에 따라 교회가 행하는 참회의 실천이 재판과 처벌 방식을 재형성했고, 이는 처벌과 감금에 대한 근대 자유주의의 이해를 뒷받침하고 회심, 개혁, 성화의 소망을 제시하는 '교정' 제도의 확립으로 이어졌다.²³ "교회는 사회 안에서 복음적 정의를 주장했으며, 사회는 어느 정도 이를 존중해야 했다"(*DN*, p. 260). 정의는 "용서의 반그림자(penumbra)" 안에서 "누그러졌다"(*DN*, p. 262).

셋째, 교회가 심판하기를 주저하는 태도는 소심함이나 우유부단함에 기인하지 않았다. 오히려 그것은 부활 이후 새롭게 발견한, "인간적 질서의 안정성에 대한 확신"의 반영이었다. 십자가와 부활을 통해 분명히 나타난 하나님의 자비는 "창조된 존재의 신원"으로 귀결되었다(*DN*, p. 262). 다시 말해서, 기독교적인 정치적 상상력을 승인하는 '창조의' 신학은 그저 향수에 젖은 '창조 질서'로의 회귀나 '자연법'에 대한 무역사적 호소가 아니다. 그와 반대로, 이것은 무엇보다 창조된 질서의 **부활** 안에서 살아가는 삶이다. 피조물됨에 대한 기독론적 긍정이다.²⁴ 따라서 근대에서 나타나는 **자연권**에 대한 긍정은 합리주의적·'자연적' 현상이 아니며, 오히려 지상의 단면과 인간의 영역의 기독

---

22 그와 반대로, 후기 근대의 "탈기독교적 자유주의는 모든 주저함을 물려받았지만 더 이상 종교적 겸손을 근거 삼지 않기에 도덕적으로 불안정해졌다"(*DN*, p. 278).

23 그렇다고 해서 이 제도 자체를 개혁하는 일이 절박하지 않다는 뜻은 아니다.

24 오도노반은 *Resurrection and Moral Order: An Outline for Evangelical Ethics*, 2nd ed. (Grand Rapids: Eerdmans, 1994), pp. 54–55에서 창조와 구속, 자연과 은혜의 관계를 이렇게 바라보는 관점을 더 자세히 제시한다.

론적 갱신을 반영한다. 오도노반은 자연권 교리의 세 가지 특징을 강조한다.

1. "각 인간이 다른 인간을 노예나 주인이 아니라 인류 안의 동반자로 대할 수 있게 하는" **자연적 평등**에 대한 인정
2. "친밀한 공동체가 만들어질 수 있게 하는" **친화성**의 구조, 공동의 삶과 **공동**선이라는 개념 자체를 상상할 수 있게 하는 연대 의식
3. 각 개인, 공동체, 독립체에 완결성을 부여하는, 또한 새로운 소망과 기대를 가지고 사회의 교환에 참여하게 하는 상호 작용과 "소통"의 방식을 상상하는—"가정(homes) 사이에서든 나라(homelands) 사이에서든"—**호혜** 의식(*DN*, p. 262).

이런 것들이 근대에 '권리'라는 이름으로 실현될 수 있었으며[25] '모든 사람' 중에서 점점 더 광범위한 대상을 위한 보호와 돌봄을 확보할 수 있었다면, 이는 복음에서 시작한, 서양의 정치적 상상 안으로의 **형이상학적** 침투 덕분이다. 비록 이것이 정체성 정치로, 또한 최신 '권리'를 옹호하는 데 집착하는 태도로 변형되었을지라도, 오도노반은 그 안에 독특하게 기독교적인 유산의 반향이 존재한다고 본다. "서양 기술 문화의 동질화 압력에 압도당하기 쉬운 작고 위험에 처한 문화적·언어적 공동체들을 보호하는 것은 참으로 기독교적인 본능인 것처럼 보인다"(*DN*, p. 267).

독특하게 기독교적인 유산을 반영하는 자유주의적 질서의 네 번째 특징은 우리가 '말하기의 자유'와 연관시키는 **말하기에 대한 개방성**이다. 황제에게 복음을 말하고 권력을 향해 진리를 말하는 교회가 세상을 향해 선포하는 두

---

[25] 오도노반은 "자연권"이라는 초기 근대의 교리를 자율 및 '타고난' 권리라는 후기 근대의 표현과 구별할 것이다(*DN*, p. 276).

려워하지 않고 말하기(파레시아, *parrhēsia*)가 서로에게 말하기, 예언자적 도전, 공적 확신의 습관을 퍼트렸으며, 이런 습관은 시민들뿐만 아니라 하나님의 도성 안에서 시민권을 발견했던 비시민들―하층 계급, 평민, 권리를 박탈당한 이들―의 기대 안으로 스며들기 시작했다. 말하기에 대한 이런 개방성이 앞의 특징들과 결합되었을 때, 사람들의 목소리를 강화하고 우리가 '근대 세계'의 필수 요소라고 생각하는 민주주의의 조건들을 뒷받침하게 된 것은 우연이 아니었다.

근대의 핵심 특징에 대한 이 계보학적 설명은 그것이 독특하게 기독교적인 계시, 신념, 실천을 유산으로 삼고 있음을 드러내며, 단순히 자유주의적 질서를 악마화하는 모든 신학적 설명을 약화시키는 동시에 우리의 근대적 자유주의 사회에 나태하게 혹은 열정적으로 묻지도 따지지도 않는(blank-check) 세례를 베푸는 태도에 이의를 제기할 것이다. 그러한 계보학적 작업은, 앞서 말했듯이 정치적인 것에 대한 그리스도인의 참여에 필수적인 **분별**에 대한 역사적 차원의 본보기다. 그러한 계보학은 비판적 관대함과 분별하는 개방성이라는 기준 입장을 배양할 것이며, 후기 근대의 자유주의적 사회 안에서 그 안에 복음과 조화를 이루는 신념과 성향을 담고 있는―비록 자신의 '복음적' 가계도를 스스로 인정하지는 않더라도―실천, 제도, 정책, 습관들을 모색할 것이다.

오도노반은 후속작 『심판의 방식』(*The Ways of Judgment*)에서 이 중요한 작업을 이어 간다. 이 책에서는 다시 한번 교회가 '자유주의'와 맺는 미묘한 관계를 간략히 묘사한다. 이 책에서 우리는 자유주의적 이상들이 물려받은 기독교적 유산을 인정하는 동시에 이런 이상들의 현대적이고 '후기 근대적인' 자유주의적 표현에 대한 신학적 비판을 명확하게 전개하는 계보학의 실례를 확인할 수 있다. 한편으로, 그가 『열방의 욕망』에서 추적했듯이, 정치적 자유

생각해 볼 문제: 심판 중 자비

제2차 세계대전 직후 프랑스가 '지식 문화' 산업 안의 부역자들—독일 점령군에게 협력했던 작가, 편집자, 언론인, 예술가—을 어떻게 처리해야 하느냐는 문제에 직면했던 상황이 심판 중 나타난 기독교적 자비의 반향이라고 생각해 볼 수 있다. 많은 이가 무자비한 조치, 심지어 처형을 요구했으며, 그에 미치지 못하는 것은 모두 나치의 불의와 계속해서 공모하는 것이라고 생각했다. 작가 알베르 카뮈(Albert Camus)는 가장 강력한 목소리로 '정의'를 요구했던 사람 중 하나였다. 결국 심판으로 집행하는 사형에 불편한 태도를 갖게 되었지만 그럼에도 그는 이런 지식인 부역자들을 혹독하게 처벌해야 한다고 주장했다.

카뮈는 이 전선에서 조금만 약한 모습을 보여도 그것이 정의를 약화시킨다고 보았다. 자비는 약함일 뿐이며, 심지어 불의의 한 형태라는 것이다. 따라서 그는 역시 프랑스의 작가인 프랑수아 모리악(François Mauriac)과 공개 토론을 벌이게 된다(나중에 카뮈와 모리악 모두 노벨 문학상을 수상한다). 가톨릭 신자로 스스로 레지스탕스의 회원으로 활동했던 모리악은 정의를 실행하는 데서 자비와 관용(charity)을 베풀어야 한다고 주장했다. 카뮈는 그를 "중죄 법원의 성 프란치스코"[Saint Francis of the Assize Courts, 프랑스어로는 St. François des Assises. 그의 이름(François)과 중죄 법원(Cour d'assises), 아시시의 성 프란치스코(Saint François d'Assise) 사이의 유사성을 이용한 말장난—옮긴이]라고 조롱하면서 관용이나 자비를 주장하는 목소리는 불의를 가리는 것이며 사실상 부역자들을 인정하는 것과 다름없다고 생각했다. 카뮈는 "우리는 마지막 순간까지 그들의 정의로 인간을 기만하는 독실한 관용을 거부할 것이다"라며 항의했다.[1] 그는 정화를 위해서는 지금 여기서 혹독한 정의가 이뤄져야 한다고 결론 내렸다. 카뮈의 전기를 쓴 올리비에 토드(Olivier Todd)는 카뮈의 주장에 공감하는 것처럼 보인다. 토드는 "카뮈는 인간의 정의를 선택한 반면 모리악은 신적 정의를 생각했고 따라서 관대함(indulgence)을 택했다"라고 논평한다.

하지만 흥미로운 점을 언급하자면, 나중에 카뮈는 상황을 다르게, 즉 관용, 용서, 자비를 아우르는 정의가 더 나은 길임을 깨닫게 된다는 것이다. 1948년 라투르-모부르(Latour-Maubourg)의 도미니쿠스 수도원에서 했던 대담에서 카뮈는 새로운 틀로 이 사건을 회고했다. 그는 고백으로, 그의 말에 따르면 "선언"으로 이야기를 시작했다. "나는 절대로 기독교의 진리가 허황된 것이라는 전제에서 시작하지 않을 것이다. 다만 내가 그것을 받아들일 수 없다는 사실에서 시작할 것이다." 어떻게 기독교의 진리가 그를 압박하고, 심지어 그에게 출몰하는지를 보여 주는 한 사례로 그는 모리악과의 일화를 회상했다. "나는 계속해서 그가 했던 말을 숙고할 수밖에 없었다. 이 성찰의 끝에서…스스로 인정하게 되었고 지금 이 자리에서 공개적으로 인정하는데, 근본 진리에 관해서 또한 우리 사이에서 벌어진 논쟁의 정확한 논점에 관해서 프랑수아 모리악이 나를 이겼다."[2]

---

1 이 일화는 올리비에 토드의 탁월한 전기인 *Albert Camus: A Life*, trans. Benjamin Ivry (New York: Knopf, 1997), pp. 198-202에서 이야기하고 있다. 『카뮈』(책세상).
2 이 대담은 Albert Camus, *Resistance, Rebellion, and Death*, trans. Justin O'Brien (New York: Vintage, 1960), pp. 69-70에 실려 있다[한국어로는 '무신앙자들과 기독교인들', 『알베르 카뮈 전집 4』(책세상)에 실려 있다-옮긴이].

주의에 관해 우리가 긍정하는 특징 중 다수는 사실 복음이 서양의 정치 지형에 영향력을 미쳐서 여기저기에 남긴 '분화구'다. 서양의 탈선한 개인주의조차도 중요한 방식으로 복음의 표지를 지니고 있다. 따라서 오도노반은 개인이 사회에 대해 어느 정도 "초월성"을 지녀야 한다고 (올바르게) 강조한다. "개인이 홀로 우뚝 서서 마치 외부에서 바라보듯이 사회 체계를 바라보는 순간이 반드시 온다"(WJ, p. 75). 그리고 그가 『열방의 욕망』에서 추적했듯이, 개인에 대한 이러한 존중은 사실 **복음**이 서양에 미친 영향의 유산—'자연적' 통찰이나 어떤 타고난 권리의 결과가 아니라 '복음'이 미친 영향의 결과—중 하나다. 하지만 **후기** 자본주의에서는 이러한 개인의 '초월성'을 제거해 버렸다. "자유주의 전통에서는 개인 안에 있는 초월의 지점, 즉 사회적 정체성이 설명할 수 없는 무언가, 개인에게 사회에 대한 독립적 관점을 제공하는 무언가를 존중했다"(WJ, p. 75). 그러나 이 '개인'이 무사회적이라고, '아무데도 아닌 곳에서 온' 존재라고 가정하지는 않았다.

> 자유주의 전통에서는 개인에게 양심이 모든 사회적 요구보다 우선한다고 가르침으로써 그를 교육받지 못한 상상력의 우연성에 의존하도록 내버려 두지 않았다. 이 전통에서는 양심이 사회와 개인 모두를 넘어서는 원천을 지니고 있으며 그것이 사회적 주장의 메아리보다 더 크고 개인의 꿈의 투사보다 더 크다고 전제했다. 이렇게 전제한 것은 그 논리의 핵심에 자리 잡고 있는 유일신 신앙 때문이었다. 20세기 초까지만 해도 하나님의 권리를 인정하지 않는 사회에서는 어떤 '권리'도 존재할 수 없다는 아우구스티누스의 논쟁적인 주장이 자유주의 사회의 반박 불가능한 기반인 것처럼 보였다. (WJ, p. 76)[26]

---

26 이를 *Justice*에서 자유주의 사회를 여기로 **돌아가게** 하려고 했던 니콜라스 월터스토프의 시도와 비교

하지만 초월적인 것에 대한 이 신앙이 서서히 사라졌기 때문에 개인의 초월성 역시 서서히 사라지고 말았다. 찰스 테일러라면 "배타적 인본주의"라고 불렀을 것에 의해 지배되는 후기 자유주의는 오도노반의 관점에서 보기에 "다신론적"이다. "다신론적 사회는 사회가 그 주장에 부과할 수 있는 것 외에 어떤 일관성도 없는 복수의 주장들 사이에서 교섭하며, 따라서 사실상 그 자신의 주권을 강요한다. 후기 자유주의는 '다원주의'의 깃발을 들고 자신의 뜻에 따라 스스로를 다신론적인 것으로 만들었다고 말할 수 있다"(WJ, p. 76).[27]

또한 이런 이유 때문에 후기 자유주의는 권위에 대한 일관된 이해 면에서 어려움을 겪고 있다. 자유에 대한 오도노반의 설명에 기초해 권위는 자유**에 대한** 위협이 아니라 자유**를 위해** 행사되어야 할 선임을 우리는 이해할 수 있다. 그 자체로서 권위는 "신민과 통치자 사이의 상호적이지 않은 관계에 의존한다"(WJ, p. 127). 그러나 비상호성은 후기 근대 자유주의의 큰 걸림돌이다. "계약"이라는 신화는 "비상호적 관계를 상호성에서 도출함으로써 그것을 정당화하려는 시도"다. 나는 사실 나 자신에게 복종하고 있다! 그렇기 때문에 "문명이 정치적 권위를 문명 자체가 만든 것이라고 생각할 때, 그것을 사건들이 아니라 기관들의 관점에서 바라보며, 따라서 자연히 스스로가 만든 기관들을 존중하라는 요구를 받는 것에 분노하기 시작한다. 바로 이런 이유 때문에 후기-근대에서는 '권위'가 거의 자리를 차지하지 못한다"(WJ, p. 128). 하지만 우리는 계속해서 그것과 마주한다. 오도노반은 대안적인 권위의 **현상학**—그리고 우리에게 의무가 있음을 깨닫게 되는 경험—을 제시한다.

해 볼 수 있다.
27   뒤에서 오도노반은 관련 주장을 전개한다. "명백한 육체적 고통을 아주 민감하게 싫어하는, 현재 군림하고 있는 자유주의적 세속주의보다 더 나쁜 폭정이 분명 존재할 수 있다. 그만큼 자유주의적 세속주의가 유리하다고 늘 말할 수 있다. 그러나 그것이 자유를 증진한다고 말할 수는 없다"(WJ, p. 237).

그와 비슷하게 『열방의 욕망』에서 오도노반은 "인정"이 권위의 핵심 특징임을 강조했다(DN, p. 47). 이스라엘에서 이것은 **예배**를 통해 표현되었으며, 그렇기 때문에 그가 지적하듯이 정치적 충성은 아주 쉽게 우상숭배로 변질될 수 있다. 권위를 인정하는 것은 말하자면 예배의 최저 기준선이다. 『심판의 방식』에서는 "인정"이라는 이 특징을 권위의 "인식"(8장)과 이것이 서양에서 "대표"의 역학 안에서 작동하는 방식(9장)이라는 관점에서 탐구한다. 한 백성과 그 권위의 관계는 대표의 문제, 따라서 정당화의 문제에 달려 있다(10장). 여기서 오도노반의 설명은 철저하게 아우구스티누스적이다.[28] "우리 자신을 한 백성으로 바라본다는 것은, 중첩되며 서로 맞물린 우리의 실천적 소통을 통일시키는 공동선을 상상을 통해 파악하고, 그렇게 함으로써 우리 자신을 단일한 행위자, 우리가 실제로 마음속에 그려 볼 수 있는 최대의 집단적 행위자로 바라보는 것을 뜻한다." 그런 백성은 또한 "이런 요소들이 어떤 의미에서 함께 서로를 위해 행동하는 것을 생각하는 것이 더 이상 가능하지 않을 때 해체된다"(WJ, p. 150). 오도노반은 여기서 **영토**를 본질적 특징, 즉 백성이 되기 위한 필요조건이지만 충분조건은 아닌 특징으로 삼는다. "우리 자신을 한 백성으로 바라보는 것은 도덕적 상상력의 작업이다.…전에는 머시아 사람(Mercians), 웨섹스인(Wessexmen, 머시아와 웨섹스는 노덤브리아, 이스트 앵글리아, 켄트, 서섹스, 에식스와 더불어 중세 잉글랜드 남부에 있던 앵글로 색슨 7왕국을 이뤘다고 알려져 있다—옮긴이), 또한 후대에 노르만인이었던 사람들이 **생각하지 않고도** 스스로를 잉글랜드인이라고 불렀을 때 비로소 잉글랜드 민족이라는 말을 자연스럽게 할 수 있게 되었다"(WJ, p. 151, 강조는 추가됨).

---

[28] 그의 스톱 강연(Stob Lectures)에서 그 전조를 확인할 수 있다. Oliver O'Donovan, *Common Objects of Love: Moral Reflection and the Shaping of Community* (Grand Rapids: Eerdmans, 2002)를 보라.

백성됨이 정부보다 선행한다. 이것이 입헌주의의 배후에 자리 잡고 있는 확신이다(*WJ*, pp. 154-156). "정부와 백성, 백성과 정부가 서로를 마주할 때만 정치가 생겨난다. 하지만 이 둘은 동등하며 대립하는 주체가 아니다. 정부는 백성을 보존하고 지키기 위해 존재하며 그 반대가 아니다. 그리고 그렇게 하기 위한 조건은 정부가 '우리의 것'이라는 것, 즉 정부가 백성을 '대표한다'는 것이다"(*WJ*, p. 157). "'누가 전통의 권위를 지니는가?'라는 물음은 '누가 공동체를 대표하는가?'라는 물음과 같다"(*WJ*, p. 160).[29] 이 설명에서 오도노반의 가장 흥미로운 통찰 중 하나는, "근대 서양의 공식적 대표 이론에서는 전혀 찾아볼 수 없는" 대표의 **정서적** 역학을 강조한다는 점이다(*WJ*, p. 163). 이 점에 관한 그의 통찰은 특히 시의적절하며, 다시 한번 우리의 정치 행위가 합리적 근거에 의해 추동되기보다는 끌림과 혐오의 역학이 우리 안에서 이끌어 내는 것임을 지적한다.[30] "정서의 신비로운 연금술이 인정을 끌어내며, 한 백성이 스스로 그 상황을 위해 앞으로 나선 한 개인을 마주하고 있음을 알게 되고, 대표가 이뤄진다"(*WJ*, p. 164).[31]

모든 정치신학—특히 정치적인 것의 본질로서의 **심판**에 초점을 맞추는—

---

29 *Desire of the Nations*에서 오도노반은 이렇게 주장한다. "서양의 정치적 전통에서 대표라는 개념은 속량된 인류와 그리스도, 즉 자신의 죽음과 영화를 통해 온 인류를 대표하시는 분의 관계에 근거를 두고 있다"(p. 157). 이 역시 복음이 서양의 정치 지형에 만든 '분화구' 중 하나다.

30 이와 관련해 Jonathan Haidt, *The Righteous Mind: Why Good People Are Divided by Politics and Religion* (New York: Random House, 2012)을 함께 읽어 보는 것도 유익할 것이다.

31 하지만 그가 나중에 이와 관련해 십자가를 설명하는 부분도 눈여겨보라. "십자가는 대표에 의한 통치와 권위의 **미학적** 근거에 도전한다. 가장 추한 광경이…가장 근원적인 끌림의 대상이 되었다…가시적 상징(emblem)으로서 십자가는 남성, 여성, 아동을 보편적 주목의 공동체 안으로 이끌었으며, 그들의 국가적·부족적·가정적 정체성이라는 경계를 뛰어넘었다…달콤한 십자가(*dulce lignum*)는 우리를 우리의 정치 지도자들에게 결속시키는 매력의 황홀함보다 더 밝게 빛난다. 십자가는 우리의 충성과 사랑의 가장 깊은 원천을 끌어냄으로써 그들의 매력이 천박하며 변덕스러움을 보여 주었다. 십자가에서 하나님은 인간의 중요성이라는 조명에 대해 '이가봇!'(Ichabod, 히브리어로 '영광이 떠났다'라는 뜻으로, 사무엘상 4장에 기록된 비느하스의 아들 이름이기도 하다ㅡ옮긴이)이라고 선언하셨다"(*WJ*, p. 232).

의 결정적 시금석은 "그것이 십자가에 관한 신약의 선언과 그 도덕적 함의인 '비판을 받지 아니하려거든 비판하지 말라!'(마 7:1)라는 말을 통해 드러난 이 대항-정치적 순간을 설명할 수 있는가, 또한 이를 얼마나 명확하게 설명할 수 있는가다"(WJ, p. 233). 여기서 오도노반은 『열망의 소망』에서 꺼낸 주제, 즉, 복음이 서양의 정치 지형에 만든 '분화구' 중 하나는 심판(과 통치)을 **제한하고** 심판 **안에** 자비를 포함시키는 것이라는 주제를 되풀이한다. 이런 의미에서 정치신학은 하나의 '교정 수단'이다. 그렇다면 기독교 세계는 "심판하지 말라"라는 예수의 명령에 입각해 그러한 금지 명령을 다스림의 행위 안에서 흡수하려고 노력하는 일종의 선교적 실험이었다. 통치자들은 **교회**, 즉 "심판하지 않지만' 마지막 심판을 증언하는 공동체"로부터 보냄받았다(WJ, p. 240). 그렇기 때문에 "패러다임 사회"인 교회는 "사회적 갱신과 회복이 이뤄지는 자리"다(WJ, p. 241). 교회가 정부를 집어삼키기 때문이 **아니라** 교회의 품 안에서 형성된 예수의 제자들이 세속적 다스림을 통해 심판하도록 보냄받은 이들이기 때문이다.[32]

심판하기를 삼가는 사회는 그릇됨의 지식 앞에서 원초적 무고함을 주장하는 심판 **없는** 사회가 아니다. 심판하지 않기는 심판으로부터의 분리가 아니며, 무게를 잴 수 없는 요구 앞에서 당황스럽게도 어깨를 으쓱하며 무시하는 태도도 아니다. 그와 반대로, 그런 사회는 심판의 필요성을 느끼며, 울부짖으며 하나님께 심판을 구하고 그것이 그리스도 안에서 계시되었음을 깨달은 사회다. 그리고 본 것을 믿

---

[32] 나는 교회에 대한 이 짧막한 성찰이 교회에 관해 본격적으로 논하는 Ways of Judgment 15장보다 더 탁월한 통찰을 담고 있다고 생각한다. Ways of Judgment 15장에서는 Desire of the Nations와 같은 에큐멘 성례전에 대한 풍성한 분서를 찾아볼 수 없다. 여기서 교회에 대한 그의 논의는 Desire of the Nations보다 훨씬 더 교권주의적이다. [그리고 "개신교 신학에서의 아리스토텔레스적 전회"—또한 "실천"에 있어서(WJ, p. 266)—에 대한 그의 비판은 Ways of Judgment 앞부분에서 그가 다뤘던 상상력과 정서의 중요성에 관한 논의와 연결되지 않아 보인다.]

음으로써 스스로 심판한다. 심판을 삼가는 사회는 존중해야 할 하나님의 심판이 있기에 심판을 삼간다. 따라서 하나님의 심판 아래서 살며 그것을 삶의 법칙으로 받아들이는 사회는 장차 올 심판을 기다리며 심판하지 않는 자유를 누린다. 모든 인간의 심판은 한시적이기 때문이다. (*WJ*, p. 238)

이처럼 자비가 심판으로 침투한 것은 (단지) '창조에 따른' 결론이 아니라 명시적으로 '복음적' 효과다. 그것은 '자연법'이나 '창조 질서'에 관한 통찰 때문이 아니라 그리스도-사건의 구체적 내용으로부터 도출된다. 오도노반이 『부활과 도덕적 질서』(*Resurrection and Moral Order*)에서 주장하듯이, 그것은 그리스도의 부활(과 승천)로부터 도출된 입장이다.[33] 그것은 기독교 세계의 유산이다. 전반적으로 오도노반은 교회와 세속 정부의 관계에 대해 "장기적 관점"을 취한다. "세상 안에서든 밖에서든 인간에게 가장 선한 것인 생명의 말씀을 제시함으로써 효과적인 사역을 행하는 효과적인 교회는 사회 안의 정치적 기능들이 수호하기 위해 존재하는 사회적 선을 전달함으로써 그 기능들을 지원할 것이다. 그러나 이는 이 관계에 대해 매우 장기적인 관점을 취하는 것을 의미한다"(*WJ*, p. 292).

어떤 점에서 우리는 이 유산의 폐허 속에서 살아간다. 근대 초기 자유주의의 토대는 파편 아래에 여전히 존재한다. 우리는 그 위에 후기 근대적 자아와 정체성 정치라는 허약하고 겉만 화려한 건물을 만들었다. 우리는 이처럼 왜곡된 개인**주의**가 기독교 세계 안에서 출현한 개인에 대한 선하고 건전하며

---

[33] 특히 오도노반이 "복음적 원리"를 요약하고 있는 *Resurrection and Moral Order* 2판 서문을 보라. "세상에 관해 참인 것"은 "하나님이 그분의 세상과 예수 그리스도 안에 있는 인류를 위해 행하신 바에 의해 이뤄졌다." 이 원리는 "부활절 원리"와 짝을 이룬다. 즉, "우리의 행동을 해방시키는 하나님의 행동은 죽은 자 가운데서 다시 살아나신 예수의 부활에 초점을 맞추고 있으며, 그분의 부활은 창조의 명료한 질서를 회복하고 성취했다"(p. ix).

성경적인 긍정을 약화시키도록 내버려 두어서는 안 된다. "자신을 판단하는 것이 하나님을 믿는 신앙의 핵심이다. 그리고 이 행동을 통해 개인이 일차적 행위자로서 결정적으로 출현한다"(WJ, p. 294). 그러나 우리는 근대에 또 다른 **종류**의 개인, '근대적' 개인의 출현을 목도한다. 사실 두 종류의 '근대적' 개인이 존재한다. 데카르트(Descartes), 로크, 홉스(Hobbes)가 말하는 사회 이전의 원자론적 개인이라는 신화가 있다. 이런 종류의 근대적 개인은 비판하는 것이 옳다(WJ, p. 297). "그러나 근대에 또 다른 종류의 개인을 마주하게 된다:… 개인성을 **성취한** 주체…[이런 주체는] 손쉽게 비판할 수 없다. 기독교적 '영혼'과 강력한 유사성을 확인할 수 있고, 심지어 키르케고르 같은 기독교 작가는 유사성을 넘어선다고 보기 때문이다"(WJ, pp. 297-298). **이러한** 근대적 개인은 반성적 존재로서 복음이 미친 영향력의 표지를 지니고 있다.

하지만 유산은 선택적이다. "근대는 자기반성으로 유명하지만, 이것은 기독교가 빚어낸 반성이 아니다. 이것은 소망을 품고 하나님과의 내적 대화에 집중함으로써 형성된 것이 아니라 사물의 핵심에 다가가고 전략적으로 통제할 수 있는 지위를 차지하기 위한, 실망하면서도 그칠 수 없는 노력에 의해 형성되었다. 키르케고르는 이를 매우 잘 이해했다. 그는 반성이 '반성적 침체'로 변했으며 이것이 절망의 본질적 형태라고 생각했다"(WJ, p. 309). (데이비드 포스터 월리스를 보라!) 근대에 우리는 수도원적인 내적 성찰과 내면으로의 후퇴와 비슷한 무언가를 갖게 되었다. 그러나 내면의 성은 비어 있다. 거기서 발견할 하나님과의 만남 같은 것은 없으며, 따라서 그 결과는 절망이다(WJ, p. 310). 결국 우리는 사회로부터 **과도한** 기대를 하게 되었다.

기독교 계시의 절대성을 당연히 받아들이는 한, 주체가 사회보다 훨씬 우월하냐고 보는 입장이 거의 문제되지 않는 것처럼 보였다. 양심을 따르든 하나님의 뜻을 따르든 개인은 사회가 그에게 기대하는 모든 것과 그 이상을 행할 것이기 때문이다. 그는 사회의 정치적 기관들에도 유익했다. 자기 지도와 자기 판단의 습관은 정부가 판단해야 하는 일상적 부담의 비중을 덜어 주었다. 하지만 더 중요한 점은, 주체가 옳은 것을 행하기 위한 충분한 이유로서, 고통을 당하는 것을 정당화하는 충분한 근거로서 하나님의 뜻을 이해하고 그것에 반응할 수 있는 능력을 가지고 있다고 생각할 때 사회는 결코 감당할 수 없었고 감당하지 않아도 되었던 또 다른 부담, 즉 바른 행동과 고통에 대한 인내를 정당화하는 부담을 덜게 되었다는 것이다. (WJ, p. 311)

이 '양심적인' 근대적 개인은 선택적 유산으로서 은혜의 말씀 없이 내면을 성찰하는 그리스도인의 영혼이 지닌 부담을 상속받았다. "근대가 상상하는 양심적 개인은 참으로 구속적인 무언가, 즉 자신에 대한 심판자가 되라는 복음적 명령이 왜곡된 형태다"(WJ, p. 312). 복음—그리스도 안에서 이뤄진 하나님의 **심판**에 관한—이라는 기쁜 소식 없이 "자신을 심판하라!"라는 명령을 받아들이면 자의식에 따른 절망의 나락에 빠질 수밖에 없다. 따라서 다시 한 번 교회는 이 좋은 소식을 받아들이고 그 안에서 살아가는 것이 어떤 모습인지를 구현함으로써 사회를 섬긴다(WJ, p. 319).

오도노반은 "시대의 징조에 주의를 기울이라는 것이 복음의 요구다"라고 충고한다(DN, p. 273). "물론 이 책무는 모든 시대에 공통으로 적용되는 형식적 특징을 지니겠지만, 각 시대마다 이 책무는 다르게 결정된다. 여기에는 장차 그리스도의 오심에 대해 우리의 주의를 환기하는 약속의 징조들을 분별하는 일이 포함되며, 적그리스도의 형태, 궁극적 충돌의 경고를 분별하는 일이 포함될 것이다"(DN, p. 273). "약속의 징조들"이 **존재**할 수 있는 것은, 복음과 그리스도의 몸이 역사에 충격을 가해 우리의 정치적 실천, 제도, 소망의 일부를 빚어내고 변화시키며 그 흐름을 바꾸어 놓았기 때문이다. 정치적인 것조차도 바람처럼 원하는 곳으로 행하시는 성령의 침투에 영향받을 수밖에 없다. 그러나 현시대에서 산다는 것은, 정치적인 것의 이러한 '회심'이 언제나 불완전하며 지속적임을 깨닫는 것이다. 그렇기 때문에 우리는 짐승의 징조를 찾는 데에도 똑같이 주의를 기울여야 하며, 이 짐승이 빛의 천사처럼 계몽주의와 민주적 의라는 옷을 입고 어슬렁거리며 돌아다닐 때는 특히나 그리해야 한다. 예를 들어, "암묵적이든 명시적이든 인간의 행복(welfare)을 위한 필요충분조건으로 제시되는 명령에 직면할 때, 신자들은 그 짐승을 알아차릴 것이다"(DN, p. 274).

이러한 분별—약속의 징조와 적그리스도의 형태를 찾는 것—이 이번 장에서 다룬 자유주의의 지성사를 추동하는 동력이다. 한편으로 우리는 자유주의가 정치 지형에 대한 복음적 개혁의 성과임을 이해할 수 있다. 다른 한편으로 우리는 자유주의의 불완전함, 그 지속이며 새로운 우상숭배, 왕의 부활이라는 현실과 도전에 대한 자유주의의 저항을 이해한다. 따라서 오도노반이 들려주는 이야기는 "어떻게 근대가 기독교의 자녀이며 동시에 근대가 아버지의 집을 떠나 탕자의 길을 따라갔는지"에 관한 이야기다(DN, p. 275). 탕자더라도 여전히 아들이다. 우리는 그가 들어오지 못하도록 빗장을 걸어 잠가서는 안 되며 그를 다시 맞아들일 방법을 찾아야 한다. 혹은 최소한 동생과 가족 유사성을 지니고 있음을 깨달아야 한다.

〈레 미제라블〉에서 법을 묘사하는 방식: 자베르에 대한 두 가지 칭찬

〈레 미제라블〉(Les Misérables)을 볼 때마다 나는 악당에게 반하고 만다. 여기서 나는 악마의 변호인 역할을 맡아 자베르(Javert)를 칭찬하려고 한다. 이렇게 함으로써 비록 우리가 "판단하지 말라"라는 훈계를 받지만 심판의 유익에 관해 설명해 보고자 한다. 여기서 중요한 것은 기독교가 법의 유익을 인정한다는 것(또한 그에 상응하게 '혁명적' 사고에 반감을 가지고 있다는 것)이다.

이 이야기를 잘 모르는 이들을 위해 설명하자면, 자베르는 교도관이고 나중에는 형사 혹은 경찰관이 된 인물로, 법과 질서를 유지함으로써 평화를 지켜야 할 책무를 부여받았다. 그는 이야기의 주인공인 장 발장과 대립하는 인물이다. 장 발장은 자베르가 지키려고 하는 법에 의해 투옥된 적이 있었다. 그리고 자베르는 그가 석방되고 나서 가석방 규칙을 따르지 않았다는 이유로 계속해서 그를 쫓고 있다. 후퍼(Hooper)의 영화 버전에서 이야기는 이 두 인물 사이에서 계속되는 춤이라고 말할 수 있다.

먼저 이 이야기를 구원에 관한 우화로 보고 장 발장과 자베르가 각각 은혜와 율법을 의인화한 것이라고 읽으려는 유혹에 저항해 보자. 그렇게 볼 경우 모든 그리스도인은 분명 발장의 편을 들고 자베르의 세계관에는 은혜나 용서가 자리 잡을 공간이 없다는 비극적 사실에 슬퍼할 것이다. 하지만 나는 이 이야기를 우화로 읽는 것이 최선이라고 생각하지 않는다. 분명 이 이야기는 장 발장의 삶 안에서의 은혜와 용서의 역학을 생각해 보게 만들더라도 말이다. 이 영화를 이런 식으로 읽어야 한다고 주장한다면, 영화를 구원에 관한 우화로 취급하지 말라. 대신 성인전—즉, 발장의 성화를 추적하는 '성인의 삶'에 관한 이야기—으로 읽으라.

그러나 나는 정치신학이라는 렌즈로 이 이야기를 바라봄으로써 빅토르 위고(Victor Hugo)가 (또한 톰 후퍼가) 창조한 세계 안에서 법이 차지하는 자리와 법에 대한 평가에 관해 생각해 보고자 한다. 이 점에서 나는 이 이야기가 법 **자체**를 악마화할 위험이 있다고 생각한다. 당연히 우리는 발장의 범죄(배가 고픈 조카를 위해 빵을 훔친 행위)와 그가 받은 처벌(19년의 노역) 사이에 형평성이 없다고 느낀다. 그런 이야기를 듣자마자 우리 안의 로빈 후드가 깨어난다. 자베르가 경미한 절도를 저지른 사람을 그토록 끈질기게 추적하는 모습은 광적으로 보인다. 그리고 그가 자비를 베풀지도 못하고 얻지도 못한다는 사실이 비극적 결과를 낳는다. 불행히도 그는 '법'이라는 깃발 아래서 이 모든 일을 행한다. 따라서 결국 자베르가 맡은 악역은 그가 국가의 대리자라는 사실과 결부되어 있다.

나의 걱정은, 수많은 사람이 이 영화를 본 후 법 자체에 대한 부정적 태도를 갖게 된다는 것이다. 이것은 자유지상주의적 자기표현의 시대에 잘 팔리는 이야기이며, 혁명가들에 대한 압도적 공감이 존재하는 것처럼 보이는 것도 바로 그런 이유 때문이다. 발장을 편드는 것이 '민중'을 편드는 것이며, '민중'을 편드는 것이 혁명에 **찬성하고** 자베르에 반대하는 것이다. 그리고 당신이 알기도 전에―그리고 그것에 관해 생각하지도 않고―법 자체에 부정적 생각을 갖게 된다. 나는 법에 관한 근본적으로 긍정적인 설명을 뒷받침하는 강력한 창조 신학이 우리에게 없다면 그리스도인들이 특히 이런 태도로 기울이지기 쉽다고 생각한다.

그러나 내 작업의 출발점인 개혁주의 공공철학에 활력을 부여하는 것은 헤르만 도이어베르트(Herman Dooyeweerd)를 따르며 한때 스스로 de wijsbegeerte der wetsidee―법-사상의 철학―임을 자랑스럽게 자처했던 전통이다.[34] 이는 율법주의에 관한 게 아니다. 오히려 이는 우리의 유익을 위해 하나님의 피조물 안에 규범과 '법'이 새겨져 있음을 인정하는 철학이었다. 이것이 문화적 규범, 법률, 정책을 발전시키는 일을 선한 창조의 양상―번영과 공동선을 위한 선물―으로 인정하는 문화 돌봄의 철학을 위한 기초다. 어떤 의미에서 자베르는 바로 이 일에 헌신해 왔다.

---

34 이에 관한 간결한 논의로는 Herman Dooyeweerd, *A Christian Theory of Social Institutions*, trans. Magnus Verbrugge, ed. John Witte Jr. (La Jolla, CA: Herman Dooyeweerd Foundation, 1986)을 보라. 도이어베르트의 사회 철학 전반을 다룬 주석으로는 Jonathan Chaplin, *Herman Dooyeweerd: Christian Philosopher of State and Civil Society* (Notre Dame, IN: University of Notre Dame Press, 2011)를 보라.

피조물을 위한 법의 유익을 인정한다면, 마찬가지 이유로 『레 미제라블』에 나타난 청년의 혁명적 충동에 관해서도 지나치게 열광해서는 안 된다. 같은 개혁주의 철학 전통에서는 동일한 이유로 아브라함 카이퍼의 '반혁명당'에 공감한다.[35] 그렇기에 다시 한번 나는 바리케이드가 세워지기 전날 이렇게 경고하는 자베르에게 심히 동정적이다. "이제 하루만 지나면 혁명의 날 / 우리는 싹을 잘라버리리 / 이 학생들을 대비할 것이네 / 그들은 자기네 피로 물들리라." 혁명 직후에 무법적 공포 정치가 뒤따랐던 경우가 너무 많았다. 혁명 이후의 무법 상태에 직면하여 사람들이 세상의 자베르들을 재고하게 되는 것도 놀라운 일이 아니다.

물론 문제는 자베르는 법의 선함과 선한 법을 구별하지 못했던 것으로 보인다는 것이다. 그는 법에 헌신하면서 비판적 거리 두기를 위한 여지를 남겨 두지 않았던 것으로 보이며, 따라서 불의한 법을 무비판적으로 인정하고 말았다. [마틴 루터 킹 주니어(Martin Luther King Jr.)는 "버밍햄시 감옥에서 보낸 편지"(Letter from Birmingham City Jail)에서 이 필수적 구별을 탁월하게 설명했다.] 그 결과 수많은 문화적 힘에 의해 개인의 표현을 중시하고 제도를 의심하도록 훈련받은 이 영화의 관람객들은 영화를 보고 나서 법 자체에 부정적 관점을 갖게 된다. 오도노반은 우리에게 복음이 법의 통치에 미친 영향을 보여 줌으로써 법의 집행 안에 자비가 퍼져 있음을 보여 준다. 하지만 아마도 더 중요한 것은, 이를 깨닫게 될 때 우리는 우리의 경찰, 법원, 교정 시설들이 하나님의 자비에 영향받는 법의 통치를 상상할 수 있도록 개혁하는 일을 계속해 나가리라는 것이다. 우리는 자베르를 악마화하기를 원하지 않지만, 그렇다고 그와 같은 사람이 되기를 원하지도 않는다. 자베르조차도 은혜에 의해 자비로워지기 위해 자비가 필요하다.

---

35 카이퍼주의 전통의 이런 측면에 대한 현대적 재발견에 관해서는 *Comment* 지 2016년 가을호("Join the Anti-Revolutionary Party")를 보라.

그리스도의 법과 땅의 법

오도노반은 복음이 서양의 정치 지형에 영향을 미쳤음—또한 이 영향이 근대에만 국한되지 않음—을 논증하는 많은 연구자 중 한 사람일 뿐이다. 피터 라잇하르트가 보여 주었듯이, "콘스탄티누스주의"(Constantinianism)를 악마화하여 교회의 타락과 정치적 굴복을 상징하는 전형으로 취급하는 현대 신학계의 경향과 달리 우리는 콘스탄티누스가 통치하던 시기에 이미 복음이 서양의 정치적 삶에 미친 영향을 보여 주는 첫 번째 분화구들을 확인할 수 있다. 시민 사회에서 불편함을 느꼈던 한 사례를 들자면, "콘스탄티노플에는 원형 경기장이 없었다."[36] 이것이 정치적·종교적으로 어떤 의미를 갖는지 이해하기 위해서는 "[검투사] 경기가 제사로서 로마에서 기초적 중요성을 지녔음"을 기억해야 한다. 검투사 경기는 사실상 다른 수단으로 인신 제사를 지속하는 것과 같았다. "로마는 원형 경기장**이었으며**, 원형 경기장이 로마였다. 그것 없이 제국이 무엇이었겠는가?"[37] 콘스탄티누스는 위험을 무릅쓰고 원형 경기장이 없는 제국이 어떤 모습일지 알아보고자 했다. 왜냐하면 제사를 종식시키기 위해 자신을 제물로 드리신 아들을 받아들이게 된 사람으로서 황제가 검투사 경기의 역할—공민적이면서도 종교적인—을 제거하는 칙령을 발표했기 때문이다.

우리는 이것이 복음에 의한 서양 정치의 개혁이었음을 평가 절하해서는 안 된다. 그것은 **예전적** 개혁, 즉 제국의 의례를 교정하는 것이었기 때문이다. "그는 로마의 가치(Romanitas)를 전시하고 싶어 주기 위한 중요한 공적 행사의 공간 중 하나를 제거함으로써 자신보다 앞서 존재했던 이교 문명을 무

---

36 Peter Leithart, *Defending Constantine: The Twilight of an Empire and the Dawn of Christendom* (Downers Grove, IL: IVP Academic, 2010), p. 197.
37 같은 책, p. 196.

너뜨리기 시작했다. 콘스탄티누스의 법령이 공적 오락을 '기독교화'했다고 말하는 것은 지나친 주장일 테지만 그가 공적 오락을 비로마화했음은 분명하다. 로마는 세례를 받았다. 이제 기독교 교양(paideia)이라는 더딘 작업을 시작해야 했다." 이것을 황제에 대한 "기독교 교육"이라고 부를 수도 있다.[38] 게으른 비판자들이 **기독교 세계**라는 말을 퍼뜨리고 다닐 때 흔히 전제하듯이 제국과 교회 사이의 타협적 공모로 이어진 것이 아니었다. "황제의 회심이 제국과 교회를 분리할 수 없도록 결합시킨 것은 아니었다. 그것은…정반대의 결과를 낳았다. 그것은 다른 도성, 다른 왕국, 제국의 경계를 훌쩍 뛰어넘는 왕국에 대한 많은 로마인의 결속감을 **강화하는** 동시에 그들이 제국에 대해 느끼던 결속감을 **느슨하게 만들었다**. 예수께서는 분리하는 벽을 무너뜨리셨기 때문에 세례받은 로마는 세례받은 야만인들의 땅(barbaria)과 연합할 수 있었다."[39] 이렇게 로마가 '세례'를 받았다고 해서 로마가 하나님 나라로 전환된 것은 아니었다. "세례로부터 새로운 궤적이 나타났고 새로운 시작이 이뤄졌지만 모든 시작은 무언가의 시작이다. 콘스탄티누스를 통해 로마는 세례를 받아 동물 제사가 없는 세계가 되었으며 참된 제사의 도시, 최종적 왕국의 미리 맛보기를 제공하는 공동체로 공식적으로 인정받게 되었다. 기독교 로마는 아직 유아기였지만 이는 놀라운 일이 아니었다. 모든 세례는 유아 세례다."[40]

따라서 정치적 질서는 일찍부터 복음이 미친 영향의 표지를 보여 주기 시작한다. 이미 오도노반과 함께 살펴본 것처럼, 정치의 기독교 교양이라는 이

---

38 같은 책, p. 204.
39 같은 책, p. 292.
40 같은 책, p. 341. 그리고 자유주의가 서서히 주변화된 이들의 권리를 우선시하는 기독교의 정치적 유산의 실현이었다면, 이 이야기는 콘스탄티누스로부터 시작되었다고 말할 수 있다. 그의 "입법은 쉽게 돈에 매수되는 관리, 무거운 부담을 지우는 지주, 비열한 조작을 일삼는 부자와 권력자로부터 잊혀 있던 제국 약자들의 권리를 보호하려는 관심에서 시작된 경우가 많았다"(p. 208).

궤적은 많은 점에서 중세의 왕국이나 베네치아의 도시 공화국이 **아니라** 근대 초기 자유주의의 등장에서 정점에 이른다.[41] 이런 설명은 여러 각도에서 강화된다. 예를 들어, 법학자 존 위티(John Witte)는 근대 초기의 칼뱅주의가 "서양 입헌주의를 추동하는 동력 기관 중 하나"였음을 밝혀냈다.[42] 니콜라스 월터스토프도 비슷한 방식으로 이스라엘, 유대교, 기독교라는 구체적인 종교적 유산에 근거를 둔, 중요한 권리에 관한 자유주의의 담론의 계보를 제시하면서, 인권의 충분하고 규범적인 근거는 그저 인간이 타고난 '자연적' 속성이 아니라 인간이 하나님께 **사랑받고 있다**는 계시적 통찰이라고 주장한다.[43] 더 최근에는 정치학자 로버트 우드베리(Robert Woodberry)가 "회심을 강조하는 개신교인들"(대체로 복음주의자들)의 구체적으로 기독교적인 신념이 다양한 전 지구적 맥락에서 자유주의적·민주적 가치와 제도를 예상하게 했음을 입증했다. 그는 "서양의 근대는 종교적 요소에 의해 심층적으로 형성되었으며, 이 '근대'의 많은 양상이 세계 전역에서 복제되었음에도 종교는 무엇이 퍼지는지, 어디로 퍼지는지, 어떻게 퍼지는지, 어떻게 새로운 맥락에 적응하는지 규정했다"라고 말한다.[44] 개신교 선교는 자유 민주주의와 시민 사회의 제도와 습관이 번성할 수 있는 조건을 만들어 냈다. "회심을 강조하는 개신교인들(Conversionary Protestants, CPs)은 19세기와 20세기 초에 종교 자유의 발전과

---

41 혹시 놓쳤을까 봐 지적하자면, 이것은 요더/하우어워스가 위협으로 간주했던 두 유령 – '콘스탄티누스주의'와 '자유주의' – 이 우리가 멀리하고 도망쳐야 할 바빌로니아인들이라는 의미가 아니다. 그 반대로 이 둘은 하나님의 도성을 향해 구부러진 지상 도성의 표지를 지니고 있다.

42 John Witte, *The Reformation of Rights: Law, Religion, and Human Rights in Early Modern Calvinism* (Cambridge: Cambridge University Press, 2007), p. xi. 『권리와 자유의 역사』(IVP).

43 월터스토프는 유대교와 기독교 전통으로부터 시작되는 권리의 계보를 제시한 다음, 권리의 유신론적 기초를 규범적으로 주장하며 "세속적 근거를 찾으려는" 노력이 부적절함을 논증한다(*Justice*, pp. 323-361).

44 Robert D. Woodberry, "The Missionary Roots of Liberal Democracy", *American Political Science Review* 106, no. 2 (2012): p. 244.

확산, 대중 교육, 대중을 대상으로 한 인쇄, 신문, 자발적 조직, 대부분의 식민지 개혁, 백인이 아닌 사람들을 위한 법적 보호의 명문화를 촉발한 핵심 촉매제였다. 이런 혁신들 덕분에 안정적인 대의 민주주의의 가능성을 높인 조건들이 성숙해 갔다."45 자유주의가 본질적으로 기독교적 형성과 대립하거나 자유 민주주의가 그리스도인들이 그로부터 도망쳐야 할 체제일 뿐이라고 생각하는 것은 무책임한 역사인 동시에 부적격한 교회론이라고 할 수 있다. 물론 우리는 분별하고 적그리스도를 경계해야 하지만, 또한 동시에 약속의 징조, 즉 성자의 빛이 피조물이라는 다툼의 대상인 영토를 마르게 하기 시작했기에 무질서한 정치적 삶이라는 파멸적 홍수가 물러나고 있음을 보여 주는 감람나무 가지를 찾아야 한다.

그렇기 때문에 분별은 성령의 춤이며, 이를 위해서 우리는 민첩하고 중심을 향해야 하며, 개방적인 동시에 경계를 늦추지 말아야 한다. 정치신학은 젊은 좌파 이상주의자들이나 우파에서 군주들을 위로하기 원하는 점쟁이들을 위한 잘못된 방향의 보완적 연구가 아니다. 정치신학은 복음의 필연적 결과다. 더글러스 패로우(Douglas Farrow)는 그의 탁월한 책 『더 나은 나라를 욕망하라』(*Desiring a Better Country*)에서 이를 간결하게 포착해 낸다.

기독교는 대단히 정치적인 종교다. 기독교는 하나의 폴리스, 그저 하나의 폴리스가 아니라 하나님이 그 설계자이시며 건축자이신 폴리스를 지향한다. 따라서 어떤 의미에서 그것은 정치적으로 전복적인 종교다. 인간들이 건축하고 신들이 거주하는 도성에 등을 돌리고 하나님이 건축하시고 인간들이 거주하는 도성을 지

---

45 같은 글, pp. 244-245. 우드베리의 기획은 정치학자들이 자신들의 세속주의적·자연주의적 선입견에 의문을 품게 하며, 이를 통해 전지구적 민주주의를 가능케 한 이 종교적 요인, 구체적으로는 기독교적 요인(그보다 더 구체적으로는 개신교적 요인)에 대한 **증거**를 인정하지 않을 수 없게 만든다.

향하기 때문이다. 그리고 다른 이들에게도 그렇게 하라고 부추긴다. 하지만 기독교의 전복은 인간 통치자들이나 그들의 궁정 철학자들이 흔히 상상하는 그런 종류의 전복이 아니다. 그것은 인간이 만든 도성, 문화, 제국을 신랄하게 비판하고 그것들의 더 사탄적인 차원을 지적하기를 주저하지 않지만, 동시에 바로 그 도성과 문화에 깊은 관심을 기울여 왔다.[46]

올리버 오도노반처럼 패로우도 서양 민주주의의 역사가 이 점을 입증하고 있다고 본다. 우리 자신에게 우리가 주후(Year of our Lord)가 아니라 서기(Common Era)에 살고 있다고 말하려고 노력하더라도 그 숫자 자체가 왕의 성육신, 죽음, 부활, 승천이 역사에 미친 영향을 이야기한다. 사실 캐나다의 국장(國章)에는 패로우의 책 제목이 새겨져 있다. 이 국장에 대한 그의 논평은 그가 (올바르게) 하고 있는 아슬아슬한 줄타기를 잘 보여 준다. "캐나다에서 우리는 '그들은 더 나은 국가를 꿈꾼다'(desiderantes meliorem patriam)라는 표어를 채택했다. 변혁에 관한 말처럼 들리는 이 문구는 하나님이 친히 그 건축자가 되시는 천상 도성에 소망을 둔 이들에 관한 말씀인 히브리서 11장에서 가져온 것이다. 그리고 우리나라 문장의 주 표어인 '바다에서 바다까지'(a mari usque ad mare)[47]는 그분의 통치가 온 세상을 덮고 그분의 나라는 영원할 바로 그분에 관한 메시아적 예언을 담고 있는 시편 72편에서 가져온 것이다." 하지만 그는 어떤 종류의 신정 정치 기획을 지지하기 위해 기독교 세계의 유물을 이야기하지 않는다. 패로우는 이렇게 냉소적으로 지적한다.

---

[46] Douglas Farrow, *Desiring a Better Country: Forays in Political Theology* (Montreal: McGill-Queen's University Press, 2015), p. ix.
[47] "그가 바다에서부터 바다까지와 강에서부터 땅끝까지 다스리리니"(시 72:8).

제정신을 가진 사람이라면 누구라도 캐나다를 그 왕국과 혼동하지 않을 것이다. 하지만 이 세상에 속하지 않은 왕국을 선포함으로써 더 나은 나라를 추구하는 이들은 우리의 표어가 암시하듯이 이 세상 속에서, 현시대에서 더 나은 나라를 추구할 것이다. 그렇게 하기 위해서 그들은…통일성을 강요할 목적으로 교회에 국교의 지위를 부여해 달라고 요구하거나 국가가 교회의 가르침을 땅의 법으로 번역해야 한다고 주장하지는 않을 것이다. 하지만 인간의 도성에 하나님의 도성에 계시된 인간의 사회성에 관한 진리를 반영하거나 적어도 그 진리에 개방적인 방식으로 스스로를 조직화하기를 권유할 것이다.[48]

우리는 이렇게 국가와 우리의 정치 제도를 기독교적으로 교육(*paideia*)하기를 바란다. 그리고 자유주의의 계보학은 국가가 교회로부터 무언가를 배웠음을 보여 준다.

기독교적 참회로서의 민주주의적 자유주의

그러나 이것은 그저 교회가 스승으로서 말을 잘 안 듣는 국가를 교육시키는 것에 관한 이야기가 아니다. 이프리엄 래드너(Ephraim Radner)가 지적했듯이, 어떤 의미에서 자유주의적 입헌주의[49]의 출현은 그 부르심대로 대안적 **폴리스**로 살지 못했던 교회의 실패에 대한 섭리적 징계였다. "그리스도인들이 자유주의 국가를 발명했으며, 그들은 자신들의 교회론적·영적 투쟁과 헌신이라는 돌덩이로부터 자유주의 국가를 만들어 냈다. 나는 이것이 그들 자신의

---

48 Farrow, *Desiring a Better Country*, p. 99.

49 Ephraim Radner, *A Brutal Unity: The Spiritual Politics of the Christian Church* (Waco: Baylor University Press, 2012). 래드너는 "자유주의 국가라는 용어를 다양한 방식으로, 심지어는 다른 동기를 기초로 촉진하고 참여하는 일군의 헌정적 실천을 가리키는 약칭으로 사용한다"(p. 21).

죄에 직면하였을 때 꼭 필요한 화목제물이었다고 주장하고 싶다. 최악의 경우에 이 발명이 저주가 되고 말았다는 사실은, '아무도 자신의 영혼을 속량할 수 없으며'(참조. 시 49:7-9) 사회적·교회적 삶의 재공식화를 통해서도 이것이 불가능함을 말해 준다."[50]

래드너의 주장은, 기독교가 폭력을 막았을 뿐만 아니라 폭력에 기여했던 방식에 관한 불편한 성찰에서 시작하며, 이는 교회가 국가와 어떤 관계를 맺어야 하는가(또한 맺고 있는가)에 관한 물음을 제기한다.[51] 북미에(또한 다른 자유민주주의 체제 안에) 있는 우리에게 이것은 교회가 자유주의 국가와 어떤 관계를 맺어야 하는가에 관한 물음이 된다. 이 논점에 관해 래드너는 낯익은 주장을 펼치면서 자유주의를 비난하는 하우어워스적 혹은 [제임스 데이비슨 헌터(James Davison Hunter)가 명명하듯이] "신-재세례파" 진영을 논박한다. 래드너는 자신의 목표가 "교회의 정치적 공간을 주장하고 말하자면 (그들의 주장처럼) 교회를 구하기 위해 교회를 사회적 질서의 영역—흔히 '국가'로 지칭되는—에서 몰아내려는 이들로부터 그 공간을 되찾으려는 것"이라고 말한다.[52]

래드너는 서양 교회가 현재 자신의 국가를 마땅히 받아들여야 한다고 생각한다.[53] 파편화라는 현실을 감안할 때, "기독교 교회의 분열과 일치의 정치

---

[50] 같은 책, p. 49. 래드너의 주장 역시 계보학적이지만 여기에는 어떤 승리주의도 없다. "논쟁이 된 범주들을 지닌 공의회적 교회 정체와 근대적(또한 더 세속적인) 입헌주의 사이의 매우 밀접한 발생학적 연관성…[즉,] 적어도 교회 안에서 이뤄진 성령에 의한 섭리주의로부터 절차적 섭리주의로의 발전—이것이 나 자신의 주장이다—이 잉글랜드라는 어린 '자유주의' 국가의 입헌주의로 이어졌다는 점은 부인할 수 없는 것처럼 보인다"(pp. 286-287).

[51] 그의 주장의 이런 측면에 관해서는 6장에서 더 자세히 다루고 있다(래드너는 르완다의 사례에 초점을 맞춘다).

[52] 혹시 눈치채지 못했다면, 이는 분명 하우어워스를 암시하며 하는 말이다. 하지만 이상하게도 그 책 어디서도 하우어워스를 인용하지 않는다.

[53] "잉글랜드의 복음화에 가장 크게 기여한 그레고리 대제가 끊임없이 했던 주장, 즉 한 사회는 하나님에게서 그 사회에 가장 적합한 정부 형태를 받음"을 상기시켰던 오도노반을 참고하라(*DN*, p. 271).

는 근대적이며 이제 압도적으로 자유주의적인 국가의 정치를 결국 받아들여야 하며 거부해서는 안 된다." 사실 교회는 자유주의 국가로부터 배워야 한다. "기독교 교회론은 교회에 대한 이러한 세속적인 '공민적' 대안들을 바라보기를 두려워해서는 안 되며, 더 나아가 어쩌면 교회가 스스로 성취할 수 없었던 것들의 본보기로서 이 대안들로부터 적극적으로 배워야 한다.…어쨌든 교회를 위한 교훈은 이것이다. 세속 세계 안에서 우리의 그림자를 바라보자. 그리고 어떤 식이든 어떤 이유에서든 자신의 정체성을 잊어버린 존재로서 우리의 더 나은 자아를 어렴풋하게나마 확인하자."[54] 아마도 우리가 저항하고 싶어 하는 교훈이 우리에게 가장 필요한 교훈일 것이다. 여기서 래드너의 도전은 최근의 특정 경향들과 상반되며, 바로 그 이유 때문에 불편하게 하는 동시에 시사하는 바가 있다. 매킨타이어, 하우어워스 등이 등장한 이후 많은 사람은 우리에게 그리스도인이 아닌 다른 무언가가 되라고 가르친 것이 자유주의 국가였다고 생각해 왔다. 기독교를 국가의 모호한 공민 종교와 동화시키는 것이 미국에서는 심각한 문제였다(다른 데서는 그만큼 심각하지 않았다). 따라서 여기서 래드너의 제안은 해결책의 일부라기보다는 문제의 일부처럼 들릴 수 있다.

그러나 그도 이런 위험을 알고 있다. 그 결과는 복잡한 양가성이다. 르완다의 사례를 살펴보면서 래드너는 "교회가 자유주의 국가를 지도할 수 있는 능력을 갖춘 개인들을 형성해야 할 도덕적 책임을 지니고 있었다. 교회가 그렇게 했다면 이는 공동체의 선에 기여할 뿐만 아니라 교회가 자신의 죄로 인한 추문으로 자멸에 이르지 않도록 교회를 구할 수 있었을 것이다"라고 결론 내린다. 따라서 그는 현대 정치신학에서 거의 이단으로 간주되는 질문을 제

---

54 Radner, *Brutal Unity*, p. 381n52.

기한다. "기독교 교회가 과감하게 이런 방식으로 국가의 '종'으로서의 역할을 스스로 받아들일 수 있는가?" 그는 그렇다고 답한다. **공동선을 위해서** "교회는 안정적이고 책임 있는 자유 민주주의의 필요를 더 온전히 충족시키기 위해 자신의 실천을 다시 방향 지어야 한다." 동시에 그는 어려움도 인정한다. "서양의 그리스도인들은, 적어도 자신들이 복음의 온전함을 손상시키지 않고 보존하고자 할 때 이것이 얼마나 어려운 일인지 절감하고 있다."[55]

복음을 온전히 지키면서 공동선을 추구하기란 대단히 어렵다. 오늘날 정치신학은 너무 많이 후자(교회의 온전함 유지)에 집착하기 때문에, 래드너는 전자(시민 사회에 대한 기독교적 관심)를 촉진해야 할 교회의 책임을 강조한다. 그러나 래드너의 도발적인 교정책에 대해서도 약간의 교정이 필요할 것이다. 그가 교회의 사회적 책임을 환기하면서 우리의 증언이 그리스도 안에 있는 우리의 하나됨과 연관 있음을 깨달아야 한다고 촉구하는 것은 옳다. 하지만 공동선과 시민 사회에 대한 교회의 관심이 반드시 **자유 민주주의**의 종이 되는 것을 뜻하는가? 래드너는 폭력을 줄이고 시민성(civility)을 길러 냈다는 데서 근대 국가를 칭송한다. 그러나 그는 어떻게 근대 자유주의 국가가 종교적 신앙을 사사화했는가(따라서 주변화했는가)를 성찰하는 데는 그다지 관심을 기울이지 않는다. 또한 그는 지금 우리가 경험하는, 자유주의에 내재된 것처럼 보이는 '자율주의'—자유를 소극적으로만 정의하고, 원자론적 개인주의를 조장하며, 이로써 공동선을 그 나름의 (자유주의적) 방식으로 파편화하는—도 적절하게 논하지 않는다. (그러한 섬세하고 비판적인 입장은 '초기'와 '후기'의 자유주의를 구별하는 오도노반의 글에서 확인할 수 있다.)

이것은 심각한 문제다. 하지만 이를 다루기 전에, 래드너가 우리에게 복음

---

[55] 같은 책, pp. 53, 55.

의 온전함을 지키면서 공동선을 추구하기 위해서는 건강한 국가와 교회라는 닻 모두가 필요함을 인식해야 한다고 촉구한 점은 옳았음을 언급하고자 한다. 어떤 이에게 이는 우리가 '국가'와 국가의 절차를 비방하는 경향을 재고해야 함을 뜻할 것이다. 다른 이에게 이는 우리의 정치적 중심—정기적으로 예배를 드리며 자신의 죄를 고백하는 동시에 장차 올 왕국을 위해 일하는, 우리나라에 관심을 기울이는 동시에 더 나은 나라를 갈망하는 정치체(히 11:16)—으로서의 교회의 중요성을 재평가해야 함을 뜻할 것이다.

'세속' 국가라는 선물

서양 자유 민주주의의 역사는 복음의 영향력을 보여 주는 분화구들로 가득 차 있다. 이는 (이론과 사상뿐만 아니라) 그 습관, 실천, 제도가 바로 자기 뿌리를 기독교(와 이스라엘)의 토양 안으로 뻗고 있는 나무의 열매임을 뜻한다.[56] 따라서 교회와 '자유주의 국가' 사이의 단순한 대립이란 존재할 수 없다. 대신 우리에게는 세심한 분별, 집중된 비판, 선택적 인정이 필요하다. 이것을 마치 현대 자유주의가 하나님 나라의 실현이기라도 한 것처럼 단순히 그것을 인정하는 태도와 혼동해서는 안 된다.

오히려 이 계보학은, 라잇하르트의 말처럼 국가가 기독교적 회심이라는 교육(*paideia*)에 등록했음을 말해 준다. 이 회심은 결코 완전하지 않다. 성화는 결코 완전하지 않다. 그러나 성장, 변화, '진보'를 분명히 확인할 수 있다. 국가의 이러한 정치적 성화가 높은 수준에 이르는 때는 사회가 국가의 한계를 인식할 때, 통치자들이 자신들의 권력이 이미 쇠락했으며 사라지고 있음을 인

---

[56] (앞서 2장에서 살펴보았듯이) *Desire of the Nations*, pp. 30-81에서 오도노반이 이스라엘의 정치적 유산을 자세히 설명했던 내용을 떠올려 보라. 참고. Eric Nelson, *The Hebrew Republic: Jewish Sources and the Transformation of European Political Thought* (Cambridge, MA: Harvard University Press, 2010).

식할 때다. 다시 말해서, 성화된 국가는 자신이 준궁극적임을 인식하는 국가다. 오도노반은 우리에게 이 점을 상기시킨다. "가장 참되게 기독교적인 국가는 자신이 가장 철저히 '세속적'임을 이해한다. 이 국가는 그리스도의 승리를 고백하며 자신의 권위가 부차적임을 인정한다. 이 국가는 세례 요한의 말을 되풀이한다. '그는 흥하여야 하겠고 나는 쇠하여야 하리라'(요 3:30).…교회가 사라져 가는 세상이 이 권위에 제공할 수 있는 유일한 봉사는 바로 이렇게 자기를 부인하고 그 한계를 인정할 수 있도록 돕는 것이다.…이 용어를 유비적으로 사용한다면 우리는 교회가 국가의 '회심'을 추구한다고 말할 수도 있다"(DN, p. 219).

그렇다면 그러한 국가가 이 깨달음과 헌신을 저버릴 때 우리는 어떻게 해야 하는가? 오도노반은 초기 자유주의의 기독교 유산을 추적하고 있지만, 국가가 모든 것 안의 모든 것이 될 정도로 팽창해 있는 시대에 그런 형태의 헌정적 자유주의는 아득한 기억처럼 느껴지곤 한다.[57] 이런 의미에서 기독교 세계의 '종말'은 국교 폐지나 단순히 종교 예식 참석률이 하락하는 것과 같은 의미가 아니다. 국가가 다시 한번 구원자를 자처하기 시작할 때 '기독교 세계'가 종식된다. 오도노반은 "나는 기독교 세계가 적어도 이 단어의 최소한의 의미에서 사실상 종식되었다는 데 논쟁의 여지가 없다고 생각한다"라고 지적한다. 왜인가? "현대인들은 지상의 통치자들이 그리스도의 지배에 봉사해야 한다고 더 이상 생각하지 않기" 때문이다(DN, p. 244). 물론 그들이 그렇게 **생**

---

[57] 이런 이유 때문에 널리 퍼져 있는 불신앙이 불의의 뿌리일 수도 있으며, 그럴 경우 불신앙에 도전하고 사회를 복음화하는 것이 교회의 **정치적** 증언의 핵심 요소가 된다. 만약 더 정의로운 국가가 그리스도의 왕국의 궁극성에 비추어 자신이 준궁극적임을 인정하는 국가라면, 그 왕국을 인정하는 것 자체가 **정치적** 결과를 지닌다. 정의로운 국가는 초월적 왕이 궁극적이시라고 고백하지만, 우리의 자연주의적 '세속' 시대에 사회는 점점 더 국가를 **최종적** 궁극성으로 보는 경향을 띤다. 이런 흐름에 관한 주장으로는 Smith, "Revolution*ism* and Our Secular Age"를 보라.

각하지 않는다고 해서 그것이 진리가 아닌 것은 아니다. 공유된 인식론적 에토스로서의 기독교 세계는 '종식'되었다. 하지만 규범적 이상으로서는 대체되지 않았다.[58] 기독교 세계는 통치자의 복종과 관계있기 때문에 그 자체를 초월한 무언가, 즉 그리스도께서 통치자들을 대체하실 때를 준비한다"(DN, p. 243). 우리가 계속해서 "나라가 임하시오며"라고 기도하는 한 하나님 나라는 아직 완전히 실현되지 않은 것이다. 그러므로 통치자들은 여전히 복종하도록 부름받는다. 그러므로 기독교 세계는 아직 '종식'되지 않았다. "그것이 왕들의 지배에서 그리스도의 지배로의 전환을 통해 성취되었는가? 아니면 선교의 부침에 의해 약화되었을 뿐이고 어쩌면 다른 형태로 되돌아올 것인가? 되돌아오지 않더라도 선교가 언제나 마주해야 하는 정치적 경계를 상기시켜 주는 역할을 계속해서 수행할 것인가?"(DN, pp. 243-244). 오도노반에게 기독교 세계는 "시대"가 아니다. "기독교 세계가 남긴 유산"은 "[계속해서] 우리의 지침이 되어야 하는" "규범적 정치 문화"다(DN, p. 249).

하지만 "현대인들은 지상의 통치자들이 그리스도의 지배에 봉사해야 한다고 더 이상 생각하지 않더라도" 한 사회가 기독교 세계를 저버린 것이 여전히 기회가 될 수도 있다. "그러나 사회 전체에 [기독교 세계의] 기억과 전통이 깊숙이 퍼져 있기 때문에 단순한 퇴보를 허용할 수 없다. 그리스도-사건의 서사적 형식을 취한 사회는 그 서사에 의해 형성되지 않은 상태로 되돌아갈 수 없다. 복음 선포의 역사와 기억을 지닌 사회에 열려 있는 가능성에는 천진난만한 악의가 포함되지 않으며, 그것이 구속되지 않고 구속에 기여하지 않는 정도만큼 악마적인 형성만 포함될 뿐이다"(DN, p. 251). 이런 이유 때문에 에클레시아인 폴리스에 의해 빚어지고 이 폴리스를 중심으로 살아가는 하나

---

[58] 이 주제는 5장에서 더 자세히 다룰 것이다.

님의 도성의 시민들은 사회가 그들이 누구이며 누구의 것인지를 상기하도록 예배당으로부터 보냄받는다. 그렇기 때문에 자유주의의 습관, 실천, 제도는 선교를 위한, 정의를 위한, 공동선을 위한 지렛대 역할을 할 수 있는 한 사회의 '기억'을 제공한다.

보론: 일반 은혜 대 섭리

이런 분석과 계보학의 결론은, 비록 후기 근대 자유주의의 제도들이 때로는 우리를 **그릇된 방식으로** 형성할 수도 있음을 경계해야 하지만, 그리스도인이 자유주의 국가에 참여하는 것에 비판적·선택적 긍정의 자세를 취하도록 권하는 것이다. 자유주의가 상속받은 기독교적 유산을 감안할 때, 자유주의적인 공적 광장에 진입하는 그리스도인들은 마치 오랫동안 헤어져 지내던 사촌의 집에 들어서면서 익숙한 가족사진과 당신 자신의 것이기도 했던 가족의 반복되는 일과를 보며 당신이 집을 떠올리게 하는 음식 냄새가 부엌에서부터 풍겨 나오는 것을 느끼듯 모호한 익숙함을 느끼게 될 것이다. 자유주의 국가의 정치는 여전히 **지상 도성**의 정치지만 그럼에도 지상 도성의 구조는 심층적이며 의미심장한 방식으로 복음과 만났던 흔적을 지니고 있다. 그것은 에클레시아의 정치와 전적으로 다르지 않다. 오히려 그것은 우리가 자각하는 것보다 폴리스로서의-교회와 훨씬 더 비슷할 것이다. 바로 그런 이유 때문에 우리는 비록 그것의 계속되는 '회심'을 위해 노력하고 그것을 바라지만—후기 근대 자유주의의 역학을 감안할 때 이는 집으로 돌아온 탕자와 비슷할 것이다—주의 깊은 분별을 통해서 그것의 제도와 반복적 주기 중 일부를 신중하게 지지하고 거기에 선택적으로 참여할 수 있다. '자유주의' 자체를 저주하는 것은 탕자를 거부하는 것과 같다. 더 나아가 그토록 단순하고 거의 마니교적인 태도로 대립을 주장하는 것은 정치 체제 사이의 차이를 인식하지 못하고 구체적인 습관, 실천, 정책, 제도를 평가할 능력을 사실상 포기하는 이상주의에 의해 오염되어 있다. 그것은 차이와 구별을 만들어 내지 못하기 때문에 판단이 흐려진 이상주의다. 헤겔(Hegel)의 말처럼 그런 이상주의는 모든 소가 검은 색인 캄캄한 밤에 작동한다.[59] 그와 반대로, 우리는 자유 민주주의 같은 정치 체제의 이상에 미치지 못하는 현실을 평가하는 동시에 그 현실에 참여할 수 있게 하는 복음적 판단의 자세를 주장해 왔다.

하지만 우리가 자유 민주주의에 대한 이런 종류의 선택적·지향적 참여를 지지하는 **방식**에 주목하라. 그것은 서양의 (그리고 지금은 세계의) 우발적 역사의 계보를 추적하고 그저 '자연법'과의 조우가 아니라 복음의 구체성과의, 또한 대안적 정치를 구현하는 공동체로서 교회의 실재적 현실과의 조우를 통해서다. 다시 말해서, 오도노반, 라잇하르트, 패로우 등이 지적하는 바는 자유 민주주의 안의 정치적 삶을 지배하는 모호하게 '자연적인' 일군의 원리가 아니라 오도노반이 '복음적' 정치—복음의 기독론적 독특성과 그리스도의 몸의 성육신적 구체성에 의해 빚어진 정치—라고 부를 법한 것의 구체적이며 명확한 효과다.

이것은 그리스도인이 공적 광장에 참여하는 것을 용인하는 전형적인 개혁주의의 방식과 매우 다르다. 특히 카이퍼주의 전통에서는 '일반 은혜', 즉 하나님이 타락한 세상 속에서도 죄를 억제하고 피조물의 법과 제도를 유지하며 택자와 유기자 사이의 **궁극적** 구별에도 불구하고 '공통성'을 만들어 가는 ('구원하시는'과 대조되는) '보존하시는' 은혜를 베푸신다는 데 호소함으로써 정

---

59 G. W. F. Hegel, *Phenomenology of Spirit*, rev. ed., trans. A. V. Miller (Oxford: Oxford University Press, 1977), p. 9. 『정신현상학』(한길사).

치 참여를 장려한다.[60] 일반 은혜는 흔히 '일반' 계시라고 부르는 것과 비슷하다. 즉, 일정한 정도까지—그 자체의 방법에 맡겨둔다면 전적 타락에 의해 치명적 영향을 받게 될 것을 제어하기에 '충분한 정도까지만'—조명하고 능력을 부여하는, 낮은 차원에서의 성령의 경륜을 가리킨다. 따라서 전적 부패와 타락의 편재라는 현실에도 불구하고 사회가 놀라울 정도의 안정성을 유지하는 이유를 설명하고자 할 때 '일반 은혜'를 환기한다.

결국 이는 사회의 정치적 삶을 긍정하고 거기에 참여하기를 지지한다는 것이다. 그것이 일반 은혜에 의해 뒷받침되기 때문에 우리는 그 안에서 하나님이 일하신다고 확신할 수 있으며, 따라서 그 일에 참여할 수 있다.[61] 이 주장은 이렇게 이어진다. 하나님이 정치적 자유주의 안에서 일하시는데 우리가 무엇이기에 하나님이 그곳에서 행하시는 일에 참여하기를 주저한단 말인가? 우리가 무엇이기에 하나님이 합치신 것을 갈라놓으려고 하는가?

나는 이런 식으로 그리스도인이 자유 민주주의에 참여하는 일을 '용인'하는 입장에 두 가지 우려를 가지고 있다. 첫째, 이 입장에서는 "괜찮다. 어서 가라. 정치에 참여하라"라는 말 외에 그다지 많은 것을 우리에게 말해 주지 않는다. 허용과 격려 이상의 별다른 조언이 없다. 그것은 문화적 참여와 정치적 협력에 대한 보증으로서 일반 은혜를 환기하는 입장이 대체로 추상적·무역사적·이상주의적이며 역사 자체의 우발성과 부침에, 특히 특수성이라는

---

[60] 이에 관한 고전적 진술로는 Abraham Kuyper, *Lectures on Calvinism* (Grand Rapids: Eerdmans, 1943), pp. 123-126를 보라. 『칼빈주의 강연』(CH북스). 더 자세한 내용을 위해서는 이 주제를 다룬 카이퍼의 연작을 새롭게 번역한 *Common Grace: God's Gifts for a Fallen World*, ed. Jordan J. Ballor, Stephen J. Grabill, trans. Nelson D. Kloosterman, Ed M. van der Maas (Bellingham, WA: Lexham Press, 2016)를 보라. 추가 해설로는 Richard Mouw, *He Shines in All That's Fair: Culture and Common Grace* (Grand Rapids: Eerdmans, 2001)를 보라. 『문화와 일반 은총』(새물결플러스).

[61] 예를 들어, Vincent Bacote, *The Spirit in Public Theology: Appropriating the Legacy of Abraham Kuyper* (Grand Rapids: Baker Academic, 2005), William A. Dyrness, *Poetic Theology: God and the Poetics of Everyday Life* (Grand Rapids: Eerdmans, 2011)를 보라.

독특한 추문, 즉 서양과 더 광범위한 세계의 정치적 문화에 교회가 미친 영향에 관한 역사에 거의 주의를 기울이지 않기 때문이다. 둘째, 더 중요한 이유는 이처럼 일반 은혜를 근거로 용인하는 입장에서는 실제로 복음적이며 교회적인 것을 '자연적'이며 '피조물적인' 것으로 취급한다는 것이다. **섭리**의 신학이 결여된 곳에서 일반 은혜에 관한 담론이 넘쳐난다. 일반 은혜는, 자세히 분석해 보면(앞을 참고하라) **특별** 은혜의 역사적 유산이며 기독론, 교회론, 복음의 특수하게 복음적인 영향의 잔재들인 문화적 실체들을 설명할 때 기계장치의 신(deus ex machina)과 같은 작동 방식을 환기한다.[62] 오도노반의 영향을 받아 내가 추구하고 있는 개혁주의 공공신학의 개혁 중 하나는 역사의 구체성을 이해하는 것이며 명확하게 '복음적인' 정치신학, 즉 복음의 특수성, 특별 계시의 통찰, 교회의 정치적 유산을 자양분 삼아 다원주의 사회의 공동선에 기여하는 정치신학을 발전시키는 것이다.

이상주의에 반대하며: 역사가 중요한 것처럼 사회 개혁하기

정치신학은 역사신학에 뿌리내리고 있다. 우리는 아우구스티누스의 『신국론』을 통해 이를 알게 되었다. 교회가 사라지고 말 이 세상의 정치권력과 어떤 관계를 맺어야 하는가에 관해 섬세한 설명을 하려면 반드시 특정한 장소와 시간 안에서 시대의 징조를 세심하게 읽어 내야 한다. 오도노반은 우리에

---

[62] 간단히 말해서, 헤겔 〉 카이퍼다. 여기서 나는 *Phenomenology of Spirit*에서 볼 수 있는 형이상학자 헤겔이 아니라 *Elements of the Philosophy of Right*[ed. Allen W. Wood, trans. H. B. Nisbet (Cambridge: Cambridge University Press, 1991), 『법철학』(한길사)]에서 볼 수 있는 역사주의자 헤겔—오랜 시간에 걸쳐 윤리성(*Sittlichkeit*)이 출현하는 방식에 주목하는 헤겔—을 염두에 두고 있다. 이런 흐름으로 헤겔을 해석하는 책으로는 Robert B. Brandom, *Tales of the Mighty Dead: Historical Essays in the Metaphysics of Intentionality* (Cambridge, MA: Harvard University Press, 2002) 보라. 이는 *Democracy and Tradition*에 제시된 스타우트의 기획에서 그리는 헤겔이기도 하다.

게 "시대의 징조에 주의를 기울이는 것은 복음의 요구며, 이 요구는 예수의 말씀을 처음 들었던 사람들에게 주어졌던 것처럼 우리에게도 주어졌다"라고 상기시킨다. "이것은 무비판적인 묵시론적 열정을 품으라는 권유가 아니다. 언제나 분별은 **역사의 맥락**과 관련이 있다. '아직 끝은 아니니라…이는 재난의 시작이니라'(막 13:7 이하)"(*DN*, p. 273, 강조는 추가됨). 복음은 하나님의 백성이 되라는 문화 초월적 부르심을 포함하지만, 그것을 실제로 구현하는 방식은 본질적으로 상황적이다. 현시대에서 신자의 정치적 삶을 지배하는 영속적인 성경적 원리가 존재하긴 하지만 현시대는 하나가 아니다. 언제나 그리고 오직 국지적 예시, 지역적 사례, 시간적 표현이 존재할 뿐이다. 시간을 가로지르는 복음의 영향력을 감안할 때 권력은 그 사이에 회심의 부르심을 받았고 중요한 시점에 그 부르심에 응답했다. 현시대는 평평하지 않다.[63] 따라서 도전과 기회가 시간에 따라 변화하며, 이는 자신이 보냄받은 사회를 향해 "신실한 현존"[64]을 실천하려는 그리스도인들이 역사를 세심하게 공부하고 시대정신을 읽어 내며 자신의 현재를 기록하는 민족지학자가 될 필요가 있음을 뜻한다. 410년에 신실한 현존이 표현되는 방식과 1610년과 2016년에 신실한 현존이 표현되는 방식은 다르다. 동일한 정책 제안이 한 시대에는 신실하지만 다음 시대에는 신실하지 않을 수도 있고, 어떤 맥락에서는 사회를 샬롬을 향해 구부리는 창의적 방법이지만 다른 맥락에서는 왜곡되고 불의한 전략일 수도 있다. 그렇기 때문에 정교한 기독교적 문화 분석과 사회 참여는 심층적으로 **역사적인** 자세, 우리가 시간 안에 새겨져 있다는 의식, 우리 자

---

[63] 그렇기 때문에 나는 6장에서 교회론(ecclesiology)을 위해서는 민족지학(ethnography)이 필요하다고 주장할 것이다.

[64] James Davison Hunter, *To Change the World: The Irony, Tragedy, and Possibility of Christianity in the Late Modern World* (New York: Oxford University Press, 2010), pp. 225-237를 보라. 『기독교는 어떻게 세상을 변화시키는가』(새물결플러스).

신이 처한 순간의 구체성에 건전한 관심을 기울이는 태도에 뿌리내리고 있어야 한다.

예를 들어, 서양 사회 특히 미국에서 벌어지는, 정부의 '크기'에 관한 정치적 논쟁을 생각해 보라. 왜 오늘날 아주 많은 사람이 정부만이 우리를 구원하리라고 결론 내리는 것처럼 보이는 반면 다른 이들은 정부가 성장을 탐욕스럽게 먹어치우는 거대한 괴물이라고 느끼는가? 어쩌다 우리는 이런 상황에 처하게 되었는가? 왜 우리는 이 문제에 관해서 건전한 토론을 하지 못하는가? 이런 물음에 답하기 위해서는 역사에 주의를 기울여야 한다.[65]

시민 사회의 약화와 약자를 돌보는 다른 기관들의 실패를 바라보면서 어떤 사람은 잘못을 바로잡고 번영을 촉진하는 정부의 능력에만 희망을 걸며, 따라서 정부의 독점에 대한 모든 도전을 사실상 특수 이익(특히 계급적 이익)을 쟁취하려는 시도로 간주한다. 따라서 보수주의자들이 정부를 '제한'하자고 주장하거나 사회의 문제에 대한 비정부적 해법을 제안하면 이런 말이 마치 의무의 포기, 책임의 방기처럼 **들린다**. 국가만이 우리를 구원할 수 있다고 결론 내린다면 정부를 제한하려는 모든 시도가 매정하고 이기적으로 보일 것이다.

물론 이런 두려움과 우려의 배후에는 제대로 검토되지 않은 많은 전제—누가 공동선에 영향을 미치는 결정을 내려야 하며 어디서 모두의 번영을 위한 자원을 찾아야 하는가에 관한 전제들—이 자리 잡고 있다. 그러나 이런 전제는 전제일 뿐이다. 명확하게 진술되지 않은 (그리고 많은 경우에 제대로 검토되지 않은) 가정을 두고 신중한, 인정 많은 사람들이 서로 의견을 달리할

---

65 유벌 레빈(Yuval Levin)의 *The Fractured Republic: Renewing America's Social Contract in the Age of Individualism* (New York: Basic Books, 2016)은 역사에 귀를 기울이는 사회정치적 분석(**과** 처방)의 탁월한 예다.

수 있다. 그다지 정교하지 않지만 흔히 사용되는 용어를 동원하자면, 정부만이 '공적' 선을 참으로 돌볼 수 있다고 결론 내린 사람들을 '진보주의자'라고 부를 수 있다. 정부는 우리 모두가 공동으로 지니고 있는 것이며, 그러므로 정부가 공동선을 돌보는 관리자다. '사적' 공동체와 비정부 단체들이 공적 이익과 공동선에 더 잘 봉사할 수 있다고 믿는 이들은 대개 '보수주의자'로 불린다.

그러나 이것은 당신이 '진보주의자'라면 보수주의가 당신에게는 불의와 동의어처럼 들린다는 것을 뜻하며, 이런 이유로 그리스도인들(과 기독교 싱크탱크들)이 지지하는 정책 제안이 오해를 받곤 한다. 이것은 기독교 사회사상이 오랫동안 시민 사회—번영을 촉진하고 약자를 돌보며 공동선에 기여하는, 정부를 넘어서는 인간의 사회적 삶의 영역과 층위와 '작은 소대들'—의 중요성을 강조해 왔기 때문이다. 아브라함 카이퍼에게 빚진, 내가 속한 개혁주의 전통에서 우리는 이것을 '영역 주권'이라는 관점으로 설명한다. 건강한 사회는 함께—그리고 보조를 맞춰—공동선에 기여하는 다수의 영역으로 이뤄져 있다.[66] 정부(혹은 '국가')만 돌봄과 관심을 촉진하는 것이 아니다. 교회, 기업, 학교, 가정도 사회가 자신이 부름받은 그런 존재가 될 수 있도록 돕기 위해서 감당해야 할 중요한 역할이 있다.

가톨릭 전통에서는 '보조성'(subsidiarity)의 관점에서 이를 설명하는데, 이는 지난 세기 기독교 사회사상에서 가장 오래 지속되는 원리 중 하나였다. 카이퍼가 영역의 다원성을 강조하는 것과 마찬가지로, 보조성은 사회의 각 '층위'가 제 기능을 수행할 수 있도록 힘을 주고 신뢰함으로써 공동선을 가

---

[66] 영역 주권에 대한 나의 설명으로는 James K. A. Smith, "The Reformed (Transformationist) View", *Five Views on the Church and Politics*, ed. Amy E. Black (Grand Rapids: Zondervan, 2015), pp. 148-157를 보라.

장 효과적으로 추구할 수 있음을 강조한다. 교황 레오 13세(Leo XIII)가 1891년에 발표한 회칙 『새로운 사태』(Rerum Novarum)에서 처음으로 진술된 이 원리는, 반포 100주년을 맞아 교황 요한 바오로 2세(John Paul II)가 이 회칙을 재확증하면서 발표한 회칙인 『백주년』(Centesimus Annus)에 간결하게 정리되어 있다. "더 높은 질서에 속한 공동체는 더 낮은 질서에 속한 공동체의 내적 삶에 간섭하여 후자의 기능을 박탈해서는 안 되며, 언제나 공동선을 위해서 그 활동이 나머지 사회의 활동과 조화를 이룰 수 있도록 도움이 필요할 때 지원해야 한다." 그렇기 때문에 기독교 사회사상에 입각한 정책 제안은 정부의 독점에 도전하고 (다른 영역의 책임을 침범하거나 가정이나 학교 같은 사회의 더 친밀한 층위에 개입함으로써) 그 관할권을 넘어서려는 국가에 저항하는 경우가 많다. 그러나 이 정책 제안은 또한 우리의 삶을 독점하여 우리와 그 밖의 모든 것을 사고파는 상품을 만들려는 시장의 경향에도 저항한다. 국가와 시장 모두가 다른 영역과 '작은 소대들'을 지원하고 그들의 자원을 놓아줄 때 사회는 가장 큰 유익을 얻을 수 있다.[67]

예를 들어, 기독교적 정책이 국가의 학교 교육 독점에 도전하며 학교를 선택할 권리와 교육의 참된 다원주의를 옹호하는 경우가 많은 이유 중 하나는, 국가가 다양한 교육 기관과 접근 방식을 위한 여지를 만들 때 **공동**선을 가장 효과적으로 도모할 수 있음을 보여 주는 증거에 근거를 두고 있다. 보조성의 관점에서, 학교 교육은 부모―와 나머지 우리―가 우리 공동체에 속한 아이들의 삶에 더 친밀한 관심을 기울이게 하는 사회 **안**의 더 작은 '사회들'이 가장 잘 돌볼 수 있는 사회적 선이다. ['공통 핵심'(common core, 2010년부터 시작된 미국의 초중고 교육 과정 표준화 정책―옮긴이)이라는 무지몽매한 희망에도 불구하고]

---

[67] 이에 관한 간결하고 유익한 설명으로는 Gideon Strauss, "A Market Society? Yes! A Market Economy? No!", *Comment* 23, no. 1 (Fall 2005): pp. 6–7를 보라.

학교 교육은 연방 사업이 아니라 지역 사업이다. 우리가 이를 인식할 때, 부모에게도 유익하고 아이들에게도 유익하며 공중에게도 유익하다. 2014년 카더스 교육 조사(Cardus Education Survey)에서 입증하듯이 말이다. 이른바 사립학교는 **공적** 선이다.[68]

하지만 만약 당신이 '정부'(government)가 '공공'(public)과 동의어이며 '공동'(common)선이 '공적'(public) 선과 동의어라고 믿는다면 이 모든 것이 어떻게 들릴지 상상해 보라. 국가의 독점에 도전하고 비국가 공동체를 장려하는 일은 자신의 이웃을 사랑하지 않을 핑계를 대고 '나와 내 사람들'에게만 유익한 고립된 영토를 세우도록 허락을 받으려는 전략처럼 들릴 것이다. 실제로 '공공', '정부', '공동선'을 기본적으로 동의어로 간주한다면, '사적'인 모든 것―국가 외부의 모든 것―을 이기적이며 불의한 것이라고 생각할 것이다. [벤 도메네치(Ben Domenech)가 최근에 말했듯이, 그런 이유 때문에 "진보주의자들은 정부를 제외하고는 지역에서 난 모든 것을 원한다."][69] 궁극적으로 나는 이런 종류의 반응이 그릇된 것이며 '공동'인 것을 '국가'의 범위와 혼동하는 경향에 기인한다고 생각한다. 다시 말해서, 이런 반응에는 공동선에 기여하는 방법에 관한 협소하고 환원론적인 이해가 있다.[70] (우리가 그저 '사적'이라고 거의 잘못 묘사하는) 비국가 기관과 공동체에 대한 알레르기 반응은 사실 공동선에 손해가 될 뿐이다.

---

68 Ray Pennings et al., *Cardus Education Survey 2014: Private Schools for the Public Good* (Hamilton, ON: Cardus, 2014), https://www.cardus.ca/store/4291/.

69 Ben Domenech, "Progressives Want Everything Grown Locally Except Government", *Federalist*, August 22, 2014, http://thefederalist.com/2014/08/22/progressives-want-everything-locally-grown-except-government/.

70 관련된 논의로는 James K. A. Smith, "God's Preferential Option for Public Schools? Some Questions", *Convivium*, October 14, 2013, https://www.convivium.ca/articles/gods-preferential-option-for-public-schools-some-questions을 보라.

하지만 이런 반응에도 우리가 귀 기울여야 할 정당한 우려와 걱정이 있다. 예를 들어, 영역 주권과 보조성의 원리에 기초해, 우리는 국가에 덕의 교육을 뒷받침하는 선에 대한 두꺼운 전망을 지닌 신앙 공동체의 작은 소대들을 비롯해 어린이를 교육하기 위해 사회 안에 작은 사회들(microsocieties)을 위한 공간 만들기를 촉구할 수 있다. 우리는 또한 연방 공무원들이 멀리서 꼭두각시를 조종하듯이 교육에 관한 결정을 내리게 하는 대신에 지역에서 활동하는 실천 공동체에 그 결정을 위임한다면 모든 어린이가 혜택을 받게 되리라고 주장할 수 있다.

하지만 그런 작은 사회들 안에서 살지 않는 어린이들은 어떻게 되는가? 두꺼운 실천 공동체로부터 분리된 채 근대의 폐허 속에서 살아가는 아이들, 국가가 그들의 **유일한** 사회인 아이들은 어떻게 되는가? 만약 우리가 보조성의 지혜에 따라 공동체에 더 직접적으로 헌신하는 부모들의 사회에 교육을 맡기기 위해 참견하기 좋아하는 지방, 주, 연방의 촉수로부터 교육을 어렵사리 빼앗는데 성공한다면, 그런 헌신에 관심이 없거나 수많은 장벽과 어려움 때문에 참여할 수 없는 부모를 둔 아이들은 어떻게 되는가? 국가가 그들에게는 최후의 방어선이 아닐까? 유벌 레빈(Yuval Levin)이 그의 중요한 책 『분열된 공화국』(The Fractured Republic)에서 지적하듯이, 단순히 '작은 정부'를 주장하는 반국가적 입장은 전적으로 부적절하다. 사실 그러한 추상적·환원론적 접근 방식은 매개하는 기관들이 소멸된 시대에 우리가 개인주의의 약점을 고스란히 받도록 만들 뿐이다. 레빈이 추천하듯이, "우리가 시민 사회와 지방 정부의 기관에 더 많은 책임을 넘겨준다면, 먼저 지금까지 살펴본 이유 때문에 최근 수십 년 동안 이 기관들이 약화되었음을 인정해야 한다. 이런 기관들이 우리의 자유주의적 복지 국가 바로 밑에서 준비를 갖추고 힘을 유지한 채로 기다리고 있다가 언제든지 나서서 국가가 다시 굴러가게 도우리라 생각하는 것은 착각일 뿐이다."[71] 이런 기관들은 그저 압도되거나 억압된 것이 아니다. 해체된 것이다. "매개하는 기관들을 그저 해방시키면 되는 게 아니다. 되살리고 강화하며 권한을 부여해야 한다."[72] 역사의 맥락에 주의를 기울이지 않는 추상적·이데올로기적 제안은 불의를 조장할 뿐이다.

우리는 '원칙에 입각해 있지만' 역사에 주의를 기울이지 않는 정책 제안을 경계해야 한다. 사회는 결코 백지 상태가 아니다. 우리는 언제나 이미 역사적으로 규정된 순간 속에서 살고 있다. 우리의 '지금 여기'는 언제나 '그때 거기'의 결과물이다. 좋은 정책은 영속적인, 심지어 시간을 초월한 지혜로 규정되어야 하지만 언제나 특수한 역사를 지닌 특수한 순간에 특수한 사람들**을 위한** 정책이다.

따라서 영역 주권과 보조성이라는 영속적 지혜가 우리에게 선하고 정의로우며 번영하는 사회가 어떻게 조직되어야 하는가를 상상하기 위한 유익한 자료를 제공한다고 하더라도, **여기서** 거기까지 도달하는 데는 특수한 어려움이 제기될 것임을 인식해야 한다. 이는 우리가 직선으로 나아갈 수 없음을 뜻할 수도 있다. 예를 들어, 보조성의 원리에 입각한 교육 정책이 돈에 관해서는 옳다고 하더라도(그리고 나는 그렇다고 생각한다), 보조성은 사회의 여러 차원에서 사회적 안녕과 공동체적 건강함의 다양한 층위를 전제한다. 하지만 지난 세기 국가의 오만함—우리가 마땅히 항의해야 하는—이 '보조적' 사회가 번성하기 위해 필요한 작은 소대들을 소멸시켜 버린 상황이라면? 그렇다면 단순히 보조성에 따라 사회를 재조직하는 것은 사실상 이런 작은 사회들이 소멸된 곳들을 포기한 채 이 적절한 자원도 없이 스스로 알아서 헤쳐 나가도

---

[71] Levin, *Fractured Republic*, p. 144.
[72] 같은 책, pp. 144–145.

록 내버려 두는 것과 마찬가지다. 그리고 이는 불의하게 **보일** 뿐만 아니라 불**의하다**.

2011년 당시 캔터베리 대주교였던 로완 윌리엄스(Rowan Williams)는 영국 안에서 진행된 '큰 사회'에 관한 토론에서 비슷한 점을 지적하며 분권화와 탈집중화를 촉구한 바 있다. "불편한 진실은, 많은 곳에서 풀뿌리 운동과 지역 차원의 상호주의가 번성하는 것처럼 보이지만, 이것들은 수십 년 동안의 문화적 파편화로 인해 약화되어 왔다는 것이다. 예전의 생디칼리슴이나 코포라티즘 전통을 하룻밤 사이에 되살려 낼 수는 없으며, 일부 지역에서는 처음부터 만들어야 한다."[73] 우리 중에는 러스킨이나 교황 레오 13세의 역사적 전망으로 돌아가고 싶어 하는 사람들도 있지만 그 사이에 역사가 계속해서 길을 걸어 왔음을 인정해야만 한다. 상황은 바뀌었다. 복지 국가는 오랫동안 작은 소대들에서 빌린 자본으로 연명해 왔지만, 국가의 관할권을 과도하게 확장하며 은밀히 모든 것을 시장화하는 이중적 계략은 이들 역사적 공동체들을 소멸시켜 왔다. 작은 공동체에 권한을 넘겨주기 위해 국가의 독점을 축소하는 일은 작은 공동체들이 실제로 존재해야 가능할 것이다.

따라서 당혹스러운 아이러니는, 이제 우리가 사회적 번영에 기여하는 다른 영역들을 위한 공간을 만들기 위해 국가의 독점을 제한하기를 요구할 때, 많은 사람에게 국가는 그들에게 남아 있는 전부임을 인정해야 한다는 점이다. 계속 괴물을 지지하자고 주장하는 것은 아니지만, 이 때문에 '사적' 노력을 장려하는 정책들이 공동선을 포기한 채 고립된 소수 집단의 특수 이익을 추구하는 주장처럼 ― 그리고 때로는 그에 대한 변명일 수 있게 ― 들린다. (이것

---

[73] Rowan Williams, "The Government Needs to Know How Afraid People Are", *New Statesman*, June 9, 2011, http://www.newstatesman.com/uk-politics/2011/06/long-term-government-democracy. 나에게 이 글을 소개해 준 브라이언 데이커마에게 고마움을 전한다.

은 내가 보조성이라는 용어가 자유지상주의자들의 손아귀에 들어갈 수도 있다고 우려하는 이유 중 하나이기도 하다.)

정부 바깥의 시민 사회를 육성하고자 하며 정의와 공동선을 위해 이를 추구하는 이들은 이와 더불어 일체의 의미 있는 작은 소대들로부터 분립된 채 사실상 국가의 피보호자가 된 모든 사람을 어떻게 돌볼 것인지도 설명해야 한다. 사실 보조성을 주창하는 많은 사람이 이를 알고 있다. 교황 요한 바오로 2세가 『백주년』에서 지적했듯이, 역사의 우발성 때문에 때로는 우리가 더 이상 존재하지 않는 작은 사회들을 대신하는 역할을 해야 하는 응급 상황이 발생할 수도 있다. "사회 부문이나 기업 체제가 너무 약하거나 이제 막 시작되어 당면한 과제를 감당할 수 없는 예외적 상황에서 국가가 **대리적 기능**을 수행할 수도 있다. 이런 보충적 개입은 공동선에 영향을 미치는 긴급한 이유에 의해 정당화되지만, 사회와 기업 체제에서 마땅히 그들의 것인 기능을 영구적으로 박탈하는 것을 피하고 국가 개입의 영역을 과도하게 확장하여 경제적·시민적 자유를 손상시키는 것을 막기 위해서는 그런 보충적 개입이 가능한 한 짧아야 한다."[74]

물론 목표는 사회 안의 작은 사회들이 번영하도록 격려하고 자양분을 제공하며 지원하는 것이다. 교회가 사실상 국가가 그들의 유일한 '교구'이며 공립 학교가 그들의 유일한 성전인 이들을 포용하고 돌볼 수 있는 기회가 존재한다. 우리는 심지어 건강한 유대교와 이슬람교의 '작은 소대들'이 그들의—그리고 공동의—선을 위해 아이들을 교육하도록 장려할 수도 있다. 하지만 우리가 당연히 여기는 인본주의와 그 세속적 신화가 우리에게 필요한 시민 사회를 유지하기에 과연 충분한지에 관한 중요한 물음은 여전히 남아 있다.

---

[74] Pope John Paul II, *Centesimus Annus* (1991), www.vatican.va에서 볼 수 있다. 『백주년』(한국천주교중앙협의회).

개혁은 역사라는 혼란스러운 공간 안에서만 실행될 수 있다. 따라서 국가의 독점에 도전하는 것을 그것을 완전히 불태워 없애는 것과 혼동해서는 안 된다. 그리고 번성하는 공동체들이 자신들의 전망에 따라 아이들을 교육할 수 있는 공간을 마련하라고 국가에 촉구하는 것과 그 사이에 국가에서 세운 학교들이 유감스럽지만 제한적 역할을 하게 하는 것을 꼭 상호 배타적으로 볼 필요는 없다. 우리는 우리가 도달한 곳에 있으며, 우리가 여기에 이르게 된 데는 그럴 만한 이유가 있었다. 더 나은 무언가를 마음속에 그리고 희망하는 일은 이 '동안에' 위험에 처한 이들을 진지하게 받아들이는 것을 포함한다.

4장 다원주의의 한계와 가능성

개혁주의 공공신학 개혁하기

다원주의의 도전

카이퍼주의자들은 다원주의가 유행하기 전의 다원주의자들이었다. 네덜란드에서는 다원주의 사회를 주장하는 전통이 오래전부터 존재했으며 점점 강해지는 국가의 헤게모니에서 벗어난 기관과 영역이 많았다. 북미에서는 신칼뱅주의가 국가 안에서 기독교의 헤게모니를 벗어나는 방식, 종교적 우파로부터 신정 정치라는 귀신을 내쫓는 방식, '기독교 세계'(Christendom)[1]에 대한 해독제로 수용되었다. 따라서 미국 정치에 개입할 때 신칼뱅주의자들은 다원주의적 '포용'을 충고하는 경우가 많다.[2] 신칼뱅주의는 시대를 앞서갔으며 난처할 정도로 다원화된 민주주의적인 서양에서 새로운 반향을 일으키고 새로운 의미를 지니게 되었다고 말할 수도 있다. 신칼뱅주의자들은 '이제 우리의 시대다!'라고 생각하려는 유혹을 느낄지도 모른다.

나는 신칼뱅주의에 대한 열정을 꺾고 싶지는 않지만 다원주의를 이야기하는 방식에 대한 우리의 열정은 어느 정도 꺾고 싶다. 이번 장에서 나의 주장

---

1 '콘스탄티누스적'(Constantinian)이라는 멸칭과 더불어 대단히 무책임하게 유포된 용어다.
2 유럽에 있는 형제자매들은 우리가 여전히 많은 점에서 매우 동질적인 사회에서 다원주의를 그렇게 포용하는 것을 사치로 보고 있다고 생각할지도 모른다.

은 약간 우상파괴적이며, 이는 개혁주의 공공신학을 개혁하려는 노력의 일환이다. 나는 다원주의와 정치적 삶에 관한 몇몇 영향력 있는 신칼뱅주의적 설명에 존재하는 사각지대를 우려한다. 이러한 설명은 신칼뱅주의 안의 더 광범위하며 더 체계적인 경향, 즉 말씀과 성례전의 공간인 제도적 교회의 중요성을 평가 절하하며 이를 대체하려는 경향에서 유래한 것이다. 다원주의와 정치적 삶을 논하기 위해 제도적 교회를 소환하는 것이 이상해 보인다면, 그것은 내 제안 자체의 문제라기보다는 신칼뱅주의의 과민 반응이라고 생각한다.

나는 다원주의에 대한 이러한 신칼뱅주의적 설명이 오늘날 다원주의의 도전에 맞서기 위해 우리에게 필요한 것을 정확히 놓치고 있다고, 즉 다원주의적 사회 안에서 살기 위해 필요하며 예전적 공동체 안에서 이뤄지는 형성을 통해 길러지는 덕과 성향을 제대로 이해하지 못하고 있다고 주장하고 싶다. 우리는 다원주의 이론들을 진술해 왔다. 하지만 사회에는 인내, 참을성, 무엇보다도 사랑과 같은 덕을 배양하는 공간도 필요하다.[3] 다원주의적 사회가 성령을 통해 덕을 배양하는 공간으로서의 교회(이 작업을 확장하는 가정과 학교와 동업 조합과 더불어)를 **필요로 하는** 상황에서 우리는 다원주의에 대한 기독교 철학만 제공해 왔다. 하지만 나는 여기서 골고루 공격하는 입장을 취하면서, 자유주의 국가 역시 다원주의적 사회 안에서 잘 살아가는 노하우를 갖춘 시민을 만들어 내기 위해 필요한 형성적 자원을 결여하고 있으며, 그렇기 때문에 바로 자유주의적 민주주의가 전통적인 종교적 공동체를 위한 '공간을 만들어야' 할 뿐 아니라 사실상 그런 공동체에 **의존해야** 한다고 주장할 것이다. 거대한 자유 민주주의의 실험의 이면에 도달할 때, 어쩌면 우리는 자유주의가 단지 기독교적 **이론**뿐만 아니라 교회라는 형성적 공동체도 필요로 함을

---

3 이 문제를 중요하게 다룬 에릭 그레고리(Eric Gregory)의 *Politics and the Order of Love: An Augustinian Ethic of Democratic Citizenship* (Chicago: University of Chicago Press, 2008)을 참고하라.

발견하게 될 것이다.

다원주의는, 상이한 세계관과 선에 관한 궁극적으로 다른 신념, 좋은 삶을 구성한다고 믿는 상이한 실천과 의식(儀式)을 지닌 시민들이 거주하는 동네, 공동체, 영토, 국가 안에서 공동의 삶을 만들어 내라는 어려운 과제를 우리에게 안겨 준다. 간단히 말해서, 다원주의가 제기하는 도전은 내가 "고백적" 다양성이라고 부르는 것 혹은 존 이나주가 "심층적 차이"라고 부르는 것 속에서 어떻게 공동의 삶을 만들어 내느냐는 것이다.[4] 이 '공동의 삶'은 **동일한 형태의** 삶일 필요가 없으며 당연히 어떤 종류의 **국가적 통일성**도 요구하지 않는다. "공동의 삶을 만들어 가는 것"이라는 말은 우리의 이웃들과 조화와 평화를 이루며 살기를 추구하는 인간의 노력 — 공유된 창조의 영토 안에서 인간의 삶에 꼭 필요한 부분에 관해 협력할 수 있는 능력 — 을 뜻한다. 아우구스티누스의 『신국론』에서는 이런 노력을 잘 설명하고 있다.

> 이 천상 도성은…이 세상에서 순례하는 동안 모든 민족으로부터 시민들을 불러 모아서 온갖 언어를 말하는 이방인들로 이뤄진 사회를 만든다. 천상 도성은 지상의 평화를 이룩하고 보존하는 방편이 되는 관습, 법률, 제도의 차이를 전혀 고려하지 않는다.…지극히 높으신 참 하나님 한 분을 예배하라고 가르치는 종교에 아무런 방해가 없는 한 말이다. 따라서 여기 지상에서 순례하는 천상 도성은 지상의 평화를 이용하며, 참된 종교와 경건에 해가 되지 않는 한 죽을 수밖에 없는 인간의 본성과 연관되어 필요한 것들에 관해 인간적 의지 사이의 타협을 옹호하고 추구한다.[5]

---

4 John Inazu, *Confident Pluralism: Surviving and Thriving through Deep Difference* (Chicago: University of Chicago Press, 2016).

5 Augustine, *City of God*, trans. Henry Bettenson (London: Penguin, 1984), 19.17.

천상 도성의 시민들은 현시대의 시간 속에서 지상 도성의 시민들과 더불어 살고, 심지어 (흔히 가능성의 예술이라 부르는) 정치적 삶을 위해 필수적인 **타협**을 만들어 내고 유지하기를 돕는 촉매가 되도록 부름받았다.[6]

장소가 이를 위한 조건이며, 이러한 '공동 생활'은 언제나 특정한 장소와 경계 안에서 이뤄질 것이다. 올리버 오도노반이 바르게 지적하듯이, 특정 사회의 구체성은 공간과 연결되어 있다. "장소는 공간의 사회적 소통이다. 베다(Bede)의 책에 기록된 그레고리 대제(Gregory the Great)의 말에 따르면, '장소 때문에 무언가를 사랑해서는 안 되며, 좋은 것들 때문에 장소를 사랑해야 한다.' 장소는 물질적·지적 선에 관한 사회적 소통의 전제 조건이다."[7] 이 공유된 영토에는 우리 동네의 지역 협의회, 우리 시의 공립 도서관, 우리 주의 의료 정책, 연방 차원의 경제 관련 입법, 그 사이에 있는 수많은 사안에 관한 협력이 포함된다. 이런 의미에서 다원주의의 도전은 단순히 정부나 정치 관련 문제가 아니다. 이것은 모든 종류의 필요와 선을 위해 인간이 연대하려는 노력의 일부다. 이나주의 용어를 사용하자면, 우리는 "공유된 자원과 공동의 열망"을 활용해 "우리의 다양성 안에서 적당한 일치"를 이루기 위해 "사회 안에서 함께 살아갈" 방법을 찾고자 노력하고 있다.[8] 루소에 반대하며 이 점을 더 엄격히 표현해 볼 수도 있다. 즉, 다원주의의 도전은 "우리가 저주받았다고 여기는 이들과 평화를 이루며 사는"[9] 법을 배우는 것이다.

그러한 심층적 다원성과 선한 삶에 관한 논쟁에서 패권적 합의를 강요하

6　타협의 필요성에 관한 더 자세한 성찰로는 James K. A. Smith, "Faithful Compromise", *Comment* 32, no. 1 (Spring 2014): pp. 2-4를 보라.

7　Oliver O'Donovan, *The Ways of Judgment* (Grand Rapids: Eerdmans, 2005), p. 255.

8　Inazu, *Confident Pluralism*, p. 7.

9　Jean Jacques Rousseau, *Social Contract and Discourses*, trans. G. D. H. Cole (New York: Dutton, 1913), 4.8.34, http://www.bartleby.com/168/408.html. 『사회계약론』(후마니타스).

며 이를 극복하려는 대응이 많다. (역사적으로든, 전지구적으로든, 기독교와 이슬람교를 포함해) 종교적으로 이를 추구하는 경우도 있지만 그러한 편협한 합의를 강요하는 세속주의도 존재한다. 후자가 오늘날 종교 공동체들이 체감하는, 새롭게 등장한 진보주의의 편협성을 특징짓는 것처럼 보인다. 이는 실제로 존재하는 현실을 보고 그것을 규범적으로 억누르려고 하는 한에서만 다원주의에 대한 '대응'이다.

그러나 다원주의가 특정한 공동의 삶을 강요하는 패권적 합의에 의해 위협받을 수 있는 것처럼, 연대에 대한 모든 관심을 포기하는 냉담함, 냉소주의, 원자론적 자기중심성에 의해서도 위협을 받을 수 있다. 오도노반은 소통의 관점에서 사회의 폭넓은 공동체적 충동을 설명한다. 그는 "소통한다'는 것은 공통된 무언가를 보유하고, 그것을 공동의 소유물로 삼으며, 그것을 '네 것'이나 '내 것'이 아니라 '우리 것'으로 취급하는 것을 뜻한다"라고 말한다.[10] 우리는 창조의 구조인 사회적 충동에 오랫동안 의존해 왔지만, 그 보존의 정도를 과대평가해 온 것일지도 모른다. 모든 종류의 문화적 힘이 개인주의와 자기중심성을 부추겼으며, 그 결과 연대의 습관을 약화시켜 사회를 떠받치는 '소통' 자체가 계급, 인종, 가장 중요하게는 자기 이익이라는 부족주의에 의해 파쇄되고 결국 우리가 한 사람으로 이뤄진 부족—나—에만 관심을 기울이는 지경에 이르고 말았다. 이런 의미에서 다원주의적 사회의 다양성은 공통성과 차이의 복합적 혼합물이 될 수도 있다. 즉, 원자론적 개인주의가 폭넓게 **공유된** '사회적 상상'이 된 사회에서는, 만연된 이 이미지가 우리를 자기 이익만 추구하는 섬으로 분리한다. 사회는 이기주의자들의 군도가 되고 만다.[11]

---

10 O'Donovan, *Ways of Judgment*, p. 242.
11 최근에 쓴 글에서 조너선 라우쉬(Jonathan Rauch)는 이것을 "혼돈 증후군"(chaos syndrome)이라고 묘사했다. "혼돈 증후군은 정치 체제의 자기 조직화 능력이 만성적으로 약화되는 것이다. 이것은

따라서 공동의 삶을 만들어 가는 사회적 책무에는 이중적 도전이 있다. 즉, 한편으로는 좋은 삶이란 무엇이며 좋은 사회를 위한 규범이 무엇인지 생각하는 방식을 빚어내는 심층적·고백적 다양성이 존재하며, 다른 한편으로는 우리로 하여금 랜드 식의 자기 이익과 자기 보존을 추구하게 만드는 반사회적 힘—많은 경우 시장과 국가라는 가짜 공동체가 부추기는—이 존재한다. 아틀라스가 어깨를 으쓱하자 묶는 끈이 닳아서 끊어진다(한국어판으로 『아틀라스』라고 번역된 랜드의 책의 원제는 *Atlas Shrugged*, 즉 "아틀라스가 어깨를 으쓱했다"다—옮긴이).

다원주의 설명하기

이런 힘에 직면하여 카이퍼, 바빙크, 도이어베르트에게서 자양분을 얻은 개혁주의 사회사상 전통에서는 사회의 건강에 대한 강력한 전망을 꾸준히 제시해 왔다. 이 점에 관해 (카이퍼주의적인) "원칙에 입각한 다원주의"(principled pluralism, PP)[12]라고 불리는 입장은 두 전선에서 싸우고 있다. 한편으로, 이것은 공적 삶, 특히 정치 영역에서 기독교의 패권을 내부적으로 비판하는 기능

역사적으로 정치인들로 하여금 서로 책임을 묻게 하고 체제 안의 모든 사람이 언제나 노골적으로 자기 이익을 추구하는 것을 막아 주었던 기관과 중개자—정당, 직업 정치인, 의회 지도자와 위원회—의 약화와 함께 시작된다. 이런 중재자의 영향력이 약해짐에 따라 정치인, 활동가, 투표자 모두가 더 개인주의적이고 무책임한 태도를 갖게 된다. 체제가 원자화된다. 혼돈이 새로운 정상—선거 운동 본부와 정부 모두에서—이 된다"(Rauch, "How American Politics Went Insane", *Atlantic*, July/August 2016, https://www.theatlantic.com/magazine/archive/2016/07/how-american-politics-went-insane/485570/).

12 이에 관한 최근의 간결한 설명으로는 Stephen V. Monsma, Stanley W. Carlson-Thies, *Free to Serve: Protecting the Religious Freedom of Faith-Based Organizations* (Grand Rapids: Brazos, 2015), pp. 96-101를 보라. 또한 James K. A. Smith, "The Reformed (Transformationist) View", *Five Views on the Church and Politics*, ed. Amy E. Black (Grand Rapids: Zondervan, 2015), pp. 139-162를 보라.

을 해 왔다. PP는 (특히 올바른 종말론과 결합될 때) 영역 주권을 환기하면서 그리스도인들이 지향적 다양성을 침묵하게 만들거나 부인하려는 시도를 비판한다. 이것이 신칼뱅주의의 반콘스탄티누스주의적, 반국교적, (흔히 생각하듯) 반-기독교 세계적 경향이다.[13] (국교회가 존재한 적 없었던 미국에서 카이퍼를 받아들인 개신교 복음주의자들이 그의 영역 주권 교리에 열광하며 이를 교회와 국가의 분리를 뒷받침하는 신학적 논거로 삼는 경우가 많았다는 사실은 아이러니라 할 수 있다.)[14]

다른 한편으로, PP는 정치 영역에서 세속적 '중립성'을 가장하는 신화나 지향적 다양성을 부인하는 패권적 자유주의에도 맞선다[그리고 제프리 스타우트와 윌리엄 코널리(William Connolly) 같은 비종교적 목소리로부터의 비판을 동맹 삼는다].[15] 민주주의적·다원주의적 사회가 사회의 건강을 위해 시민 사회라는 더 넓은 네트워크 안에 종교적인 목소리와 종교 공동체들을 위한 공간을 마련해야 한다고 주장한다.

이것은 다원주의적 사회 철학에 대한 신칼뱅주의의 더 광범위한 주장의 일부다. 헤르만 도이어베르트, 리처드 마우, 샌더 흐리피운, 제임스 스킬렌(James Skillen), 조너선 채플린 같은 철학자와 이론가들은 약간씩 다른 용어를 사용하면서 현대의 전지구화된 사회 안에서 우리가 마주치는 차이와 다원성에 대한 분류법을 제시해 왔다. 사회의 다원성에 대한 조너선 채플린의 "지도"를 대표적인 예로 들어 보자. 그는 자신이 내가 방금 언급한 사람들이

---

[13] 참고로 크리스틴 디드 존슨은 *Theology, Political Theory, and Pluralism: Beyond Tolerance and Difference* (Cambridge: Cambridge University Press, 2007), pp. 184, 198, 215, 224, 235, 253-254에서 기독교의 "접수"(taking over) 경향에 대해 줄기차게 경고한다. 뒤에서 존슨의 경고를 다시 논할 것이다.

[14] 예를 들어, John Bolt, *A Free Church, a Holy Nation: Abraham Kuyper's Public Theology* (Grand Rapids: Eerdmans, 2001)를 보라.

[15] Jeffrey Stout, *Democracy and Tradition* (Princeton: Princeton University Press, 2004)과 William E. Connolly, *Why I Am Not a Secularist* (Minneapolis: University of Minnesota Press, 1999)를 보라.

먼저 했던 작업을 정교하고 새롭게 다듬고 있다고 생각하기 때문이다. 채플린은 사회의 다원성에는 세 종류가 있다고 지적한다.

1. **구조적** 다원성(마우와 흐리피운이 "단체의" 다원성이라고 부르는 것)은 "현대 사회에 존재하는 질적으로 구별되며 기능을 특정할 수 있는 단체나 기관, 공동체의 다원성을 가리킨다."[16] 다시 말해서, 건강한 사회에서 우리는 정치학자들이 '시민 사회'라고 부르는 것을 구성하는 다양한 기관, 단체, 공동체—학교, 예술가 협회, 노동조합, 가정, 교회, 모스크, 볼링 연맹 등—를 발견할 것이다.[17] 이 사회 구조의 다원성은 **창조의** 소명에 뿌리내리고 있다. 가정과 학교와 기업은 그저 우리에게 떠오른 '좋은 생각'이 아니다. 피조물 자체에 요청되는 무언가에 대한 반응으로 만들어진 것이다.[18] 따라서 채플린은 "구조적 다원성이 우리의 창조된 사회적 본성의 가장 근본적이며 영속적인 명령에 기인하며 '창조된 종류'의 사회적 유사체라 부를 수 있는 것을 발생시키기 때문에 존재론적 우선성을 지닌다"고 강조한다.[19]

2. **문화적** 다원성(마우와 흐리피운이 "맥락적" 다원성이라고 부르는 것)은 역사 전체에서 전세계적으로 인간 문화 안에 실현된 다양한 표현을 가리킨

---

16 Jonathan Chaplin, "Rejecting Neutrality, Respecting Diversity: From 'Liberal Pluralism' to 'Christian Pluralism'", *Christian Scholar's Review* 35, no. 2 (2006): p. 146.

17 따라서 채플린은 *Herman Dooyeweerd: Christian Philosopher of State and Civil Society* (Notre Dame, IN: University of Notre Dame Press, 2011)에서 이런 설명이 "규범적인 제도적 다원주의"를 옹호하는 정치 이론에 속한다고 지적한다.

18 제임스 올타이스(James Olthuis)는 이 선물/부르심의 역학이 창조의 본성 자체에 깊이 새겨져 있으므로 부르심이 곧 선물이라고 주장한다. Olthuis, "Be(com)ing: Humankind as Gift and Call", *Philosophia Reformata* 58 (1993): pp. 153-172를 보라.

19 Chaplin, "Rejecting Neutrality", pp. 146-147.

다. 가정과 기업과 같은 존재론적 구조의 구현은 문화적 맥락에 따라 각기 다른 분위기, 멋, 모습을 띤다. 이 각기 다른 표현들은 "하나님이 창조하신 잠재력에 뿌리내린 인간의 다양성을 위한 잠재력의 표현"일 수 있다. 피조물 안에 펼쳐진 신적 부르심이 인도네시아와 인디애나에서 다른 방식으로 펼쳐질 수 있다. 채플린은 "구체적 문화의 다원성은 각각 사회적 상호 작용, 공동체의 조직화, 언어적, 예술적 표현, 지적·기술적 탐구 같은 하나님의 선물의 다른 양상을 보여 주며, 따라서 그리스도인들은 이에 저항하기보다 기뻐해야 한다"고 지적한다.[20]

3. **지향적** 다원성은 다양한 사회 속 사람과 공동체들을 특정 방향으로 움직이게 만드는 "종교나 세계관이나 그 밖의 근본적인 영적 지향성의 다원성"을 가리킨다.[21] 이 영적 지향성과 선에 대한 근본 개념이 우리가 무엇을 추구하고 무엇을 귀하게 여기고 사회 안에서 어떻게 행동하는가를 통제하고 지배하는 한 이 형태의 다원성은 '지향적'이다. 바로 이런 이유 때문에 이 다원성은 우리 자신이 함께 공동의 삶을 살아가는 것을 상상할 수 있는 가능성 자체에 타격을 가하며, 따라서 우리에게 가장 근본적인 어려움을 제기한다. 이것은 '고백적' 다원성이라고 부를 수도 있다. 예상할 수 있듯이, 이는 우리가 좋은 삶의 모습 자체에 관해 합의를 이루지 못함을 뜻하기 때문에 함께 살아가는 데 가장 큰 어려움을 야기하는

---

20 같은 글, p. 147. 다원성의 한 예로 인종에 관한 심각한 질문이 있다. 한편으로는 인종을 문화적 다양성이라는 렌즈를 통해 바라보고 따라서 이것을 선한 피조물로서 우리가 지닌 차이가 프리즘을 통해 실현된 것이라고 마땅히 기뻐해야 하지만, 다른 한편으로 인종은 공적 정의(불의)와 연관된 온갖 종류의 문제와 분명히 겹쳐 있다. 그리고 정체성 정치가 확고하게 자리 잡은 사회에서, 특히 자신이 '인종 차별을 하지 않는다고'(color blind) 상상하는 이들(즉, 지배 집단에 속한 백인들)에게 인종은 그 나름의 세계관 혹은 '지향성'으로 기능하기도 한다. Willie James Jennings, *The Christian Imagination: Theology and the Origins of Race* (New Haven: Yale University Press, 2010)를 보라. 이에 관해서는 뒤의 6장에서 다시 논할 것이다.

21 Chaplin, "Rejecting Neutrality", p. 147.

다원주의의 형태다.

마우와 흐리피운과 채플린은 이들 각각이 서술적 표현과 규범적 표현을 지니고 있다고 바르게 지적한다. 우리는 이를 사실상 존재하는 다원성에 대한 서술적 인정과 그러한 **다원성**을 **다원주의**로 보존하거나 조장하라는 규범적 요청 사이의 차이로 이해할 수도 있다.[22] 이 구별은 우리에게 '다원주의를 받아들이거나' '다양성을 기뻐하라'고 권하는 목소리에 섬세함과 복잡성을 추가한다. 이 분류법을 통해 우리는 다원주의에 '환호하는 두 가지 방식'을 확인할 수 있다. 구조적·문화적 다원성과 관련된 다원주의에 규범적 '찬사'를 보내는 동시에 지향적/고백적 다원성을 서술적으로 인정하고 건설적으로 논의하지만 그런 다원성에 규범적으로 찬사를 보내지는 않는다. 채플린은 "구조적·문화적 다양성은 기뻐해야 할 하나님의 선물이지만 지향적 다원성은 분명 그렇다고 말할 수 없다. 기독교적 관점에서 영적 지향의 심층적 차이는 타락의 쓴 열매로 간주할 수밖에 없다"라고 평한다.[23]

그렇다고 해서 이것이 그리스도인은 지향적 다원성을 반대해야 한다는 뜻은 아니며, 오히려 그것과 교섭하기 위한 건설적 프로그램이 필요함을 뜻한다. 채플린 및 다른 신칼뱅주의자들은 이 다양한 사회 구조 중 **하나**—국가—의 독특한 책임이 바로 이 지점에 자리를 잡고 있다고 본다. 따라서 나는 지향적 다원성이라는 현실에 대한 기독교의 건설적 대응으로서의 "기독교적 다양성 국가"(Christian diversity state), 즉 지향적 다원성에 찬사를 보내기

---

22 James H. Olthuis, "Exclusions and Inclusions: Dilemmas of Differences", *Towards an Ethics of Community: Negotiations of Difference in a Pluralist Society*, ed. James Olthuis (Waterloo, ON: Wilfrid Laurier University Press, 2000), pp. 1–10.

23 Chaplin, "Rejecting Neutrality," p. 148

를 거부하면서도 그것을 제거하려는 데까지 나아가지는 않는 국가라는 채플린의 개념을 잠시 생각해 보고자 한다. 이것은 국가가 공적 정의의 문제로서 지향적 다양성을 위한 **공간을 마련하기**를 촉구하는 주장이다.

채플린의 "기독교적 다양성 국가"

기독교적 다양성 국가에 대한 채플린의 제안은 명백히 더 광범위한 도이어베르트적 사회 이론에 뿌리내리고 있기 때문에, 우리는 연관된 맥락과 배경으로서 도이어베르트에 대한 그의 해설을 살펴볼 수 있다. 그의 탁월하며 독특한 책 『헤르만 도이어베르트: 국가와 시민 사회의 기독교 철학자』(*Herman Dooyeweerd: Christian Philosopher of State and Civil Society*)에서 채플린은 "기독교 다원주의"를 "규범적 다원주의"를 옹호하는 일군의 이론들 안에 자리매김한다. 이런 이론들은 모두 두 주장을 공유한다.

1. "건강하고 정의로우며 자유롭고 안정적인 시민 사회를 위해서는 상대적으로 독립적이며 질적으로 구별된 단체, 공동체, 기관, 그 밖의 사회적 조직체가 많아야 하며, 이들을 통해 개인들의 인간적 능력이나 이익이 실현될 수 있으며 이들 없이는 사회적 통일성의 구조가 얇아지고 말 것이다."[24] 또한

---

[24] Chaplin, *Herman Dooyeweerd*, p. 16. 채플린은 중요한 대조를 덧붙인다. "아리스토텔레스주의자나 공화주의자, 국가주의자, 모든 종류의 집단주의자와 달리 [규범적 다원주의자는] 폴리스의 구성원이 되는 것이 다른 공동체나 협회의 구성원이 되는 것보다 도덕적으로 우선하거나 더 고귀하다는 것을 부인한다." 하지만 규범적 다원주의자는 언제나 오직 하나의 폴리스만이 특정 영토를 지배한다는 아리스토텔레스주의적 전제를 받아들이는 것처럼 보이는 반면, 매킨타이어주의에서는 특정한 영토 안에 경쟁하는 폴리스들이 존재하거나 존재할 수 있다고 주장하는 것처럼 보인다.

2. "국가의 주된 기능은 이런 조직체들의 책임 있는 독립과 상호 작용을 보호하거나 증진함으로써 그 실현을 적극적으로 촉진하는 것이다."[25]

이는 국가 아닌 사회적 구조들이 번영하고 서로 좋은 관계를 맺을 수 있는 공간을 마련하는 건강한 사회를 만들어 가야 할 책임이 있는 사회적 구조인 국가에 (꼭 최소한은 아니더라도)[26] 한계가 정해진 역할을 부여한다(어떤 의미에서는 고전적 영역 주권이라고 볼 수 있다). 채플린은 이것을 "공적 정의"라고 부른다. "따라서 공적 정의는 국가가 개인들의 정당한 권리, 의무, 능력을 인정하고 그들이 이를 실현하기 위해 필요한 법적 보호 장치를 만들기를 요구한다.…국가는 영토 안에서 다양한 사회적 구조와 개인 사이의 정의로운 상호 관계의 연결망을 만들어야 한다."[27]

그렇다면 이것은 **지향적** 다원성에 직면한 국가의 역할에 관해 무엇을 의미하는가? 사회의 다양한 기관과 공동체의 관계를 맺어 주고 중재하는 국가는 고백적으로 불가지론의 입장을 취하는 중립적 심판일 뿐인가? 영역 주권은 기독교 다원주의의 이름으로 결국 자유주의에 이르는 또 다른 길일 뿐인가?

---

25 같은 곳. 여기서도 중요한 대조가 추가된다. "관료주의적 중앙집권주의자와 달리 규범적 다원주의자는 국가가 사회 전체를 관리하고 감독할 능력이나 권한을 가지고 있다고 생각하지 않으며, 최소국가주의를 채택하는 이들과 달리 사회적 기관 사이에서 정의롭고 응집력 있는 관계가 적극적인 정치적 조정 없이 저절로 생겨난다고 생각하지 않는다. "국가가 비정치적 구조 안에서 본원적 능력을 지니고 있지" 않다고 보는 "동시에 비정치적 구조의 활동이 공적 결과를 지니는 한 그 구조를 규제할 권한을 가지고 있음을 인정하는" "정치적 엔캅시스(enkapsis, 도이어베르트가 스위스의 생물학자 하이덴하인의 이론에서 빌려온 용어로, 내부의 구조적 원리와는 독립적인 기능을 지닌 사회의 조직체들이 구조적으로 얽혀 있는 관계를 말한다-옮긴이)"를 참고하라.

26 '공적 이익'에 관해서는 같은 책, pp. 228-229를 보라.

27 같은 책, p. 225. 이 말에 주목하라. "국가가 한 사회적 구조 **내부의** 법적 영역에 책임을 져야 하는 것은 아니다. 국가는 개인이나 가정에 특정 식단을 강요하거나 사적 산업을 위해 가격을 정할 수 없다." 하지만 그렇게 하지 않는가? 국가가 의료 체계를 운영하면 어떻겠는가?

채플린은 그렇지 않다고 주장한다. 채플린은 건설적인 제안을 내놓으면서, (종교 이론가들뿐만 아니라) 다른 이들에 의해 비판받아 온 '중립주의 패러다임'을 거부하며 국가가 '중립적'일 수 있다는 개념을 분명히 거부한다. 윌리엄 갤스턴(William Galston) 자신도 인정하는 **자유주의적** "다양성 국가" 개념을 변주하면서, 채플린은 국가가 어떻게 또한 왜 지향적 다양성을 위한 공간을 마련해야 하는지 독특한 기독교적 설명을 제시한다. 기독교적 다양성 국가에서는 왕성한 시민 사회를 장려하고(단체의 다원주의), 문화적 다양성을 기뻐하며(맥락적 다원주의), 지향적 다양성이라는 현실을 인정하고 이를 진지하게 받아들일 것이다. 채플린이 요약하듯이,

> 기독교적 다양성 국가에서는 세 종류의 다원성 모두에 주의를 기울일 것이다. 구조적·문화적 다양성이 창조 질서의 성향에 뿌리내리고 있음을 인식하고, 창조 질서의 성향으로부터 그 규범적 설계를 도출하며, (그 자체로 타락의 결과인) 지향적 다원성이 의로운 심판을 받아 마땅함을 인정할 것이다. 하지만…결정적으로, 국가 **자체**의 목적의 규범적 내용과 한계에 대한 분명한 이해에 근거해 이 모든 것을 받아들일 것이다.…따라서 기독교적 다양성 국가에서는 그저 그리스도인이 지지할 수 있는 중립적 국가를 권장하려고 하지 않을 것이다.…개인주의적인 자유주의적 중립주의에 대한 다원주의적 혹은 공동체주의적 해설을 제공하는 데 결코 만족하지 않을 것이며, 지향적으로 너그러운 입헌적 민주주의의 참된 기독교적 모형을 열망할 것이다.[28]

이 모형은 공적 정의의 중재자인 국가의 목적과 텔로스에 대한 이해와 밀

---

28 Chaplin, "Rejecting Neutrality", pp. 168-169.

접히 연결되어 있다. 따라서 기독교적 다양성 국가에서는 '국교' 모형과 달리 **국가가 지향해야 할** 한 방향을 지지하지 않지만, 자유주의 모형과 달리 중립을 가장하거나 지향적 다원주의를 **목적**으로 삼지도 않는다. 기독교적 다양성 국가는 공명정대함에 관한 **기독교적** 확신에 의해 추동된다.[29] 따라서 지향적으로 중립적이지 않지만 기독교적 지향성에 의해 추동되기에 '다양성을 존중할' 실질적 이유를 가지고 있다.

이는 대단히 독특하며 포괄적인 방식으로 국가에 대한 책임을 인정하는 **기독교적** 관점이며, '기독교적' 외피(mantle)를 자처하며 거의 모든 다양성 ─ 특히 문화적·지향적 ─ 을 진압하고 제거하며 가로막고 예방해야 할 차이로 평가하는 유럽과 미국의 급성장하는 정치적 운동 및 정당과 분명한 대조를 이룬다. 나는 '지금이 어떤 시간인지' 인식하는 국가 ─ 즉, 우리가 여전히 현시대에 머물러 있으며, 종말이 아직 도래하지 않았고, 우리가 장차 올 왕국을 세울 수는 없으며, 지향적 다양성을 제거하는 것이 국가가 할 일이 아님을 인정하는 국가 ─ 에 대한 채플린의 전망에 깊이 공감한다는 점을 강조하고 싶다.[30] 그럼에도, 채플린의 신칼뱅주의 설명에 공감하기에 나는 그의 제안의 몇몇 측면에 반론을 제기하고 싶다.

국가 자연화하기: 거시자유주의로서의 영역 주권?

영역 주권이 공공신학 안에서 기능하는 방식에 관해 내가 오랫동안 문제가

---

29 같은 글, p. 173.
30 오도노반이 지적하듯이, "가장 참되게 기독교적인 국가는 자신이 가장 철저히 '세속적'임을 이해한다." Oliver O'Donovan, *The Desire of the Nations: Rediscovering the Roots of Political Theology* (Cambridge: Cambridge University Press, 1996), p. 219.

있다고 생각했던 점은, 그것이 결국에는 일종의 거시자유주의로 보이는 것—마이클 샌델(Michael Sandel)을 따라 "절차적 공화국"(procedural republic)이라고 부를 수 있는 것—으로 귀결되는 경향이 있다는 것이다.[31] 원칙에 입각한 다원주의에서는 세속주의를 너무 자주 지지하는 중립성의 신화에 의문을 제기하며, 자유주의를 뒷받침하는 자유방임적 개인주의를 비난한다. 따라서 신칼뱅주의 공공철학에서는 그리스도인들이 시민 사회에서 교회 및 다른 기독교 기관을 유지할 수 있을 뿐만 아니라 정치 무대에서 본질적인 기독교적 목소리를 낼 수 있는 공간을 마련하는 국가 안에서 지향적 다양성이 보장되어야 한다고 오랫동안 주장해 왔다.[32] 그러나 동시에 **모든** 신앙 고백과 지향성이 동일한 기회와 접근성을 지녀야 한다고 주장하기 때문에 신칼뱅주의 공공철학은 **원칙에 입각한** 다원주의다. 따라서 결국 내가 일종의 **거시자유주의**라고 부르는 것에 관한 **거대주장**(meta-argument)으로 귀결된다. 즉, '정의로운' 사회는 서로 다른 고백적 공동체들이 자유롭게 선에 대한 **자신들의** 전망을 추구하는 사회라는 것이다.

채플린의 제안에서, 이는 불편부당한 국가를 옹호하는 원칙에 입각한 주장이 된다. 국가를 상이한 고백적 공동체 사이에서 중재자가 될 책임을 부여받은 기관으로 간주하기 때문이다. 내 생각에 채플린은 문제의 소지가 있는 구별에 근거해 자신의 주장을 펼치고 있다. 그는 [앤드루 워커(Andrew Walker)와 올리버 오도노반처럼] 기독교 국가의 '국교' 모형을 선호하는 이들을 비판하면서 그들이 "**지향적** 진리—우리의 실존에 관한 궁극적 진리—와 **정치적** 진

---

[31] 더글러스 패로우는 *Desiring a Better Country: Forays in Political Theology* (Montreal: McGill-Queen's University Press, 2015), p. 53에서 이 용어를 인용한다.

[32] Robert Audi and Nicholas Wolterstorff, *Religion in the Public Square: The Place of Religious Convictions in Political Debate* (Lanham, MD: Rowman & Littlefield, 1997)에 담긴 중요한 논의를 보라.

리―규범적 정치 질서의 모습에 관한 진리―를 구별하지 못하는 중대한 잘못을 범하고 있다"고 말한다.[33] 이 구별이 '정의로운' 중재자의 역할을 할 수 있는 불편부당한 국가에 대한 그의 전망을 위한 근거가 된다. "종교적 진리-주장과 정치적 진리-주장 사이의 구별을 주장한다는 것은 **중립적** 국가를 받아들이는 것이 아니라 **제한된** 국가를 받아들이는 것일 뿐이다. 그것은 상이한 구조적 영역의 경계를 바르게 인식하는 것을 뜻하며, 그런 영역 안에서는 독특한…종류의 진리 주장이 적합한 방식으로 권위를 지닌다."[34]

신칼뱅주의자가 이런 종류의 구별을 한다는 것은 이상하다. 지향적 헌신으로 가득 차 있지 않은 '진리'가 어디 있는가? 피조물에 대한 하나님의 뜻을 궁극적 규범으로 삼지 않는 '진리'가 어디 있는가? 그리스도께서 구속하신 우주적 범위 안에 포함되지 않는 '진리'가 어디 있는가? 정치적 삶 역시 그리스도께서 주되심을 주장하시는 피조물의 현실 영역이 아닌가? 그러므로 국가 역시 복음으로 바라본 구체적 현실 안에서 그러한 주되심에 복종해야 하지 않는가?

그러나 채플린이 주장하는 '지향적' 진리와 '정치적' 진리의 구별은 '정치적' 진리가 지향적 통찰에 미치지 못하는 무언가에 한정되어 있을 때만 그의 논증에서 제 기능을 발휘할 수 있다. 내가 보기에 기능상 '정치적' 진리는 준궁극적인 것으로 한정되어 있으며 '자연법'과 유사한 방식으로 작동하는 것 같다. 적어도 계시라는 **지향적** 자원이 '정치적' 영역에서는 부적합하다고 주장하는 것처럼 보인다. 따라서 국가의 거시자유주의화는 (매우 자연스럽게?) 국가와 정치의 **자연화**로 이어지며, 사실상 세속화라는 인식론적 기준을 받아

---

[33] Chaplin, "Rejecting Neutrality," p. 166.
[34] 같은 글, pp. 166-167.

들이는 결과를 낳는다.³⁵ 너무 지나친 신칼뱅주의적 정치사상에서는 정치적인 것을 '자연적' 영역으로 취급하기 위해 정교한 신학적 곡예를 벌이며, 그 밖의 모든 주장에는 당혹스러워하는 것처럼 보인다. 이는 마치 원칙에 입각한 다원주의가, 자유 민주주의자들을 향해 기능적으로 자연화되고 세속화된 정치적 게임에 우리가 기꺼이 참여하리라고 장담하기 위한 신학적 근거가 되어 버린 것과 같다. 우리에게 그 식탁에 앉을 자리를 하나 달라. 훼방꾼이 되지 않겠다. 눈치 없이 예수를 들먹이지 않겠다. 우리는 규칙을 이해하고 있다. '정치적' 진리만을 이야기할 것을 약속한다.

이러한 최소주의적—더 나아가 비겁하다고 말할 수도 있는—자세를 채택한 신칼뱅주의자들에게는 우리 선배들의 글이 거슬릴 것이다. 카이퍼와 바빙크가 네덜란드 의회에서 했던 말은 불편하게, 심지어 당혹스럽게 들릴 것이다.³⁶ 아마도 가장 거슬리는 말은 하윌라우머 흐룬 판 프린스테러(Guillaume Groen van Prinsterer)의 분석과 진단일 것이다. 오늘날 원칙에 입각한 다원주

---

35 나는 다른 곳에서 자연법의 접근 방식이 동일한 결과를 낳는다고 주장한 바 있다. James K. A. Smith, *Introducing Radical Orthodoxy: Mapping a Post-Secular Theology* (Grand Rapids: Baker Academic, 2005), pp. 50-54.

36 예를 들어, 루소와 칼뱅의 정치를 대조하는 헤르만 바빙크의 탁월한 논문 "On Inequality", *Essays on Science, Religion, and Society*, ed. John Bolt, trans. Harry Boonstra, Gerrit Sheeres (Grand Rapids: Baker Academic, 2008), pp. 145-163를 생각해 보라. 루소는 "사회를 개혁하기 위해 손가락 하나 까딱하지 않은 채 조용히 물러나 은둔한" 반면, 칼뱅은 "그리스도 안에서 은혜의 뜻임을 깨닫게 된 동일한 하나님의 뜻으로부터 강력하고 열정적이며 폭넓은 행동을 위한 동기를 이끌어 냈다"(p. 158). 하지만 칼뱅의 **동기**뿐만 아니라 그가 추진한 사회 개혁의 규범을 위한 원천까지도 독특하게 '복음적'(즉, 복음에 의한 것)이었다. "만약 우리가 하나님의 **뜻**이 만물의 원인이라고 한결같이 믿는다면, 성경 안에서 우리 삶을 위한 규칙으로 제시된 바로 이 뜻에 대한 경외심 때문에 우리는 어디서나, 그리고 우리의 영향력이 미치는 모든 곳에서 그 뜻의 통치권을 증진하지 않을 수 없다"(p. 158). 따라서 바빙크는 "제네바의 사례는 삶에 관한 칼뱅의 종교적 철학이 적용된다면 그 안에는 오늘날 사회에 대한 약속도 담겨 있음을 증명한다"고 결론 내린다. "사물의 더 높은 질서, 즉 역사의 사실뿐만 아니라 그분의 말씀의 증언을 통해서도 우리에게 전해진 하나님의 거룩하고 은혜로운 뜻을 믿는다면, 우리는 현재를 가늠하고 그것을 변화시킬 규범을 이미 발견한 셈이다"(pp. 161-162). 바빙크가 **특별** 계시를 더 광범위한 사회 개혁을 위한 규범의 원천으로 보고 있다는 점에 주목하라. [따라서 같은 책에서 그는 자연법 비판을 명확히 표현한다(p. 269).]

의를 옹호하는 카이퍼주의자들은 흐룬 판 프린스테러의 거침없는 **불신앙** 비판에 민망해할 것이다. 우리는 자연주의와 탈주술화를 공적 영역에 들어가는 입장료로 받아들였다. 반혁명당 사람들이었던 우리가 혁명의 계약 조건을 받아들이고 말았다. 우리는 '정치적' 진리를 초월적 주장으로부터 분리시켰다. '일반 은혜'는 사실상 무신론에 대한 핑계가 되고 말았다.[37] 따라서 '공적 정의'라는 이름으로 우리는 특별 계시를 통해 우리가 알고 있는 바의 구체성을 사실상 배제하는 방식으로 '정치적 진리'로 간주되는 것을 축소한다. 하지만 더 구체적으로, '압도하지' **않으려는** 지나친 욕망 때문에 일종의 최소주의로 축소되어 우리의 공적 참여에서 그저 '식탁의 한 자리'를 요구하거나 우리가 좋은 삶이라고 이해하는 바를 추구하기 위해 사회의 구석의 한 공간을 요구하는 데 그치는 상황에 이르고 말았다.

만약 그리스도와 그분의 말씀 안에서 우리가 **어떻게 참된 인간이 될 수 있는가**에 관해 무언가를 알 수 있다고 확신한다면(알 수 있음을 깨닫는다면), 우리는 **우리 이웃의 유익을 위해** 사회적 실천과 정책을 그 방향으로 틀도록 노력해야 하지 않겠는가? 물론 우리는 왕국을 실현할 수도 없고 실현하려고 해서도 안 된다. 그러나 사회가 복음에 영향받지 않는 것도 아니다.[38] 채플린이 지적하듯이 국가가 "반드시 하나 혹은 그 이상의 특정 방향을 지향하는 정치적 관점의 압도적 영향력을 반영할" 수밖에 없다면,[39] 왜 그것이 **기독교적** 방향이 될 수도 있다고 기대해서는 안 되는가? 혹은 크리스틴 디드 존슨의 말처럼 "정치 이론은 상상력의 훈련이 아니면 아무것도 아니"라면, 또한 "한 정치 이론의 성공이나 인기가 그것이 어느 정도까지 정치적 사회와 삶에 대해

---

[37] 이 상황을 역전시키는 것이 다원주의를 진압하는 것과 동일하지 않음을 강조할 필요가 있다.
[38] Peter Leithart, *Against Christianity* (Moscow, ID: Canon Press, 2002), pp. 137-138를 보라.
[39] Chaplin, "Rejecting Neutrality", p. 159.

현재 상황보다 더 매력적이며 설득력 있는 그림을 제시하는가에 달려 있다고 말할 수 있다면",⁴⁰ 기독교적 정치 이론이나 사회적 상상을 한 사회가 설득력 있게 받아들일 수 있는 가능성을 왜 상상하지 않는가? 한때는 그랬다. 원칙적으로 다시 이를 배제할 이유는 없다. 왜 우리는 "얻을 수 있다"고 생각하는 최소한에 만족해야 하는가?⁴¹ 우리 이웃과 우리 가운데 있는 약자들의 번영이 여기에 달려 있을지도 모른다. 이러한 강력한 전망과 소망은 우리의 '권리'를 확보하기 위한 방어 수단이 아니라 우리의 이웃들―상이한 지향성과 신앙 고백을 지닌 이들을 비롯해―이 그들 자신의 유익을 위해 우주의 결을 따라는 삶을 살 수 있도록 돕겠다는 선교적 관심이 되어야 한다.⁴²

우리는 사회가 정치적으로 병든 원인을 (물론 다른 요인들도 존재하지만) 불신

---

40 Johnson, *Theology, Political Theory, and Pluralism*, p. 22.

41 흐룬 판 프린스테러는 "우리가 무엇을 했으며 무엇을 하고 있는가?"라고 묻는다. "아무것도 아니다. 우리는 우리 자신을 제거한다. 우리 자신을 전혀 중요하지 않은 존재로 만든다. 우리는 더 높은 것을 동경하지 않기 때문에 교회 안의 동아리일 뿐이며 국가 안에서는 순응주의자들이나 버림받은 사람들일 뿐이다"[G. Groen van Prinsterer, "Unbelief and Revolution: A Series of Historical Lectures" (1847), Harry Van Dyke, *Groen van Prinsterer's "Lectures on Unbelief and Revolution"* (Jordan Station, ON: Wedge Publishing Foundation, 1989), pp. 424 n17].

42 조운 록우드 오도노반이 지적하듯이, 변명하지 않는 태도로 기독교적 지향성을 추구하는 국가는 다른 종교 공동체들에게 우려의 대상이 되기보다 오히려 소수 종교의 권리를 보장할 최선의 방법이 될 수도 있다. 성공회가 국교였던 잉글랜드의 구체적 사례를 검토하면서 그녀는 이렇게 지적한다.

> 성공회를 국교로 삼는 제도가 성공회 아닌 공동체들의 독립을 보호하는 동시에 공적 영역에서 종교의 다원성을 수용할 수 있는 능력을 잉글랜드의 거의 모든 종교 집단이 고마워하고 있으며, 그 결과 국교 제도의 정당성과 적합성에 대한 현재의 평가, 물론 그에 대한 찬반이 있기는 하지만, 교파와 종교에 따라 갈리지는 않는다.…영국의 비기독교 종교 공동체들 안에는, 소수 종교와 공적 공간을 점점 더 많이 공유하는 동시에 그들에게 발언권을 부여하는 성공회 국교 제도를 지속하는 것에 대한 상당한 지지가 존재해 왔다. 유대교, 힌두교, 시크교 공동체의 저명한 권위자와 인사들은 잉글랜드 성공회라는 헌법적 '우산' 아래 들어가는 것이 영국에서 종교적 소수 집단과 공적 통치의 관계를 설정하는, 역사적으로 가장 진실되고, 정치적으로 가장 효과적이며, 심지어 신학적으로 가장 받아들일 만한 방식이라는 데 찬성해 왔으며, 국가의 역사적 정체성과 종교적 전통이라는 주장으로 시민적 평등이라는 주장을 억제해 왔다. ["The Liberal Legacy of English Church Establishment: A Theological Contribution to the Legal Accommodation of Religious Plurality in Europe", *Journal of Law, Philosophy and Culture* 6 (2011): p. 22]

앙에서 찾는 흐룬 판 프린스테러의 변명 없는 솔직함을 본받아야 한다. 그는 "종교의 **무신론**과 정치의 **급진주의**는 과장이나 남용, 왜곡이 **아닐** 뿐더러 오히려 계시의 하나님을 배제하고 이성에 최고의 권위를 부여하는 원리를 일관되고 충실하게 적용하는 것"이라고 지적한다.[43] 이런 혁명적 관점(지향)의 핵심에는 하나님의 주권으로부터 독립한 인간의 주권이 자리 잡고 있다.[44] 사회의 토대가 인간이 최종적 주권자의 자리를 차지하는 탈주술화된 내재성이라면 이런 사회가 '영역 주권'에 관한 이야기에 귀 기울일 가능성이 있겠는가? 사실 "혁명 교리는 이를테면 불신앙의 종교다."[45]

어쩌면 우리는 영역 주권이 혁명에 흡수되도록 내버려 둔 것인지도 모른다. 국가에 관해 영역 주권을 말한다고 해서 그것을 자연화해서는 안 된다. 국가의 한계를 인정한다고 해서 그것을 내재성으로 환원하는 것도 아니다. 국가와 교회를 구별한다고 해서 국가가 가지고 있는 피조물의 소명이 무효화되는 것도 아니며, 국가가 **특별** 계시의 주장과 통찰로부터 분리되는 것도 아니다. 오히려 불신앙이 정치에서 정의를 가로막는 가장 중요한 장애물이라면? 탈주술화된 세계를 받아들이려고 하다가 우리가 폐쇄 공포증을 유발하는 '내재성의 틀' 안에 갇히게 되었고, 그 결과 지향적 다원성 속에서 더불어 잘 살아가기 위해 필요한 자원에 접근하게 될 수 없게 되었다면? 그렇다면

---

[43] Groen van Prinsterer, "Unbelief and Revolution", Van Dyke, *Groen van Prinsterer*, p. 183.

[44] 같은 글, p. 185.

[45] 같은 글, p. 192. 판 프린스테러는 또한 불신앙이 신앙에 그토록 관용적이지 않은 태도를 취하게 되는 이유도 예상한다. "진리를 부인할 때 반드시 거짓이며 따라서 악이라고 판결 내린 모든 것을 경멸하고 적극적으로 미워하게—철학적으로만이 아니라 전투적으로도—된다. 그리고 복음과 기독교 신앙은 불신앙의 철학의 관점에서 분명히 거짓이며 악이다. 계시된 진리를 일단 부인하면 그것은 사악한 미신이자 계몽과 자기완성에 이르는 길을 막는 최악의 장애물이 된다. 거짓이 승리하는 곳은 어디서든지 그것이 여전히 남아 있는 진리의 모든 요소를 미워하게 마련이다. 아무리 희석되었더라도 이신론조차 무신론자에 대한 모욕이다. 무신론자가 보기에는, 어떻게 묘사하든 하나님을 믿는 사람은 누구나 유치하고 유해한 사상을 지지하는 편협한 사람이다"(pp. 198-199). 판 프린스테러는 버크(Burke)를 인용한 후 "혁명의 결정적 특징은 복음에 대한 증오, 그 반기독교적 본성"이라고 주장한다(p. 199).

우리 자신을 계시적 통찰로부터 격리된 '정치적' 진리로 한정시키는 것은 정의에 이르는 길이 되지 못하고 오히려 근본 문제를 악화시킬 뿐이다. 유신론만이 실제로 관용을 뒷받침할 수 있다면?[46]

다원주의 연습: 개혁주의 사회사상 개혁하기

지금까지 나는 신칼뱅주의 공공철학이 사회적 다원성을 유익하고 섬세한 방식으로 설명해 왔으며 단순히 차이를 억누르지 않으면서도 지향적 다양성을 관리할 수 있는 사회와 국가를 바르게 욕망하고 있음에도 최근 신칼뱅주의의 해법이 세속주의와 자유주의에 너무 많은 것을 양보했다고 우려할 만한 이유가 있다고 주장해 왔다. 여기에 중요한 우려를 하나 더 덧붙이고자 한다.

다원주의를 옹호하는 신칼뱅주의의 태도는 대체로 구성적(architectonic)이었다. 다시 말해서, 원칙에 입각한 다원주의에서는 대개 대안적 **설명**, 다른 **이론**이나 '관점'—공적 삶을 새로운 틀에서 바라봄으로써 그리스도인들이 문화 전사의 '접수'(takeover) 시도를 포기해야 하는 이유를 깨닫게 하고 자유주의자들이 같은 일을 거부해야 하는 이유를 깨닫게 하기 위한 관점—을 제공한다. 원칙과 절차에 관한 이런 종류의 이론적·구성적 관심은 분명히 옳지만, '지향적 다양성 안에서 공동의 삶을 만들어 가야' 하는 과제를 수행하기 위해 이론적 발판뿐만 아니라 사회 안에서 공동으로 살고 행동하는 시민들의 **성향**과 **습관**—더 나아가 **덕**—이 필요하다는 점에서는 부적합하다. 건강한 다원주의적 사회를 만들기 위해서는 단순히 영역의 경계를 규제하고 법률과

---

46 여기서 니콜라스 월터스토프가 *Justice: Rights and Wrongs* (Princeton: Princeton University Press, 2008)에서 제시한 권리의 계보학과 비슷한 주장을 전개할 수도 있다. 그 책에서는 적절한 권리 담론을 위해서 모든 사람이 하나님께 사랑받고 있다고 주장하는 명확한 유신론의 도덕적 자원들을 이용할 필요가 있다고 말한다.

정책을 제대로 갖추는 것만으로는 충분하지 않다(물론 분명히 이런 것들이 필요하지만). 이를 위해서는 국가의 특정 영역과 시민 사회를 구성하는 다른 사회 구조 안에서 살아가는, 이런 경계 안의 행위자들을 **형성**하는 데도 주의를 기울여야 한다.[47] 사실 성향―'노하우'로서의―의 형성이 일차적일 수도 있다. 그러한 정책에 진술된 선에 정서적으로 공감하는 시민 없이 그 정책이 지지받기는 어려울 것이기 때문이다.[48] 간단히 말해서, 다원주의적 사회 안의 '좋은' 시민의 삶에 관한 모든 설명은 정의롭지만―다양성을―지닌 사회의 체계뿐만 아니라 이를 위해 필요한 습관과 덕을 갖춘 시민을 형성하는 데도 주의를 기울이는, 충분히 통전적인 인간론에 뿌리내리고 있어야 한다.

놀라울 것도 없이, 이렇게 덕에 초점을 맞추는 태도를 다원주의와 정치에 관한 개혁주의의 설명에서 찾아보기 어려웠으며, 이는 더 광범위한 경향을 보여 주는 징후다.[49] (공평하게 말해서, 자유주의 이론도 비슷한 경향을 띠고 있다.) 바로 이 지점에서 법학자 존 이나주가 『대담한 다원주의』(*Confident Pluralism*)에서 제시하는 주장은 다원주의와 공적 선에 관한 우리의 논의에 중요하고도 새로운 공헌을 하고 있다. 이나주는 헌법과 판례에 관한 중요하고 체계적인

---

47 지향적 다원성은 정치 영역**에만** 해당하는 도전이 아니다. 교육, 상업, 심지어 가정 영역에서도 나타날 수 있다.

48 이 점을 잘 보여 주는 사례로서 새로운 세대의 세속화된 자유주의자들이 종교의 자유를 받아들일 수 없다고 생각하는 상황을 들 수 있다. 이런 정책을 주장하면 이들은 도무지 이해할 수 없다는 듯 노려보거나 그것은 권력 투쟁일 뿐이라는 냉소적 반응을 보인다.

49 이런 경향에는 적어도 두 양상이 포함된다. 첫째는 인간 행위자가 일차적으로 생각하는 존재이며 합리적 관심에 의해 지배된다고 보는 매우 제한된 인간관을 산출하는 일종의 기본적 '주지주의'다. [나는 James K. A. Smith, *Imagining the Kingdom: How Worship Works*, Cultural Liturgies 2 (Grand Rapids: Baker Academic, 2013)에서 이러한 합리주의적 인간론에 대한 비판을 전개한 바 있다. 하지만 비슷한 주장을 하는 자료로 행동주의 경제학 분야의 논의(리처드 탈러, 캐스 선스타인 등)를 참고할 수도 있다.] 둘째, 부분적으로는 이러한 기본적 합리주의 때문에 개혁주의 윤리학에서는 덕 이론보다는 의무론을 더 강조하는 경향이 있었다. 다른 글에서 나는 이런 강조점이 유감스러우며 불필요하다고 주장한 바 있다. *You Are What You Love: The Spiritual Power of Habit* (Grand Rapids: Brazos, 2016)을 보라.

생각해 볼 문제: 업다이크가 그리는 맨해튼에서 기독교의 미래

오늘날 서양에서 기독교가 문화적 특권과 힘을 상실한 것을 슬퍼하는 것이 유행이다. 우리는 교단의 소멸, 예배 참석자 수의 감소, '비종교인'의 증가, 그 밖에 후기기독교 사회의 다양한 현실을 보여 주는 자료를 자주 접하게 된다. 이런 현실을 부인하기란 불가능하다. 하지만 그보다 더 논박해 볼 만한 주장은, 그러한 자료의 외삽, 즉, 미래가 언제나 그리고 오직 직선을 그릴 것이며 따라서 기독교의 공적 영향력은 완전히 사라지리라는 진단과 예상이다.

어쩌면 우리는 그러한 예상에 대해 더 신중한 태도를 취해야 할지도 모른다. 디오클레티아누스(Diocletian) 치하에서도 기독교가 발흥할 가능성은 희박해 보였다. 왜 기독교의 귀환이 불가능하다고 생각해야 하는가?

이에 관해 나는 1961년에 출간된 존 업다이크(John Updike)의 초기 단편 소설에 등장하는 불편하게 만드는 말이 떠오른다. "그리니치빌리지(Greenwich Village)의 교회들은 2세기의 특징을 띠고 있었다. 맨해튼에서 기독교는 너무나도 약해서 그 미래가 그 앞에 미리 와 있는 것처럼 보인다."[1]

누가 알겠는가? 왜 안되겠는가?

---

1 John Updike, "Packed Dirt, Churchgoing, a Dying Cat, a Traded Car", *The Early Stories: 1953-1975* (New York: Random House, 2003), p. 105.

관심에 주의를 기울이는 동시에(그의 책 1부), 심층적인 지향적 다원성 속에서 공동의 삶을 만들어 가기 위해서는 관용, 겸손, 인내라는 구체적 **성향**이 필요하다는 것도 바르게 인식하고 있다.[50] 덕이 (좋은) 습관이며 습관이 모방과 실천에 의해 새겨진 내적 성향이라면, 좋은 시민의 덕은 (매킨타이어 같은 이들이 정의하는) 사회적 실천에 몰입하여 이뤄지는 **형성**에 의해서만 얻을 수 있다. 하지만 적어도 이나주의 제안에서는 지금까지 신칼뱅주의의 제안과 달리 형성의 필요성에 주의를 기울이고 있다. 형성의 중요성을 이렇게 이해할 때 두 가지 문제를 제기하게 된다.

첫째, 탈종교적이며 '세속화된' 사회 안에서 이러한 덕 형성의 전망에 대한 현실적 어려움이 제기된다. 간단히 말해서, 자유주의는 몇 가지 어려운 물음을 직시해야 한다. 일반적인 '세속적' 자유주의는 어디서 이런 실천 공동체 — 시민들이 관용, 겸손, 인내의 성향을 획득할 수 있는 공간 — 를 제공하는가? 계층화되고 분할된 사회 속에서 시민들은 어디서 차이를 마주하고 용인하는 '실천'을 해 볼 기회를 얻을 수 있는가? 어떤 이야기가 그들로 하여금 인내하는 성향을 지니게 하고 인내하도록 그들에게 동기를 부여하는가? 누가 그들에게 겸손하도록 가르치고 겸손해야 하는 이유를 말하는가? 자유주의적인 다원주의 사회에는 **원하는** 사회가 되기 위해 **필요한** 것이 있는가?[51]

---

[50] *Confident Pluralism*, part 2, "Civic Practices" (pp. 83-124)를 보라. 이 점에서 이나주의 기획은 약간 모호하다는 특징이 있다. 이나주는 (자유주의에서는 덕의 전제 조건인 실질적 텔로스를 확정하는 태도를 배제하기 때문에) 자유주의 사회에서는 덕을 심어 주는 것이 어려움을 인정하면서 이런 덕목을 "동경"(aspirations)이라고 묘사한다. 그러나 용어를 바꾼다고 해서 관용, 인내, 겸손의 본질이 바뀌는 것은 아니다. 특히 그 역시 이것을 "성향"(dispositions)이라고 인정하기 때문이다. 이 모든 것이 덕에 관한 이야기다.

[51] *Blessed Are the Organized: Grassroots Democracy in America* (Princeton: Princeton University Press, 2010), p. 9에서 제프리 스타우트가 지적하는 바를 참고하라. "모든 사회 계급의 숙련되고 덕스러운 시민들은 특정할 수 있는 조건 아래서, 즉 선한 의지를 지닌 사람들을 모으고 그들에게 정보를 제공하며 바르게 행동하는 그들의 성향을 길러 내는 단체의 구성원으로서 그들의 기술과 덕을 획득한다. 민주주의를 어리석은 내기처럼 보이게 만드는 증거는 부실하게 조직화되고 부실하게 훈련받은 사

제임스 데이비슨 헌터가 지적하듯이, "'일반적' 가치란 한 번도 존재한 적이 없다."52 이것은 말하자면 "자아의 원천들"53에 관한 문제다. 점점 더 반종교적 경향을 띠는 세속화된 후기기독교 사회에는 '적절한 일치'와 너그러운 다원주의를 위해 필요한 성향/덕을 만들어 내기 위한 원천들(형성적 공동체들)이 있는가? 유벌 레빈은 『분열된 공화국』에서 토크빌 같은 말투로, 많은 점에서 다원주의적인 자유주의 사회의 이상은 좋은 시민의 성향을 배양하는 공간인 '자유주의적이지 않은'(대개는 종교적인) 공동체들―가정을 비롯해―에서 빌려 온 (형성적) 자본에 기식해 왔다고 주장한다. 그러나 이런 기관과 공동체들을 집어삼키고 파괴시키는 경향을 띠는 한, 자유주의와 자본주의54는 자신의 허기 때문에 숙주를 잡아먹고 그 결과 자신의 소멸을 초래하는 기생 동물이 되고 만다. 이것은 최근 인내도 관용도 겸손도 전혀 보여 주지 못했던 **좌파**에서 기원한 다원주의의 지속 가능성에 심각한 의문을 제기한다. 기독교 정치신학자들은 여전히 이른바 콘스탄티누스주의적 '접수'의 위협을 걱정하지만, 사실 헤게모니와 동질성을 추구하는 가장 강력한 세력은 진리를 알고

람들이 어떻게 행동하는가를 보여 주는 증거로 보는 것이 가장 타당하다. 부실하게 조직화되고 부실하게 훈련받았다면 모든 사회 계급의 구성원들이 무책임하고 무능하게 행동할 가능성이 높다."

52 James Davison Hunter, *The Death of Character: Moral Education in an Age without Good or Evil* (New York: Basic Books, 2000), p. 215.

53 찰스 테일러가 *Sources of the Self* (Cambridge: Cambridge University Press, 1989)에서 논한 바와 같다. 『자아의 원천들』(새물결). 앨빈 플랜팅가(Alvin Plantinga)의 개혁주의 인식론을 대화 상대로 삼아 테일러의 '방법'을 설명한 유익한 연구로는 Deane-Peter Baker, *Tayloring Reformed Epistemology: Charles Taylor, Alvin Plantinga, and the de jure Challenge to Christian Belief* (Grand Rapids: Eerdmans, 2007)를 보라.

54 "자본주의는 대단히 까다로운 문화적 전제 조건들에 의존하지만 바로 이 전제 조건들을 약화시키는 경우가 많다. 따라서 자본주의의 보존을 위해서라도 자본주의의 형상을 따라 사회를 빚어내기 위해서는 그 자유를 일정 정도 제한해야 한다"(Yuval Levin, *The Fractured Republic: Renewing America's Social Contract in the Age of Individualism* (New York: Basic Books, 2016), p. 103]. 시장에 대한 이런 식의 저항이 신칼뱅주의 사회 철학을 특징지어야 한다. 국가만 그 영역을 넘어설 수 있는 것은 아니기 때문이다.

있다고 확신한 나머지 자신들에게 동의하지 않는 이들에게 관용을 베풀거나 그들이 '역사의 진보'(the right side of history)를 따라잡도록 기다리려고 하지 않는 진보주의자들이었다. 다원주의는 **자유주의의** 이상으로부터 점점 더 멀어지는 것처럼 보인다. 실은 종교적[55] 공동체들이 우리가 **왜** 관용적이어야 하는지를 가장 잘 설명할 수 있으며 관용적 시민을 길러 낼 자원들을 지니고 있다면 어떻겠는가?

다원주의에 대한 우리의 논의에서 덕 형성의 필요성을 고려하기 시작할 때 그로부터 두 번째 문제가 제기된다. 기독교 공동체들이 이러한 성향/덕의 배양기였던 것은 아닌지(혹은 배양기가 될 수 있는지), 만약 그렇다면 어떻게 배양기가 될 수 있는지 물을 수 있다. 첫 번째 연습으로, 이나주가 말하는 동경의 덕목들(관용, 겸손, 인내)을 역사적 기독교 예배의 주기와 의식과 나란히 놓은 다음 이 덕목들이 예전적 실천 안에 담겨 있는 상상(the imaginary)으로부터 생겨날 수 있는지, 어떻게/왜 생겨나는지 생각해 볼 수 있다. 예를 들어, 우리는 죄 고백이라는 기독교적 실천이 우리가 예배당에서 '보냄'받을 때 우리의 공적 자세를 특징지어야 하는 인식론적 겸손을 어떻게 만들어 내는지 생각해 볼 수 있다. 혹은 성만찬의 종말론이, '접수'하려는 모든 행동주의적·펠라기우스적 성향을 억제하는 심층적 인내(와 소망)를 어떻게 오랜 시간에 걸쳐 만들어 낼 수 있는지 생각해 볼 수 있다. 혹은 어떻게 회중의 기도를 통해 우리의 원수조차도 기도 안에서 하나님 앞으로 인도함으로써 우리의 관심 범위 안에 들어오게 할 수 있는지 생각해 볼 수 있다. 혹은 어떻게 전례독서가 우리로 하여금 하나님 뜻 전체를 마주하고 이로써 과부, 고아, 이민자를 무시할 수 없게 하는 인식론적 훈련이 될 수 있는지 생각해 볼 수 있다. 이

---

[55] 나는 기독교 공동체**만**이 이 일을 할 수 있다고 전제하고 싶지 않으므로 이 용어를 신중하게 사용하려 한다.

외에도 여러 가지를 생각해 볼 수 있다.[56]

나는 이런 연습에 '기독교 예배가 정말로 이를 행하는가? 그렇지 않다면 그 이유는 무엇인가? 기독교 예배가 다른 이야기/예전, 다른 역학에 흡수되었기 때문인가?'라고 묻는 자기비판의 순간이 반드시 포함되어야 한다는 점을 기꺼이 받아들인다. 이에 관해서 나는 '교회론과 민족지학' 논의[크리스천 셰런(Christian Scharen) 및 다른 이들]와 어떻게 '백인됨'(whiteness)의 사회적 상상이 기독교와 결합되었는지를 다룬 윌리 제닝스의 작업이 중요하다고 생각한다.[57] 따라서 좋은 시민성으로의 갱신이 (적어도 부분적으로는) 교회의 갱신과 개혁에 달려 있다고 볼 수 있다.

기독교 예배가 어떻게 다원주의**에 기여하는** 시민을 형성하는지 인식하는 것(그리고 기록하는 것)은 '종교는-독이다'라는 서사를 더 나은 서사로, 즉 공동의 삶과 공적 선에 기여하는 시민들을 형성하는 일을 수행하는 것이 사실은 기독교(그리고 아마도 더 광범위하게는 종교 공동체들)임을 보여 주는 서사로 논박하는 방법이 될 수 있다.[58] 아이러니는 기독교가 사회에게 어떻게 (고전적으로) 자유주의적인 사회가 되어야 하는지 상기시켜 준다는 것이다. 이것은 마치 그것이 목적인 것처럼 기독교적 형성을 도구화하자는 것이 아니라, 우리가

---

[56] 이에 관한 시의적절하고 건설적인 논의로는 Matthew Kaemingk, *Christian Hospitality and Muslim Immigration in an Age of Fear* (Grand Rapids: Eerdmans, 2017), 특히 chap. 8을 보라.

[57] 6장에서는 이런 문제에 초점을 맞추고 있다.

[58] 나는 이것이 제프리 스타우트가—그는 놀라겠지만!—*Blessed Are the Organized*에서 내리는 결론 중 하나라고 생각한다. *Democracy and Tradition*에서 그는 매킨타이어, 하우어워스, 밀뱅크 같은 그리스도인이 그리스도인들로 하여금 민주주의적 정치에서 물러나기를 권유하고 있다고 우려했지만, *Blessed Are the Organized*에서 그는 자신이 찬양하는 풀뿌리 민주주의에서 종교적 회중들이 수행하는 역할을 인정한다. 솔 앨린스키(Saul Alinsky)가 설립한 지역 조직 동맹 단체인 산업지역재단(Industrial Areas Foundation, IAF)에서 종교 공동체들이 했던 역할을 논평하면서, 스타우트는 이렇게 말한다. "IAF에 참여하는 회당, 모스크, 학교, 노동조합의 수가 증가하고 있으며, 조직가들은 이런 경향이 더 촉진되기를 바란다. 하지만 IAF나 그와 비슷한 조직화 네트워크에서 교회들을 배제한다면, 미국에서 풀뿌리 민주주의는 매우 작은 규모로 축소되고 말 것이다"(*Blessed Are the Organized*, pp. 4-5).

4장 다원주의의 한계와 가능성

참된 인간이 되는 것을 배울 수 있는 방편이 복음이라는 사실과 교회는 **폴리스**가 어떤 모습을 지녀야 하는지를 배우는 공간이라는 사실로부터 흘러나오는 일종의 부산물을 인식하자는 것이다. 따라서 우리는 정치적 진리의 질서에 이런 '영향'을 미칠 뿐만 아니라 그 영향으로 정치적인 것이 부활하고 승천하신 왕의 계시를 포함하는 복음의 초월적·지향적 진리에 개방되기를 바란다.

이와 관련해 존슨의 『신학, 정치 이론, 다원주의』(*Theology, Political Theory, and Pluralism*)의 핵심을 담은 한 단락은 그대로 인용하고 논평할 가치가 있다.

천상 도성에 참여하는 것이 죄악된 차이를 화해시키고 하나님이 주신 차이를 기뻐할 수 있는 유일한 방법을 제공하며, 하나님 안에 참여하는 것이 통일성과 다양성이 조화를 이룰 수 있는 유일한 방법을 제공한다는…주장은 기독교의 존재론이 정치 영역을 접수하는 정치 이론으로 귀결되지 않는다. 기독교는 우리의 정치적 사회에 만연한 문제, 관용과/관용이나 차이에 대한 심층적 수용에 의해 특징지어지는 다원주의 사회를 만들고자 했던 근대적이고 후기-니체적인 시도에 의해 해결되지 않은 채로 남아 있는 딜레마를 해결하려고 애쓸 수밖에 없도록 만들었던 문제들에 대한 독특한 해결책을 제공한다. 하지만 종말이 오기 전까지는 이 해결책을 온전히 볼 수 없을 것이며, 죄와 지배 욕망을 이해하기에 어떤 지상 도성도 천상 도성의 실체를 [온전히?] 반영할 수 있으리라 기대하지 않는다. 물론 지상 도성의 시민이 천상 도성의 시민이 되고, 삼위일체 하나님 안에 참여함으로써 많은 사람이 지상 도성 안에서 발견하기를 바랐던 공동체, 평화, 정의, 사랑을 발견하기를 소망한다. 지상 도성과 그 구성원을 돌보며, 적어도 이상적으로는 영광과 권력을 향한 욕망에 의해 훼손되지 않은 섬김을 제공하고, 천상 도성이 순례의 길에서 지상 도성과 공유하는 선을 공동으로 추구한다. 시민들이 천상의 정의와 평화에 대한 이해를 통해 지상의 정의와 평화를 바라보고 이에 기여하는 방식에 영향을 미친다. 하지만…지상 도성 안에서 그 화해의 그림을, 혹은 어떤 완전한 회복의 그림을 [완전히?] 실현하기를 추구하지 않는다. 실은 지상 도성이 그 야망을 제한하고 그 열망에 관해 현실적 태도를 갖도록 상기시키는 것을 중요한 역할로 삼는다.[59]

여기서 존슨은 내가 신칼뱅주의에 권하는 아슬아슬한 균형을 유지하고 있다. 특히, 나는 "지상 도성의 시민이 천상 도성의 시민이 될 것"이라는 **소망** 안에서 이 설명의 정치적 소망 안에 복음 전도를 함께 엮어 낸 방식을 높이 평가한다. 우리 신칼뱅주의자들은 이런 식으로 말하는 것을 당혹스럽게 여기는 경우가 있으며, 그런 태도가 문제다. 하지만 나는 존슨이 이 점에서 옳기 때문에 그녀가 자신의 책 나머지 부분에서 계속해서 '접수'에 관한 우려를 누그러뜨려야 했다고 지적하고자 한다. 제도와 연관된 혼란으로 국가가 교회에 복종하는 상황에 대한 정당한 우려가 있지만, 그럼에도 우리는―존슨 자신도 주장하듯이―우리의 전망이 사회에 광범위하게 **영향을 미치고**, 심지어 한 나라의 상상력을 사로잡게 되기를 바랄 수 있다. 우리는 사실상 모든 종류의 '영향력'을 개인의 자율에 대한 불의한 강요로 만들어 버리는 자유주의의 '자율주의'를 자신도 모르게 받아들이지 않도록 조심해야 한다.

이 점에 관해, 불신앙이 관용적이지 않고 오만하며 인내하지 않는 방식으로 하나의 '지향성'을 **본성적으로** 절대화하고 마는 사회 구성을 만들어 낸다는 것에 대한 흐룬 판 프린스테러 식의 비판도 정당한 자리를 차지할 수 있다.[60] 그런 의미에서, 초월을 인정하는 것이 자유주의가 원하며 '대담한 다원

---

[59] Johnson, *Theology, Political Theory and Pluralism*, pp. 184–185.

주의'가 필요로 하는 성향들을 위한 조건**일 수**(일 수!) 있다. 그렇다면 사회와 국가의 기본적 자유주의와 세속주의에 도전하는 것이 그 사회가 더 나은 민주주의적·다원주의적 사회가 되기를 촉구하는 방법일 수 있다.

마지막으로, 이렇게 함으로써 신칼뱅주의자들이 제대로 설명해 내지 못했던 교회의 **정치적** 중요성을 새로운 틀에서 바라볼 수 있다. 즉 교회를, 영역을 뛰어넘어 사회를 지배하는 기관이 아니라 우리가 모여 우리의 원수들에게조차 선한 이웃이 될 수 있도록 성령에 의해 빚어지고 (다시) 형성되는 습관-형성의 폴리스로 바라볼 수 있다.[61]

---

[60] 참고. Joseph Bottum, *An Anxious Age: The Post-Protestant Ethic and the Spirit of America* (New York: Image, 2014).

[61] 나는 "Formation, Grace, and Pneumatology: Or, Where's the Spirit in Gregory's Augustine?", *Journal of Religious Ethics* 39 (2011): pp. 556-569에서 에릭 그레고리의 *Politics and the Order of Love*를 논하면서 비슷한 주장을 한 바 있다.

5장 기독교 세계 구속하기

아니, 자연법에 무슨 문제가 있는가?

예전적 정치신학은 **선교적** 정치신학이다. 정치와 공적 삶에 복음적 영향이 미치기를 상상하고 기대하지만 그 전략은 예배에서 세상을 향해 보냄받은 이들이 파급 효과를 내는 에클레시아의 정치에 초점을 맞춘다. 만약 그것이 정치적인 것의 '회심'—혹은 라잇하르트가 우리가 그 안에서 살아가는 다양한 왕국을 위한 기독교 교양(paideia)라고 묘사한 것—을 바란다면, 이는 복음의 전진으로부터 울려 퍼지는 성령의 흘러넘치는 영향력을 기대하기 때문이다. 올리버 오도노반의 말처럼 이것은 "선교적 질서"를 관찰하는 것이다. "사회가 먼저, 정부는 그다음이다. 이 질서 안의 진리는 그리스도께서 아래에서부터 통치자들을 정복하셨으며, 그 신민들을 그들의 권위 아래에서 끌어내셨다는 것이다."[1]

이 말이 의미하는 바는—또한 그렇기 때문에—기독교의 정치적 증언을 빚는 일은 향수에 젖은 '창조 규범'에 대한 호소나 '자연적 이성'에 의해 접근할 수 있는 '자연법'에 대한 최소주의적 호소가 아니라는 것이다. 오히려 이 일은 복음의 기독론적 특수성과 왕이신 그리스도의 모범과 그분이 그분의 몸

---

1 Oliver O'Donovan, *The Desire of the Nations: Rediscovering the Roots of Political Theology* (Cambridge: Cambridge University Press, 1996), p. 193 (이후에는 본문에서 인용할 때 *DN*으로 표기함).

과 맺으시는 관계를 자양분 삼는다. 폴리스의 기관들이 변화시키는 복음의 능력에 노출될 때 그것들이 다른 모습으로 바뀌리라고 상상해 볼 수 있게 된다. 실제로 앞에서 자유 민주주의가 우리의 '후기기독교' 시대에도 복음의 흔적을 여전히 지니고 있음을 보여 주는 사례들을 제시했다. 우리는 자연스럽거나 실현 가능해 보이는 것, 심지어 '이길 수 있어' 보이는 것에 만족하는 경향이 있지만, 교회의 공적 증언의 선교적 유산에서는 훨씬 더 많은 것을 기대했다(또한 증언했다).

아마도 그렇기 때문에 『신국론』에서 행복한 통치자를 묘사하는 아우구스티누스의 말은 그토록 축소된 기대에 익숙해진 우리 귀에 거슬리게 들릴 것이며, 더 나아가 우리는 그토록 솔직하게 기독교적인 기준을 적용하는 태도에 당혹스러워 할 것이다. 성경에 조율된 귀를 가지고 이 말을 다시 들어 보라.

통치자들이 정의로 지배한다면, 그들을 한껏 찬양하며 지나치게 겸손한 자세로 인사하는 사람들 사이에서 교만으로 우쭐해지지 않고 자신이 인간일 뿐임을 기억한다면, 그들이 하나님의 위엄을 섬기고 하나님께 드리는 예배를 널리 확장하기 위해 자신의 권력을 사용한다면, 그들이 하나님을 두려워하고 그분을 사랑하며 그분을 예배한다면, 그들이 왕의 자리를 공유하기를 두려워하지 않는 그 나라를 자신의 지상 왕국보다 더 사랑한다면, 그들이 벌하기를 더디하고 기꺼이 용서한다면…그들이 헛된 영광에 대한 불타는 욕망 때문이 아니라 영원한 복에 대한 사랑 때문에 이 모든 것을 행한다면, 그들이 자신들의 죄에 대한 희생 제물로 겸손, 긍휼, 기도의 헌물을 참 하나님께 바치기를 게을리하지 않는다면, 우리 그리스도인들은 그들이 행복하다고 말할 것이다. 이것이 우리가 행복하다고 말하는 그리스도인 황제다. 그들은 이 현재의 삶에서 소망 가운데 행복하며, 장차 우리가 기다

리는 바가 마침내 실현될 때 현실 안에서 행복할 것이다.[2]

현세적 정부에 대한 이토록 솔직한 기독교적 소망이 불편하고 당혹스러울 정도로 우리의 상상력은 자유주의의 전제에 길들여져 있다. "세상의 통치자가 되는 것보다 그 교회의 일원이 되기를 더 기뻐했던" 테오도시우스(Theodosius) 황제에 대한 아우구스티누스의 찬사는 어떻게 생각하는가?[3] 아우구스티누스는 우선 황제의 권력이나 업적이 아니라 그리스도를 닮은 그의 겸손을 기뻐한다.

데살로니가 사람들이 극악무도한 범죄를 저지른 후 그가 보여 준 종교적 겸손보다 더 놀라운 것은 없을 것이다. 주교들이 탄원하자 그는 사면을 약속했다. 하지만 그와 가까운 지지자 일부가 그에게 범죄에 복수하기를 시끄럽게 요구하기 시작했다. 그러나 그는 교회의 치리를 받아들여 데살로니가 사람들이 하는 것처럼 참회했으며, 그에게 기도하던 데살로니가 사람들은 황제 폐하가 그렇게 엎드리는 것을 보면서 그들의 범죄를 향한 황제의 분노에 대한 두려움보다 더 강렬한 감정으로 흐느껴 울었다.[4]

'기독교적' 정치신학과 공적 참여로 지칭되는 것 중 많은 부분은 예수 그

---

2 Augustine, *City of God*, trans. Henry Bettenson (London: Penguin, 1984), 5.24.
3 같은 책, 5.26.
4 같은 곳. 아우구스티누스는 정치적 삶에 관한 그의 성찰 전반에서—*City of God*뿐만 아니라 서신과 설교에서도—한결같이 겸손과 자비를 기독교 정치의 특징으로 꼽는다. 따라서 정치에서 '복음에 영향받은 구체성'에 관해 말할 때, 이는 법률과 규칙의 문제라기보다는 우리가 정책과 법률을 결정하는 **방식**에 기여하는 성향과 성품의 문제다. '교회적' 정치의 특징은 십자가의 모습을 닮아 있다. 자비, 희생, 겸손, 평화, 약자에 대한 관심. 이것들은 자연법의 지배를 받는다고 간주되는 삶의 방식을 일반적으로 반영하지 않는다. 통상적 기준으로 볼 때 '합리적' 성향이 아니다.

리스도의 십자가와 부활과 거의 관계가 없다. 그 대신 이른바 '기독교적' 공공신학에서 볼 수 있는 것은 창조 질서와 자연법에 대한 호소, 일반 계시와 '이성'의 명령에 국한된 규범이다. 하지만 어디서 이성이 참회를 명령하는가? 그리고 어디서 자연법이 용서와 자비를 권하는가? 창조 질서가 우리로 하여금 무릎을 꿇고 열정적으로 죄를 고백하는 기도를 하도록 만든 적이 한 번이라도 있었던가? 하지만 이런 실천과 덕목은 다스림, 즉 하나님의 형상을 지닌 존재로서의 책무와 밀접한 관계가 있지 않은가?[5]

『신국론』에 기록된 이 장면은 교회와 국가를 단순히 하나로 합치거나 동일시하지 않으면서도 둘 사이의 더 불가결한 관련성이 있음을 암시한다. **폴리스로서의 교회의 실천이 지상 도성의 정치적 선과 직접적 관계가 있으며**, 그리스도의 몸의 예전이 지상의 지배라는 소명을 수행하도록 보냄받은 예배자들을 빚어낸다는 것을 암시한다. 이 장면은 복음의 본질과 십자가를 닮은 공동체인 교회의 구체적 실천에 뿌리내린 기독교 정치신학을 암시한다. 교회의 공적 책무는 그저 세상으로 하여금 세상이 ('자연적' 이성에 의해) 이미 아는 바(안다고 주장하는 바)를 상기시키는 것이 아니라 다른 방식으로는 결코 알 수 없는 바를 선포하는 것—그리고 공동선을 위한 **공적** 봉사로서 이 일을 행하는 것—이다. 간단히 말해서, 아우구스티누스는 올리버 오도노반이 더 강력하게 발전시킨 것, 즉 오늘날 제시되는 정치적 이신론과 대조되는 참으로 **복음적인** 정치신학을 넌지시 말하고 있다.

이번 장에서 나의 목표는 본질적으로 기독교적이고 철저히 복음적이며 올바르게 **교회적인**—하지만 동시에 민주적 자유주의를 정확히 이해하면서도

---

5 *Strong and Weak: Embracing a Life of Love, Risk, and True Flourishing* (Downers Grove, IL: InterVarsity, 2016), pp. 143–162에서 "죽은 자들에게로 내려가는" 리더십에 관해 설명하는 앤디 크라우치(Andy Crouch)의 글을 참고하라.

일체의 향수를 거부하는—정치신학에 대한 오도노반의 도발적이고 예리한 설명의 윤곽을 그려 보는 것이다. 그렇게 함으로써 그가 어떻게, 그리고 왜 정치신학의 하위 기독교적 표현으로서의 '자연법' 기획이 드러내는 도덕적 최소주의를 거부하는지 이해하게 될 것이다.

자연과 은혜, 창조와 부활 재고하기

기독교 정치신학은 언제나 이미 문화 신학을 전제하며, 문화 신학은 창조 신학을 전제한다. 그리고 모든 **기독교** 창조 신학은 창조 질서와 구속 질서의 관계에 대한 이해—자연과 은혜의 관계를 어떻게 이해해야 하는가—를 진술해야 한다. 오도노반의 정치적 제안은 바로 이러한 가장 근본적인 차원에서 통전적 모형에 자양분을 제공받는다. 그가 『부활과 도덕적 질서』 첫머리에서 말하듯이, "기독교 윤리의 토대는 복음적 토대가 되어야 한다. 즉, 더 간단히 말하자면, 기독교 윤리는 예수 그리스도의 복음에서 시작되어야 한다. 그렇지 않다면 그것은 **기독교 윤리**가 될 수 없다."[6] 그는 철저한 기독교 윤리는 "죽은 자 가운데서 다시 살아나신 예수 그리스도의 부활에 의존한다"고 강조한다(RMO, p. 13). ('기독교' 정치신학이라고 주장하는 패러다임 중에서 얼마나 많은

---

6 Oliver O'Donovan, *Resurrection and Moral Order: An Outline for Evangelical Ethics*, 2nd ed. (Grand Rapids: Eerdmans, 1994), p. 11 (이후에는 본문에서 인용할 때 *RMO*로 표기함). 그는 "엄격한 의미에서 '기독교 윤리'가 존재할 수 있음을 사실상 부인하는" "자연법에 대한 혹은 율법과 복음의 대립에 대한 믿음의 형태"에 분명히 도전한다. 오도노반은, 그렇게 할 때 우리는 윤리가 "복음의 특별한 조명에 열려 있지 않다"고 결론 내리는 것과 다름없다고 지적한다. 나는 이 주장이 "Advice to Christian Philosophers" [*Faith and Philosophy* 1 (1984): pp. 253-271]에서 앨빈 플랜팅가가 촉구했던 기독교적 특수성에 공명한다고 생각한다. 이 글에서 플랜팅가는 변명하지 않는 태도로 "우리가 **그리스도인으로서** 아는 바"로부터 시작하는 성찰의 프로그램을 권한 바 있다. 참고. Plantinga, "The Reformed Objection to Natural Theology", *Proceedings of the American Catholic Philosophical Association* 15 (1980): pp. 49-62.

것이 마치 부활을 결코 일어나지 않은 일처럼 취급하고 있는가?)

그러나 이러한 복음의 특수성은 우리 스스로를 문화적 적합성이 전혀 없는 변두리의 분파로 묘사하는 방식이 **아니다**. 예수의 부활이 창조의 재확증—"하나님이 만드신 세계-질서의 확증"(*RMO*, p. 14)—이기 때문에, 예수의 성육신과 부활을 통해 "창조 질서 전체가 역사의 이 특정 순간에 이 특정 대표자의 운명에 참여하며, 만물의 속량이 이 한 분의 운명에 달려 있다." 부활은 "하나님이 그분의 창조 질서를 지탱해 오셨다는 표지"다(*RMO*, p. 15). 따라서 "왕국의 윤리"와 "창조의 윤리" 사이에 긴장이나 선택 같은 것은 없다. 오도노반은 이렇게 말한다. "이런 식의 양자택일을 요구하는 태도를 받아들일 수 없다."

> 그분의 나라가 임하게 하신 하나님의 행동이야말로 죽은 자 가운데서 그리스도를 다시 살리신 부활, 곧 창조의 재확증이기 때문이다. 창조와 대립하는 왕국의 윤리는 신약성경에서 선포하는 바와 동일한 종말론적 왕국에 결코 관심을 기울일 수 없다. 그 뿌리에는 역사가 그 완성을 향해 나아가는 진보를 성취가 아니라 시작의 부인으로 해석하는 은밀한 이원론이 있을 것이다. 반면에, 왕국과 대립하는 창조의 윤리는 결코 복음적 윤리일 수 없다. 하나님이 그분께서 만드신 모든 것을 성취에 이르게 하기 위해 일하셨다는 복된 소식을 알아차리지 못할 것이기 때문이다. (*RMO*, p. 15)

자연 신학과 더불어 오도노반은 피조물 안에 내재된 객관적 도덕 질서를 인정한다(*RMO*, p. 17). 하지만 (로마서 1장을 따라) 인류의 타락을 진지하게 받아들이기 때문에 자연 신학 프로그램이 의존하는 **인식론적** 확신을 약화시킨다. "인간의 타락에 관해 말할 때, 우리는 인간이 창조 질서를 끈질기게 거부하는 것뿐만 아니라 그것을 지각하는 데 불가피하게 혼란을 겪음을 지적한다. 따라서 우리는 어느 정도 인식론적 신중함을 발휘하지도 않고서 '자연과 조화를 이룬 삶'에 관한 스토아주의의 제안을 그대로 따를 수는 없다"(RMO, p. 19). 우리는 이렇게 주장할 수 있다.

> 인간의 반역은 그가 속한 자연 질서를 파괴하는 데 성공하지 못했다. 하지만 이것은 예수 그리스도의 부활을 통해 드러난 하나님의 계시에 기초하지 않고서는 신학적 권위를 가지고 말할 수 없는 바다. 우리는 이런, 저런, 혹은 다른 문화적 명령이나 금지가…창조 질서를 신실하게 반영한다고 말하지만, 이조차도 우리가 그리스도 안에서 우리에게 주어진 그 질서의 계시 안에 자리를 잡아야만 알 수 있는 바다. 회의주의자나 상대주의자들이 주장하듯이, 무엇이 자연이며 무엇이 인습인지는 자명하지 않다.…그 내용이 모두에게 알려져 있다는 의미에서 '자연적'인, 윤리를 위한 **인식론적** 프로그램은 위협적일 정도로 높은 장애물을 마주해야 한다. 하지만 그렇다고 해서 '자연의 윤리'를 위한 **존재론적** 기반이 존재하지 않거나 도덕적 삶이 대응할 수 있는 객관적 질서가 존재하지 않는다고 결론 내려서는 안 된다. 우리는 하나님이 만드신 질서에 관해 우리가 가질 수 있는 모든 확실성이 하나님 자신과 그분의 일에 대한 그분의 자기 계시에 의존한다고 결론 내릴 수밖에 없다. (*RMO*, p. 19)

나는 이를 통해 우리가 자연법 프로그램이 공적 토론에서 실제로 다른 사람들을 설득하는 데 실패하는 **이유**를 솔직히 말할 수 있다고 생각한다.[7] 우

---

[7] 예를 들어, 거기스, 앤더슨, 조지가 쓴 *What Is Marriage?*는 '합리적' 회심자를 만들어 내는 데 실패하고 이미 그들과 같은 생각을 가지고 있는 사람들의 확신을 강화시키는 데 그쳤다. Sherif Girgis, Ryan T. Anderson, and Robert P. George, *What Is Marriage? Man and Woman: A Defense* (New York: Encounter Books, 2012)를 보라.

리가 '합리적'이며 '자연적'이라고 바르게 이해하는 것 자체가 "그 생각이 허망해진"(롬 1:21) 이들에게 보편적으로 주어지지 **않은** 깨달음과 인식적 덕[8]에 의존하고 있기 때문이다. 프란체스카 머피(Francesca Murphy)가 지적하듯이, '자연'의 윤곽을 바르게 분별하기 위해서는 신앙이 필요하다는 것을 깨달아야 한다. 그녀는 한 사회가 결혼을 이해하는 방식을 논평하면서 이렇게 지적한다. "한때는 사회적 상식의 일부였던 가르침이 이제는 신앙의 한 요소, 그것도 이해하기 어려운(esoteric) 신앙의 한 요소가 되었다. 자연법을 활용하는 가톨릭교인들을 비롯해 성경적 원리를 받아들이는 사람들만 결혼을 이성 커플로 제한해야 할 필요가 있다고 생각하는 것처럼 보인다. 우리가 제시하는 합리적 논증을 아무도 이해하지 못한다. 성경을 인용하는 편이 더 나을 것이다." 그보다 20년 전 오도노반은 이혼에 관해 비슷한 주장을 한 바 있다. 자연법 전략은 공적 토론에서 '이길 수 있는 것'만 노리는 최소주의적 접근 방식처럼 보인다. 이혼법에 관한 공적 토론을 예로 들면서 오도노반이 신랄하게 지적하는 바는, 이런 접근 방식에 근거하면 "교회가 세속 사회 전반에 관련 있는 문제에 관한 공적 논쟁에 기여하고자 할 때 자신이 예수 그리스도의

---

[8] 이것은 지식을 "참여적인" 것으로 보는 오도노반의 설명과 연결된다. "지식은 우주적 질서에 참여하는 독특한 **인간적** 방식이다. 인간은 주변의 피조물들이 그를 알지 못하는 방식으로 그 피조물들을 앎으로써 그의 자리, 즉 '지배'의 자리를 차지한다"(*RMO*, p. 81). 따라서 "안다는 것은 사물의 질서에서 특정 자리, 즉 인류에게 할당된 자리를 채우는 것이다. 하지만 이것은 지식의 실천이 세계 안에서 인간 책무의 신실한 수행과 직결되어 있으며, 이런 앎이 하나님에 대한 그의 **예배**와 도덕법에 대한 그의 순종과 더불어 설 수도 무너질 수도 있음을 의미한다"(*RMO*, p. 81, 강조는 추가됨). 어떤 의미에서 이것이 문화적 예전 기획의 핵심을 이루는 신념이다. 즉, 바르게 질서 잡힌 지각을 위한 예전적 조건이다. 그렇기 때문에 "도덕 질서에 대한 참된 지식은 '그리스도 안에 있는' 지식이다"(*RMO*, p. 85). 이것은 **포괄적** 주제—피조물 전체—에 관한 **배타적** 지식이다(*RMO*, p. 85). "자연 질서에 대한 지식은 도덕적 지식이며, 그 자체가 순종과 통합되어 있다. 그것을 받아들이고 거기에 순응하기를 사랑하지 않고서 그 질서를 참으로 알기란 불가능하다. 그것은 참여를 통해 알려지기 때문이다"(*RMO*, p. 87). 그리고 이 참여는 곧 우리가 기독교 예배라고 부르는, 그리스도-안에-있음의 **실천**이다.

[9] 프란체스카 애런 머피가 2014년 4월에 *First Things*에서 개최한 심포지엄에서 발표한 글 "The Church and Civil Marriage", https://www.firstthings.com/article/2014/04/the-church-and-civil-marriage.

교회임을 잊어버리고 모든 참여자에게 공통된 용어로만 사회를 향해 발언해야 하는 것"처럼 보인다는 것이다(RMO, p. 20). 오도노반은 그러한 접근 방식을 "수사적 효력을 위한 매우 냉소적인 전략, 즉 사람들이 교회가 하는 말을 듣기 원한다면 교회는 듣는 이들이 반기리라 아는 말만 하게 하라는 것!"으로 볼 수밖에 없다고 말한다. "그러한 정책이 여지없이 초래할 도덕적 재앙과 우리 사이에 있는 자연법 교리에 호소해서는 안 된다"(RMO, p. 21).

머피는 적어도 이 점에서 신학적으로 정직한 태도를 보인다. '이길 수 있다'고 생각했음에도 최소주의적으로 자연법에 호소하는 방식으로 승리하지 못한다면 왜 최소주의에 만족해야 하는가? 자연에 대한 호소는 특별 계시의 조명에 의존한다. 하지만 이것은 규범이 기독교 공동체에만 적용된다는 뜻이 **아니다**. 번영하는 인류를 위한 규범이기도 하다. 따라서 그녀는 변명하지 않는 방식으로 기독교적 출발점에서 이 문제를 접근하는 관점을 주장하라고 권한다. "나는 결혼에 대한 전통적 견해가 정말로 신앙의 문제가 되었으며, 우리는 모든 주에서 동성혼을 승인할 때까지, 그리고 승인한 후에도 그것이 법률책에 실려야 한다고 계속 주장해야 한다고 생각한다."[10] 계시가 인간 본성에 대한 통찰을 위한 전제 조건임을 인정한다고 해서 이를 공적으로 선포할 필요가 없다는 뜻은 아니다.

창조가 그리스도의 부활 안에서 재확증되었으며, '자연'을 '그리스도 안에서'만 알 수 있기 때문에, 우리의 '이 세상' 삶에 대한 모든 기독교적 설명은 변명하지 않는 방식으로 **복음적**이어야, 즉 우리가 복음 안에서—또한 복음 때문에—아는 바에 뿌리내리고 있어야 한다. 비록 우리의 정치신학에서는 '그리스도 안에' 있지 않은 이들과 함께 살아가는 방법에 관해서도 해명하고

---

[10] 같은 곳.

자 하지만, 여기에는 우리의 **정치**신학도 포함된다. 우리가 기독교 정치신학을 세우고자 할 때―또한 우리의 공적·정치적 증언에서―마치 우리가 계시와 조명 없이 다른 모든 이와 마찬가지로 어둠 속에서 일하고 있는 것처럼 행동해서는 안 된다. 오도노반은 리어 왕을 논박하며 이렇게 강조한다. "하나님은 정탐꾼을 보내지 않으신다. 그분께서는 예언자들을 보내시며, 그들에게 거짓 예언자들의 진실하지 않은 말을 꾸짖는 말로 사회에 관해 발언하라고 명령하신다"(*DN*, p. 11). 그렇기 때문에 기독교 정치신학은 복음적인 동시에 사람들을 걸려 넘어지게 할 정도로(scandalously) 역사적이다. 계속해서 그는 이렇게 말한다. "참된 예언자들이 거짓 예언자들의 오류에 관해서**만** 말할 수는 없다. 그들이 반드시 해야 하는 일은 갱신이라는 하나님의 목적을, 이스라엘과 유다처럼 약하고 깨지기 쉬운 사회, 영혼들의 운명이 걸려 있는 불안정한 공동체를 향한 그분의 자비를 말하는 것이다. 기독교 신학은 예언자의 책무를 수행해야 하며, 역사가 정치와 윤리가 형태를 갖추는 모판임을 받아들이고 그것이 순전한 우발성이 아니라 목적을 지닌 하나님의 행동의 역사라고 주장해야 한다"(*DN*, pp. 11-12). 이것이 바로 『열방의 욕망』에서 오도노반이 시도한 작업이다. 즉, 이스라엘의 역사를 '구속사'인 동시에 **우리의** 역사―민주적 자유주의의 계보―로 읽어 내는 일이다. 이것은 이스라엘의 역사를 "사회적·정치적 삶의 특정 원리들이 어떻게 그 백성을 심판하고 회복시키시는 하나님의 행동을 통해 입증되었는지에 관한 이야기로" 읽어 내는 것이다(*DN*, p. 29).[11]

---

11 계속해서 그는 이렇게 말한다. "이 접근 방식과 '휘그 사관'(Whig history, 과거를 자유와 계몽을 향한 필연적 진보로 해석하는 역사관―옮긴이)의 차이는 신학적 통일성이 역사 안으로부터 나타나도록 허용하고, 우리 자신의 역사적 시기에 존재하는 규범으로부터 이를 도출해 역사에 강요하지 않는다는 것이다. 이 접근 방식에서는 하나님의 목적이 고대 이스라엘을 시대와 자원의 제약 속에서 가능한 한 현대의 유럽 및 미국과 비슷하게 만드는 것이었다고 가정하지 않는다. 하지만 우리는 하나님이 이스라엘에 관한 목적을 지니고 계셨다는 신학적 주장을 포기하지 말아야 한다"(*DN*, p. 29). 오도노반의 기획에서 이스라엘은 해석학적 렌즈다. "하나님은 이 독특한 정치체를 통해 세상이 그분의 목적을 알게 하

"근대 민주주의 안의 그 어떤 것도 정치적 실존이 명령과 복종의 구조에 의존한다는 사실을 바꾸지 못했다"(*DN*, p. 18). 따라서 기독교 정치신학의 핵심에는 성경에서 하나님의 통치와 밀접하게 연결되어 있다고 보는 권위의 본성을 분별하는 작업이 자리해 있다(*DN*, p. 19). 하지만 다시 한번 오도노반은 여기서 피조물과의 연속성을 강조한다. "신적 지배의 역사는 피조물의 선을 보호하고 속량한다.…신적 지배를 이야기할 때 우리는 세속적이며 인간적인 모든 것에 대한 약속의 성취를 이야기한다"(*DN*, p. 19). 그렇기 때문에 기독교의 정치적 전망은 그 나름의 독특한 인본주의다. 예수께서는 하나님이 인류를 창조하실 때 의도하신 바로 그 하나님의 형상이시며, 따라서 인류의 본보기이자 인류를 위한 본보기시다. 그분의 부활은 인간성의 극복이 아니라 실현이다. "부활의 순간은 하늘에서 외따로이 떨어지는 유성처럼 나타나지 않고 신적 지배 역사의 절정으로 나타난다"(*DN*, p. 20). 그렇기 때문에 일관성을 지니며 예언자적인 기독교 정치신학은 방법론적 자연주의를 가장한 채 그리스도 안에 드러난 하나님의 계시가 우리의 이른바 준궁극적인 정치적 삶과 다소 무관한 것처럼 작동할 수 없다. 그분의 삶과 계시는 정치적 삶이 어떻게 바르게 질서 잡혀야 하는가를 이해할 수 있는 유일한 방법이다. 따라서 "정치신학은 이런 일반적 개념을 넘어서서 선언적 역사의 특징을 띠고 야훼께서 통치하신다는 주장을 입증해야 한다. 그 주제는 실증되고 입증된 하나님의 지배, 그분이 이스라엘과 열방 안에서 이루신 구원이다. 이렇게 이야기하지 않는다면 그것은 복음적 정치신학이 아니라 정치 이론의 신학적 유형을, 신학적 의미에서 '복음'이 아니라 '율법'을 주창할 수 있을 뿐이다"(*DN*, p. 81).

이는 곧 정치신학이 그리스도 안에 드러난 하나님의 자기 계시의 구체성

셨다"(*DN*, p. 27).

과 특수성 안에, 그리고 그분께서 자신의 백성 이스라엘 및 새 언약 백성인 교회와 맺으신 언약에 관한 똑같이 특수한 역사 안에 사람들을 걸려 넘어지게 하는 방식으로 뿌리내리고 있음을 뜻한다. 그리스도의 몸은 우리가 그리스도 안에 참여하는 바로 그 폴리스이며, 그 안에서 우리의 지각이 성령에 의해 성화됨으로써 우리는 하나님의 통치를 분별할 수 있게 되며 이로써 야훼의 통치에 복종하는 것이 인류가 해방되는 길이라고 공적으로 선포할 능력을 갖추게 된다.

'세속적인' 것 재고하기, 기독교 세계 구속하기

하지만 이것이 우리가 그리스도를 알지 못하는 이웃들과 맺는 관계에서, 신적 통치를 거부하는 정치적 질서에 대해 어떤 의미를 갖는가? 이렇게 변명하지 않는 방식으로 '복음적인' 기획은 어떻게 우리가 분파적 방식으로 세상과 관계를 맺지 않고 기독교라는 고립된 영토에 스스로를 가두고 서로를 향해서만 말하도록 용인하지 않을 수 있는가? 이토록 노골적으로 신학적이며 계시적인 주장들이 '세속적' 공간이 되도록 설계된 공적 광장에 과연 어떤 영향을 미칠 수 있는가?

오도노반은 이미 자신의 대답 중 일부를 제시했다. 첫째, 우리가 복음과 성경 계시의 특수성을 통해 알고 있는 바는 여전히 피조물과 인간 본성 자체**에 관한** 지식이다. 따라서 그것은 **공동**선에 대한 통찰이다. 둘째, 3장에서 살펴보았듯이 복음적 정치신학의 핵심 책무는 현재 우리의 이른바 '세속적' 질서가 이스라엘과 그리스도의 구체성에 빚지고 있음을 지적하는, 끈기를 요하는 역사적·계보학적 작업이다. "우주로부터 포격을 받아 여기저기 움푹 패여 있는 행성의 표면처럼, 지난 시대의 정부들은 동터 오는 그리스도의 영광이 어떤 영향을 미쳤는지를 보여 준다"(DN, p. 212).

무엇보다도 이러한 정치신학은 정치적인 것이 복음의 구체성이 미친 영향력과 분리된 채로 내버려 두기를 거부한다. 우리의 정치적 기관, 습관, 실천은 그리스도께서 속량하시는 만물(*ta panta*, 골 1장) 안에 포함된 우연적인 문화적 구조다. 따라서 정치적인 것은 그리스도-사건과 역사 안에서의 교회의 구체적 증언이 미친 영향—교회라는 **폴리스** 안에서 습득한 정치적 습관을 포함해—으로부터 격리되어 있지 않다. 오도노반은 그렇게 "그리스도-사건에 의해 형성된 정치신학"이 "하나님이 인류와 인간 영혼을 위해 행하신 일에 비추어 정치적 선과 필요에 관한 기존의 관념, 고전적 공화주의의 관념뿐 아니라 제국과 신정주의의 관념까지도 비판"해야 한다고 지적한다. "정부(government)란 무엇인가에 관한 사상은 각 예배자의 양심을 다스리시는 성령의 절대적 다스림(government)에 비추어 교정되어야 한다"(DN, pp. 122-123).

이러한 복음의 신비—우주의 왕께서 **당신의** 머리카락 개수까지 알고 계신다는—가 그 자체로 정치적 혁명을 촉발한다. 창조주이신 왕의 영께서 개인의 양심을 지배하신다면 어떤 개인도 집단주의적 기계의 단순한 부속품일 수 없다. 이 모든 것이 복음의 핵심 신념에 뿌리내리고 있다. 즉, 그리스도께서 **지금** 다스리고 계시며, "왕이신 그리스도의 지배가 온 세상에 대한 하나님의 지배"라는 신념이다. "그것은 교회의 삶을 통해 드러나지만…**거기서만 드러나는 것이 아니다**"(DN, p. 146, 강조는 추가됨). 이제 모든 것이 그리스도께 복종하고 있다(히 2:5-8). 그분께서는 **이미** 정사와 권세를 무장 해제시키셨다(골 2:15). 하지만 우리는 이런 현실을 보편적으로 인정하지 않는 '아직'의 시대에 살고 있다. 우리는 바로 이 **시간**—십자가와 장차 올 왕국 사이, 승천과 재림(parousia) 사이, 그분의 주되심의 보편적 **범위**와 보편적 **인정** 사이—속에서 살고 있으며, 이 시간 혹은 기간이 곧 '세속적인 것'(the secular), 현시대, 우리가 자각하는 **시대**다. 오도노반은 이렇게 말한다. "이 두 주장의 틀 안에, 그리스도-사건이 결코 존재하지 않았다고 전제하지도 않고 그리스도의 주권이 이제 명명백백하고 논쟁 대상이 아니라고 전제하지도 않는 방식으로 세속적 권위를 설명할 수 있는 가능성이 열린다"(*DN*, p. 146). 지상의 통치자들은 여전히 그 자리에 남아 있지만, 그들의 권위는 이를테면 임기 말의 권력일 뿐이다. 달리 말하자면, 그들의 권위는 궁극적이지 않다. 이제 그들은 만왕의 왕에 대해 책임을 져야 한다. "세속 권력은 더 이상 완전한 의미에서 하나님의 지배의 매개자들이 아니다. 그들은 그분의 심판을 매개할 뿐이다"(*DN*, p. 151). '세속' 권력이 제한된 관할권에 대해 완전한 권위를 지닌다는 뜻이 아니다. 그들은 **당분간**(현시대 동안) 위임받은 권위를 지닐 뿐이다.

영화 〈반지의 제왕: 왕의 귀환〉(*Lord of the Rings: Return of the King*)의 한 장면이 이런 역학의 일부를 예증한다. 미나스 티리스에 도착한 간달프는 일종의 전복적 존경을 표하며 왕좌에 앉아 있는 인물에게 접근한다. "곤도르의 주이며 청지기인 엑셀리온의 아들 데네소르시여." 간달프는 데네소르가 합법적 왕이 아니라 왕좌의 **청지기**일 뿐임을 상기시킨다. 간달프의 존재를 자신의 권력과 지배권에 대한 위협으로 인식하는 데네소르도 이 사실을 놓치지 않는다. "당신은 백색탑의 눈들이 보지 못한다고 생각하는가?"라고 데네소르는 묻는다. "나는 당신이 아는 것보다는 더 많은 것을 보았네. 당신은 왼손으로는 나를 모드도르에 맞서는 방패로 사용했고, 오른손으로는 나 대신 다른 이를 왕좌에 앉히려고 하지. 나는 누가 로한의 세오덴과 함께 말을 타고 오는지 알고 있네. 그래, 아라소른의 아들 아라고른이란 자에 관한 소문이 내 귀에 들어왔지. 지금 분명히 말해 두지만, 나는 오랫동안 군주가 되지 못한 보잘것없는 가문의 마지막 남은 아들인 이 북부 출신 순찰자에게 고개를 조아리지 않을 것이네." 곤도르의 청지기는 간달프가 누구를 대리하고 있는지 분명히 알고 있었다. 그는 합법적 왕(아라고른)의 대사다. 그리고 그런 간달프는 데네소르의 충성 요구를 위협하는 왕을 대리하고 있다. 따라서 간달프는 결코 데네소르의 명령을 고분고분 따르는 신민일 수가 없다. 오히려 그는 전복자다. 그리고 그가 떠나면서 남긴 말은 데네소르에게 바로 이 사실을 상기시킨다. "당신에게는 왕의 귀환을 부인할 권위가 주어지지 않았습니다. **청지기여.**" 오도노반의 말처럼 그 결과로 복음에 의해 지상의 통치자들이 낮아질 수밖에 없으며 정치가 '탈신성화'된다(DN, p. 151). '세속적인' 것의 준궁극성이 이제 다른 방식으로 재확증된다. 앞에서 지적했듯이, "가장 참되게 기독교적인 국가는 자신이 가장 철저히 '세속적'임을 이해한다"(DN, p. 219).

따라서 우리는 두 왕국의 관할권 사이에서 오락가락하지 않는다. 우리는 정사와 권세가 이미 빼앗긴 권위를 계속해서 손에 넣으려고 하는, 지배권 다툼이 벌어지는 시대에 살고 있다. 이제 교회는 왕이신 그리스도의 다스림이 어떤 모습인지 볼 수 있는 공간이다. 그리고 바로 교회**를 통해서** 이 세상의 권력들—'청지기들'—은 자신의 준궁극성을 깨닫게 될 것이다. 따라서 오도노반은 "정치적 사회로서의 교회의 참된 성격"을 분석한다(DN, p. 159). 우리가 이것을 이해하지 못할 때—"교회가 '다른 왕'(행 17:7)이 지배하는 사회임을 이해하지 못한다면"—교회는 "그 안에서 번성하는 종교적 실천의 체계로서, 수많은 통치자가 시키는 대로 하는 일종의 관변 단체로서…기존의 정치적 사회에 순응하게 된다"(DN, p. 162). 그러는 대신 교회는 우리가 지나가는 이 시대의 권력과 관계를 맺는 방식을 빚어내는 정치적 무게 중심이 되어야 한다.

한편으로 이것은 '세속' 권력을 상대화하는 것을 뜻한다. 하지만 다른 한편으로 이것은 교회의 선교가 거기에 움푹 파인 흔적을 남길 수 있음을 뜻한다. 교회의 선포를 통해, 교회가 그리스도에서 통치하시는 폴리스를 구현할 때, "세상의 나라와 통치자들은 하나님의 지배를 마주하게 된다"(DN, p.

193). 교회의 선교를 통해 하나님의 지배가 황제의 왕궁, 주지사의 관저, 의사당의 회의실 안에 임한다. 오도노반은 "교회는 **사회**를 향해 말했고, **통치자**들을 향해서 말했다"라고 지적한다. "전자에 성공한 것이 담대하게 후자를 수행할 수 있는 근거가 되었다.…그리스도께서는 신민들을 통치자들의 권위 아래에서부터 이끌어 내심으로써 통치자들을 아래에서부터 정복하셨다"(*DN*, p. 193). '콘스탄티누스주의'[12]에 대한 피상적 비판과 달리, '기독교 세계' 기획은 근본적으로 집권 세력이 그리스도의 주되심을 인정하고 그들이 오실 왕의 청지기일 뿐임을 인정하는 선교적 시도였다(*DN*, p. 195). 더 구체적으로, 이것은 단순히 '자연'[13]법에 대한 인정이 아니라 구체적으로 복음의 영향을 받은 상상력에—그리스도에 대한 순종에, 예수의 용서와 자비와 긍휼을 본받는 데, 교회 안에서 먼저 실천된 정치적 현실을 더 폭넓게 반영하는 데—매료된 정부와 사회에 대한 전망이었다. 따라서 오도노반은 다시 테오도시우스의 이야기를 꺼낸다. "교회는 그를 책망함으로써 심판자들을 심판하는 책

---

12 오도노반은 비판을 위해 제시된 '기독교 세계'의 사례 대부분은 사실 다른 무언가—**선교적**·복음적 중심을 잃어버리고 "나라가 **임하시오며**"라고 기도하는 법을 잊어버린 교회—를 보여 주는 예일 뿐이라고 지적한다. 지금이 여전히 현시대임을 교회가 망각할 때—왕국이 사회의 구조 안에 이미 도래했다고 착각하는 함정에 빠질 때—그 결과는 "부정적 결탁", 즉 "이제는 더 이상 지배하시는 그리스도의 이름으로 통치자에게 도전할 필요가 없다는 거짓 주장"이었다(*DN*, p. 213). [오도노반은 "루터의 두 왕국 교리의 정적주의적 함의" 역시 동일한 결과를 초래한다고 지적한다. 이는 국가가 복음적 순종으로부터 격리되어 있다는, 그리스도의 통치에서 면제된다는 생각으로, 이 경우 현재의 상황이 강화될 뿐이다(*DN*, p. 213).] 오도노반은 이런 공모와 종말론적 망각에 대해 단호한 평가를 내린다. 그는 이것이 "기독교 세계"가 아니라 "적그리스도"라고 주장한다(*DN*, p. 214). 그렇기 때문에 모든 참된 기독교 세계는 언제나 순교를 각오해야 하는 동시에 "왕들이 순교자들의 주께 경배를 드리고자 할 때 이를 환영해야" 한다(*DN*, p. 215).

13 (현대의 두 왕국과 자연법 접근법에 대한 대리인 역할을 하는) "살라망카 학파"(Salamanca school)가 "시민적 지배와 정의를 위한 복음적 기초"를 포기했다는 오도노반의 비판을 보라(*DN*, pp. 209-210). 또한 이 맥락에서 미국 수정 헌법 1조에 대한 그의 비판을 떠올려 보라(*DN*, pp. 244-246). "수정 헌법 1조를 입안한 이들은 원칙적으로 어느 교회에도 국교의 지위를 부여하기를 거부함으로써 자신들이 알고 있던 것보다 더 많은 것을 내주었다. 그들은 사실상 정치권력이 **복음적** 순종을 할 수 없다고 선언했다.…정부를 복음적 순종에서 제외한 것이 사회 자체를 이해하는 방식에 영향을 미쳐 왔다"(*DN*, p. 246, 강조는 추가됨).

무를 수행했으며, **지상 정의의 기준을 개혁하는** 더딘 작업을 시작했다"(*DN*, p. 201, 강조는 추가됨). 자유 민주주의자들인 우리는 바로 그 일을 물려받은 사람들이다!

따라서 기독교 세계는 정치적 사회가 그리스도의 주되심으로부터 격리된 채 남아 있도록 내버려 두기를 거부하는 동시에 지금과 아직 사이의 종말론적 거리를 인정하는 선교적 기획이다. 기독교 세계는 정치적 사회인 교회라는 중심으로부터 회심—영혼뿐만 아니라 사회적 상상의 회심—의 가능성을 상상하는 방식으로 사회가 어떻게 달라져야 하는지 증언한다. 이것은, 단지 '자연'이나 '창조'의 정치적 의미가 아니라 예수의 부활을 통해 드러난, 어떻게 참으로 인간이 될 것인가와 세상이 어떤 모습이 되도록 부름받았는가에 관한 계시로서의 복음의 정치적 의미를 선포하는 정치적 증언과 참여의 전망이다. 따라서 기독교 세계는 복음의 구체성으로부터 증언한다.

이런 담대함과 사람들을 걸려 넘어지게 하는 구체성은 궁극적으로 사랑의 행위다. 여기서 우리는 기독교 세계에 관한 오도노반의 논의를 그가 앞서 『부활과 도덕적 질서』에서 던졌던 질문과 연결해 볼 수 있다. 그는 묻는다. 내 이웃을 사랑한다는 것을 무엇을 뜻하는가? "첫째, **이웃이 하나님 사랑을 지향하기 때문에** 우리는 이웃을 사랑해야 한다"(*RMO*, p. 228).[14]

---

14 이 점에서 오도노반은 *City of God*의 아우구스티누스를 되울린다.

> 이제 우리의 스승이신 하나님은 두 가지 핵심 교훈, 즉 하나님 사랑과 이웃 사랑을 가르치신다. 그리고 그 안에는 인간이 사랑해야 할 세 대상인 하나님, 자신, 이웃이 있다. 하나님을 사랑하는 사람이 자신을 사랑하는 일은 잘못이 아니다. 그러므로 그는 또한 이웃이 하나님을 사랑해야 한다는 데 관심을 둘 것이다. 이웃을 자신처럼 사랑하라고 들었기 때문이다. 이는 아내, 자녀, 가족, 다른 모든 사람에 대한 그의 관심에도 가능한 동일하게 적용된다. 그리고 같은 목적 때문에, 그에게 이웃의 관심이 필요할 경우 그는 자신의 이웃이 자신에게 관심을 기울이기를 바랄 것이다. 이런 이유 때문에 그는 모든 사람과 평화로운 관계를 맺을 것이며, 사람들이 평화롭게 질서 정연한 조화를 이루는 관계를 추구할 것이다. 그리고 이 질서의 기초는 두 규칙의 준수다. 첫째, 누구에게도 해를 입히지 말라. 둘째, 가능하면 언제든지 모두를 도우라. (19.14)

생각해 볼 문제: A12 탑승구에서 현시대살이 배우기

우리가 살고 있는 현시대는 긴 '사이'의 시간, 이제 존재하지만 아직 완성되지 않은 현실들이 중첩되는 오랜 기간이다. 현시대에서 산다는 것은, 십자가와 장차 올 왕국 모두가 긴 그림자를 드리운 세상 속에서 살아가는 것을 뜻한다. 왕국이 이미 밝았지만 이전의 집권 세력이 건물을 비우지 않으려고 한다. 그리고 그 사이에 우리는 전혀 은밀하지 않은 방식으로 우리가 밝아 오는 왕국을 기다리는 동안 이 저항하는 통치자들이 이 왕국에 매료되고 이 왕국의 대리자가 되기를 바란다. 어쨌든 우리는 하나님의 도성 시민으로서 우리가 살아가는 시간이나 시대 때문에 창조의 영토를 다툼의 대상인 '사이의' 공간으로 경험한다.

나는 비행기를 타고 토론토에서 집으로 가는 길에 두 체제, 두 정체 사이에 끼어 있는 이 기묘한 상황을 절감한 적이 있다. 캐나다 안의 많은 국제공항처럼 토론토에서 미국으로 들어가는 비행기 승객들은 미국 세관과 여권 검사장을 통과한다. 탑승 수속을 한 후 우리는 미국 당국에서 다스리는 이상한 공간 안으로 들어간다. 심지어 사전 입국 심사를 받는 방은 미국의 상징적 이미지, 즉 러시모어산, 국회의사당 건물, 유타의 아치스 국립공원, 청교도의 예배당이 소박한 지평선을 압도하는 뉴잉글랜드의 마을로 장식되어 있다. 우리는 검색대로 가서 미국의 국경 순찰대원에게 심사를 받으며, 심사를 마친 후에는 사실상 '미국 영토' 안에 들어와 있는 셈이다. 우리는 미국 안에 있는 것처럼 미국 달러를 사용한다. 내가 토론토의 피어슨 공항 A12 탑승구에 앉아 있을 때 나의 휴대전화에 신호를

> 보낸다면 내가 토론토 북부에 있다고 뜰 것이다. 하지만 또 다른 의미에서 나는 이미 미국 안에 있다. 그렇지만 만약 싸움이 벌어진다면 캐나다 왕립기마경찰(RCMP)이나 온타리오주 경찰이 조사를 관할할 것이다. 누군가 다치거나 심장 마비를 일으킨다면 캐나다의 성 요한 병원 구급차가 도착할 것이다. 우리는 중첩되는 권력의 '사이' 공간 안에 있다.

참된 이웃됨을 위해서는 최고의 선에 대한 인식이 필요하며, 그런 인식이 있어야 우리는 이웃이 어떤 존재인지 알고 그 사람을 그런 존재로 바라볼 수 있다. 하지만 이것은 우리가 이웃의 행복을 추구하고자 할 때 그도 우리처럼 그의 목적이 하나님 안에 있는 존재라는 생각을 진지하게 받아들여야 함을 뜻한다. 그에 관한 이 근본적 진리를 존중하지 않은 채 그를 '사랑'한다는 것은 공상 속에서 행하는 연습일 것이다. 성 아우구스티누스는 이웃에 대한 우리의 첫 번째 의무가 "하나님을 위해 그를 붙잡는 것"이라고 말하곤 했다. 이는 일부 비판자가 감히 우리에게 경고하듯이 이웃을 향한 모든 몸짓이나 사랑의 행동이 종교적 목적이나 '숨은 동기'를 가지고 있다는 뜻이 아니다. 이는 그저 우리가 이웃을 사랑할 때 우리는 그가 하나님과의 사귐이라는 고귀한 부르심과 운명을 지니고 있음을 인식하고, 행복을 추구하는 데서 이 운명을 촉진하기를 바란다는(desire) 뜻일 뿐이다.

(*RMO*, p. 229)

만약 우리가 참으로 이웃을 사랑한다면, 우리는 그들이 부름받은 온전함을 증언할 것이다. 만약 우리가 참으로 그늘의 행복을 바란다면, 우리는 하나님이 명령하신 도덕적 의무의 두꺼움이 우리를 번영으로 이끄는 선물이라고 선포해야 하며, 비록 기대 수준은 적절히 유지하겠지만 이 도덕적 의무가 땅의 법이 되기를 기대하는 마음으로 노력해야 한다. 이것은 인간의 타고난 목적이 초자연적이며 인간의 온전함이 '자연'의 최소주의가 아니라 복음 안에서 해명되어 있음을 인정하는 정치적 행동이다.

'기독교 세계 기획'이 이런 종류의 **선교적** 노력으로서 정부와 체제를 복음의 변화시키는 능력에 노출시키기를 기대하고 그것을 목표로 삼는다는 것을 이해할 때, 우리는 어떻게 흑인 민권 운동처럼 예언자적인 무언가가 그로부터 발전한 기독교 지역 사회 개발 운동으로서 일종의 20세기 기독교 교회 기획이 되는지 이해할 수 있다. **사랑**하라는 복음의 명령이 가진 구체성에 입각해 증언하고, 비폭력이라는 구체적으로 기독론적인 모범에 영향받았으며, 기독교 교회의 실천에 의해 촉진된 흑인 민권 운동은 사회가 그리스도의 지배에 영향받지 않는다고 상상하기를 거부하고 오히려 사회가 '사랑의 공동체'가 될 수 있다고 상상했던 운동이었다. 흑인 민권 운동의 역사를 기록한 탁월한 책에서 찰스 마쉬가 지적하듯이, 그들이 추구한 "사랑의 공동체"는 "교회에 의해 역사 안에 소개된 하나님 나라의 선물로 보아야 하며, 따라서 그것은 세상 속 그리스도의 신비라는 기원 안에 존재한다."[15] 당시 학생비폭력협력위원회(Student Nonviolent Coordinating Committee)의 의장이었던 (그리고 지금은 오랫동안 하원의원으로 재직하는) 존 루이스(John Lewis)는 흑인 민권 운동이 "이 땅 위의 하나님 나라라는 그야말로 기독교적인 개념"에 의해 추동되었다고 말했다.[16]

흑인 민권 운동에서는 신학적 전망이 핵심을 차지했을 뿐만 아니라 그 안

---

[15] Charles Marsh, *The Beloved Community: How Faith Shapes Social Justice, from the Civil Rights Movement to Today* (New York: Basic Books, 2005), p. 207.

[16] 같은 책, p. 3.

에는 그리스도의 몸의 교회적 실천에 뿌리내린 무게 중심이 존재했고, 그렇기에 "기독교 신앙을 감사, 용서, 화해에 의해 빚어진 일군의 사회적 훈련으로 그려 보일" 수 있었다.[17] 킹 목사는 몽고메리 버스 승차 거부 운동에 참여한 경험을 통해 니버(Niebuhr)가 제시한 추상적인 공공신학의 한계를 깨닫게 되었다. 마쉬는 이렇게 요약한다. "추상적 개념은 긍휼과 희생의 행동을 가능하게 하거나 시대에 맞서 발언할 수 있는 용기를 제공할 수 없다. 널리 알려진 니버의 기독교 현실주의에서는 서양의 자유주의가 제공하는 선택의 틀 안에서 윤리적 문제를 해결하려는 데 관심을 기울였다. 꿈을 꾸는 데는 관심을 기울이지 않았다."[18] 이 꿈은 하나님 나라였으며, 킹은 교회에서 그것을 배웠다. 하지만 그것은 단지 교회를 **위한** 것만은 아니었다. 그것은 세상이 어떤 곳이 되도록 부름받았는가에 관한 전망이었다. 킹은 단순히 진화적 발전을 통해서가 아니라 하나님의 선물을 통해서 이 꿈이 실현된다고 보았다. "처음부터 끝까지 미국뿐만 아니라 모든 나라와 피조물 전체에서 하나님은 인간 해방의 궁극적 행위자시다. '옛 질서'의 소멸과 '새 시대'의 등장은 명백한 운명으로 유전자 암호 안에 새겨져 있지 않다. 오히려 사랑의 공동체는 신학적, 아니 어쩌면 교회론적 **사건**에 의존한다. 다시 말해서, 인류의 형제자매 됨은 신자들의 사귐으로부터 발산된다."[19] 오도노반이 기독교 세계를 선교적 노력으로 설명하듯이 (또한 교회가 유기적 교회를 통해 사회 전체에 빛을 "발산"하는 기관이라고 설명하는 카이퍼의 전망과 비슷하게) 정의에 대한 킹의 전망은 에클레시아,

---

[17] 같은 책, p. 5.
[18] 같은 책, p. 41. 마쉬는 계속해서 이렇게 말한다. "탑승 거부 운동을 했던 해에 교회의 선교가 갱신되었다. 탑승 거부 운동은 의도적 훈련을 통해 능력을 얻은 교회, 고통당함으로써 어렵게 획득한 도덕적 권위를 갖춘 교회, 기꺼이 원수를 사랑하는 교회-이것이 니버의 얇은 교회론에서는 결코 끌어안을 수 없는 종교적 열정이라는 데 주목해야 한다-를 세상에 보여 주었다"(p. 47).
[19] 같은 책, p. 50.

실로 세상을 위한 에클레시아의 중심에 자리해 있다.[20]

흑인 민권 운동의 증인과 순교자들은 육신이 되신 말씀이 키우시는, 복음으로 그들의 상상력이 채워지는 교회 안에서 더 나은 나라를 갈망하는 법을 배웠을 뿐만 아니라(히 11:16) 이 나라가 그 나라를 더 많이 닮을 수 있다고 상상했다. 이것이 바로 기독교 세계의 소망이다.

---

20   그렇기 때문에 기독교 세계의 기획 안에는 본질적으로 '보수적'인 것이 전혀 없다. 오히려 많은 점에서 이 기획은 현 상황을 파괴하는 효과를 **내야 한다**. 사실 오도노반은 이데올로기적 '보수주의'에 일관되게 비판적이다. 로마서 13:1-7을 '보수적'이라고 설명하거나 보수적 관점에서 이 본문을 인용하는 경우가 너무나도 많지만 오도노반은 DN에서 이 구절을 주석하면서 이렇게 지적한다. "권위에 관한 성 바울의 유명한 글은 이스라엘에 대한 그의 주장의 자연스러운 귀결이다. 결국 그리스도의 승리는 이스라엘에게 약속된 열방에 대한 승리, 야만적이며 하나님을 부인하는 제국들에 대한 하나님으로 충만하고 인간화된 사회 질서의 승리다. 따라서 이스라엘에게 믿음을 요구하는 것처럼 권력자들에 대해서는 이스라엘에 대한 순종을 요구하며, 그들은 제어되고 한때 이스라엘의 사사들이 맡았던 익숙한 기능으로 축소된다"(DN, p. 147).

6장 경쟁적 형성

우리의 '대부' 문제

> 기독교가…대안적 형태의 문화적 참여와 상호 작용이라면, 기독교 공동체와 신학자들은 교회의 실패라는 유산을 평가해야 할 것이다.
>
> 윌리 제임스 제닝스, 『기독교적 상상력』

〈대부〉에서 그리는 경쟁적 형성

"나는 미국을 믿습니다." 이 말은 마리오 푸조(Mario Puzo)와 프랜시스 포드 코폴라(Francis Ford Coppola)의 〈대부〉(The Godfather)에 등장하는 첫 대사다. 아메리고 보나세라(Amerigo Bonasera)라는 사람이 시칠리아 의례의 일환으로 비토 코를레오네(Vito Corleone)의 사무실에 청원하러 찾아왔다. 공동체에 축복을 쏟아붓는 너그러운 가부장인 대부는 자신의 딸이 결혼하는 날에 아낌없이 호의를 베풀고 있다. 보나세라는 구타를 당해 얼굴이 망가진 자신의 딸을 위해 '정의'가 이뤄지기를 바라는 마음으로 왔다고 말한다. 그는 "나는 미국을 믿습니다"라고 고백한다. "미국에 와서 큰돈을 벌었습니다." 하지만 미국의 정의가 그를 실망시켰다. 가해자들이 집행 유예를 선고받고 석방된 것이다. 그래서 그는 대부를 찾아왔다. 보나세라는 아내에게 "정의를 위해 우리는 돈 코를레오네를 찾아가야 해"라고 말했다. 대부는 보나세라가 이것을 가족 사이의 교류가 아니라 그저 경제적 교환으로만 보는 데 실망감을 표한 후 그의 바람을 들어주겠다고 말한다. 보나세라는 정의가 실현되리라 믿을 수 있게 되었지만, 이제 곧 그 정의가 동해보복법(lex talionis)으로 축소된 정의일 뿐이라는 게 분명해질 것이다.

첫 장면부터 종교와 폭력, 자본과 굴복, 의례와 보복 사이의 복잡하게 중첩되고 얽힌 관계의 전조를 보여 준다. 한편으로, 영화의 세계 전체가 교회의 의례—첫 장면의 결혼 의례에서 절정의 세례 의례까지—라는 틀 안에서 그려진다. 실제로 〈대부〉라는 제목 자체와 그 역학이 세례 예전을 상기시킨다. 영화 속 '사업'의 세계는 '가족들'에 의해 운영되며, 돈 코를레오네보다 더 '가정적인 남자'는 없다. [그는 대자인 조니 폰테인(Johnny Fontaine)에게 "가족들과 시간을 보내고 있느냐?"라고 묻는다. "가족과 시간을 보내지 않으면 남자가 될 수 없기 때문이지."] 가족들은 교회의 의식에 흠뻑 젖어 있고 그 의식으로 세워져 있기 때문에, 예전적 실천에 의해 섞인 혈통은 궁극성으로 가득 차 있는 유대감을 형성한다. 양자인 톰 헤이건(Tom Hagen)은 "코를레오네는 조니의 대부다"라고 말한다. "이탈리아 사람들에게 이것은 매우 종교적이고 성스러우며 친밀한 관계다." 어떤 의미에서 이것은 사랑의 유대로 묶여 있는 세계라고 말하고 싶은 유혹을 느낄 정도다.

다른 한편으로, 이 가족들이 운영하는 사업은 평화의 정반대이며 그들이 참여하는 바로 그 의례를 조롱한다. 사랑의 유대는 적들에 맞서는 집단 내 결속일 뿐이었음이 드러난다. 사업은 전면전이 되고, 그들의 일은 불법 거래, 협박, 착취, 폭력과 동의어가 된다. 아무도 그들의 '사업'을 가톨릭 사회 교리에서 설명하는 경제적 삶으로 착각하지 않을 것이다.

막내아들 마이클[알 파치노(Al Pacino) 분]은 대부의 세계의 바로 이 측면으로부터 벗어나겠다고 다짐했다. 여자 친구 케이(Kay)가 가족을 처음 만났을 때 마이클은 "케이, 내 가족이 그러는 거야. 난 아냐"라고 말한다. 또한 그는 가족 사업에 저항하기 위해 가족의 유대와 의례에도 저항해야 한다. 따라서 그는 첫 장면의 결혼 피로연에서도 잔치에 적극적으로 참여하지 않고 구석을 떠돈다. 하지만 자신의 아버지 대부가 공격받아 죽을 뻔했을 때 상황이 바뀐다. 이 사건은 마이클 안에 있는 무언가를, 즉 강한 가족 유대감을 탁 갖게 하여 그를 밀어 넣는 성난 충성심을 촉발한다. "이제 제가 아버지 곁을 지킬게요." 그는 병상에 누운 아버지의 손에 입을 맞추며 속삭인다. "이제 제가 아버지 곁을 지킬게요." 그는 가족 사업에 참여하고, 따라서 폭력과 보복, 권력과 지배의 세계 안으로 빨려 들어간다.

마이클이 가족 사업의 책임을 맡는 바로 그 시기에 여동생 코니(Connie)가 그에게 자기 아이의 대부가 되어 달라고 부탁했을 때 이 궤적은 정점에 도달한다.[1] 서사의 흐름은 돌아서 다시 출발한 곳으로 온다. 마이클이 세례 예전에서 대부의 역할을 맡을 때 우리는 다시 한번 교회와 가정이 교차하는 지점에 선다. 하지만 영화의 절정에 해당하는 이 부분에서도 그들의 의례적 참여와 '가족 사업'의 본질 사이의 부조화가 영화사에서 가장 탁월한 편집 중 하나를 통해 처절하게 그려진다. 영화는 교회 안의 정숙한 의례와 마이클 코를레오네가 명령한 일련의 잔인한 암살 사이를 어지러울 정도로 오간다. 이 장면에서 코폴라는 가차 없는 방식으로 우리가 폭력을 마주하게 하는 동시에 세례 의례의 신학적 두꺼움과 구체성 안에 몰입하게 만든다. 우리는 가족 사업의 끔찍한 폭력을 목격하는 동시에 복음의 엄숙한 고백을 목격한다.

성령의 새롭게 하심에 대한 상징으로 사제가 아이에게 숨을 불고, 그런 다음 성부, 성자, 성령의 이름으로 아기의 입, 귀, 손에 소금을 묻힌다. 그 사이에 카메라가 전환되고 무시무시한 처형 장면이 펼쳐진다.

아이의 대부로서 곁에 서 있는 마이클에게 사제는 사도신경의 질문을 던진다.

---

[1] 흥미롭게도 돈 코를레오네는 마이클이 가족 '사업'을 물려받는 대신 상원 의원이나 주지사가 되기를 바란 것처럼 보인다. 많은 이민자처럼 그는 마이클이 첫 대사에 나오는 '미국'에 더 적절하게 동화되기를 바랐다. 생의 마지막에 그는 마이클에게 이 꿈이 실현되지 않았다고 한탄한다. 그는 "시간이 충분하지 않았어"라며 안타까워한다. 마이클은 "곧 그렇게 될 거예요, 아버지"라고 대답한다.

"마이클, 당신은 전능하사 천지를 만드신 하나님 아버지를 믿습니까?"

"예, 믿습니다." 마이클이 대답한다.

"그 외아들 우리 주 예수 그리스도를 믿습니까?"

"예, 믿습니다." 마이클이 말한다.

"성령과 거룩한 공교회를 믿습니까?"

"예, 믿습니다." 마이클이 답한다.

하지만 총격은 계속된다. 그의 암살 명령에 따라 적들이 차례로 쓰러지는 사이에 카메라는 다시 교회 안에서 축귀에 참여하는 마이클을 비춘다.

"마이클 프랜시스, 당신은 사탄을 거부합니까?"라고 사제가 묻는다.

"나는 사탄을 거부합니다"라고 마이클이 대답할 때 그의 부하는 악마적 명령을 수행한다.

"그리고 그의 모든 일을 거부합니까?"

"나는 그를 거부합니다."

"그리고 그의 모든 허영을 거부합니까?"

"나는 그를 거부합니다." 대답은 이어진다.

이 장면 전체가 축도로 마무리된다. "평안한 마음으로 돌아가십시오. 주께서 당신과 함께 하시길 빕니다. 아멘." 하지만 바로 그 시간에 가족 '사업'이라는 이름으로 악한 자의 허영과 일과 계략을 자행하며 자본과 '정의'라는 이름으로 대죄를 범한다.

〈대부〉는 문화적 예전 기획을 끈질기게 따라다니는 도전과 비판을 그린 시각적 우화와 다름없다. 나는 역사적 기독교 예배 실천의 형성적 힘을 칭송한다. 그러나 평생 역사적 기독교 예배의 의례에 몰입해 왔음에도 형성되지 않았을

---

2 이와 관련된 서신 왕래를 통해 이 물음이 얼마나 중요한지 이해할 수 있도록 도와준 스티브 베즈너(Steve Bezner) 목사에게 고마움을 전한다.

뿐만 아니라 어쩌면 잘못 형성된 사람들이 존재할 수도 있다는—또한 **존재한다**는—비판이 있다.[2] 혹은 다르게 표현하자면, 분명 교회의 '정통적' 예전에 규칙적으로 참여하는 것만으로는 그러한 '예배자들'이 예배당을 떠나 온갖 종류의 불의한 체제, 구조, 행동에 (때로는 열정적으로) 참여하는 사람이 되는 것을 막기에는 충분하지 않다. 예언자 예레미야가 비판했던 유다 백성처럼 우리는 "여호와께 예배하러 이 문으로 들어가고" 우리의 충성을 선언하며 미신적으로 보호를 요구하지만("이것이 여호와의 성전이라!"), 주중에는 맘몬의 신들 앞에 향을 피우고 권력과 지배의 우상들 앞에 엎드리며 하늘의 여왕을 위해 과자를 만들 수도 있다(렘 7:1-26).

이것을 '대부 문제'라고 부르자. 당신은 예전적으로 악마의 일을 거부하고 동시에 그것을 수행할 수 있다. 예전 참여가 덕의 형성이나 성령의 열매의 획득을 보장하지 못한다. 예전은 거룩함을 보증하는 특효약이 아니다. 그저 예배에 참석하는 것이 하나님의 백성을 '대조' 사회로 만드는 충분조건이 된다는 보장도 없다. 그렇게 말한다면 이는 형성에 대한 단순한 관점과 교회에 관해 잘못 생각하는 바인 '순수성' 같은 것을 전제하는 일종의 예전적 결정론에 빠지는 것이다.[3]

대부 문제가 문화적 예전 기획의 핵심 주장을 약화시키는가? 나는 그렇게 생각하지 않는다. 하지만 이것은 설명이 필요한 근본적 문제 제기—내가

---

[3] 이것은 위선의 현상일 뿐이라고 생각할 수도 있다. 즉, 세상의 마이클 코를레오네들은 '보여 주기 위해' 무언가를 하고 있지만 **사실은** 다른 무언가에 관심을 기울이고 있다는 것이다. 하지만 실상은 그보다 더 복잡하며, 나는 위선이 이 현상을 설명하기에 적합하다고 확신하지 않는다. (마이클 코를레오네에게 세례 의례 때 **했던** 말을 **믿는지** 묻는다면 그는 뭐라고 말할까?) Adam B. Seligman, Robert P. Weller, Michael J. Puett, and Bennett Simon, *Ritual and Its Consequences: An Essay on the Limits of Sincerity* (New York: Oxford University Press, 2008)과 Seligman, "Ritual and Sincerity: Certitude and the Other", *Philosophy and Social Criticism* 36 (2010): pp. 9-39를 보라. 또한 John Witvliet, "'Planting and Harvesting' Godly Sincerity: Pastoral Wisdom in the Practice of Public Worship", *Evangelical Quarterly* 87, no. 4 (October 2015): pp. 291-309를 보라.

이 기획 처음부터 지적했던 문제 제기—다.[4] 만약 예전이 우리를 그리스도의 형상으로 변화시킴으로써 우리를 형성한다면(롬 8:29), 왜 그리스도인들이 (롬 12:2에서 지적하듯이) 세상과 같은 모습으로 형성되는 경우가 그토록 많은가? 이 장에서는 이 물음에 답하는 데 초점을 맞추고자 한다.

동시적 형성 그리고 왜곡된 형성의 역학: 사례 연구

문화적 예전 기획이 기독교 제자도에서 예전적 형성의 우선성에 초점을 맞추기는 하지만 많은 점에서 이 기획은 우리의 문화적 동화라는 현실에서 촉발되었다. 그리스도인들이 기독교에 **관해서는** 엄청난 지식을 가지고 있지만 사실상 자연주의자로 살아가며, 어떤 면에서 샬롬의 정반대라고 할 수 있는 삶의 방식에 굴복하고 말았다는 사실을 우리는 어떻게 이해해야 하는가? 내 기획의 핵심 목표가 우리의 사랑이 기독교 예배, 즉 '성령의 습관 형성'을 통해 바르게 질서 잡힌다고 주장하는 것이었다면, 많은 부분에서 이 기획은 우리가 선한 삶에 관한 경쟁적인 이야기와 전망들에 흡수된 방식에 대한 대응이라고 말할 수 있다. 간단히 말해서, 예배를 통한 **대항** 형성을 강조하는 것은 '세상'을 닮는 방식으로서의 형성을 통해 드러나는 우리 사랑의 **왜곡된** 형성(*deformation*)에 대한 맞불 전략이다. 나는 이런 식으로 세상을 닮는 것이 대개 사상에 의해 설득된 결과가 **아니라** 우리의 마음과 갈망이 (따라서 행동이) 경쟁 예전에 의해 징집된 결과라고 주장해 왔다.[5] 따라서 우리가 예전적

---

[4] James K. A. Smith, *Desiring the Kingdom: Worship, Worldview, and Cultural Formation*, Cultural Liturgies 1 (Grand Rapids: Baker Academic, 2009), p. 208n115를 보라. 이 장을 통해 거기서 했던 약속을 지키고자 한다. *Imagining the Kingdom: How Worship Works*, Cultural Liturgies 2 (Grand Rapids: Baker Academic, 2013)의 마지막 부분(pp. 186-189)도 연관이 있다.

[5] 유혹의 현상학에 관해서는 Smith, *Imagining the Kingdom*, pp. 140-142를 보라.

형성의 중요성을 강조해 왔다면, 그것은 기독교 예배가 독특한 방식으로 혹은 일종의 기계 장치의 신(deus ex machina)처럼 우리의 삶에 개입하기 때문이 아니다. 오히려 그것은 우리가 언제나 이미 **어떤** 예전에 의해 빚어지고 있는 예전적 동물이기 때문이다. 다시 말해서, '예전'은 (동화라는) 문제에 대한 설명인 동시에 해법이기도 하다.

그리고 세계-내-존재(being-in-the-world)의 복합성을 이해하고 우리가 언제나 이미 복수의 실천 공동체에 영향받고 있으며 좋은 삶에 대한 경쟁적 전망을 상연하는 복수의(또한 경쟁하는) 예전 안에 갇혀 있음을 인식하는 게 중요하다. 현시대에서 살고 있는 예전적 동물에게 '순수함'이란 없다. 나는 결코 하나의 전통이나 예전적 공동체 안에 갇혀 있지 않다. 비록 우리가 성령께서 우리를 성화시키고 변화시키시는 일차적 공간인 교회 예배에 우선성을 부여한다고 하더라도 우리는 결코 교회 예배에만 영향받지는 않으며 교회 예배가 하나님 나라의 '순수한' 구체화인 것도 아니다. 나는 마음을 사로잡으려고 경쟁하는 여러 도제살이에 예속되어 있다. 나는 경쟁하는 욕망의 교육에 동시적으로 등록되어 있다. 그리고 교회는—성례전적 기관으로서, 동시에 한 백성으로서—'세상'을 이루는 예전들의 연결망 안에 갇혀 있다. 따라서 예전적 (재)형성에 대한 강조는 인간을 예전적 동물, 그 사랑이 **어떤** 예전에 의해 형성(왜곡)된 습관의 피조물임을 인식하는 피조물의 인간론에 뿌리내리고 있다. 데이비드 포스터 월리스가 우리에게 상기시키듯이 "모두가 예배한다."[6]

하지만 이런 식으로 바르게 질서 잡힌 사랑의 예전적 형성을 강조할 때 우리는 정곡을 찌르는 질문을 받곤 한다. 세상에는 온갖 종류의 마이클 코를

---

[6] 2005년에 케년 칼리지(Kenyon College) 졸업식에서 했던 유명한 연설이며 책으로도 출간됨 David Foster Wallace, *This Is Water: Some Thoughts, Delivered on a Significant Occasion, about Living a Compassionate Life* (New York: Little, Brown, 2009), p. 100를 보라. 『이것은 물이다』(나무생각).

레오네, 평생 동안 의례화된 기독교 신앙을 '실천'해 왔지만 성화의 증거라고 할 만한 것을 거의 보여 주지 못하는 사람들이 존재하지 않는가? 우리는 기독교 예전 참여가 재형성적이지 못하고 문화적 동화를 전혀 저지하지 못하는 온갖 종류의 사례를 보고 있지 않은가? 이러한 신앙의 의례적 실천이 너무나도 자주 가장 지독한 불의의 표현 안에 갇히게 된다는 사실이 충격적이지 않은가? 우리는 두껍고도 낯선 역사적 기독교 예배에 참여함으로써 교회가 '독특한 백성'으로 만들어진다고 주장해 왔지만, 그런 예전에 몰입해 왔으면서도 자신들의 이웃과 똑같아 보이는 사람들—자기 이익을 추구하고 특권과 함께 오는 동일한 불의에 사로잡혀 있으며 현 상황을 지지하는 데 만족하는 행복한 소비자들—이 너무도 많지 않은가? 따라서 예전은 문화적 동화에 대한 해답이 아닌 것처럼 보일지도 모른다.

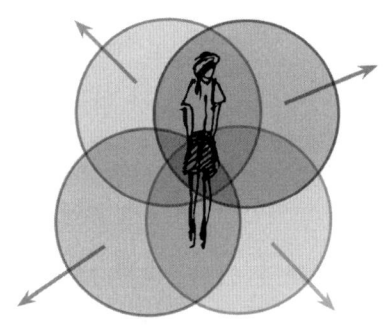

동시적 형성

나는 먼저 '대부 문제'의 가장 심각한 예라고 생각하는 두 사례 연구를 생각해 봄으로써 이런 물음을 정면으로 다루고자 한다. 이 도전에 대한 '해법'이 존재한다면, 실제로 이런 문제들을 끝까지 살펴본 후에 답을 내놓아야 한다. 나는 이러한 사례 연구를 통해 이 도전이 얼마나 심각한지 설명한 후에 복잡한, 섬세한 대응의 여러 양상을 제시하고자 한다. 이를 위해서는 새롭게 부상하고 있는 교회론(ecclesiology)과 민족지학(ethnography) 사이의 대화를 진지하게 받아들여야 한다고 주장할 것이다.

사례 연구 1: 백인됨과 예전의 부적합함

스탠리 하우어워스의 작업과 비슷한(또한 그 작업에 빚지고 있는), 예전적 형성에 관한 나의 주장은 광범위하게 '매킨타이어적'이며, 알래스데어 매킨타이어가 주창한 습관, 성품, 덕에 대한—따라서 서사, 전통, 공동체에 대한—아리스토텔레스적·토마스적 강조의 회복과 갱신을 물려받고 있다. 2장에서 나는 이틀에 대한 제프리 스타우트의 비판을 논했지만, 이 신학적 기획에 대한 가장 신랄한 비판은 윌리 제임스 제닝스의 탁월한 연구서인 『기독교적 상상력: 신학과 인종의 기원』(*The Christian Imagination: Theology and the Origins of Race*) 일 것이다.[7] 제닝스는 기독교가 지배 문화에 동화되었다는 근본적이고 비난받을 만한 문제—이 경우 교회가 거듭해서 '기독교적' 정당화로, 심지어 축복으로 세례를 베풀었던 끔찍한 불의와 헤아릴 수 없는 악으로 가득한 인종차별적 세계에 오랫동안 굴복하고 기여해 왔다는 문제—에 대해서도 진단한다. 지난 세대 동안 기독교 신학은 독일 계몽주의의 영향과 근대의 이론적 유산에 집중해 왔지만,[8] 제닝스는 우리가 이베리아의 정복과 그에 따른 유럽의 식

---

[7] Willie James Jennings, *The Christian Imagination: Theology and the Origins of Race* (New Haven: Yale University Press, 2010) (이후에는 본문에서 인용할 때 *CI*로 표기함).

[8] 그리고 여기서 나는 *Introducing Radical Orthodoxy, Who's Afraid of Postmodernism?*(『누가 포스트모더니즘을 두려워하는가?』, 살림) 등 나의 초기 작업에서 강조했던 바를 비판할 필요가 있다. 이 작업들은 독일과 프랑스의 대학에서 출발한 이론적 반향에 초점을 맞추며 이를 '근대'와 동일시하는 경향이 있었으며, 계몽주의라는 지적 전환보다 선행했던 유럽에 의한 '신세계'의 '발견'이라는 물질적 현실을 무시하는 경우가 너무 많았다. 간단히 말해서, 나는 나의 이론적 초점이 지적 근대성에 특권을 부여하고 철저히—구현된 근대성의 이면을 경험했던 사람들을 간과하는 경우가 너무 많았음을 인정—더 나아가 고백—한다.

민화를 통해 표현된 근대의 물질적인, 구현된 현실을 직면하게 만든다. 우리는 신학이 데카르트의 합리주의나 로크의 자유주의를 받아들였는가를 걱정해 왔지만, 제닝스는 교회가 근대의 전혀 다른 양상, 즉 노예 무역에 가증스럽게 굴복한 과정을 추적한다. 근대의 합리화의 이면은 흑인의 몸을 축소시키고 평가 절하하는 능력이었으며, 이로써 (특히 미국에서) 근대의 삶을 특징짓는 기본적 인종화가 이뤄졌다. 제닝스는 "유럽인들"—그는 유럽의 **그리스도인**들을 말한다—이 "새로운 공간과 새로운 사람들과의 관계 및 이 공간을 지배하는 그들의 새로운 권력과의 관계 속에서 자신의 몸을 이해하는 것을 신학적으로 진술하는 방식인 인종적 힘(agency)을 행사했다"고 주장한다(*CI*, p. 58). 『하나님 나라를 욕망하라』와 『하나님 나라를 상상하라』에서 내가 '사회적 상상'을 논한 것과 비슷한 방식으로 제닝스는 사회적 상상으로서의 '백인됨'이 출현하는 과정을 기록한다. "발견과 소비의 순간부터 백인됨은 상상하는 사회적·신학적 방식, 즉 세상을 이해하는 방법으로 진화된 상상이었다"(*CI*, p. 58).[9]

제닝스는 불의에 그처럼 굴복하는 것을 막기 위해 '전통'이 어떤 기여를 했느냐고 묻는다. 폴리스로서의-교회는 하나님의 형상으로 창조된 인간을 상품화하여 아프리카인을 재산으로 이해하는 것을 막기 위해 아무것도 하지 않았다. 마법처럼 보이는 '예전'은 이렇게 비인간화로 타락하는 것을 막기 위해 아무것도 하지 않았고 심지어 그런 상황을 누그러뜨리지도 못했다. 오히려 교회의 의식은 이런 불의를 서사 안에 끌어들였을 뿐이다. 제닝스는 책 서두에서 고메스 에아네스 드 아주라라[Gomes Eanes de Azurara, 혹은 주라라(Zurara)]가 후대 사람들을 위해 담아낸 비통한 장면을 묘사한다. 15세기 포

---

9 Smith, *Imagining the Kingdom*, pp. 151-166에 수록된 "성화된 지각"에 관한 논의를 떠올려 보라. 제닝스는 비슷한 방식으로 길러진 저주받은, 탈신성화된 지각을 묘사하고 있다.

르투갈의 엔히크 왕자(Prince Henry)의 연대기 작가였던 주라라는 포르투갈 제국의 운명과 권력의 전환점을 다음과 같이 서술한다. 1444년 8월 8일 "검은 금"을 실은 배 한 척이 아프리카에서 도착한다. 그 배에는 포르투갈의 새로운 전지구적 힘을 상징하는 235명의 아프리카인 노예가 타고 있었다. 엔히크 왕자(Infante Henrique, '인판테'는 왕위를 계승하지 않는 왕자를 뜻한다—옮긴이)는 이 "필요악"이라는 수치를 숨기기 위해 밤에 몰래 그들을 내리는 대신 새벽에 공적 장관을 연출했다. 그것은 의식으로 가득 차 있는 광경이었다. 제닝스는 "이 의식은 철저히 기독교적이었다"고 논평한다.

그날 그 장면을 본 사람들에게는 명백하게 기독교적이었으며, 아마도 오늘날에는 훨씬 더 명백하게 기독교적으로 보일 것이다. 노예들이 공터에 도착하자 엔히크 왕자는 뿌리 깊은 기독교적 본능에 따라 교회를 통해 십일조를 하나님께 드리라고 명령했다. 두 흑인 소년이 드려졌다. 한 명은 라구스(Lagos)의 교회에, 다른 한 명은 상 빈센테 곶(Cape Saint Vincent)의 프란체스코회 수도원에 드려졌다. 이렇게 포르투갈이 성공적으로 해양 권력을 장악하게 하신 것에 대해 하나님을 찬양하고 그분께 감사를 드리는 행위는 자신의 동기가 이교도들의 영혼을 구원하기 위함이었다고 주장했던 엔히크 왕자의 고상한 수사를 정당화하는 역할을 하기도 했다. (*CI*, p. 16)[10]

---

[10] 제닝스는 이 상황에서 주라라가 참회의 기도를 드렸음을 지적한다. "오, 하늘에 계신 아버지여.…내 눈물이 내 양심을 상하지 않게 하소서. 내가 그들의 고통 때문에 연민을 느끼며 우는 것은 그들의 종교 때문이 아니라 그들의 인간성 때문입니다. 그리고 만약 짐승처럼 먹는 짐승들이 자연적 본능으로 자신과 같은 짐승들의 고통을 이해한다면, 내 눈 앞에서 이 비참한 무리를 바라보며 그들 역시 아담의 아들임을 기억할 때 하나님은 제 인간 본성이 무엇을 하게 하시나이까?"(*CI*, p. 17). 제닝스는 이것이 신정론에 대한 새로운 질문을 만들어 낸다고 주장한다. "이 기도에서 주라라는 포르투갈이 흑인의 몸을 지배할 수 있게 하신 하나님의 뜻에 대한 이 분명한 표지를 해석할 수 있도록 하나님의 의도를 알려 달라고 하나님께 간구한다. 그는 하나님께 자신의 양심을 달래고 자신 앞에서 펼쳐지고 있는 사건을 도덕적으로 용인할 만한 것으로 만들어 주는 해석을 구한다. 그의 물음에는 식민주의 기획과 결부된 식

이 의식은 전통의 서사가 재-서사를 통해 교묘한 방식으로 불의를 감싸고 성화시킬 수 있음을 보여 준다. 따라서 "기독교의 이야기"는 "진리 안에서 그것을 성화시키기"보다는 세상이 식민적 노예제라는 진리에 부합하도록 세상을 개조한다." 자신의 연대기에서 "주라라는 억제라는 수사적 전략을 활용하여 노예의 고통을 기독교 이야기 안에 붙잡아 둔다. 모든 식민지 국가의 수많은 신학자와 지식인이 이런 수사를 재활용하게 될 것이다. 이 사건의 텔로스와 대단원은 구원의 서정(ordo salutis)을 따를 것이다. 아프리카인의 노예 상태는 아프리카인의 구원으로, 신앙의 규율하는 힘을 보여 주는 흑인의 몸으로 귀결될 것이다"(CI, p. 20). 그리고 교회는 저항하는 대항-폴리스가 되기는커녕 흑인의 몸으로 드리는 십일조를 기쁘게 받아들인다. "이 행위는 기독교 사회 안에서 신자들의 공동체(communitas fidelium)가 행하는 일로 수행된다. 이 [노예] 경매는 기독교 자체로부터 의례적 힘을 이끌어 내는 동시에 그것이 환기하는 서사를 난도질하고 왜곡된 추방의 형식을 확립할 것이다"(CI, p. 22).

따라서 제닝스는 대항문화를 만들어 내는 전통과 교회적 형성의 힘을 지나치게 확신하는 하우어워스 및 (나를 비롯한) 다른 사람들이 주창했던 '덕의 기획'에 직접 문제를 제기한다. 제닝스는 이런 이상주의적 주장을 하는 이들이 교회가 근대의 끔찍한 양상에 굴복했다는 사실을 편리하게 무시한다고 주장한다.[12] "이베리아의 정복 시대가 시작될 무렵부터 근대주의적 요소

민주의자들의 질문으로부터 생겨나는 신정론 문제가 담겨 있다"(CI, p. 18). 다시 말해서, 이 장면이 신정론 문제를 제기하는 것은 주라라가 식민주의 기획이 '옳다'고 인정하기 때문이다.

[11] 참고. Stanley Hauerwas, *Sanctify Them in Truth: Holiness Exemplified* (Nashville: Abingdon, 1998).

[12] 나는 하우어워스라면 이런 식으로 굴복한 것이 "교회로서의 교회"가 아니라 이미 "콘스탄티누스주의"에 굴복한 교회였다고 주장함으로써 문제 제기에 답할 것이라 생각한다. 뒤에서 이런 식의 책임 회피를 논할 것이다.

들이 기독교 전통에 미친 영향들을 제대로 파악하지 못한 것을 두고 매킨타이어를, 더 중요하게는 전통에 관한 그의 사상을 따랐던 신학자들을 비판할 수 있다." 우리는 "전통에 형성된 그리스도인의 실존, 처음에는 이베리아인들의 실존이고 그다음에는 모든 유럽인의 실존이 그들이 신세계에서 헤게모니를 장악함에 따라 근본적으로 변형되었다는 점에 주목"할 필요가 있다(*CI*, p. 71). 왜 그들의 전통, 그들의 서사, 그들의 예전은 거룩함과 성화의 이 철저한 실패를 예방하지 못했는가?[13] 실제로 이것은 '외부의' 불의한 사회에 대한 동화나 굴복이라기보다는 교회 자체에서 시작된 내부 기획이다. 제닝스는 이렇게 경고한다. "교회와 성직자들이 신세계에서 국가의 세속적 일에 참여했다거나 신세계의 시간적 질서에서 교회의 존재가 이차적으로 등장했다고 생각하는 것은 착각일 것이다. 아니다. 교회는 정복자들(conquistadors)과 함께 들어갔으며, 에스파냐인 정복자들의 진영 안에서 그들과 더불어 진영을 세웠다. 인디오 세계의 질서 재편은 기독교적 형성으로부터 시작되었다"(*CI*, p. 81).

따라서 교회의 예전, 전통, 서사를 지나치게 단순한 방식으로 근대성이나 불의에 대한 해독제로 이해해서는 안 된다. 그와 반대로 예수회 소속의 호세 드 아코스타 포레스(José de Acosta Porres)는 "기독교 정통으로부터 생명을, 정복으로부터 권력을 끌어온 신세계에 대한 신학적 전망을 구축했다." 그의 작업은 "신세계에서 신학의 미래, 즉 전적으로 식민주의의 논리 안에서 작동하도록 만들어진, 강력하게 전통에 입각한 기독교의 지적 자세를 적나라하게 보여 주고 있다.…전통에 입각한 기독교적 연구의 내적 정합성이 식민주의의 내적 정합성에 접붙여졌다"(*CI*, p. 83). 제닝스는 피에르 부르디외가 설명하는

---

[13] *The Christian Imagination* 2장에서 제닝스는 사례 연구로 젊은 예수회 수도사인 호세 드 아코스타 포레스에게 초점을 맞춘다. 아코스타는 근대에는 사라져 버린 두껍고 엄격한 전통이라고 매킨타이어가 칭송했던 것에 의해 형성되었음에도 식민주의의 변증가, 기독교 전통의 핵심적 재서술자가 되어 교회가 식민주의 서사를 정당화하는 데 앞장섰다.

아비투스(*habitus*)를 원용하여 아코스타가 교회의 아비투스를 습득했지만 그것은 그가 식민주의와 공모하는 것을 막는 데 아무런 기여도 하지 못했다고 지적한다. 아코스타가 신세계를 바라보았을 때, 그를 형성시킨 기독교적 아비투스는 식민주의 논리의 표현이 되고 말았다"(*CI*, p. 104).¹⁴

그 결과는 그저 거룩함의 온전한 기초 위에 자리 잡은 부수적 죄—그게 아니라면 건강한 그리스도의 몸에 붙어 있는 부속물—가 아니었다.¹⁵ 오히려 그 결과는 "세계를 상상하는 기독교적-식민적 방식의 출현", 즉 배를 타고 대서양을 건너온 "기독교"와 분리할 수 없는 인종주의적 세계관이었다. 제닝스는 이번 장에서 목표로 두고 답하려는 불편한 질문을 던지고 있다. "어떻게 그리스도인과 기독교 공동체들이 문화적 파편화에 순응하고 기독교 자체의 사회적 논리와 신학적 상상력 안으로부터 도출된 인종주의적 전망을 작동시킬 수 있는가?"(*CI*, p. 208). 그는 기독교가 어떻게, 어느 정도까지 국가주의와 자본주의라는 쌍둥이 논리와 분리될 수 없을 정도로 결합되는지 추적함으로써 이 물음에 답한다. 피조물은 재산으로 환원되고, 재산은 약탈의 대상일 뿐이다. 여기서 자세히 설명할 수는 없지만 제닝스는 세밀한 분석을 통해 이것이 기독교의 "속화"(vernacularization)—"한 국가의 이념과 문화적 국가주의의 표현이 용이하게 확산되게끔 했던" (성경, 예전, 찬송가) 번역 기획¹⁶—와 연관되어 있으며, 이 기획은 백인됨이 다스리는 공간을 변형시키고(*CI*, pp.

---

14 *Imagining the Kingdom*, chap. 2에서 다룬 부르디외와 아비투스에 관한 논의를 떠올려 보라.

15 조악한 기독교 경건이 전혀 다른 기초에 붙어 있었다. 제닝스는 이렇게 평한다. "복음적 경건은 단지 신학적 과거의 유산일 뿐만 아니라 개신교/노예제라는 현재의 혁신이기도 했다. 즉, 그것은 아프리카의 여러 민족을 흑인 노예로 바꾸어 놓은 더 결정적인 변화**에 더해져** 기능하도록 재빨리 변형된 언어였으며, 이 언어는 구원을 사회적 질서의 변화로 상상할 여지를 거의 남겨 놓지 않았다"(*CI*, p. 196).

16 아이작 왓츠(Isaac Watts)의 국가주의적[또한 대체주의적(supersessionist, 하나님의 계획에서 교회가 이스라엘을 대체한다는 관점―옮긴이)] 찬송가(*CI*, pp. 201-219)와 노예에 대한 끔찍한 교리문답 인용(*CI*, pp. 238-239)을 두고 제닝스가 한 놀라운 분석을 보라.

208-209) "주인의 몸, 백인됨의 몸 주위로 정체성을 지리적으로 확장시켰음(*CI*, p. 241)을 밝혀낸다.[17] 제닝스가 보여 주듯이, 노예 소유주의 가옥 건축은 더 광범위한 **사회적** 건축이 되었으며, 생산하고 소비하는 국가와 동의어가 된 뒤틀린 사회적 공간을 만들어 냈다(CI, pp. 241-247). 이런 공간들을 연결시킨 것은, 지각을 창조하고 빚어내는 데 깊이 침투하고 두 공간을 생동하게 만들었던 인종주의적 상상력이었다"(*CI*, p. 241). 그 결과는 찰스 테일러가 기독교의 "오독"(misprision)[18]이라고 불렀을 법한 것, 혹은 제닝스가 잘못 형성된 그리스도의 몸을 초래한 원인인 동시에 그 결과라고 주장하는 것처럼 보이는 성경적 기독교의 **잘못된** 수행(*misperformance*)이다. 기독교는 '선교' 사업에 참여한다고 주장할 때조차도 이런 경쟁적 논리에 사실상 압도되고 말았다.

이토록 심각한 '교회의 실패'를 어떻게 설명해야 하는가? 무슨 일이 일어난 것인가? 어떻게 은혜의 복음을 선포하는 공동체가 이처럼 쉽게 흑인의 몸을 사고파는 공동체로 변질될 수 있는가? 제닝스는 우리 기획의 핵심에는 이러한 오독과 실패한 수행이 자리 잡고 있다고 말한다. 즉, 왜곡된 아비투스는 실패한 **교육**(pedagogy)을 반영한다. 그는 "기독교는 가르치는 종교"라고 강조한다. "그 핵심에는 가르침을 통한 제자 만들기가 자리 잡고 있다." 하지만 교회에서 행하는 모든 '가르침'이 **기독교적** 가르침이라는 뜻은 아니다. 형성적 기독교 교육은 "기독론적 지평과 체화 안에서, 그리스도께 참여하고(*participatio Christi*) 그리스도를 모방함(*imitatio Christi*)으로써" 이뤄져야 한다(*CI*, p. 106). 하지만 바로 이 지점에서 '신세계' 기독교의 식민주의 교육은 처절

---

17 제닝스는 Elizabeth Fox-Genovese and Eugene D. Genovese, *The Mind of the Master Class: History and Faith in the Southern Slaveholders' Worldview* (Cambridge: Cambridge University Press, 2005)의 중요한 작업을 원용한다.

18 Charles Taylor, *A Secular Age* (Cambridge, MA: Harvard University Press, 2007), pp. 643-656.

하게 실패하고 말았다. 제닝스가 보여 주는 것은, "식민주의 시기가 이 지평의 상실"과 지평의 "인종주의적 시각"으로의 대체를 "나타낸다"는 점이다. 그 결과 기독교의 고백과 신학이 거꾸로 다른 상상, 다른 논리—자본의 논리—에 복종하게 되었다.[19] 여기에는 계속해서 우리 머릿속에 맴도는 공모와 생략이 있다. "광산, 엔코미엔다(encomienda, 원래는 강제 노역과 학대를 막기 위해 만든 원주민 보호 제도였지만 사실상 노예제로 변질되고 말았다—옮긴이), 아시엔다(hacienda, 식민지에 건설된 대농장—옮긴이), 오브라헤(obraje, 에스파냐 식민지의 대규모 모직 생산 양식—옮긴이), 레두시온(reduccion, 원주민들을 강제로 이주시켜 만든 작은 마을—옮긴이)에서 일할 생산성 높은 노동자를 형성하려는 계획이 신학적 주체를 형성하려는 계획과 결합되었다"(*CI*, p. 107). 여기서 '가르침'은 단순히 설교조의 정보 전달을 뜻하지 않는다. 여기서 가르치는 것은, [푸코(Foucault)에 따르면] 일종의 "사목 권력"을 통해 전수된 아비투스였다. 이 사목 권력이 관계, 제도, 기관의 광범위한 연결망 안에서 이 형성의 역학을 지배하고 있었다. "바로 이런 기초 위에서 백인 우월주의의 이데올로기가 자라나게 된다. 그것은 곧 지식과 권력의 깊숙한 힘줄을 드러내는 관계들의 망에 속속들이 퍼져 있던 식민주의의 가치 형식을 만들어 낸, 신학적으로 전도된 교육적 아비투스다"(*CI*, p. 109).

그렇다면 이 망에 '걸려든' 것은 무엇인가? 구체적으로, 그리고 근본적으로 기독교 창조 교리의 **패러디**, 즉 왜곡된 기독교의 어조를 띠기 때문에 훨씬 더 매력적인, 우리가 어디에 있으며 우리는 누구인가에 관한 경쟁적 이야기다. 이 경쟁적인 창조 이야기가 만들어 낸 인간론은 인간됨을 백인됨으로

---

[19] 미국 경제 제도와 노예제의 공모를 풍부한 증거에 입각해 신랄하게 비판한 책으로는 Edward E. Baptist, *The Half Has Never Been Told: Slavery and the Making of American Capitalism* (New York: Basic Books, 2016)을 보라.

축소하고 흑인의 몸을 재산으로 환원하며, 이 모든 것은 식민주의와 자본주의의 논리에 포획된 도착적 창조 교리라는 이름으로 이뤄진다.[20] "신세계 노예제라는 방식으로 이뤄졌던 몸의 철저한 상품화는 인류가 아직도 온전히 해결하지 못한 결과—창조에 대한 왜곡된 전망—를 상징한다"(CI, p. 43). 하지만 다시 한번 이 창조의 '교리'는 받아들여야 할 명제적 교의가 아니라 잠재의식적인—그럼에도 강력한—사회적 상상으로 유포되었으며, 이러한 사회적 상상이 세계의 식민적 구조화라는 정책과 실천을 통해 흡수되었다. 그리고 제닝스가 결론 내리듯이, "기독교가 이처럼 뒤엉킨 공간에서 풀려나려면 먼저 이 공간을 있는 그대로, 창조에 대한 반역으로 바라보아야 한다"(CI, p. 248).[21] 이를 위해서는 단지 우리의 신학적 삼단 논법을 정교하게 다듬는 정도가 아니라 '다른 사회적 상상력'이 필요할 것이다. 기독교적 상상력의 **치유**가 필요하며, 이를 통해 식민주의적 혁신에 의해 수행된 "창조와 우리의 피조물됨에 대

---

20 여기서 내가 제시하는 요약은 너무 짧기 때문에 제닝스의 설명에서 대체주의의 중요성을 제대로 설명할 수 없다. 교회에 의한 이스라엘 '대체'는 그리스도인의 정체성을 '온전히 유럽인의(백인의) 정체성'에 자리 잡게 할 수 있었는데, 이는 그 신앙이 유대인의 정체성 외부에 자리 잡았기 때문이다. "여기에 그리스도인의 정체성을 분별하는 과정이 있었으며, 이는 그리스도인의 삶의 형성이라는 계산법에서 이스라엘을 버림으로써 개념적 공백을 만들어 냈고 이 공백이 유럽적인 것에 의해 메워졌다"(CI, p. 33). "발견과 정복의 시대에 대체주의 사상이 전도의 논리 깊숙이 숨어들었으며 새롭고 더 정교하며 은폐된 형식으로 백인됨과 결합된 채 다시 나타났다. 사실 대체주의적 사고는 백인됨을 성숙시킬 자궁이다"(CI, p. 36). 또한 에퀴아노(Equiano)의 *Interesting Narrative*(아프리카 출신 흑인 노예의 자서전-옮긴이)에서 어떻게 "흑인의 몸을 유대인의 몸과 나란히 다루는지"에 관한 논의도 주목하라(CI, pp. 189-190). 『에퀴아노의 흥미로운 이야기』(해례원).

21 여기서 '기독교의' 창조 교리가 왜곡된 식민주의에 포획당하게 만드는 세 가지 잘못된 주요 창조 교리가 존재하는 것처럼 보인다. (1) 기독론의 통제를 받지 않는 창조 교리. (2) 종말론과 분리된 창조 교리. 교황 니콜라오 5세(Nicholas V)의 악명 높은 칙서 『다를 때까지』[*Dum diversas*, 1452, 제닝스가 인용(CI, p. 29)]에는 그레이엄 워드가 "종말론적 여지"라고 부른 것을 전혀 찾아볼 수 없다. 그 대신 교회를 전적으로 실현된 종말론의 실행자로 이해하며, 따라서 교회가 요한계시록의 그리스도처럼 행동할 수 있다고 생각한다. 이는 종말의 내재화를 보여 주는 확실한 증거다. (3) 구원과 분리된—적어도 부적절하게 연결된—창조 교리, 즉 구원론과 분리된 고고학(*arche*-ology, 'arche'는 시작이나 기원을 뜻한다—옮긴이). 제닝스는 "창조와 구속 사이의 연관 관계의 중요한 한 양상이 존재하지만, 이것이 기독교적 상상력 안에 확고히 자리 잡은 적은 한 번도 없어 보인다"라고 결론 내린다(CI, p. 248). 카이퍼주의 전통의 지류들은 이 세 가지 결함 모두에 특별히 취약하다.

한 기독교적 전망의 영속적 손상"을 해결해야 한다. 제닝스는 그리스도인들이, "기독교적 정체성이 땅, 풍경, 동물, 장소, 공간 위로 떠다닌다고 상상하며 이런 실체들을 사유 재산의 계략에 걸려들도록 내버려 두는 기독교의 사회적 수행이 얼마나 기괴한지를 깨달아야" 한다고, "그러한 기독교적 정체성은 당연히 인종주의적 실존의 물질성 안에 새겨질 수밖에 없을 것"이라고 말한다(*CI*, p. 292).

이 뒤틀린 창조 신학은 노예선과 함께 도착했다. 에퀴아노의 전복적 서사가 암시하듯이, 실제로 식민주의 신학에서는 노예선이 곧 "창조"다. 노예선이 세상을 (다시) 만든다. "노예선은 창조와 나란히, 창조의 반복이라는 창조 행위와 나란히 제시된다. 그것은 형이상학적 도둑질의 순간이자, 하나님의 계속되는 창조 행위(*creatio continua*)에 대한 매복 공격이다"(*CI*, p. 186).

에퀴아노의 『흥미로운 이야기』(*Interesting Narrative*, 1789)에서는 노예선의 이단적 창조 교리를 해체함으로써 창조를 다시 훔쳐 온다. 노예선이 세계를 개조하기 때문에, 에퀴아노는 그 배에 오를 때 어떤 의미에서는 새로운 세계 안으로 걸어 들어간다. "에퀴아노는 이제 고대의 공간 안에 구성된 마을에서 자신의 삶을 이해하는 것이 아니라 전지구적 상업과 교환의 계산법에 의해 구성된 배 위에서 자신의 삶을 이해해야 한다"(*CI*, p. 188). 선창 안에 남겨져 절망하던 에퀴아노는 자신 앞에 주어진 현실을 직시한다. "이제 나는 고향으로 돌아갈 가능성이나 심지어 뭍에 도달할 희망의 실마리조차 박탈당했음을 깨달았다"(*CI*, p. 188). 배라는 이 '신세계'—그가 실려 있는 '창조 세계'—는 시장 논리가 다스리고 있다. "통제에서 벗어난 유럽의 소비와 생산이 아프리카인의 몸의 본질을 바꿔 놓는다. 동인도의 직물, 스웨덴의 봉철, 이탈리아의 구슬, 독일의 아마포, 브라질의 당밀 맛 담배, 아일랜드의 소고기, 버터, 돼지고기, 자메이카의 럼, 북미의 목재와 나란히 놓인 흑인의 몸이 주인의 이름을 말한다. 상인과 무역상은 마치 신처럼 아프리카인의 몸을 썩기 쉬운 상품과 부서지기 쉬운 용역으로 변화시켰다"(*CI*, p. 188).

에퀴아노는 이 도착적 '창조'의 이단성을 폭로하고 정통 기독교로의 복귀를 촉구하는 성경적 상상력으로 이 도착적 창조에 직접적으로 도전한다. 따라서 그의 『이야기』는 "기독교적 정체성, 즉 그의 백인 독자들이 주장하는 바로 그 정체성을 수행하는 데 핵심인 인간화하는 관계에 대한 요구를 담고 있다"(*CI*, p. 189). 여동생과 헤어진 것을 슬퍼하고—시장 논리에서만 통제되던 노예 경매에서는 이런 상황이 너무도 흔히 발생했다—그녀의 운명에 절망하면서 에퀴아노는 애가, 즉 예언자적 기도를 올린다. "아, 이름뿐인 그리스도인 여러분! 아프리카인이 당신들에게, 많이 배우신 당신들에게 하나님으로부터 온 이걸 구해도 되겠습니까? 그분은 당신들에게 남에게 대접을 받고자 하는 대로 너희도 남을 대접하라고 말씀하시지 않습니까? 우리가 억지로 고향을 떠나고 친구들과 헤어져 당신들의 사치와 욕망을 위해 고되게 일하는 것으로 충분하지 않습니까? 모든 다정한 감정까지도 당신들의 탐욕을 위해 희생되어야 합니까?"(*CI*, p. 192)

에퀴아노—"세상을 성경적으로 읽었던"[22](*CI*, p. 194)—는 어느 정도까지 백인의 신학적 상상이 성경적 렌즈를 식민주의적·자본주의적 안경으로 대체했는지 진단하고 있다. 이 신학적 상상의 기능적 세계관은 복음적 상상력이 다스리는 세계관이 아니라 기독교가 복종하는 세계관이다. 따라서 에퀴아노의 회심(conversion)은 반전(inversion)이기도 하다. **소망**(Hope)이라는 이름을 가진 노예선 위에서 회심한 그의 서사는 노예선의 창조 서사에 도전하고 그 서

---

22 제닝스는 에퀴아노가 "성/속 이원론을 거부하는 신학적 통전성"을 견지하고 있다고 설명한다(*CI*, p. 195). 또한 Willie James Jennings, "Binding Landscapes: Secularism, Race, and the Spatial Modern", *Race and Secularism in America*, ed. Jonathan Kahn and Vincent Lloyd (New York: Columbia University Press, 2016), pp. 207–237를 보라.

사를 전복한다. "그는 개조된 세계를 자신을 구원하신 하나님에 의해 창조된 세계 안으로 끌고 들어갔다"(CI, p. 197). 그리스도께서 창조하시고 승천하신 주께서 지탱하시는 창조는 말씀이 육신이 되셨고 십자가 죽음을 견디셨던 창조다. 그리고 바로 그 예수께서 **소망** 호 위에서 깨어진 에퀴아노를 만나신다. 이 만남과 회심이 같은 배 위에 실린 조악하고 도착적인 창조 교리를 전복할 힘을 촉발시킨다. 에퀴아노는 "예언자의 지위를 취하여 기독교 전통 내부에서부터 발언하며 그 내적 논리를 통해 주장하고 그 성경적 지혜를 활용한다. 그러나 그 어리석음이 신세계에서 기독교가 수행하는 일에 얼마나 깊이 도달해 있는지 완전히 알아차리지는 못했다"(CI, p. 183).

이는 에퀴아노가 자신이 받은 세례에 호소한다는 점으로 알 수 있다. 그의 항의는 단순히 추상적이고 교의적인 주장이 아니었다. 그것은 예전에, 예배의 의례에 뿌리내리고 있기도 했다. 자신이 사귄 친구들이나 선원들에게 작별 인사를 할 기회도 없이 한 배의 선장이 자신을 급하게 팔아버리자 에퀴아노는 자신의 옛 주인과 새 주인에게 자유를 달라고 주장했다. "나는 그에게 내 주인이 그에게든 다른 누구에게든 나를 팔 수 없다고 말했다…나는 여러 해 동안…그를 섬겼으며, 그가 나의 모든 임금과 상금을 가져갔다. 나는 전쟁 중에 아주 적은 액수밖에 받지 못했다. 게다가 나는 세례를 받았다. 그러니 땅의 법에 의해 그 누구도 나를 팔 권리가 없다"(CI, p. 182). 에퀴아노는 세례를 존재론적 변화로 (바르게!) 이해했다. 즉, 그는 세례가 평등의 기초이며 인간의 상품화와 관련된 모든 문제점을 드러낸다고 생각했다. 하지만 그런 다음 제닝스는 이런 호소의 한계를 지적한다. "또한 우리는 기독교의 근본적 한계를, 즉 인종적 계산법 앞에서 세례의 무력함을 확인한다. 노예를 소유한 기독교 서양에서 수행된 세례는 그리스도인의 실존의 물질적 조건에 아무런 근본적 변화도 일으키지 못했다"(CI, p. 182). 우리의 예전은 압도적 상상에 의해 흡수되기 쉽다. 따라서 우리는 이번 장에서 우리가 몰두하는 질문의 무게를 느낄 수 있다. 왜 예전을 우리가 주장해 왔듯이 대항 형성적 훈련이라고 생각해야 하는가?

하지만 이렇게 건설적으로 질문할 수도 있다. "우리의 신학적 교육을 위한 복잡한 사회적 상황을 감안할 때 신실한 사람들을 형성한다는 것을 무엇을 뜻하는가?"(CI, p. 285). 우리는 노예선과 인간 본성을 왜곡하는 시장화에 담겨 있는 창조에 관한 도착적이고 이단적인 교리가 모든 곳에 스며들어 있는 상황을 극복하기 위해 노력해야 하지만 동시에 이것이 '자연스러우며' 당연한 '현실'이라고 인정하려는 유혹도 거부해야 한다. 복음의 소망은 세상을 그리스도 안에서 유지되는 피조물(골 1:15-20)로 다시 상상하는 것이며, 또한 동시에 우리는 서양의 시장 사회의 예전에 밀접하게 결합된 백인 우월주의의 교육 및 다른 불의의 교육에 저항할 수 있는 방식으로 우리 자신을 재-형성할 수 있다는 소망을 지니고 있다. 에퀴아노와 더불어 우리는 "근본적으로 병들어 있는, 개조된 세계를 반영하는 관계들을 통해 우리를 인도하시는 하나님의 손 아래에서 소속과 관계를 상상하기 위해 노력하도록" 부름받았다(CI, p. 186). 어떻게 개조된 세계를 개조할 것인가? 어떻게 우리가 물려받은 피조물의 무질서한 구조화를 재구조화할 것인가? 그리고 어떻게 근대의 시장 안에서 부활하신 유대인의 말씀에 **신실할** 수 있는가? 어떻게 이방 땅에서 주의 노래를 부를 수 있는가?

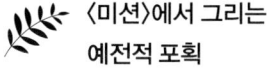

〈미션〉에서 그리는 예전적 포획

경제학, 규제, 공공 정책에 관한 논의를 살펴보면 규제 포획(regulatory capture)이라는 개념을 마주치게 된다. 노벨상 수상자 조지 스티글러(George Stigler)가 처음 주장한 규제 포획은 한 업계를 규제해야 하는 정부 기관이 감시해야 하는 업계와 회사들에 의해 지배당하게 된 상황을 묘사한다. 따라서 '포획된' 기관은 공적 이익을 위해 소비자, 환경, 공동선을 보호하고자 노력하는 대신 업계에 유리한 방식으로 행동한다. 흔한 유비를 사용하자면, 이 경우에는 사냥터 관리인이 밀렵꾼이 된다고 할 수 있다.

이런 상황이 발생하는 것은 회사들이 자신들을 통제하고 싶어 하는 모든 것을 통제하는 데 각별한 관심을 기울이기 때문이다. 규제는 이익에 제약을 가할 수 있기 때문에 업계에서는 더 폭넓은 소비자 대중보다 규제 기관에 로비를 하고 그들을 설득하고 그들에게 영향력을 행사하는 데 더 적극적이다. 그리고 규제하는 사람들에게는 업계 안 사람들만 가지고 있는 전문 지식이 필요하기 때문에 업계 전문가들이 규제자가 되는 경우가 많다. 존 핸슨(Jon Hansen)과 데이비드 요시프슨(David Yosifson)이 설명하듯이, 가장 철저한 형태의 "심층적 포획"에서는 규제자가 규제받는 업계처럼 사고하기 시작한다.[23] 그 시점에 포획은 완료된다. 그것은 내면화되었다.

어쩌면 우리는 유비적으로 '예전적 포획'의 상황—맞서야 할 무질서하고 경쟁적인 예전에 의해 교회의 예전이 포획되고 지배되는 상황—을 그려 볼 수 있다. 경쟁하는 폴리스가 도전을 최소화하고 다른 예전들의 통제력에 저항하는 데 각별한 관심을 기울이고 있음을 감안할 때, 시장과 제국의 의례는 교회의 의례를 시장의 힘에 의해—종교적인 것을 단지 '영적인' 것으로 분류하거나 종교적인 것을 내면적·가정적 삶으로 사사화함으로써(두 경우 모두 그 결과는 동일하다)—규율될 수 있는 그저 굴종하고 제한되는 표현으로 흡수하려고 노력할 수도 있다.[24]

---

23 Jon D. Hansen and David G. Yosifson, "The Situation", *University of Pennsylvania Law Review* 152 (2003-2004): p. 129를 보라.

24 이것은 피노체트(Pinochet)의 칠레에서 집권 세력에 의해 기독교가 흡수된 상황에 대한 윌리엄 캐버

제러미 아이언스(Jeremy Irons)가 가브리엘 신부(Father Gabriel) 역을, 로버트 드 니로(Robert De Niro)가 용병/노예 무역상이었다가 예수회 수도사가 된 로드리고 멘도사(Rodrigo Mendoza) 역을 맡은 롤랑 조페(Roland Joffé)의 영화 〈미션〉(The Mission)에서는 이런 상황을 격정적이고 비통한 방식으로 그리고 있다. 1758년 아르헨티나, 브라질, 파라과이의 정글 깊숙이 숨겨진 오지를 배경으로 삼는 이 영화는 식민지 간 긴장을 해결하기 위해 유럽에서 파견된 추기경이 과거를 회상하는 목소리로 시작한다. 에스파냐와 포르투갈 사이에 체결된 조약에 따라 거대한 정글과 그 주민―원주민인 과라니 족―이 에스파냐의 통치에서 포르투갈의 통치로 넘어갔다. 하지만 이것은 먼 곳에 있는 식민 권력 사이의 행정적 양도일 뿐이다. 매우 실질적이며 불길한 변화가 일어날 것이다. 즉, 과라니 족은 이제 포르투갈 노예 무역의 대상이 될 것이다. 공식적으로 에스파냐는 노예제를 인정하지 않았지만 에스파냐의 총독 돈 카베사(Don Cabeza)는 노예 무역에 깊이 관여하고 있었다. 그리고 그의 가장 중요한 '공급자' 중 한 사람이 용병 노예 사냥꾼인 로드리고 멘도사다.

이 '산업적 기회'를 복잡하게 만드는 요소는, 자신의 삶을 걸고 순교를 감수하며 과라니 족에 복음을 전하는 가브리엘 신부와 예수회 공동체의 존재다. 그들이 하는 증언의 평화로운 고요함은 가브리엘 신부가 인디오들을 처음 초대하고 만날 때 연주하는 오보에의 구슬픈 선율을 통해 구현된다. 두려워하는 가브리엘 신부는 가쁘게 숨 쉬면서도 새로운 노래로 그들에게 다가가고, 과라니 족은 이 노래를 자신의 노래로 삼게 된다.[25] 추기경이 교황에게 보낸 보고서에 적었듯이, "오케스트라만 있었다면 예수회는 이 대륙 전체를 정복할 수 있었을 것이다." 가브리엘의 복음 전도는 심

너의 진단이다. *Torture and Eucharist: Theology, Politics, and the Body of Christ* (Oxford: Blackwell, 1998)를 보라.

25 실제로 선교는 유럽의 대성당에서 연주되는 수많은 악기의 원천이 될 것이다. 그리고 추기경이 마침내 그곳을 방문할 때 그는 그들이 합창하는 소리의 아름다움에 압도될 것이다.

미적이다.

추기경은 "이렇게 과라니 인디오들은 하나님의 영원한 자비와…인간의 일시적 자비를 경험했다"라고 말한다. 유럽의 정치가 멀리 떨어져 있는 이곳 식민지에도 영향을 미치고 있으며, 선교 기지와 그곳 주민들은 희생해야 할 담보에 불과하기 때문이다. 만약 예수회가 남아메리카 선교 기지에서 철수하기를—그렇게 함으로써 과라니족이 포르투갈의 노예 무역을 위한 노예(chattel)가 되도록 내버려 두기를—거부한다면, 예수회는 유럽에서 추방당할 것이다. 더 나아가 선교 기지는 자급 경제를 이룩한 산업적 경쟁자가 되었고, 이는 포르투갈 총독인 세뇨르 온타르(Senhor Hontar)의 질시를 불러일으켰다. 그는 추기경에게 선교 기지가 너무 번창하고 있다고 말한다. "국가의 승인을 원한다면 당신은 고귀한 실패를 이뤘어야 합니다. 고귀한 실패보다 우리가 더 좋아하는 것은 없습니다."

하지만 인디오들은 떠나기를 거부했고 결국 파문에 직면한 산 카를로스 선교 기지에 있는 예수회 회원들 역시 마찬가지였다. 가브리엘 신부는 과라니 자매와 형제들을 포기하기를 거부하고 연대하는 편에 남아 평화주의적 자세를 견지한다. 급진적 회심을 경험하고 예수회 수도사가 된 로드리고 역시 그들을 버리기를 거부한다. 하지만 그의 반응은 이를테면 원시-해방신학자의 반응이다. 그는 남아서 다른 사제들과 함께 싸운다.

욕지기나게 하는 것은 교황청의 정치가 국민 국가의 정치에 스스로 굴복하는 방식이다. 적잖은 부분에서 이런 일이 일어났는데, 이는 교황청이 교회가 마치 국가였던 것처럼, 즉 에스파냐 포르투갈과 더불어 경쟁하는 또 하나의 국가였던 것처럼 교회를 구성해 왔기 때문이다. 그렇기에 포르투갈인들은 자신들이 교회와 권력 투쟁을 하고 있다고 생각하며 자신들의 권력을 주장하고 있다. 비슷한 방식으로 스스로 '가톨릭교인'이라고 주장하는 총독 돈 카베사는 기독교적 상상력으로 훈련받은 흔적을 전혀 보여 주지 않는 인종주의적 이데올로기를 드러낸다. 따라서 피할 수 없는 결과가 벌어진다. 교황청의 대사인 추기경은 과라니 족과 그들과 끝까지 연대했던 예수회 회원들의 학살로 종결될 군사 작전을 사실상 용인한다. 로드리고는 손에 칼을 든 채 죽고, 가브리엘 신부는 성체를 들고 행진하다가 총에 맞는다.[26]

우리는 예전적 포획의 한 예를 목격한다. 에스파냐든 포르투갈이든 교황청이든, 권력자들을 위해 교회의 의례가 경쟁적 이야기에 흡수되고 말았다. 하나님 나라 지향을 제거해 버리는 이야기와 신화 안에 교회의 의례가 다시 자리 잡게 했기 때문에 그 의례의 수행은 조악해지고 상연은 손상된다. 에스파냐와 포르투갈 당국이 곧 있을 살육을 위해 군대를 소집할 때 우리는 순전히 패러디가 되고 만 기도문을 듣게 된다. 도미누스 보비스쿰(Dominus vobiscum), "주께서 여러분과 함께 하시길." 그렇게 그들 역시 시장 논리에 속아 넘어간다. 추기경이 살육에 관한 보고를 받고 정말로 그럴 필요가 있었는지 묻자 돈 카베사는 덜 자란 상업적 상상력으로 그렇다고 답한다. "**당신이** 승인한 정당한 목적을 감안할 때 내가 해야 할 일을 했습니다." 돈 온타르가 했던 말은 이 '비극적' 논리에 따른 거짓말의 결정체였다. "다른 대안은 없었습니다, 추기경님. 우리는 세상 속에서 일해야 합니다. 세상이 그렇습니다."

그러나 그 역시 공모한 추기경은 이 논리를 취하길 거부한다. "아니오, 세뇨르 온타르. 우리가 그렇게 **만든** 거요. **내가** 그렇게 만들었소."

사례 연구 2: 르완다 안의 폭력의 예전

우리는 문화적 예전 기획에 대한 가장 날카로운 비판 중 하나, 즉 우리가 '대부 문제'라고 부르는 것을 정면적으로 마주하려 하고 있다. 교회의 예전에 몰입해 왔지만 여전히 '세상적인' 삶의 방식을 드러내는 사람들에 대한 증거가

---

26 그러나 영화의 시각적 에필로그에서는 불에 타 폐허가 된 선교 기지에서 살아남은 젊은 과라니 사람들이 다시 시작할 물건을 모으는 장면을 묘사한다. 그들은 칼을 뛰어 넘어 바이올린을 집어 든다. 그들은 여전히 가브리엘 신부가 그들에게 전해 준 노래를 부르고 싶어 한다.

있도록 많은 것처럼 보이는데 어떻게 우리는 예배가 특유의 방식으로 '독특한 사람들'을 형성한다고 주장할 수 있는가? 혹은 그러한 의식에 몰입하는 그리스도인들이 세상과 똑같은 '지상 도성'의 정치를 드러내는 경우가 그토록 많은데 왜 우리는 교회의 예배가 우리를 독특한 폴리스로 형성한다고 상상해야 하는가? 우리는 사례 연구를 통해 현실을 냉정하게 확인하고 이를 교회론적 관념론에 대한 해독제로 삼고자 한다. 여기에는 교회가 불의에 저항하는 데 실패했을 뿐만 아니라 사실상 불의를 조장했던 사례—제닝스가 "교회적 실패"라고 명명한 것—를 직시하는 것도 포함된다.

밀도 높은 연구서 『잔인한 통일성』(*A Brutal Unity*)에서 이프리엄 래드너는 교회의 추악함을 우리 앞에 제시하면서 직관에 반하는 주장, 즉 정의와 공동선에 관심이 있다면 교회에 관심을 기울여야 한다는 주장을 한다. 그의 논증에서 증거물 1호는 매우 냉혹한 증거, 바로 르완다다. 윌리엄 캐버너(William Cavanaugh)가 『종교적 폭력이라는 신화』(*The Myth of Religious Violence*)에서 했던 주장을 래드너가 비판하는 맥락에서 이 사례 연구가 등장한다.[27] 종교가 폭력을 야기한다는 히친스 류의 주장에 대해 캐버너는, 예를 들어 이른바 유럽의 종교 전쟁을 초래한 것은 국가의 정치였다고 주장한다. 그런 의미에서 캐버너는 폭력을 종교적 신념 탓으로 돌리는 자유주의와 세속주의의 '신화'에 반대하며 자유주의 국가가 그러한 폭력을 만들어 냈다고 주장했다. 기독교는 자유주의 국민 국가에 동화됨에 따라 그러한 폭력에 휘말리게 되었다는 것이다. 교회가 '교회'로서의 정체성을 유지했다면 기독교는 그러한 폭력에 연루되지 않았을 것이다. 이 주장의 배후에는 교회와 국가의 관계에 관한

---

[27] William Cavanaugh, *The Myth of Religious Violence: Secular Ideology and the Roots of Modern Conflict* (New York: Oxford University Press, 2009).

작업가설—우리가 느슨하게 '하우어워스적'[28]라고 부를 수 있을 만한 모형—이 작동하고 있음을 알 수 있다.

래드너는 유럽 상황에서 캐버너의 설명이 얼마나 설득력을 지니건 간에 르완다 같은 상황에서는 교회가 폭력에 대한 책임을 면할 방법이 없다고 말한다.[29] (새로운 무신론자들의 주장과 달리) 교회가 '유일한' 원인은 아니지만, 교회가—그리고 구체적으로는 '기독교 내부의 경쟁'이—르완다의 집단 학살에서 폭력에 기여한 것은 사실이다.[30] 래드너가 묻듯이, "그리스도인들이 살인을 했을 뿐 아니라 기독교적 상징과 공간적 형식에 둘러싸인 채 많은 경우 기독교 목회자들의 주도로 살인을 행했고 어떤 경우에는 살인을 하러 가기 전에 미사를 드리기까지 했다는 점을 감안할 때, 우리는 그들의 신앙의 본질을 어떻게 이해해야 하는가?"[31]

다시 말해서, 르완다는 흔히들 칭송하는 프랑스의 르 샹봉(Le Chambon)

---

[28] 캐버너는 하우어워스의 주장을 결코 그대로 되풀이하지는 않지만 그의 제자이기는 했다.

[29] 나는 캐버너가 여기서 래드너의 주장에 대체로 동의하리라 생각하지만, *The Myth of Religious Violence*에 담긴 그의 변증 기획에는 다른 목표가 있다.

[30] 래드너는 우리에게 교회 내부의 분열이 교회가 더 광범위하게 공동선에 기여할 수 있는 능력에 영향을 미친다는 것을 인식하기를 촉구한다. 기독교 내부의 경쟁은 우리의 사회적·정치적 증언을 분열시킨다. 다양한 그리스도인들이 주장하듯이, 낙태나 결혼이나 기후 변화나 물질 소비의 행태와 같은 문제가 구원과 직결된 심층적으로 종교적이고 도덕적인 문제라면, 그리스도인들이 이런 문제에 관해 서로 다른 견해를 지니고 있으며 또한 그들의 의사 결정 구조 자체가 이토록 이질적이고 개별적이라는 사실은 그리스도인들이 더 광범위한 사회 안에서 이런 문제와 연관된 이슈에 영향력을 미칠 수 있는 가능성이 거의 없음을 뜻한다. 여기서 우리가 배워야 할 교훈은, **공교회성**이 그리스도인의 사회적·문화적 증언에 중요한 함의를 지닌다는 것이다. 어떤 면에서 보면 우리는 이 점에서 새로운 시대에 살고 있다. 예를 들어, 로마 가톨릭교인들과 개신교인들이 공통의 공교회적 신앙고백과 공적 선에 대한 공동의 관심에 근거해 (경쟁하기보다는) 여러 방식으로 협력하고 있다. 이것은 래드너가 지적하는 종교적 경쟁에 대한 반론인 것처럼 보인다. 물론 그는 우리가 '현실주의적' 자세를 취해야 하고 (개신교의 제도적 분열은 말할 것도 없고) 개신교와 로마 가톨릭이 분열된 현실이 **공적** 선에 걸림돌이 된다는 것을 인정해야 한다고 주장할 것이다. 우리는 이에 귀를 기울여야 한다.

[31] Ephraim Radner, *A Brutal Unity: The Spiritual Politics of the Church* (Waco: Baylor University Press, 2012), p. 31 (이후에는 본문에서 인용할 때 *BU*로 표기함).

마을 사례를 상쇄하는 대표적 사례다.[32] 르완다의 교회는 영웅이 아니다. 오히려 악당들의 창조자다. 래드너는 "우리가 교회의 실존의 본질을 제대로 이해하려면 무엇보다도 먼저 교회를 살인자로 보려고 노력해야 한다"고 주장한다(BU, pp. 19-20).[33] 어떤 이들이 어떻게 프랑스의 개신교 마을이 나치로부터 유대인 이웃들과 이방인들에게 은신처를 제공하는 위험을 무릅쓸 수 있었는지를 이해하기 위해 기독교적 실천의 형성적 힘을 환기했다면, 우리는 동일한 실천이 집단 학살의 전주곡 역할을 했다는 점을 어떻게 이해해야 하는가? 폭력을 포스트식민주의적 정책이 조장한 인종적 정체성의 비종교적 요소들의 탓으로 돌리는 것으로는 충분하지 않다.

르완다의 근대사에서 기독교의 존재는 매우 두드러진다. 역사가는 기독교의 존재, 특징, 행동을 객관적 이해의 문제로 설명해야 한다. 르완다 사회 안에 기독교적 형식이 널리 퍼져 있다는 점—어디에나 교회, 사제, 목회자가 있고, 종교적인 것이 사회의 엘리트 구조뿐만 아니라 평범한 구조까지 모든 곳에 통합되어 있다는 점—이 적어도 공적 공간의 기본적 질서라는 차원에서 집단 학살 동안 다른 어떤 곳보다 교회 **건물** 안에서 더 많은 사람이 살해당했다는 사실을 가능하게 했다.[34] 어

---

[32] 이 사례를 언급하는 Craig Dykstra, *Growing in the Life of Faith: Education and Christian Practices*, 2nd ed. (Louisville: Westminster John Knox, 2005), pp. 56-64를 보라. 이는 Philip Hallie, *Lest Innocent Blood Be Shed: The Story of the Village of Le Chambon and How Goodness Happened There* (New York: Harper & Row, 1979)에 크게 의존하고 있다.

[33] 같은 단락의 나머지 부분에서 그의 기획이 광범위한 하우어워스적 입장과 대조를 이룬다는 점이 분명히 드러난다. "그리고 이 문제가 제기되는 것은 바로 정치적 영역에서다. 그러나 이 문제를 논하기 위해서 나는 먼저 교회의 정치적 공간을 새롭게 주장하고, (그들의 생각에 따르면) 교회를 구하기 위해서 교회를 공식적인 사회적 질서의 영역—흔히 '국가'라고 지칭하는—에서 밀어내고자 하는 이들한테서 말하자면 이 공간을 되찾아올 필요가 있을 것이다. 하지만 그런 식으로 교회를 세상의 단편들 주위로 움직임으로써 교회를 구할 수는 없으며, 이것이 교회란 누구인가를 이해하는 데 핵심이다"(BU, p. 20).

[34] 이것은 *City of God* 첫 부분에 담긴 아우구스티누스의 유사-변증론적 주장에 대한 일종의 도착적 전복이다. *City of God*에서 아우구스티누스는 기독교를 비판하는 이교도들에게 교회의 건축적 구조—교회 건물—가 그들을 위한 성소이자 피난처, 자비와 보호의 공간이라고 지적한다(1.1-3).

떻게 그리고 왜 몸들이 결국 **그곳에** 있게 되었고 **그곳에서** 살인이 일어났는가? 어쩌다가 장의자 사이에서, 제단 앞에서 살육당한 희생자들의 뼈와 두개골로 가득한 예배당이 오늘날 가장 수가 많고 가장 오싹한 집단 학살의 기념물이 된 것인가? (*BU*, pp. 30-31)

교회의 의례가 집단 학살을 막기 위해 아무 일도 하지 않았을 뿐만 아니라 사실 학살에 기여하고 말았다면, 어떻게 우리는 예전의 형성적 힘을—시각적·청각적 환경이 지각을 성화하고 상상력을 회복하며 다른 이야기로 상상력을 채워 넣는다고[restor(i)es]—주장할 수 있는가? 여기서 문제는 특수한 신학적 의제가 아니라 복음의 통일성과 교회의 성례전적 본질이다. 이 물음을 정면으로 마주한다는 것이 관련된 요소들의 복잡성과 미묘함을 이해하지 못한다는 뜻은 아니다. 롱먼(Longman)을 따르며 래드너는 윌리 제닝스의 진단과 다르지 않은 방식으로 서로 얽혀 있는 요소들의 우발적 역사를 지적한다. (투치 족의 신흥 지도자들에게 초점을 맞춘) 긴 선교 역사는 개신교와 가톨릭 사이의 '종교 경쟁'이라는 현실과 얽혀 있으며, 르완다의 지배 세력은 이런 경쟁에 의해 만들어진 분열을 이용했다. 더 나아가 번역과 상황화라는 필수 작업이 이미 존재하던 **몇몇** 정치적 현실과 분열을 간직하여 신성화하기도 했다. 따라서 "압박을 받을 때 교회 자체가 이미 만들어졌고 심층적으로 분열적인 인종적 경계선에 따라 거룩한 힘을 구성했으며, 이 힘을 공민적-정치적 통치 영역에 넘겨주었다"(*BU*, p. 34).[35] 신세계 노예제의 사례와 비슷한 방식으

---

[35] 여기에는 **반대**의 신성화가 포함되며, 이는 경쟁하는 당파들을 말 그대로 '악마화'하는 데 기여했다. 래드너는 이렇게 지적한다.

반대의 '신성화'는 일부 기독교 번역의 특히 강력한 효과이자 인간 세력에 대한 문자적 '악마화'의 핵심 요소이며, 폭력에 휩쓸린 다른 아프리카 상황에서도 나타난다⋯.
대부분의 분석가들이 학살을 위해 필요한 심리적 근거였다고 인정하는 투치 족의 '비인간화'는

로 르완다에서 교회는 인종주의 정치에 압도당했기보다는 그 정치를 초래했다. 래드너는 "르완다의 경우 이렇게 종교에 기초한 개념과 그 기원의 형성적이고 가능케 하는 힘을 과대평가하기란 불가능하다"라고 결론 내린다 (*BU*, p. 37).

만약 그리스도인들이 폭력에 책임이 있다면, 그들의 동기가 기독교적 용어로 개념화되었다면, 이 개념이 기독교의 교회적 소명을 위해 내려진 특수한 결정을 통해 그들의 적대적 세력 안에서 형성되고 규합되었다면, 마지막으로 이 결정과 그 형식이 폭력의 힘을 지닌 것으로 보일 수 있다면…폭력에 대한 구체적으로 **기독교적인** 책임에 관해 말하는 것이 적절하며…이를 바라보는 모든 그리스도인은 그 **종교적** 함의로 인해 극심한 '고통'을 느끼지 않을 수 없다. (*BU*, 37-38)

이에 대한 신실한 반응은 성급하게 변호하거나 설명하려 하거나 이 고통의 힘을 굴절시키는 것이 아니다. 이 고통은 말하자면 우리가 그 안에 머물러야 하는 일종의 취조실이다. 우리는 이 고통 안으로 들어가 이 물음의 뜨거운 빛을 느껴야 한다.

우리를 불편하게 하는 래드너의 질문에 대해, 변명하지는 않더라도 설명은 해야 한다. 그리고 래드너는 진단을 위한 자료를—교회 변명을 하기 위해서가 아니라 나단처럼 깊은 차원에서 이 질문을 직시하기 위해—제공한다.

단순히 수사적 지시체가 바뀐 결과가 아니었다. 오히려 그것은 살인자들로 하여금 희생자들을 '저주받고' '하나님께 버림받은' 존재로 바라볼 수 있게 하는 인간성에 대한 심충적으로 재정향된 **종교적** 판단에 의해 반드시 뒷받침되었다. '타자'를 '아무것도 아닌 존재'로 바꾸는 작업은 오랜 기간에 걸쳐 형이상학적 지각을 개조한 결과였다. 그 타자의 야만적으로 훼손당한 몸은 이 과정을 신체적으로 상징할 것이다. (*BU*, pp. 35-37)

여기서 실제로 작동하고 있는 것은 교훈적 형이상학이 아니라 지성 이전의 지각에 대한 상상력의 지도 (map)다.

생각해 볼 문제: 그 자리에 서서 받아들여라

조지 부시(George W. Bush) 재직 시 백악관 언론 비서관으로 일했던 데이너 페리노(Dana Perino)는 대통령이 백악관 근처 월터 리드 국립 군의료원(Walter Reed National Military Medical Center)에 상이군인들과 그들의 가족들을 찾아갔던 때에 관해 이야기한다.¹ 페리노는 대통령이 이 가족들과 친밀한 시간을 보낸 것에 감동받았다. 원한과 분노를 예상했던 페리노는 거의 모든 가족이 고마움을 표현했으며 대통령의 관심과 걱정에 감사하는 모습을 보았다. 그곳에서 대통령은 의식이 없는 상태로 삽관 치료를 받던 젊은 해병에게 퍼플 하트 훈장(Purple Heart, 미국에서 전쟁 중 부상당한 군인에게 주는 훈장—옮긴이)을 수여하는 예식을 감독했다. 수여식 후에 "해병의 어린 아들이 대통령의 자켓을 잡아당기며 '퍼플 하트가 뭐예요?'라고 물었다. 대통령은 한쪽 무릎을 꿇고 아이를 자신 쪽으로 가까이 오게 했다. 그는 '아빠에게 주는 상이란다. 아빠가 정말 용기 있고 대담하기 때문이지. 그리고 아빠가 이 나라를 너무나도 사랑하기 때문이야. 아빠가 너와 엄마를 얼마나 사랑하는지 네가 꼭 알았으면 해'라고 말했다." 대통령이 아이를 안아 줄 때 의료진이 분주히 움직이기 시작했다. 그 해병이 깨어났기 때문이다. "대통령은 벌떡 일어나 침대 곁으로 재빨리 다가갔다. 그는 자신의 손으로 그 해병의 얼굴을 감쌌다. 두 사람은 서로를 응시했다. 잠시 후 대통령은 응시하는 시선을 고정한 채 군사 담당 비서에게 '훈장 수여문을 다시 읽으세요'라고 말했다."

하지만 모두가 대통령을 만나서 행복한 것은 아니었다. 한 가족은 슬품을 주체하지 못했으며, 이 전쟁 때문에 자신의 아들에게 일어난 일에 분노했다. 어머니는 대통령에게 소리를 지르며 왜 이 병원 침대에 누워 있는 사람이 그의 아이가 아니라 자신의 아이인지 알고 싶다고 말했다. 남편이 그를 진정시키려고 하는 동안 페리노는 "대통령이 서둘러 떠나려고 하지 않는다는 것을 알아차렸다. 그는 위로하려고 했지만 그런 다음에는 마치 고통스러운 절규를 들으리라 예상했고 들을 필요가 있다는 듯이, 할 수만 있다면 그녀의 고통을 조금이라도 흡수하려는 것처럼 그저 서서 받아들였다."

페리노는 나중에 머린 원(Marine One, 미국 대통령 전용 헬기—옮긴이)을 타고 백악관으로 돌아오는 길에 헬리콥터의 엔진 소리만 들렸다고 회상했다. "헬리콥터가 이륙할 때, 대통령은 나를 보며 '그 엄마는 분명 나한테 정말 많이 화난 거 같아요'라고 말했다. 그런 다음 그는 몸을 돌려 헬리콥터 창문 밖을 내다보았다. '나는 그분을 조금도 탓하지 않아요.' 눈물 한 방울이 그의 눈가에서 얼굴로 흘러내렸다. 그는 그 눈물을 닦아 내지 않았고, 우리는 백악관으로 돌아왔다."

---

1 Dana Perino, "Why George W. Bush Stood There and Took the Wrath of a Soldier's Mom", *Chicago Tribune*, August 3, 2016, http://www.chicagotribune.com/news/opinion/commentary/ct-trump-purple-heart-george-bush-perspec-20160803-story.html.

중요한 의미에서 그는 교회가 이처럼 불의한 사회적·정치적 현실에 기여하는 경향은 (요한복음 17장에 기록된 예수의 기도와 정면으로 배치되는) 교파적 분열과 '교회 경쟁'이라는 통탄할 현실에 기인한다고 주장한다. "분열된 교회는 정

치적 경쟁, 즉 인간의 삶 전반에 나타나는 폭력적 경쟁을 확대한다. 또한 이런 교회는 특수한 성격의 공동체, 즉 용서, 화해, 희생의 저항-구속-공동체를 형성할 수 없다"(BU, pp. 73-74).[36] 르완다의 경우, 이 교회 경쟁은 선교 경쟁으로 거슬러 올라간다. "경쟁하는 선교 영역들은 지역의 정치적·사회적 투쟁에 의해 팽창된 오랜 적대적 수사를 사용했으며, 결국 교인들에게 구체적으로 구원과 연관된 주장에 영향받은 구별과 반감을 가르치게 되었다"(BU, p. 70). 앞에서 사용했던 용어로 말하자면, 준궁극적 차이가 궁극성을 덧입게 되었다. 준궁극적인 정치적 실체를 대한 동기 부여를 위해 궁극성의 언어가 동원되었다. 간단히 말해서 선이 흐려졌다. '분할하여 정복하라'라는 선교 전략이 투치 족과 후투 족을 나눠 집단 학살을 자행하는 끔찍한 분열이 되었다. 그리고 예전은 이를 막지 못한 것이 아니라 오히려 이런 끔찍한 일에 기여했던 것처럼 보인다.

물론 이처럼 비극적인 '교회 실패'를 보여 주는 사례는 그 밖에도 다양하다. 국가사회주의 아래의 '독일 기독교', 남아프리카 네덜란드개혁교회 안의 아파르트헤이트, 성공회 기숙 학교에서 최초의 민족들(First Nations, 캐나다의 원주민을 일컫는 용어로, 캐나다 정부는 기숙 학교 제도를 통해 이들에게 강력한 동화 정책을 추진했다—옮긴이)을 다뤘던 방식 등 안타깝게도 그런 사례가 매우 많다. 지금까지 했던 예전적 형성에 관한 주장을 고려할 때, 우리는 이러한 사례 속에 나타나는 예전의 부적합성, 심지어 예전의 타락을 어떻게 설명할 수 있는가? 이러한 사례들은 우리의 주장을 무효로 만드는가?

예전적 형성이 문제인 **동시에** 해결책이라면 어떤가? 이런 비극적 사례들

---

36 그렇기 때문에 (이 맥락에서 나는 충분히 다룰 수 없지만) 래드너의 책 4-6장에 담긴 핵심은 교회의 분열을 **공적** 선 문제로 다루기 위한 전략에 초점을 맞춘다.

이 우리의 논제에 도전하는 동시에 논제를 확증한다면?

교회의 실패 분석

인종에 관한 브라이언 밴텀의 고찰은 이 도전의 복잡성을 보여 준다. 제닝스처럼 밴텀은 교회의 예배가 인종적 구별(racialization)과 인종주의(racism)를 용인했음을 지적한다. 특히 고통스러운 것은 식민지 사우스 캐롤라이나 출신의 성공회 주교인 프랜시스 라 조(Francis La Jau)가 기록한, 남북 전쟁 전에 노예들에게 세례를 베풀 때 행했던 죄 고백 의례다. "당신은 하나님의 임재 앞에서, 그리고 이 회중 앞에서 당신이 살아 있는 동안 당신의 주인에게 빚지고 있는 의무와 순종으로부터 스스로 자유로워지기 위한 의도가 아니라 오직 당신 영혼의 유익을 위해서, 그리고 예수 그리스도의 교회의 회원들에게 약속된 은혜와 복에 참여하기 위해서만 거룩한 세례를 요청한다고 선언합니다."[37] 밴텀은 여기서 세례 의례가 가증스러운 방식으로 길들여지고 있다고 지적한다. "새로운 종류의 공동체로의 진입이라는 의미에서가 아니라 인종적으로 구별된 공동체에 대한 참여를 명확히 하기 위해서 하나님의 임재를 환기했다." 세례의 순간이 위아래가 뒤집힌 왕국의 급진적 재정향과 하나님의 도성의 정치에 참여하게 됨을 알리기는커녕 현재 상태를 강화할 뿐이다. 그것은 세례의 언어를 통해 흑인됨과 백인됨의 의미가 중재되는 심층적으로 문화적인 만남의 순간"이 된다. "여기서는 하나님의 임재뿐만 아니라 교회 역시 하나님과 교회보다 더 훨씬 더 심층적이며 근본적인 현실―인종―을 강화하

---

[37] Brian Bantum, *Redeeming Mulatto: A Theology of Race and Christian Hybridity* (Waco: Baylor University Press, 2010), p. 35.

는 수단일 뿐이다."[38] 종교적 예전은 다른 사회적 상상을 강화하기 위해 동원되었다. 밴텀은 "명시적으로 종교적인 것조차도 우선적이고 일차적으로 이해된 현실에 흡수되고 말았다"고 논평한다. 그리고 그 압도하는 현실이란 "백인의 삶의 텔로스"다.[39]

밴텀의 작업이 갖는 불편한 통찰은 인종화된 형성이 그 나름의 도착된 제자도, 즉 우리가 '세속적' 예전을 통해서만이 아니라 잘못 정향되고 포섭된 기독교 예배를 통해서도 흡수하는 사회적 상상임을 강조한다. 따라서 그는 우리에게 인종을 '하나의 종교적 양태'로, 인종주의적 상상에 대한 우리의 동화를 일종의 왜곡된 예전적 형성으로 보기를 촉구한다.

> 인종적 정체성이 신학적으로 설명하고 저항해야 하는 제자도의 형식을 구성한다. 인종적 수행(racial performance)이 사회적 현상으로 존재한다는 사실은 분명 기독교 제자도에 대한 도전이다. 그러나 그것이 종교에 근거한 세계 내 존재의 형식이라고 주장하는 것은, 문제와 앞으로 나아가는 방법을 설명하는 데 더 정밀한 신학적 반응을 끌어내는 것을 뜻한다. 인종적 수행은 그저 피해야 할 죄악된 행동이 아니라 저항하기는 더욱 어려운 세계 내 존재의 방식이기도 하다. 우리가 숨쉬는 공기이기 때문이다.[40]

그렇기 때문에 앞으로 나아가는 길은 우리의 왜곡된 형성을 있는 그대로 검토하는 것으로부터 시작되며, 그 자체가 회개를 위한 준비 행위다. 밴텀은 "우리는 그리스도 안의 삶을 상상하기 위해서 우리의 신실하지 못한 모습과

---

[38] 같은 곳.
[39] 같은 책, p. 36.
[40] 같은 책, p. 17.

우리가 인종의 경제에 공모하고 있음을 다시 상상하기 시작해야 하며, 그래야 우리가 인종의 비극과 폭력으로 특징지어진 옛 삶을 거부하는 데 참여하는 것이 무엇을 뜻하는지 신실하게 상상할 수 있다"라고 충고한다.[41]

밴텀은 우리의 공모의 깊이를 진단하기를 주저하지 않는다. 하지만 동시에 이처럼 도착된 제자도에 대한 해결책은 그리스도 안의 제자도가 갖는 대항 형성적 힘이라고 주장한다. "인종적 세계 안에서 제자도를 상상할 수 있는 가능성은 예수와 더불어 시작해야 한다. 제자도의 삶, 즉 인종적 논리와 형성을 무너뜨리는 세계 내 존재의 방식을 상상하기 위해서 교회는 우리 신앙의 중심을 새롭게 바라보기 시작해야 한다." 그 중심은 물라토, 혼종적 신-인이신 예수다.[42] "우리가 인종에 의해 굴절된 제자도를 거부할 수 있는 가능성은 다른 몸과 삶에 들어감으로써만 가능하게 된다."[43] 따라서 밴텀은 어떻게 세례라는 의례가 포섭될 수 있는지 지적하는 동시에 세례가 곧 우리가 거듭나는 방식임을 지적한다. "세례는 그리스도라는 인격체의 일 안으로 들어가는 일이다. 그분의 몸과 **그분의 백성** 안에 가입하는 일이다. 이 진입은 그 자체로 그 사람의 갱신, 즉 거듭나는 일일 뿐 아니라 세례받은 자에 대한 세상의 주장을 거부하는 것을 나타낸다. 이러한 진입을 위해서는 서양의 인종적 경제 및 그 후예들과 벗어나야 한다. 세례를 받는다는 것은 그리스도의 물라토적 인격체 및 그러한 인격체와 필수적으로 결속된 협상의 경제 안으로 진입하는 것을 뜻한다."[44]

세례는 마법 같은 해결책이 아니다. 그것은 이 "협상"의 시작이다. 세례는

---

[41] 같은 책, p. 16.
[42] 같은 책, pp. 87-88.
[43] 같은 책, p. 89.
[44] 같은 책, p. 142. 밴텀의 책 마지막 장에서는 욕망의 재형성을 위한 훈련인 기도를 고찰한다.

"우리를 세상 안에 임재하시는 하나님의 드라마 안으로 이끌며", 우리를 "'그리스도 안에' 있다는 우리의 주장에 내재된 정체성의 협상"을 구성하는 "물라토/기독교적 실존"으로 이끈다.[45] '순수성'이라는 신화로부터의 해방이 왜곡된 형성과 성화의 문제를 해결하기 위해 필요한 지혜의 시작일지도 모른다.

교회론과 민족지학

교회를 자리매김하기

제닝스, 래드너, 밴텀의 작업을 특징짓는 것은 우리가 타협하고 공모한다는 현실로 예전적 형성과 교회적 정체성에 대한 주장을 제어하는, 경험적 현실에 대해 신학적으로 동기를 부여받은 책임이다. 따라서 그들의 작업은 교회론과 민족지학이 교차하는 지점에서 이뤄지는 더 광범위한 대화의 일부로 볼 수 있다.[46] 신학과 사회과학의 만남에 관한 다른 패러다임들―사회과학을 중립적 중재자이며 신학적 주장의 '객관적' 평가자로 간주하는[47]―과 달리, 최근에 등장한 교회론과 민족지학 사이의 대화에서는 고백적으로 신학적인 중심으로부터, 또한 일차적으로 신학적 관심을 기울이면서 사회를 설명하는 방법과 그 실천을 전유한다. 존 스윈턴(John Swinton)이 지적했듯이, "교회의 책무가 하우어워스가 주장하는 방식으로 증언하는 것이라면, 경험적 교회를 탐구하는 것은 사회학적 목적 때문이 아니라 신학적 이유 때문에 대단

---

45 같은 책, pp. 143, 142.
46 *Imagining the Kingdom*에서 부르디외를 다룬 장(2장) 역시 그런 대화의 일부로 읽어야 한다.
47 나는 존 밀뱅크를 따르면서 이것이 신학을 약화시키는 "상관"(correlational) 전략으로 밀뱅크가 신학과 교회론을 위한 "거짓 겸손"이라고 부른 것을 만들어 낸다고 주장한 바 있다. Smith, *Introducing Radical Orthodoxy*를 보라.

히 중요하다."⁴⁸ 경험적이지 않은 증언은 없다. 그렇지 않다면 우리는 영지주의로 향하는 길 위에 있는 셈이다. 증언이 구현되고 교회가 그리스도의 몸인한 우리의 모든 교회론적 주장은 어떤 의미에서 당연히 경험적 평가에 '노출'될 수밖에 없다. 비록 성령의 작용이 단순히 자연적 평가의 대상이 될 수는 없다고 하더라도, 교회의 예배가 지닌 형성적 힘에 대한 모든 주장은 본질상 그릇되었을 수 있다. "그들의 열매로 그들을 알지니."

크리스천 셰런은 약 10년 전 신학을 위한 민족지학의 필요성에 관한 선언문이라고 할 만한 글을 썼다. 촉매제는 존 밀뱅크가 획기적인 작업인 『신학과 사회이론』(Theology and Social Theory)에서 제시한 "교회"(the Church)에 관한 대단히 웅장한 주장이었다.⁴⁹ 밀뱅크는 교회에 대한 자신의 설명이 너무 이상화되었다는 비판에 답하면서 "교회에서 일어나는 일에 관한 신중한 서사"가 여전히 중요한 역할을 할 것이며 "이를 통해서만 우리가 바라는 교회의 모습이 분명히 드러날" 것이라고 인정했다.⁵⁰ 셰런은 이것을 교회론**으로서의** 민족지학에 대한 주장으로 해석한다. 신학을 대피시켜 사회과학이 되게 하는 것이 아니라 실제 회중과 교구의 구현된 모습에 주의를 기울이는 작업의 신학적 의미를 이해하려고 한다.⁵¹ 그는 신학자들은 "현실적인 것을 더 잘 이해하

---

48 John Swinton, "'Where Is Your Church?': Moving toward a Hospitable and Sanctified Ethnography", in *Perspectives on Ecclesiology and Ethnography*, ed. Pete Ward (Grand Rapids: Eerdmans, 2012), p. 74. 스윈턴의 글(pp. 71-92)에서는 교회론과 민족지학 기획을 간결한 소개한다. 같은 주제를 다룬 더 긴 글로는 Christian Scharen, *Fieldwork in Theology: Exploring the Social Context of God's Work in the World*, The Church and Postmodern Culture (Grand Rapids: Baker Academic, 2015)를 보라.

49 이와 관련된 밀뱅크의 주장을 요약한 글로는 Smith, *Introducing Radical Orthodoxy*, chap. 7을 보라.

50 John Milbank, "Enclaves, or Where Is the Church?", *New Blackfriars* 73 (1992): pp. 341-352.

51 Christian Scharen, "'Judicious Narratives', or Ethnography as Ecclesiology", *Scottish Journal of Theology* 58 (2005): pp. 125-142. 이런 주장은 조지아 주 애틀랜타의 회중들을 대상으로 한 셰런 자신의 민족지학 연구에 기초한다. Scharen, *Public Worship and Public Work: Character and Com-*

는 학생이 되어야" 한다고 말한다.[52]

그리고 여기에 책임과 도전이 놓여 있다. 교회가 "대조 사회", "대안적 폴리스", 하나님의 도성의 전초 기지라는 주장에도 불구하고 회중과 교인들이 보여 주는 삶에 주의를 기울여 보면 "실제의 교회 사람들은 다른 모든 사람과 대단히 비슷해 보인다."[53] 셰런은 "문화적 다원주의를, 또한 그리스도인들과 그들의 공동체의 의해 빚어지고 그들을 빚어내는 복잡하고 두 갈래로 갈라진 사회-구조적 세계를 직접 설명할 수 있는 수단"이 필요하다고 주장한다.[54] 충분히 복합적인 분석과 설명이 없다면 어떻게 "현실의 신앙 공동체들이…회중의 '공동체적 정체성'과 촘촘하게 연결된 방식으로 기독교적일 수 있는지 이해하지 못할 수도 있다. 이처럼 문화와 공동체에 대한 더 복합적인 이해가 없다면, 성만찬 참여를 통해 '주어진' 정체성, 결코 '일반적'이지 않으며 이곳 혹은 저곳의 기독교 공동체의 삶 안에서 언제나 특수한 방식으로 육화된 정체성을 설명해 내기 어렵다."[55] 다시 말해서, 민족지학의 방식으로 경쟁적 형성이라는 시시콜콜한 사회학적 현실에 주의를 기울이지 않는 이상주의적 교회론은 반어적으로 교회의 동화라는 역학을 제대로 인식하고 진단할 수 없을 것이다. 교회가 "대항-세계"(anti-world)라는 단순화되고 거대한 주장은 교인들이 "세계"에 의해 빚어지는 방식들을 놓치고 말 것이다.[56] "사회학

---

mitment in Local Congregational Life (Collegeville, MN: Liturgical Press, 2004)를 보라.

52 Scharen, "'Judicious Narratives'", p. 131.
53 같은 글, p. 128. 셰런은 Robin Gill, *Churchgoing and Christian Ethics* (Cambridge: Cambridge University Press, 1999)에 담긴 연구를 가리킨다.
54 Scharen, "'Judicious Narratives'", p. 129.
55 같은 곳.
56 셰런은 "교회"와 "세계"이라는 지나치게 단순화된 이분법을 바르게 비판하지만 때로는 이런 비판이 이 구별을 더 규범적으로 모호하게 만드는 것처럼 보인다. "하나님이 세상에서(도) 일하신다"라고 주장하려는 바람 때문에 그는 신약 자체에서 교회와 세계 사이에 선을 긋는 부분(예를 들어, 요일 2:15-17)에 대해서도 불편함을 느끼는 것처럼 보인다. 나는 *Desiring the Kingdom*, pp. 187-190에서 성경이 "세

적인 데 주의를 기울이지 않으면서 교회와 세계의 이분법을 주장하는 이들은 그들이 문화에 대해 갖는 지나치게 단순화되고 전체론적인 이해 때문에 교회가 교회 되게 하려는 스스로의 노력에 오히려 해를 입히고 만다. 조악한 문화적 렌즈로는 그들이 교회가 되는 방식 자체가 세계와 결합되어 있음을 볼 수 없기 때문이다."[57]

문화적 형성의 역학에 대해 민족지학적 주의를 기울이는 것은 단지 **왜곡된** 형성을 진단하기 위한 전략에 그치지 않는다. 그것은 (1) '공적' 예전과 '교회의' 예전 사이의 긍정적 상호 작용을 인정하고, 교회 너머에서 성령께서 하

계"에 관한 이야기하는 방식의 모호함에 관한 논한 바 있다.

[57] Scharen, "'Judicious Narratives'", p. 133. *Hauerwas: A (Very) Critical Introduction* (Grand Rapids: Eerdmans, 2014), 특히 pp. 73-99에서 니콜라스 힐리(Nicholas Healy)는 그가 스탠리 하우어워스의 "교회중심주의"라고 부르는 것을 비판하면서 이러한 민족지학적 주장을 전개한다. 힐리는 하우어워스의 "**특수성** 의제"(p. 7)가 실제로 하나의 주장으로 작동하기 위해서는 하우어워스가 자신이 주장하는 바를 구현하는 **경험적** 교회를 가리켜 말할 수 있어야 한다고 주장한다. 힐리는 이렇게 요약한다. "하우어워스의 설명에 따르면, 경험적 교회가 대조 공동체가 되기 위해서는 충분한 수의 공동체 구성원이 대조적 정체성을 지니고 있어야 한다. 이 구성원들의 회중이 식별 가능한 대조 공동체가 되고자 한다면 이것[경험적 실체]이 논리적으로 필수적이다"(pp. 80-81). 하지만 바로 이 지점에서 힐리는 "하우어워스의 사회 이론"이 "경험적 문제"에 부딪친다고 말한다. "그리스도인 대부분의 정체성-형성은 그들이 일상의 삶에서 인식될 수 있는 방식으로 그리스도인이 되기에는 대개 불충분하다"(p. 82). 따라서 우리는 다시 한번 앞서 말한 대부 문제 같은 데 이르게 된다. "어느 정도까지 그러한 사람들이 실제로 예전 및 다른 기독교적 실천에 의해 형성되는가? 그들은 그리스도인이 아닌 다른 이들과 얼마나 다른가?"(p. 87) 이것은 정당한 질문이며, 우리도 이번 장에서 이런 질문을 진지하게 다루고 있다. 하지만 힐리의 대안은 그가 대안을 제시하는 한 실패로 귀결되고 만다. 그는 부적합할 뿐만 아니라 근거도 없는, 주지주의와 결단주의(decisionism) 경향을 띠는 빈약한 행동의 철학—내가 *Imagining the Kingdom*에서 비판했던 모형—으로 작업하는 것처럼 보인다(pp. 91-92). 결국 힐리는 끝까지 밀어붙이면 거의 아무 내용도 없는, 속임수처럼 보이는 대답을 제시할 뿐이다. 힐리는 "교회에 가는 것 자체가 우리를 더 기독교적으로 만들지는 않는다"고 주장한다. "자체"라는 말과 하우어워스가 그렇게 주장할 것인지에 많은 것이 걸려 있으며(그는 그렇게 주장하지 않을 것이다), 그렇다면 여기서 힐리가 거부하는 견해는 하우어워스의 견해가 아니다. 그럼에도 힐리는 계속해서 이렇게 말한다. "사람들이 대부분 인정하듯이, 그리스도인 대부분은 그들의 일상적 행동에서 다른 모든 사람과 똑같다. 정말로 달라지는 유일한 방법은 교회 안에서와 특히 교회 밖에서, 우리의 모든 일상적 상황에서 이를 위해 열심히 노력하고 행동뿐만 아니라 생각을 바꾸는 것이다"(p. 94). 정말 그러한가? 이것이 제자도를 위한 처방전인가? "열심히 노력하는 것"? 그것이 무엇을 뜻하는지조차 모호할 뿐이다. 더 중요한 문제점은, 이 주장은 그것이 하우어워스가 생각하는 바가 **아님**을 정당화하는 것으로 보인다는 점 말고는 어떤 타당한 이유나 논증도 제시되지 않은 채로 남아 있다는 것이다.

시는 일에 귀를 기울이고 주목할 수 있는 방법이 되며,[58] (2) 회중의 삶과 예배의 몰입에 더 구체적으로 기여할 수 있는 형성의 효과를 정확히 이해하고 강조하도록 도울 수 있다. 덕 형성의 결과를 보려면 우리는 회중과 그리스도인의 삶에서 다양한 형성적 요인을 고려해야 한다. "만약 교회가 스탠리 하우어워스의 주장처럼 '예수께서 빚어내신' 공동체, 혹은 밀뱅크의 주장처럼 '다른 도성'으로 구성된 공동체라면, 무엇이 그러한 정체성을 구성하는가? 교인들이 특정 교회에서 함께 하나님을 예배할 뿐만 아니라 사회적 삶의 여러 다른 영역에도 참여한다면, 그런 주장을 제대로 이해하기 위해서는 맥락이 필요하다. 그것이 저절로 교회-세상 구별로 귀결되지는 않는다. 너무도 많은 점에서 교회는 대항적 사회의 역할을 할 때**조차도** '세상적'이다."[59]

이 대화가 신선하며 기대감을 갖게 하는 이유는 야심적 이상주의로 흘러가 버리지 않으면서도 환원론을 거부하기 때문이다. 루크 브레서튼(Luke Bretherton)이 요약하듯이, "민족지학, 교회론, 정치 이론 사이의 관계로부터 도출할 수 있는 더 광범위한 주장은 교회를 단순히 더 넓은 정치적 과정과 구조적 힘을 보여 주는 소우주로 해석할 수 없다는 것이다. 교회는 그 나름의 통일성을 지닌다. 하지만 그렇다고 해서 교회의 분석이 교회가 정치적 환경과 함께 결정하는(때로는 함께 구성하는) 관계를 맺는 방식과 분리될 수도 없다."[60] 나는 이것이 옳다고 생각한다. 즉, 사회학에 관해서는 반(反)환원론을,

---

[58] 셰런의 최근 책 *Fieldwork in Theology*에서는 이 점이 더 명확히 드러난다. 그는 책에서 '교회'와 '세상'을 지나치게 자신만만하고 단순하게 구별하는 것을 복잡하게 만들려고 노력한다. 그런 의미에서 신학에 정통한 민족지학은 "하나님이 세상 속에서 무엇을 하시려 하는지"를 인식하기 위한 수단이 될 수 있다(p. 30). 그러한 관심에 대한 카이퍼주의적·성령론적 근거에 관해서는 Vincent Bacote, *The Spirit in Public Theology: Appropriating the Legacy of Abraham Kuyper* (Grand Rapids: Baker Academic, 2005)를 보라.

[59] Scharen, "'Judicious Narratives'", pp. 131-132.

[60] Luke Bretherton, "Generating Christian Political Theory and the Uses of Ethnography", in Ward, *Ecclesiology and Ethnography*, p. 161.

신학에 관해서는 반(反)영지주의를 견지해야 한다.

궁극적으로 민족지학으로서의 교회론은 회중의 삶의 현실에 주의를 기울이면서 우리가 사이에 있다는 것과 우리의 혼종성뿐만 아니라 우리의 공모와 타협을 진단하는 일군의 학제들이다. 이것은 '대부 문제'를 해결하는 데 필수적이다. 그것이 우리의 교회와 회중들의 공식적 신학을 압도하는 **기능적 신학을 확인할 수 있는 유일한 방법이기 때문이다.**[61] 다시 말해서, 신학자들이 놓치는 (실천적) 이단을 사회학자들이 발견할 수도 있다.

부딪침 그리기: 식민지 속 정체성

교회는 구별되고 독특하며 소환된(ek-klēsia)—그리고 그렇게 되도록 부름받은—공동체지만 고립된 영토로 철수하거나 퇴각하거나 집결하도록 부름받지는 않았다. 신약의 서신서는 세상 속에 있는, 즉 우리가 현시대라고 부르는 중간 시간, 경쟁하는 피조물의 영토 안에서 살아가는 '독특한 백성'에게 보낸 편지다. 그리스도를 따르라는 부르심, 그분의 나라를 욕망하라는 부르심은 우리를 어떤 '순수한' 공간 안에 격리함으로써 우리의 삶을 단순하게 만들지 않는다. 오히려 그리스도의 형상을 지니고 살라는 부르심은 우리의 삶을 복잡하게 만든다. 그런 부르심이 우리를 환경으로부터 자유롭게 하지 않고 환경 속에서 살아가는 우리에게 찾아오기 때문이다. 제자

---

61 엘리자베스 필립스(Elizabeth Phillips)는 *Perspectives on Ecclesiology and Ethnography*에 수록된 유익한 논문의 결론부에서 이 점을 지적한다. 그의 글은 기독교 시온주의 회중들에 대한 사례 연구다. 그녀는 "심각한 문제를 안고 있는 기독교 시온주의의 종말론이 그들의 기독론과 교회론을 바꾸어 놓았으며 그 결과 그들은 바르게 형성된 기독교 사회 윤리를 위해 필수적인 기독론적·교회론적 자원으로부터 분리되고 말았다"라고 결론 내린다("Charting the 'Ethnographic Turn': Theologians and the Study of Christian Congregations", in Ward, *Ecclesiology and Ethnography*, p. 104). 하지만 당연하게도 우리의 모든 '신학'이 말로 표현되지는 않는다. 진술되기보다 **실천되는** 경우가 더 많다.

도로의 부르심이 우리의 삶을 복잡하게 만드는 이유는 그것이 종말론적으로만 해소될 긴장을 끌어들이기 때문이다.

대니얼 멘델슨(Daniel Mendelsohn)의 회고록 『쉽지 않은 포용』(The Elusive Embrace)은 이런 종류의 긴장이 어떤 **느낌**인지에 관한 통찰을 제공한다.[62] 사실 이 책을 회고록이라고 부르는 것 자체가 이미 지나친 단순화다. 부분적으로 회고록, 부분적으로는 지성사, 부분적으로는 문학 비평인 이 글에서 멘델슨은 고전학에 대한 자신의 지식을 활용해 그리스인들과 고전 문화에 대한 열정을 지닌 유대인 동성애자 남성으로서 자신의 경험을 조명함으로써, 이 정체성을 스스로 이해하고 그것이 의미하는 바를 어떻게 받아들일지 파악해 가는 과정을 그리고 있다. 이 책을 **그리스도인**으로서 한 사람의 정체성을 받아들인다는 것이 무엇을 뜻하는가에 관한 유비, 심지어 우의로 읽을 수도 있다.

이 책의 맥락과 가장 연관성이 큰 것은 헬라어의 불변화사(particle)인 멘(men)과 데(de)에 대한 그의 고찰이다. 문법적으로 이 불변화사들은 대구를 이뤄 '한편으로'와 '다른 한편으로'를 뜻한다. "하지만 헬라어의 이 독특성에서 흥미로운 점은 멘…데 구절이 언제나 반드시 대립적인 뜻을 갖는 것은 아니라는 점이다. 때로는—자주—두 개념이나 양이나 이름을 단순히 연결할 수도 있다. 즉, 분리하기보다는 연결하고, 나누기보다는 다양화할 수도 있다.…따라서 이 언어 안에는 사물의 풍성한 부딪침을 인정하는 태도가 내재해 있다."[63] 우리가 형성(왜곡)의 현실과 세상 속에 들어가 있는 교회를 생각할 때 우리는 이러한 **부딪침**(conflictedness)에 관심을 기울여야 한다.

멘델슨은 이런 식의 멘…데의 부딪침을 자신의 경험뿐만 아니라 자신이 살아가

---

62 Daniel Mendelsohn, *The Elusive Embrace: Desire and the Riddle of Identity* (New York: Vintage, 2000).
63 같은 책, pp. 26–27.

는 곳에서도 목격한다. 첼시를 흔히 뉴욕시 안의 동성애자 '게토'로 묘사하지만 멘델슨은 그런 묘사에 항의한다. 그는 폴란드의 작은 유대인 마을(shtetl)처럼 반대와 배제에 의해 어쩔 수 없이 만들어진 게토였던 샌프란시스코의 캐스트로(Castro) 지구와 달리 첼시는 전혀 다른 역사를 지니고 있다고 지적한다. "1980년 중엽에 첼시는 동성애자들이 보호를 받을 수 있는 안전한 피난처가 아니라" 오히려 자신의 정체성에 따라 살 자유를 지닌 시민들의 유입으로 갱신되고 고급화된(gentrified) 지역으로 형성되었다. 따라서 멘델슨은 첼시에 대한 적절한 유비는 중세의 유대인 게토가 아니라 그리스의 도시 국가 식민지라고 강조한다. "물론 '식민지'는 그 나름의 악한 역사를 얻게 된 단어다. 하지만 처음에는 그다지 불쾌하지 않은 뜻을 가지고 있었다. 부단히도 몸을 사랑하는 그리스인들은 더 왕성한 시민들을 파견해 지금까지 알려지지 않은 지도상의 전초 기지에 정착하게 함으로써 계속되는 인구 과잉 문제를 해결했다. 그들은 이런 공간을 아포이키아이(apoikiai), 즉 '고향에서 멀리 떨어진 곳'라고 불렀다. 식민지는 ─ 우리가 억압과 압축과 심지어 죽음과 연결시키는 게토와는 달리 ─ 확장과, 따라서 성공과 연관된 공간이다."[64]

하지만 물론 첼시는 지중해/허드슨강 건너편 오지 어딘가에 있는 식민지가 아니다. 그곳은 맨해튼 한가운데 있는 '식민지'다[그리고 지금은 헤아릴 수 없이 많은 보보스(부르주아와 보헤미안의 합성어로 미국의 새로운 엘리트 계급을 지칭한다. 데이비드 브룩스가 『보보스』에서 처음 사용했다 ─ 옮긴이)에 의해 점령당했다]. 그러나 첼시는 가장자리에 있다. 그 중심이 지배적 도시의 구성과 습관과 기대의 가장자리에 있다. 멘…데의 공간이다. 따라서 이 주제(topos)는 역설(paradox)이기도 하다. "파라(para), 반하여, 독사(doxa), 기대." 멘델슨은 "가장자리인 동시에 중심인 공간, 당신이 알고 있듯이 전혀 다르다고 느끼는 동시에 당신이 원하듯이 전적으로 정상적이라고 느끼는 공간을 달

---

[64] 같은 책, p. 29.

리 뭐라고 부르겠는가?"라고 묻는다.[65] 하지만 이는 그러한 공간이 불안정하고 상충된 공간, 즉 사람이 살지만 아마도 결코 정착했다고 느끼지 못한 채 살아가는 공간("그 공간은 정체성들 사이에서 배회한다")임을 뜻하기도 한다. 그는 "내 삶의 두 지리 사이에서 방황하는 나에게, 동성애자 문화와 정체성에 관한 계속되는 논쟁에서 가장 흥미롭지만 언제나 의심스러운 주제는 '동성애자 정체성' 같은 게 존재한다는 것이다"라고 고백한다.[66] 여기에 하나의 '정체성'이 있다면—멘델슨은 이에 회의적이다—그것은 멘…데의 부딪침, 혼종성 및 사이에 있음(betweenness)과 직결되어 있으며, 이는 한 사람이 정체성을 **결여한** 것이 아니라 오히려 그것을 취하고 있음을 의미한다. (멘델슨은 "모든 미국인은 결국 진짜가 아니며 다른 무언가, 다층적이며 혼종적인 무언가다"라고 지적한다.)[67]

그러나 멘델슨은 "이곳이 내가 살아가기로 결정한 공간, 역설과 혼종성의 공간이다"라고 결론 내린다. "그것을 선택하는 순간에 나에게 내가 어디에 있든지 그곳이 나의 반쪽에는 맞지 않는 공간임을 가르쳐 준 공간이다."[68]

교회를 향해 그 부딪침, 혼종성, 경쟁하는 형성과 정체성에 관해 정직하라고 촉구하지 않는다면 교회론과 민족지학 사이의 대화는 무의미할 뿐이다. 교회는 첼시와 다르지 않다. 즉, 가장자리인 동시에 중심이다. 현시대에서 '그리스도 안에' 거한다는 것은 역설적 공간 안에서 사는 것이다.

민족지학자로서의 목회자: 제국의 의례에 대한 문화적 주해

그리스도의 몸을 중요하게, 심지어 예언자적으로 섬기고자 민족지학의 중요

---

[65] 같은 책, p. 30.
[66] 같은 책, p. 31.
[67] 같은 책, p. 32.
[68] 같은 책, p. 35.

성을 이해할 때, 회중의 예배라는 맥락에서 우리는 목회자를 정치신학자로 상상할 수 있을 것이다.[69] 그리고 정치신학자로서 목회자가 해야 할 첫 번째 책무는 회중을 둘러싸고 있는 제국의 의례들을 읽어 내는 민족지학자가 됨으로써 회중을 섬기고, 성경적·신학적 렌즈를 통해 회중이 후기 근대 민주주의의 의례를 읽어 내도록 가르치는 것이다.

1장에서 살펴보았듯이, '정치적인' 것은—마치 정치적 삶이 쓰레기 처리, 교통 신호등 관리, 법적 의무 감시로 요약되기라도 하는 것처럼—법 집행에 국한되지 않는다. '정치적인' 것은 단순히 절차 문제가 아니다. 형성 문제이기도 하다. 폴리스는 선에 대한 전망에 의해 살아 움직이는 코이노니아(koinōnia)다. 그리고 아리스토텔레스는 성벽으로 둘러싸인 도성의 영토 안에 선에 대한 경쟁하는 전망들이 있다고 상상하지 못했지만, 경쟁하는 폴리스들과 경쟁하는 선들이라는 이 현실은 초기 그리스도인들이 처음부터 이해했던 바였다. 국민 국가의 경계 안에 경쟁하는 폴리스들이 존재한다. 폴리스의 형성적 힘은 그것의 칼이 아니라 그것의 의례 안에서 구체화된다. 그런 점에서 좋은 삶에 대한 폴리스의 전망이 온갖 종류의 비국가적 주기와 일상적 반복

---

[69] 정치신학자로서 목회자의 역할에 관해 주장하면서 나는, 히스탠드(Hiestand)와 윌슨(Wilson)의 용어를 사용하자면 목회자가 **지역의** 신학자로서 행하는 역할에도 초점을 맞출 것이다. Gerald Hiestand and Todd Wilson, *The Pastor Theologian: Resurrecting an Ancient Vision* (Grand Rapids: Zondervan, 2015), pp. 81-83를 보라. 『목사 신학자』(부흥과개혁사). 하지만 나는 그들이 목회자-신학자의 역할(지역적, 대중적, 교회적)에 관해 암묵적으로 '서열을 매기는' 태도에는 동의하지 않으며, 따라서 지역적 신학을 우선시하는 태도가 신학을 축소하는 것이라고 생각하지 않는다. 특히, "우리가 목회자 신학자를 지역적 혹은 대중적 신학자라고만 생각한다면 복음주의는 결코 새로 등장하는 세대의 신학자들을 목회자로 확보할 수 없을 것이다"(p. 85)라는 그들의 주장을 받아들일 수 있을지 모르겠다. 나는 지역적 신학의 독특한 도전이 곧 자신들이 찾고 있던 지적 도전이라고 생각하는 목회자들이 존재한다고 생각한다. 또한 정치신학의 특수하게 지역적이고 상황화된 도전이 진지하게 몰두할 만한 도전을 제기한다고 생각한다.

더 나아가, 신학적으로 굴절된 민족지학이라는 이 책무가 정말로 모든 신자의 제사장직을 위한 책무이며 사실 목회자들은 많은 평신도에게서 배워야 하리라고 생각한다. 그러나 이 맥락에서는 회중의 공동 예배의 한 순서로 목회자의 설교와 가르침이 할 수 있는 역할에만 초점을 맞출 것이다.

안에 담겨 있으며, 그런 주기와 반복은 말하자면 지상 도성의 지배 욕망을, 혹은 헌법에 명확히 진술되어 있을 뿐만 아니라 우리의 이기주의를 더 강화하는 수많은 작은 예전 안에 간직하고 있는 독립과 자율이라는 궁극적 신화를 강화한다.

따라서 정치신학자로서 목회자의 역할 중 일부는 묵시론적이다. 즉, 우리의 일상적 환경의 기본 배경을 이루고 있기에 너무도 놓치기 쉬운 폴리스의 우상숭배적 허위를 드러내고 폭로하는 것이다.[70] 이를 위해서는 우리가 자동 항법 장치를 통해서 통과하는 매일의 의식을 간파하고 그것을 있는 그대로 바라보기 위한, 즉 경쟁하는 왕들에게 경배를 드리도록 우리를 유혹하는 방식들을 알아차리기 위한 신중하고 엄격하며 신학적인 작업이 필요하다. 이는 리처드 보컴이 "기독교적 상상력의 정화"라고 부른 것을 요구한다.[71] 이것은 다름 아닌 참된 **예배** 대 거짓 **예배** 문제다.[72]

따라서 목회자-신학자의 **정치적** 업무 중 일부는 하나님의 백성으로 하여금 군림하는 폴리스의 실천을 '읽어 내고' 우리가 몰입하는 지상 도성의 예전을 해석할 수 있게 하는 것이다. 이것은 시간과 공간 모두에 있어서 본질적으로 **지역적**이고 상황화된 책무다. 우리를 유혹하고 우리를 왜곡되게 형성하려고 위협하는 정치적 우상숭배는 지역화되어 있다. 오늘날의 정치적 교만은 80년 전의 정치적 교만과 동일하지 않으며, 5세기 아프리카나 16세기 뉴잉글랜드의 교만은 말할 필요도 없다. 그러한 문화적 해석은 지역적이고 상황적

---

[70] 이 작업을 한 목회자-신학자의 책으로는 T. Scott Daniels, *Seven Deadly Spirits: The Message of Revelation's Letters for Today's Church* (Grand Rapids: Baker Academic, 2009)를 보라. 또한 *Desiring the Kingdom*, pp. 90-93에서 다룬 문화의 '묵시론적' 신학에 관한 나의 논의를 보라.

[71] Richard Bauckham, *The Theology of the Book of Revelation* (Cambridge: Cambridge University Press, 1993), p. 17.

[72] 같은 책, p. 35.

이어야 하지만, 동시에 신학적이어야 한다(그리고 내가 주장했듯이 신학적으로 **사회학적**이어야 한다). 교회의 신학적 능력을 심화시키고 싶다면 독립기념일에 관한 신학적 민족지학을 제공해 보라(그것은 확실히 교회가 **줄어드는** 좋은 방법이기도 할 것이다).

이에 관해 고대의 본보기를 찾아볼 수 있다. 특히 눈에 띄는 사례는 아우구스티누스가 (아마도 카르타고에서) 404년 새해 첫날에 했던 설교다. 이 설교에서 그는 당시 그 도시를 지배했을 이교의 축제에 대한 신학적·문화적 해석을 제시한다.[73] (바로 이 때문에 그의 설교는 세 시간이나 걸렸을 것이다. 그의 설교는 가능한 한 오래 교구민들을 유혹에서 떼어 놓으려는 일종의 필리버스터였다.)[74] 그는 그들이 방금 불렀던 시편 106편의 한 절을 본문으로 삼는다. "여호와 우리 하나님이여. 우리를 구원하사 여러 나라로부터 모으시고 우리가 주의 거룩하신 이름을 감사하며 주의 영예를 찬양하게 하소서"(47절). 아우구스티누스는 이렇게 묻는다. 하나님이 당신을 "여러 나라로부터 모으셨는지" 어떻게 알 수 있는가? "만약 세상과 육신을 기뻐하고 어리석고 수치스러운 노래를 시끄럽게 부르며 이 거짓 축제일을 기념하기 위해 오늘 펼쳐지고 있는 열방의 축제가, 즉 이방인들이 오늘 행하고 있는 일들이 당신의 지지를 받지 못한다면"(198.1)… **그렇다면** 당신은 여러 나라로부터 부름받아 모인 사람이다.

하지만 이것은 그저 경건주의적 도덕의 문제가 아니다. 아우구스티누스는 이교 축제의 의례에 대한 신학적·철학적 분석을 시작한다. 그는 여기서 문제가 되는 것은 믿음, 사랑, 소망이라고 주장한다.

---

[73] Augustine, Sermon 198 (Mainz 62), in *Sermons*, trans. Edmund Hill, ed. John E. Rotelle, *The Works of Saint Augustine* III/11 (Hyde Park, NY: New City Press, 1997). 이후에는 본문에 인용 표기함.

[74] 아우구스티누스라면 성당 안에서 슈퍼볼 파티를 열지 않았으리라고 말하는 것으로 충분하다.

당신이 믿고 소망하며 사랑한다고 해도, 이것이 당신은 즉시 안전하고 온전하며 구원을 받았다는 선언을 뜻하지는 않는다. 알다시피 당신이 있는 바, 당신이 소망하는 바, 당신이 사랑하는 바는 중요하다. 사실 그 누구도 영혼의 이 세 감정, 즉 믿음, 소망, 사랑 없이는 어떤 삶의 방식으로도 살아갈 수 없다. 만약 당신이 나라들이 믿는 바를 믿지 않고, 나라들이 소망하는 바를 소망하지 않고, 나라들이 사랑하는 바를 사랑하지 않는다면, 당신은 나라들 사이에서 부름받아 모인 사람이다. 그리고 그들과 육신적으로 섞인다고 해서 놀라지 말라. 마음(mind)이 크게 구분되어 있기 때문이다. 결국 그들은 귀신들이 신이라고 믿는 반면 당신은 참 하나님이신 하나님을 믿는 것만큼이나 큰 구분이 어디 있겠는가?…따라서 그들과 다른 것을 믿고 다른 것을 소망하고 다른 것을 사랑한다면, 당신은 그것을 당신의 삶으로 증명하고 당신의 행동으로 예증해야 한다. (198.2)

아우구스티누스의 설교의 나머지는 그 도시의 축제와 의례 안에 '담겨 있는' (이교의) 믿음, 소망, 사랑을 명시적으로 드러내는 것을 목표 삼는 문화적 해석이다. 그의 교구민 중 너무 많은 사람이 그들에게 무언가를 행하는 의례보다는 그저 '해야 할 무언가'를 생각했다. 아우구스티누스의 신학적 분석에서는 시편을 노래하는 동시에 축제에 참여하는 것이 얼마나 모순된 것인지 강조하고 있다.

   이것은 계속 이뤄져야 하는 일이다. 따라서 정치신학자인 목회자의 책임 중 하나는 하나님의 백성으로 하여금 댈러스에서 온 검투사들이 등장하는 군사화된 추수감사절 축제든 '사회 정의'를 추구하는 온라인 공간을 가득 채운 상호 전시와 고상한 순수성의 의례든 그들 자신의 폴리스에서 벌이는 축제를 '읽어 내도록' 돕는 것이다. 우리의 정치는 결코 투표 행위에 국한되지 않는다. 폴리스는 11월 첫째 화요일(미국의 선거일—옮긴이)에만 갑자기 살아나는 게 아니다. 선거는 예전이 아니다. 행사일 뿐이다. 지상 도성의 **정치**는 한 투표함과 다음 투표함 사이를 연결하는 의식들의 연결망 안에 담겨 있다. 좋은 정치신학은 이를 꿰뚫어보고 폭로한다. 그렇게 함으로써 하나님의 백성이 **퇴각**하도록 돕지 않고 그들을 **훈련**시켜 세상 한가운데로 다시 파송한다. 아우구스티누스는 그의 청중에게 이 점을 상기시킨다. 우리가 하나님의 도성의 형성적 의례에 초점을 맞출 때, "당신이 나가서 그들과 섞여 일반적인 사회적 교류를 하더라도…당신이 어디에 있든지 당신은 여전히 이방인 가운데서 부름받아 모인 사람이다"(198.7).

이는 정치신학자로서 목회자의 두 번째 기능, 건설적 기능과 연결된다. 지상 도성 정치의 의례를 폭로하는 것으로는 충분하지 않다. 또한 우리는 하나님의 백성이 천상의 시민권을 **계발**하도록 도와주어야 한다. 시민권은 한 사람이 보유한 지위나 재산이 아니다. 소명과 부르심이다. 나는 캐나다 여권과 캐나다 출생증명서를 보유하고 있으면서도 **좋은** 캐나다 시민이 되지 못할 수도 있다. 시민권은 권리일 뿐만 아니라 계발해야 할 덕이기도 하다. 정치신학자로서 목회자는 하나님의 도성 시민들이 공민적 덕을 기르도록 돕는 역할을 한다(참고. 빌 3:20).[75]

기독교 예배가 하나님의 도성의 시민론을 구성한다면, 예전적 교리 교육은 우리가 가진 천상의 시민권을 이해하기 위한 신학적 훈련이다. 다시 말해서, 정치적 의미로 가득 차 있는 핵심적 **신학** 작업은 하나님의 백성이 우리가 예배할 때 무엇을 왜 하는지 이해하도록 돕는 것이다. 예전적 신학이 곧 정치신학이다. 기독교 예배에 대한 문화적 해석은 우리의 예전 안에 '담겨 있는'

---

[75] 나는 장로교 교회 정치 형태를 지지하기 때문에, 이 역할을 **가르치는** 목회자에게 한정하고 싶지 않다. 사실 나는 히스탠드와 윌슨의 *Pastor Theologian*에서 제시하는 목회자-신학자의 이미지가 침례교나 성공회의 모형을 취하는 것처럼 보는 것처럼 보인다는 점을 우려한다.

정치적 전망을 명시적으로 드러나게 한다. 목회자-신학자에게는 기독교 예배 안에 암시된 텔로스, 즉 선에 대한 본질적·성경적 전망을 조목조목 설명할 책임이 있다.[76]

정치적 제자도 그리기: 총독에게 보낸 편지

정치신학자인 목회자는—사실 모든 목회자는—**소집된** 교회의 목회자일 뿐 아니라 **보냄받은** 교회의 목회자이기도 하다. 아브라함 카이퍼의 용어를 사용하면, 목회자는 제도로서의 교회뿐만 아니라 유기체로서의 교회를 돌보도록 부름받았다. 목회자-신학자는 현시대의 혼란스러운 뒤섞임(*permixtum*) 안으로 들어가라는 부르심에 응답한 하나님의 도성 시민들의 일을 돌본다.

아우구스티누스와 보니파키우스(Boniface) 사이의 지속적 교류를 이 역할에 관한 사례 연구로 볼 수 있다. 보니파키우스는 로마의 장군이자 아프리카의 총독이었다. 그들이 사이에 꾸준히 이뤄진 서신 왕래를 통해 우리는 이 영적 우정의 관계 속에서 목회자-신학자 아우구스티누스가 제국의 군인에게 도전하고 권면하기를 두려워하지 않았음을 확인할 수 있다. 하지만 우리는 또한 그저 축복이나 승인만 추구하는 것이 아니라 신학적 지혜를 갈망하는 정치인도 만날 수 있다. 사실 보니파키우스는 아우구스티누스가 나중에 『재론고』(*Retractationes*)에서 책[『도나투스주의자들을 바로잡음』(*The Correction of the Donatists*)]이라고 불렀을 정도로 긴 도나투스주의자들에 관한 난해한 신학적 서신(서한 185)의 수신자이기도 했다. 이 긴 편지 다음에 아우구스티누스는 보니파키우스에게 짧고 간단한 글을 보냈다. "당신이 공민적 의무를

---

76 *Desiring the Kingdom*, chap. 5에서 이를 설명한 나의 해석을 보라.

감당하는 중에도 종교에 관한 관심을, 또한 분리와 분열에 빠진 사람들을 구원과 평화의 길로 다시 부르려는 열망을 갖고 있다는 사실이 나를 매우 기쁘게 합니다."[77]

서한 189에서 아우구스티누스는 도움을 구하는 보니파키우스의 긴급한 요청에 대해 신학적 조언이 결합된, 신앙에 대한 웅변적 진술을 쏟아낸다(189.1). 아우구스티누스는 언제나 그렇듯 사랑으로 시작한다. "나는 간단히 이렇게 말할 수 있습니다. 네 마음을 다하고 목숨을 다하고 뜻을 다하여 주 너의 하나님을 사랑하라. 그리고 네 이웃을 네 자신 같이 사랑하라. 이것이 주께서 이 땅에서 주신 말씀이기 때문입니다[롬 9:28을 암시함]." 그는 보니파키우스에게 기도와 선행을 통해 이 사랑 안에서 "진보를 이루고" 우리의 마음 안에 널리 뿌려진 사랑을 온전하게 하라고 권면한다(189.2). 아우구스티누스는 그에게, "이 사랑으로 우리의 거룩한 조상, 족장, 예언자, 사도들이 하나님을 기쁘시게 했기 때문"이라고 상기시킨다. "이 사랑으로 모든 참된 순교자가 피를 흘리기까지 악마와 맞서 싸웠으며, 이 사랑이 그들 안에서 차가워지거나 바닥나지 않았기 때문에 그들은 승리했습니다." 그리고 바로 이 동일한 사랑이 보니파키우스 안에서 일하고 있다고 아우구스티누스는 지적한다. "이 사랑으로 모든 선한 신자가 죽을 수밖에 없는 사람들의 왕국이 아니라 천상의 왕국에 들어가기를 갈망하며 날마다 진보를 이룹니다"(189.3).

그런 다음 아우구스티누스는 보니파키우스의 의심과 질문을 직접 다룬다. "군인으로 전쟁 무기를 든 사람은 하나님을 기쁘시게 할 수 없다고 생각하지 마십시오"(189.4). 사례를 떠올려 보라. "거룩한 다윗", 위대한 믿음을 보여 준 백부장, 베드로를 맞이한 기도하는 고넬료 등. 이들은 보니파키우스가 따라야 할 본보기다. 하지만 또한 아우구스티누스는 종말론의 훌륭한 요점에 근거를 둔, 직업에 관한 지혜를 제공한다. 어떤 이들은 정절과 완벽한 금욕과 수도원적 경건의 삶으로 부름받았지만 "사

---

[77] Augustine, *Letters 156–210*, trans. Roland Teske, SJ, ed. Boniface Ramsey, *The Works of Saint Augustine* II/3 (Hyde Park, NY: New City Press, 2004), 185A (이후에는 본문에 인용 표기함).

도의 말처럼 **각각 하나님께 받은 자기의 은사가 있으니 이 사람은 이러하고 저 사람은 저러합니다**(고전 7:7). 따라서 다른 이들은 당신을 위해 기도함으로써 보이지 않는 원수들과 싸우며, 당신은 그들을 위해 싸움으로써 보이는 야만인들에 맞섭니다." 아우구스티누스는 우리가 두 종류의 싸움이—기도의 전사도 무기를 든 군인도—더 이상 필요 없는 날이 오기를 고대할 수도 있지만 우리에게는 더 섬세한 종말론이 필요하다고 조언한다. 그는 "이 세상에서 천상의 왕국 시민들은 오류에 빠져 있고 사악한 이들 사이에서 유혹을 경험하여 용광로 안의 금처럼 훈련받고 시험받아야 하기에, 우리는 시간을 앞서가 오직 성도와 의인들과 함께 살고 싶어 해서는 안 됩니다"라고 말한다(189.5). 우리가 "시간을 앞서가 살" 수 있다고 생각하지 말라고 말할 때 아우구스티누스가 뜻하는 바는, 실현된 종말론의 유혹에 빠지지 말라는 것이다.

그러니 당신이 받은 부르심에 응답하십시오, 보니파키우스. 하지만 신실한 방식으로, **당신이** 왕국을 도래하게 만들 수 있다고 생각하지 않으면서 장차 올 왕국을 고대하는 방식으로 당신의 소명을 감당하십시오. "그러므로 정복함으로써 당신이 맞서 싸우는 이들에게 평화의 유익을 가져다주기 위해 전쟁 중에도 평화를 이루는 사람이 되십시오"(189.6). 편지를 마무리하면서 아우구스티누스는 군사적 삶의 문화적 예전에 익숙한 이 군인이 직면하고 있는 독특한 시험에 주의를 기울이는 것처럼 보인다. "결혼의 정절로 당신의 행동이 아름다워 보이게 하십시오. 또한 절제와 검소함으로 당신의 행동이 아름다워 보이게 하십시오. 다른 남자에게 정복당하지 않는 남자가 정욕에 정복당하고 칼에 정복당하지 않는 남자가 포도주에 정복당하는 것은 대단히 수치스러운 일이기 때문입니다"(189.7). 그는 예전적 교리 교육으로 편지를 맺는다. 아우구스티누스는 미사의 서문("여러분의 마음을 높이 드십시오"/"주님께 마음을 높이 듭니다")을 환기하면서 보니파키우스에게 이것을 **삶을 위한**, 그의 일과 소명을 위한 자세로 삼으라고 권면한다. "그리고 물론 우리 마음을 높이 들라는 말을 들을 때 우리는 알고 있는 대답으로 진실하게 답해야 합니다"(189.7). 다시 말해서, 그냥

"우리의 마음을 높이 듭니다"라고만 말하지 마십시오. 당신의 일에서 **당신의 마음을 높이 드십시오.**

아우구스티누스가 보니파키우스를 사랑했다고 해서 그에게 훈계하지 않은 것은 아니었다. 서한 220은 흥미로운 사례다. 아내가 죽은 후 보니파키우스는 방황했던 것 같다. 군인이자 황제의 신하로서의 그의 소명 의식이 흔들렸을 뿐만 아니라 슬픔을 이기지 못해 나쁜 결정을 내렸던 것처럼 보인다. 히포에서 마지막으로 서로 보았을 때, 아우구스티누스는 기진맥진해서 거의 말도 하지 못했다. 그래서 그는 편지를 보냈다. 이 편지에서 그는 "내가 그리스도 안에서 매우 사랑하는 사람에게 해야 할 일을 하고자" 한다고 말했다.[78]

아내가 죽은 후 보니파키우스는 공적 삶을 버리고 수도원으로 물러나 '거룩한 한 가로움'에 자신을 바치기 원했다. 하지만 아우구스티누스와 알리피우스(Alypius)에게 개인적으로 이런 생각을 표현했을 때, 그들은 그러지 말라고 충고했다. 아우구스티누스는 그를 일깨운다. "당신이 그러지 않았던 것은, 우리가 지적했을 때 당신이 하는 일이 그리스도의 교회들에게 얼마나 큰 유익이 되는지를 생각했기 때문이 아닙니까? 당신은 이런 목적, 즉 사도가 말하듯이 그들이 **모든 경건과 단정함으로 고요하고 평안한 생활**을 하게 하려는 목적을 위해서 일하고 있으며(딤전 2:2) 야만인들의 공격에서 그들을 보호했습니다"(220.3). 이 목회자-신학자들은 그에게 흔들리지 말고 그의 공적 삶에 남아 있으라고 권면했다. 사실 어떤 점에서 **그들의 목회적/신학적 사역은** 총독이며 수호자인 그의 공적 사역에 의존하고 있었다.

보니파키우스가 공적 직무로의 부름에는 계속해서 응답했지만 슬픔으로 인해 마음이 약해져서 도덕적 판단이 흐려진 것처럼 보였고, 따라서 아우구스티누스는 그가 절제를 포기하고 "정욕에 정복당한" 것을(220.4), 복잡한 음모에 걸려든 것을

---

[78] Augustine, *Letters 211–270, 1*–29** trans. Roland Teske, SJ, ed. Boniface Ramsey, *The Works of Saint Augustine* II/4 (Hyde Park, NY: New City Press, 2005), 220.2 (이후에는 본문에 인용 표기함).

책망한다. 아우구스티누스는 단도직입적으로 그에게 회개하고 참회해야 한다고 일깨운다. 그런 다음 목회자-신학자 아우구스티누스는 보니파키우스에게 공적 의무를 수행할 때 신학적으로 더 단호한 태도를 취하라고 촉구한다. "당신이 자신의 곤경에 사로잡혀 이 재앙을 피하기 위해 아무런 계획도 세우지 않는 사이에 아프리카의 야만인들이 아무런 방해도 없이 아프리카를 약탈하는 것을 두고 내가 어떻게 말해야겠습니까?"(220.7) 암투가 벌어지는 황제의 궁정에서 보니파키우스가 자신의 지위를 확보하려고 노력하는 동안, 사실 그는 공동선을 추구해야 할 그의 의무를 축소하고 있다(선거철을 생각해 보라). 아우구스티누스는 이렇게 묻는다.

> 그토록 큰 군대와 그러한 큰 힘을 가지고 아프리카 총독으로 아프리카에 주둔하면서 호민관으로서 그 모든 민족에 맞서 전쟁을 벌이고 소수의 동맹자들과 함께 그들을 두려워 떨게 함으로써 그들을 진압했던 제국 호위대의 대장 보니파키우스가 있는데 야만인들이 이토록 대담해져서 그렇게 전진하여 사람들로 가득 차 있는 그 넓은 지역을 파괴하고 약탈하며 황폐하게 하리라고 누가 믿었겠습니까? 누가 그런 두려움을 품었겠습니까? 당신이 총독으로 권력을 잡았을 때 아프리카의 야만인들이 정복당할 뿐 아니라 심지어 로마에 조공을 바치는 속국이 되리라고 말하지 않는 사람이 어디 있었습니까? (220.7)

목회자-신학자 아우구스티누스는 로마의 장군이 자신의 주둔지를 지키고 자신의 직무를 수행하며 행정관이자 총독으로서 신실하게 일해야 한다는 신학적 주장을 펼치고 있다. 그의 충고 이면에는 지상 도성과 하나님의 도성 사이의 대단히 중요한 신학적 구별이 있다. 흔히 아우구스티누스의 탓이라 오해되는 '신성 로마 제국'주의의 실마리조차 찾아볼 수 없다. 그와 반대로 아우구스티누스는 로마를 악마화하지 않으면서 상대화한다. 따라서 보니파키우스가 로마와 어떤 분쟁을 벌이든, 로마에 대해 어떤 좌절감을 느끼든 그는 여전히 빚지고 있다. 아우구스티누스는 이렇게 말한다. "로마 제국이 당신에게 좋은 것을 주었다면, 그것이 천상적이지 않고 지상적이며 그것이 통제하는 것 말고는 줄 수 없기에 지상적이고 덧없는 것일지라도, 제국이 당신에게 좋은 것들을 수여했다면 악으로 악을 갚지 마십시오"(220.8).

이러한 편지에서 우리는 보니파키우스와 그와 비슷한 사람들에 대한 아우구스티누스의 소망을 들어 볼 수 있다. 그것은 공적 삶으로의 부르심에 응답하여 우리가 기다리는 이 현시대에서 공동선을 위해 일하는 장차 올 왕국의 신실한 일꾼들에 대한 소망이다. 그러한 공복들은 우리를 위해 무거운 짐을 지고 있으며 말 그대로 사방에서 압박을 받는다. 많은 이가 보니파키우스처럼 혼란스러운 세상을 위한 신학적 조언과 성경적 지혜를 참으로 갈망하고 있다. 목회자-신학자에게는 공적 삶에 관한 강력한 신학으로 그들의 질문에 답할 수 있는 신학적 역량만 필요한 게 아니다. 무엇보다도 목회자-신학자는 사랑해야 한다. 따라서 아우구스티누스는 보니파키우스에게 보내는 편지를 이렇게 마무리한다. "사랑 때문에 나는 내가 너무도 사랑하는 아들인 당신에게 이 편지를 쓰지 않을 수 없었습니다. 이 사랑으로, 세상의 기준이 아니라 하나님의 기준으로 당신을 사랑합니다"(220.12). 아우구스티누스가 보니파키우스에게 세상을 사랑하지 말라고 명령한다면, 그것은 아우구스티누스가 그를 사랑하기 때문이며, 풍성한 정치신학으로 그를 훈련할 정도로 그를 사랑하기 때문이다.

무질서한 사랑 설명하기

그렇다면 마지막으로, 우리가 처음에 했던 질문에 어떻게 답할 수 있는가? 왜 기독교 예배는 우리가 흔히 주장하듯이 '독특한 사람들'을 만들어 내지 못하는 것처럼 보이는가? 교회의 예전에 참여하면서도 여전히 악마의 연도(連禱)와 불의의 의례에 끈질기게 참여하는 세상의 마이클 코를레오네들로 인해 우리의 근본 주장이 틀렸음이 입증된 것 아닌가? 유일하게 적합한 대답은 복잡하고도 미묘하다. 뒤에서 주장하듯이 변론을 할 수는 있겠지만 이 물음에 대한 '묘책'은 없다. 대부 문제를 이해하기 위해서는 다중 요인에 주의를 기울일 필요가 있다.

악덕의 예전

첫째, 나의 문화적 예전 기획을 떠받치는 인간론과 문화 이론이 기독교적 혹은 '종교적' 의식으로 격리되거나 분류되지 **않음**을 기억해야 한다. 다시 말해서, 욕망의(따라서 정체성과 행동의) 예전적 형성에 관한 나의 주장은 **단지** 기독교 예배가 어떻게 '대안적 폴리스'나 '대조 사회'를 만드는가에 관한 주장이 아니다. 그와 반대로, 우리의 예전적 인간론은, 우리의 마음과 행동을 경쟁하는 '왕국들'을 향해 구부리는 소비주의, 군사주의, 국가주의, 그 외 다른 수행적 우상숭배의 무질서한 사랑에 우리가 문화적으로 동화되는 현상을 진단하고 이해하기 위한 방법이기도 하다. 우리의 예전적 모형이 덕에 대한 설명일 뿐만 아니라 악덕에 대한 설명이기도 함을 기억하는 게 중요하다.[79]

따라서 대부 문제가 기독교 예배의 대항 형성적 힘에 관한 주장에 이의를 제기할 경우, 예전적 인간론을 거부하는 태도는 장부 반대편에 동일한 문제를 만들어 낸다. 즉, 우리의 사랑과 갈망이(따라서 행동이) 우리가 우리 자신을 넘겨주는 의식과 실천에 의해 빚어지지 않는다면, 어떻게 마이클 코를레오네가 '가족 사업'을 받아들이게 되겠는가? 그는 **주장에 설득되어** 그 일을 받아들이는가? 그는 논리적 결론에 도달하고 그에 따라 '합리적' 결정을 했기에 암살을 수행하는 것인가? 마이클 코를레오네는 대부의 역할에 관해 **생각하**

---

[79] Smith, *Imagining the Kingdom*, pp. 140-142에 있는 "유혹의 현상학" 논의를 보라.

기 때문에 그 역할을 맡는 것인가? 이것은 그가 삼단논법의 결론으로 채택한 삶의 방식인가?

나는 그렇게 생각하지 않는다. 〈대부〉의 첫 대사가 이 점을 암시한다. "나는 미국을 믿습니다." 미국에 대한 이 "믿음"이 보나세라를 **설득한** 변증적 주장의 결과인가? 이것이 교훈적 가르침의 결과로 나타난 헌신인가? 아니면 미국의 의식이라는 물에서 수영하다가 습득하게 된 믿음과 헌신인가?[80] 우리의 예전적 인간론을 비판하는 사람이 예전적 형성의 '성공'이 갖는 한계를 지적하기 원한다면, 어떻게 그리고 왜 그토록 많은 미국인—미국의 그리스도인들을 비롯해—이 소비주의와 국가주의를 구성하는 삶의 방식에 동화되어 있는지 설명해야 한다. 마치 사람들이 **생각**을 통해서 소비주의로 들어가기라도 하는 것처럼 어떤 교훈적·지적 회심을 통해 이런 일이 일어난다고 상상하는 것은 터무니없는 일에 가까울 것이다. 형성에 관한 주장에 반대하는 비판자가 예전적 설명이 부적합하다고 생각한다면, 대안을 제시할 입증 책임은 그들에게 있다. 무엇이 대안인가? 그들은 사실 우리가 **생각**을 통해 그리스도를 닮게 되며 우리의 동화가 나쁜 사상이나 부적합한 신학이나 그릇된 논리의 결과라고 주장하는 것인가? 그것은 우리가 '충분히 열심히' **생각**하지 않고 있기 때문인가? 그리스도인들이 노예제를 지지하게 된 것은 제대로 생각하지 못해서였는가? 더 나은 윤리 이론이 있었다면 사정이 달랐겠는가? 오히려 우리의 무질서한 마음은 우리의 무질서한 욕망을 위로하는 욕망을 사후적으로 만들어 내는 경향을 띤다고 보아야 하지 않을까?

따라서 예전적 설명을 통해서만 우리의 **왜곡된** 형성을 이해할 수 있다. 그렇기 때문에 문화적 예전 기획은 처음부터 민족지학적 충동을 지니고 있었

---

[80] 이민자의 동화라는 역학에 관한 고찰이 아니라면 The Godfather는 아무것도 아니다. 어쩌면 이 점은 The Godfather: Part II에서 더욱 제대로 나타날지도 모른다.

다(또한 그렇기 때문에 『하나님 나라를 상상하라』에 부르디외가 그토록 두드러지게 등장한다). 우리의 **왜곡된** 형성을 이해하기 위한 유일하게 적합한 방법은 인간 행동과 세계-내-존재의 신경 중추를 빚어내는 데 있어서 실천의 형성적 힘을 인식하는 것이다. 이 신경 중추는 (둘을 이분법적으로 나눌 순 없긴 하지만) 성찰적 지성이라기보다는 정서적 마음이다.[81] 간단히 말해서, 예전적 인간론과 문화 이론만이 우리의 왜곡된 형성이나 동화를 제대로 설명할 수 있는 것처럼 보이며, 기독교 예배의 대항 형성적 성격에 관한 주장을 뒷받침한다. 계속해서 세상의 마이클 코를레오네들을 환기하는 비판자가 한편으로 예전적/형성에 관한 설명을 비난하면서 다른 한편으로 이를 활용할 수는 없다.

삶의 방식으로서의 예배

그렇지만 우리는 이중성이라는 현실에 관해서도 정직한 자세를 취해야 한다. 세상의 마이클 코를레오네들을 무시하는 것은 이 기획에 아무런 도움이 되지 않는다. 그런 의미에서 이런 현실을 인정하는 것이 예전적 설명 자체를 위험에 빠뜨리지 않음을 이해하는 게 중요하다. 오히려, 이러한 부딪침을 인정하는 것은 기독교 예배의 실천에 필수적이다. 예전의 서사적 흐름의 일부로 죄를 고백하는 실천이 있으며, 이것은 우리의 분열된 마음에 관해 정직한 태도를 취하는 훈련과 다름없다. 『성공회 기도서』의 고전적 고백은 이를 잘 포착하고 있다.

> 전능하시고 가장 자비로우신 아버지,
> 우리는 죄를 지었으며, 길 잃은 양처럼 당신의 길에서 벗어났습니다.

---

[81] Smith, *Imagining the Kingdom*, pp. 41-73를 보라.

우리는 우리 마음의 계획과 욕망을 너무 많이 따라갔습니다.

우리는 당신의 거룩한 법을 어겼습니다.

우리는 해야 할 일을 하지 않고 그대로 두었습니다.

우리는 하지 말아야 할 일을 행했습니다.

그리하여 우리는 온전치 못합니다.

하지만 오 주님, 비참한 죄인인 우리에게 자비를 베푸소서.

오 하나님, 잘못을 고백하는 이들을 용서하소서.

참회하는 이들을 회복시켜 주소서.

우리 주 그리스도 예수 안에서 인류에게 선포하신 당신의 약속을 따라,

오 가장 자비로우신 아버지, 그분으로 인하여,

이제부터 우리가 당신의 거룩한 이름의 영광을 위해

거룩하고 의로우며 경건한 삶을 살게 하소서. 아멘.[82]

이 점에서 우리는 이렇게 물어볼 수 있다. 마이클 코를레오네는 죄 고백을 했는가? 아니면 그는 즉흥적으로 자신의 상황에 따라 교회의 의례에 참여했는가? 코폴라는 분명히 코를레오네의 종교적 참여와 '사업' 거래 사이의 긴장—더 나아가 모순—을 보여 주려 했지만, 코를레오네가 교회 예배의 주기와 습관에 의해 지배받는 **삶의 방식**에 실제로 전념했다는 암시는 없다. 그 대신 우리는 그가 단순한 '민족적' 정체성과 혼동되기 쉬운 특정한 '공적' 종교 예식, 즉 결혼, 세례, 장례에 선택적으로 참여하는 것을 볼 수 있다. 따라서 마이클 코를레오네를 그리스도의 몸의 실천에 참여하는 동시에 제멋대로 악마의 일을 수행하는 사람으로 보기는 어렵다. 오히려 그를 그리스도의 몸의

---

[82] "Daily Morning Prayer: Rite One", *The Book of Common Prayer…according to the Use of the Episcopal Church* (New York: Church Hymnal Corporation, 1979).

실천 중 **일부**에만, 즉 (민족적으로) 고립된 영토 안에서 사회적 자본을 획득하고 유지하는 수단으로 그에게 유용한 실천에만 참여하는 사람으로 보아야 한다.[83] 이렇게 보면 마이클 코를레오네는 사실 이런 실천을 '실천하는 사람'(practitioner)이 아니다. 다른 실천에 중심을 둔 삶의 방식을 위한 일종의 색다른 의례적 장식으로 삼아 이런 실천의 일부에만, 그것도 특별한 경우에만 참여하기 때문이다. 결혼식과 장례식, 성탄절과 부활절 참여. 이것은 사실 믿음을 **실천하는 것**이 아니다. 크레이그 다익스트라(Craig Dykstra)의 말처럼 믿음은 "많은 실천을 실천하는 것"이기 때문이다.[84] 이렇게 코를레오네가 삶에서의 행사와 이따금 있는 의례에 간헐적으로 참여하는 것을 '기독교적인 예전적 삶의 방식'이라고 부르는 것은 마치 누군가가 시내의 공연장에서 해마다 열리는 헨델(Hendel)의 〈메시아〉(Messiah)와 바흐(Bach)의 〈나단조 미사〉(Mass in B Minor) 공연에 참석한다는 이유로 그 사람을 그리스도인이라 부르는 것과 같다. 따라서 기독교 예배에 몰입하는 것이 그의 마음과 삶을 (재)형성하지 않는다고 말하는 것은 그다지 공정하거나 정확한 주장이 아니다. 왜냐하면 그는 '기독교 예배'에 몰입하지 않았기 때문이다. 그는 몇몇 **행사**를 골라 거기 나타났을 뿐이다. 그 누구도—나도, 하우어워스도, 매킨타이어도, 밀뱅

---

[83] "Love and Liturgy"라는 중요한 논문에서 철학자 테런스 큐니오(Terence Cuneo)는 예배가 이웃 사랑과 어떤 관계가 있는지 묻는다[in *Ritualized Faith: Essays on the Philosophy of Liturgy* (New York: Oxford University Press, 2016), pp. 20–36]. 예전에 참여하는 것이 정말로 우리가 이웃을 사랑하라는 계명에 더 잘 순종하도록 돕는가? 큐니오는 탄원 기도에 초점을 맞추며 "탄원 주기의 핵심적 기능은 근접성의 윤리가 지닌 장악력을 깨뜨리는 것"이라고 주장한다(p. 28). 그러나 그는 이와 관련해 형성의 실패도 잘 알고 있으며 우리가 예배에 임하는 "동기"와 예배에서 취하는 "자세"를 구별한다. 그가 지적하듯이 "예전의 각본은 어떤 동기에서 탄원과 축복을 말해야 하는가에 관해 특별한 언급하지 않을지도 모른다. 그러나 모인 사람들이 탄원과 축복을 말하는 **자세**에 관해서는 중립적 입장을 취하지 않는다. 이런 탄원을 올리는 사람들은 자신의 결점에 대해, 또한 공동체로서 이 탄원을 올리는 한 그들 공동체의 실패에 대해 적극적으로 회개하는 자세를 취해야 한다"(p. 35). 우리는 마이클 코를레오네에게 없는 것이 바로 이 자세라고 주장할 수 있다.

[84] Dykstra, *Growing in the Life of Faith*, p. 56.

크도―그런 식의 간헐적·선택적 참여를 올바른 **습관화**와 혼동하는 주장을 하지 않을 것이다.

하지만 여기서 곧바로 우리가 문화적 예전 기획에서 이미 강조했던 두 핵심 주장을 재진술할 필요가 있다. 첫째, 『하나님 나라를 욕망하라』에서 지적했듯이, 기독교 예배의 형성적 힘에 관한 주장은 '주일에만' 참여하는 것으로 충분하다는 뜻이 결코 아니다.[85] 비록 우리는 말씀과 성만찬을 중심으로 회중이 모여서 행하는 성례전적[86] 예배에 중요하고 핵심적인 지위를 부여하지만, 이것을 한 주의 7일 동안 그리스도인의 삶의 방식을 이루는 기독교적 훈련과 실천을 잇는 연결망의 중심으로 이해해야 한다.[87] 세상의 마이클 코를레오네들은 일반적으로 주중에 성무일도(Divine Office)에 전념하지 않는다. 따라서 소비주의, 국가주의, 군사주의, 이기주의의 예전이 단지 기독교 제자도의 한 양상―즉, 주일 공동 예배―에 제한적으로, 명목상 참여하는 것을 사실상 **압도하는** 것은 놀라운 일이 아니다. 둘째, 예전의 형성적 힘을 주장한다고 해서 교리 교육의 중요성을 인정하지 못하는 것은 전혀 아니다. 그와 반대로 우리는 예전적 교리 교육이 그러한 주장에 꼭 필요하며, 따라서 교리 교육의 실패는 형성의 실패로 이어진다고 주장해 왔다.[88] 특히, 교리 교육의 실

---

[85] Smith, *Desiring the Kingdom*, pp. 207-214의 "예배, 제자도, 훈련: 주일을 넘어서는 실천" 부분을 보라.

[86] 예배가 **성례전적**이라는 전제는 무시하거나 과소평가할 수 없는 핵심적·근본적 확신이다. 같은 책, pp. 139-144를 보라.

[87] 그렇기 때문에 나는 *You Are What You Love: The Spiritual Power of Habit* (Grand Rapids: Brazos, 2016)에서 나의 기획을 달라스 윌라드(Dallas Willard), 리처드 포스터(Richard Foster) 등이 말하는 '영성 훈련' 기획에 대한 교회적 보완물(과 교정책)로 보아야 한다고 주장했다. 도로시 배스(Dorothy Bass)와 크레이그 다익스트라의 '기독교적 실천' 기획에서는 더 나은 방식으로 공동체적/교회적 실천과 개인적 훈련 모두를 강조한다.

[88] Smith, *Imagining the Kingdom*, pp. 186-189의 "성찰의 구속: 예전적 교리 교육과 기독교 교육" 부분을 보라.

패는 많은 경우 구획화로 이어지며, 그 결과 예배의 예전적 실천이 사실상 무효화되고 그 대항 형성적 힘이 약화된다. 우리가 예배할 때 무엇을 왜 하는지 이해하기 위한 교육을 받지 못하면, 일련의 실천은 더 이상 예배가 아니라 다른 무언가—민족적 정체성을 식별하는 것, 미신적 방어벽, 사회적 자본을 강화하는 수단 등—가 되고 만다. 예전적 교리 교육은 형성적 예배의 필수적 측면이다.

예전적 포획

민족지학적으로 우리는 기독교 예배의 여러 요소가 경쟁적 이야기들에 의해 포섭되는 역학에 주의를 기울여야 한다. 많은 경우 이것은 기독교적 전망의 궁극성이 다른 궁극적인 선—국가나 시장이나 우리 민족이나 심지어 가족—을 섬기는 준궁극적 의식 혹은 궁극 이하의 의식으로 강등되는 길들이기의 역학처럼 보인다.[89] 기독교 예배의 의례가 (아마도 특히 이민자들의 경우에) 인종적 '민족'과 밀접하게 동일시되었던 역사—스코틀랜드 장로교인이든 아일랜드와 이탈리아의 가톨릭교인이든 네덜란드 개혁교회 이민자든—의 변덕과 우발성을 고려하면 특히 그렇게 보인다. 이 경우 동일한 의례가 기독교 예배가 아닌 무언가로 기능하는 것처럼 보인다. 비트겐슈타인(Wittgenstein)의 용어를 사용하자면, 실천은 동일해 보이지만 **용법**(use)은 다르다고 말할 수 있다.[90]

---

89 이는 포르투갈의 노예제에서 교회가 맡았던 역할에 대한 제닝스의 오싹한 분석으로 짜인 경고성 이야기로 보인다. 앞서 "〈미션〉에서 그리는 예전적 포획"에서 다루었던 '예전적 포획' 논의를 보라.

90 내가 *Who's Afraid of Relativism? Community, Contingency, and Creaturehood* (Grand Rapids: Baker Academic, 2014), chap. 5에서 조지 린드벡(George Lindbeck)이 "예수는 주이시다!"라고 부르짖었던 십자군을 예로 든 것을 다룬 부분을 보라.

종말론적 기대

이런 문제에 관해 우리가 적절하고 종말론적으로 통제된 기대를 유지하는 것도 마찬가지로 중요하다. 예수를 반영하는 삶을 살라는 부르심은 우리가 빠져나갈 수 없는 거룩함으로의 부르심이지만, 그렇다고 우리가 완전을 기대해서도 안 된다. 성화의 모험은 현세적이고 지속적이며 현시대 자체만큼 길게 연장될 것이다. 교회라는 사랑의 학교에는 졸업이 없다. 종말 이전에 완전을 이루는 것은 불가능하다. 모든 제자의 삶은 스냅 사진이 아니라 비디오다. 어느 특정 순간의 스냅 사진은 십자가의 길을 보여 주지 못하는 삶의 방식을 정지 화면처럼 보여 줄지 모르지만, 한 사람이나 회중의 삶을 보여 주는 비디오는 형성적 진보의 이야기를 들려줄 수 있다. "당신은 내가 어떤 사람**이었는지** 보아야 한다." 이것은 바울 서신에서 자주 사용하는 문구인 "너희가 **전에는**, 하지만 **이제는**"이다. 바울은 골로새인들에게 이렇게 상기시킨다. "너희도 전에 그 가운데 살 때에는 그 가운데서 행하였으나 이제는 너희가 이 모든 것을 벗어 버리라. 곧 분함과 노여움과 악의와 비방과 너희 입의 부끄러운 말이라"(골 3:7-8). 에베소인들에게는 이렇게 상기시킨다. "허물과 죄로 죽었던 너희…그때에 너희는 그 가운데서 행하여 이 세상 풍조를 따르고 공중의 권세 잡은 자를 따랐으니…[그러나] 긍휼이 풍성하신 하나님이 우리를 사랑하신 그 큰 사랑을 인하여 허물로 죽은 우리를 그리스도와 함께 살리셨고"(엡 2:1-2, 4-5). 하지만 바울이 이처럼 그리스도인의 신분이 어떻게 바뀌었는지 선언한다고 해서 이 그리스도인들이 완전을 성취하리라 상상하지는 않는다. 그 반대로 그들이 '그리스도 안에' 있기에 바울은 그들을 향해 계속해서 명령하고 권면한다. '성도들'이 그들의 정체성을 삶 속에서 살아 내는 데 실패

---

91 바울이 고린도의 그리스도인들에게 보낸 편지는 또 하나의 좋은 예다. 한편으로 바울은 그들이 **그리스도 안에** 있다는 놀라운 현실을 상기시킨다. "너희 중에 이와 같은 자들이 있더니 주 예수 그리

하는 모습을 끊임없이 접하기 때문이다.[91] 이따금 "아우구스티누스적 현실주의"[92]라고 불리는 것은 사실 바울의 사상이다. 그러한 현실주의는 종말론에 뿌리내리고 있다.

혹은 심하게 말하자면, 마이클 코를레오네조차도 더 나빠질 수 있다. 이는 심술궂게, 어쩌면 비열하게 가톨릭적이었던 에벌린 워(Evelyn Waugh)를 떠올리게 한다. 한번은 한 여인이 냉담하고 오만한 워에게 이렇게 도전했다. "워 씨, 나는 사람들에게 그토록 끔찍한 말을 하는 당신이 정말로 신자라는 것을 도저히 믿을 수가 없습니다. 어떻게 당신처럼 행동하면서도 여전히 그리스도인일 수 있는 거죠?" 그 말에 워는 이렇게 대답했다. "부인, 당신의 말이 다 맞을지도 모릅니다. 하지만 제 말을 들어 보세요. 신앙이 아니었다면 아마 저는 인간도 아니었을 겁니다."[93] 성화는 상대적이라고 말할 수 있을지도 모르겠다. 형성의 실패가 너무 심하고 명백할 수 있지만, 어쩌면 우리는 예전 참여가 주는 최소한의 완화 효과조차 없다면 우리가 얼마나 더 나빴을지 상상해 보아야 할지도 모른다.

스도의 이름과 우리 하나님의 성령 안에서 씻음과 거룩함과 의롭다 하심을 받았느니라"(고전 6:11). 하지만 고린도인들에게 보낸 그의 편지 나머지를 보면 그들이 결코 완벽한 공동체가 아니었음을 알 수 있다.

92 널리 권위 있는 아우구스티누스 전기를 쓴 피터 브라운(Peter Brown)은 아우구스티누스의 현실주의가 회심 후 10년 동안의 영적 투쟁의 산물이며 그가 완전을 성취하고자 하는 순진한 신플라톤주의적 희망을 포기했음을 말해 준다고 지적한다. 아우구스티누스가 *Confessions*를 쓸 무렵, "그의 삶에는 새로운 분위기가 충만해졌다. 그는 자신이 현재의 실존 안에서 불완전하게 남아 있을 수밖에 없음을, 그토록 간절히 바랐던 바가 이생 너머에서 모든 긴장이 최종적으로 해소된 후로 연기된 소망일 뿐임을 깨달은 사람이다"[*Augustine of Hippo: A Biography* (Berkeley: University of California Press, 1969), p. 156]. 또한 브라운은 이러한 종말론적 뜨임(tempering)이 목회를 통해서 배운 교훈이었음을 지적한다. "그가 회중의 완악한 의지와 씨름했던 5년 동안의 슬픈 경험이 [*Confessions*] 속으로 흘러들어가" 습관의 힘에 대한 새로운 이해를 만들어 냈다(p. 173). 『아우구스티누스』(새물결).

93 Christopher Sykes, *Evelyn Waugh: A Biography* (Harmondsworth, UK: Penguin, 1977), pp. 448-449.

예배는 도구가 아니다

마지막으로, 예배의 중요성과 역사적 기독교 예전의 중요성에 관한 주장은 궁극적으로 유효성에 관한 주장이 아니며 그런 주장이기만 한 것도 아니다. 다시 말해서, 기독교 예전은 제자도의 전략이나 형성의 도구가 아니다. 우리는 예배가 형성을 만들어 낸다고 믿지만, 예배는 우리가 하나님을 만나는 방법이자 성령께서 우리를 하나님의 삼위일체적 삶 안으로 초대하시는 실천이기 때문에 유효성과 별개인 규범적 선이다. 예배는 그리스도 안에서 세상을 자신과 화해시키시는 하나님의 이야기 안으로 우리를 이끄는 공교회적 신앙의 살아 있는 수행이다. 따라서 예배는 시간을 가로질러 세계 전역의 그리스도의 몸과의 연대를 재연하는 방식이며, 동시대적인 것의 부침 외부에 우리 믿음의 닻을 내리는 수행적 방법이다. 예배는 궁극적·근본적으로 왕께서 명령하고 초대하시는 하나님 중심적 행동이다.

※

요약하면, 우리의 동화에 대한 목회적 응답은 그 원인만큼이나 복합적이어야 한다. 우리는 예전적으로 왜곡되게 형성되어 있다. 그리고 성령의 은혜에 의해 우리는, 비록 부적합하고 간헐적이며 우리 삶 전체에서 성령의 대항 형성이 여전히 필요하기는 하지만, 예전적으로 재형성된다. 기독교 예배의 논리 자체가 갖는 특질은 우리의 실패와 우리의 열망 모두를 습관적으로 인정하는 것이다. 기독교 예배는 결코 완성되지 않는다. 그것은 이미 도착한 백성의 레퍼토리가 아니라 여전히 길 위에 있음을 너무도 잘 아는 백성의 리듬이다. 예배에 참석하기 위해 나타난다는 것은 곧 실패를 인정한다는 말이다. 예배의 맥락에서 우리가 어떻게 참여적 기도를 행하는지를 논평하면서 테런스 큐니오(Terence Cuneo)는 이렇게 말한다.

우리가 탄원 기도를 통해 타자에 대한 관심을 표현하게 만드는 역학이 잘못 형성되어 있는 경우가 많다. 우리는 너무 관심이 없고, 정해진 동작을 무의식적으로 행하며, 우리의 생각은 다른 곳에 가 있다. 그뿐만 아니라 우리의 동기가 얼마나 부적합한지 알지 못할 때도 많다. 사실, 우리가 우리 자신을 얼마나 제대로 이해하지 못하고 있는지를 감안할 때 우리의 동기가 어느 정도로 부적합한지 바르게 이해할 수 없다는 확신이 기독교 전통에 깊이 뿌리내리고 있다. 이런 기도를 올리며 회개한다는 것이 사실상 이러한 부적합함을 인정하는 것을 뜻하며, 그렇게 함으로써 우리는 자신의 부적합함을 깨닫고 극복할 수 있다. 그렇게 함으로써 우리는 기도하는 동안 더 나은 것을 추구한다.[94]

하지만 그렇기 때문에 큐니오가 지적하듯이 마지막 말은 키리에 엘레이손(*kyrie eleison*, 주님, 긍휼을 베푸소서)다. 그는 [알렉산더 슈메만(Alexander Schmemann)의 『대 사순절』(*The Great Lent*, 정교회출판사)을 인용하며] 회개란 "무엇보다도…하나님의 도우심을 향한 필사적 간구"라고 말한다.[95] "주님, 긍휼을 베푸소서"는 절망 속에서 손을 드는 행위가 아니다. "아무것도 바뀌지 않을 거야"라고 말하는 정적주의적 방식이 아니다. "주님, 긍휼을 베푸소서"는 궁극적으로 우리를 변화시키시고, 따라서 우리가 초래한 불의를 제거하실 수 있는 유일한 분을 향한 마음으로부터의 외침(*cri de coeur*)이다. 우리는 우리가 연루된 죄에서 우리 자신을 구원할 수 없다.

---

[94] Cuneo, *Ritualized Faith*, p. 36.
[95] 같은 곳.

결론 하나님의 도성과 우리가 살고 있는 도성

공적 참여를 위한 아우구스티누스적 원리

하늘을 향한 두 환호: '문화 변혁'의 세기에서 온 보고서

캐나다의 철학자 찰스 테일러는 그의 획기적인 대작 『세속 시대』에서 우리 시대의 계보를 제시하면서 기독교 서양이 어떻게 "세속 시대"에 이르게 되었는지 이해하려 한다. 어떻게 우리는 거의 주술에 걸려 있던 기독교 중세로부터 근대의 과격한 탈주술화로 이행했는가? 어떻게 우리는 하나님(과 다른 영들)의 임재로 충만한 세계에 대한 성례전적 이해로부터 전적으로 자연적인(또한 자기 충족적인) 실체인 평평해지고 내재적인 우주 이해로 넘어왔는가? 언제 그리고 왜 우리는 하나님의 도성을 향한 순례를 포기하고 지상 도성을 그토록 편안하게 느끼게 되었는가?

테일러가 제시하는 계보의 중요 부분은 개신교인들을 놀라게 할 것이다. 테일러의 설득력 있는 설명에 따르면, 결국 우리의 "세속 시대"를 만들어 낸 세계의 탈주술화는 중요한 의미에서 종교개혁의 의도하지 않은 부산물이었다. 이 세상의 현실을 강조하는 데 점점 더 많은 관심을 기울이면서, 가정적·경제적·정치적 삶을 중시하는 개신교는 초월적이고 '천상적인' 목적 **대신에** 피조물의 삶으로 이뤄진 이 세상을 중시하는 프랑켄슈타인 같은 경로로 빠지기 쉬웠다(테일러는 이를 "하늘의 소멸"이라고 부른다). '여기 아래에서' 해야 할 일이 이렇게 많은데 누가 지복 직관을 원하겠는가? 실제로 플라톤주의를 맹아적 영지주의로 이해하게 되면서 개신교는 뿌리 깊은 반(反)플라톤주의 경향을 띠게 된다. 이 이야기에서 "천국만이 내 집은 **아닙니다**"라고 노래하기 좋아하는 것처럼 보이는, 정말로 카이퍼주의적인 찬송가까지의 거리는 그다지 멀지 않다. 하지만 우리가 피조물의 선함을 끈질기게 강조하다가 무언가를 잃어버리지 않았을까? 어쩌면 우리가 너무 많이 주장(protest)하고 있는 것 아닐까? 천국을 잃어버린다면 피조물도 잃어버리고 우리에게는 '자연'만 남는 것 아닐까? 이른바 지상 도성이 선하다고 열렬히 주장하려다가 천상 도성에 대한 갈망을 잃어버리고 만 것 아닐까? 근본주의적 '내세성'을 적극적으로 버리려 하다가 "엄밀히 말해서, 우리가 그리스도인인 것은 오직 영원한 삶만을 위해서다"라는 성 아우구스티누스의 말에 전혀 공감하지 못하게 된 것은 아닐까?¹ 나는 사람들이 이렇게 말하면 우리가 약간은 예민해진다고 생각한다.

정치신학과 관련해 왜 이런 질문을 제기하는가? 나는 복음주의가 새롭게 발견한 '이 세상'의 가치를 존중하는 태도가 이미 지나치게 강조하는 경향을 보이고 있다고 생각하기 때문이다. 마치 카이퍼주의적 반(反)영지주의 기획이 약간은 지나치게 성공적이어서 '내재화된' 복음주의, 즉 땅 위에 하늘을 구체화할 뿐만 아니라 하늘을 땅으로 환원하려고 하는 유혹을 느끼는 복음주의를 만들어 내기 시작한 것처럼 보인다. 우리는 결국 샬롬을 자연화할 수 있다. 더 구체적으로, 우리가 새롭게 정의에 열렬히 관심을 기울이는 과정에서 복음주의를 정치적인 것과 지나치게 동일시하는 것(혹은 기독교의 관심을 정치적인 것으로 축소하는 것)이 북미 맥락에서 교회의 올바른 정치적 증언을 파편

---

1 Augustine, *City of God*, trans. Henry Bettenson (London: Penguin, 1984), 6.9. 이후에는 본문에 인용 표기함.

화한 원인 중 하나가 된 것처럼 보인다. 기독교의 정치적 관심을 내재화할 때 우리는 집권 세력의 이데올로기에, 따라서 이데올로기적 갈등에―심지어 '초당파적' 혹은 '탈정치적'이라는 명분을 내세우며―쉽게 굴복하게 된다. 여기서 나는 『조용한 미국인』(The Quiet American)에 나오는, 정치에 관여하는 것을 두고 경고하는 그레이엄 그린(Graham Greene)의 설명을 불러오지 않을 수 없다.

그레이엄 그린의 『조용한 미국인』에서 그리는 참여

우리는 그린의 소설에 등장하는 매력적이지만 순진한 인물인 파일을 정의, 사회적 행동주의, (우파든 좌파든) 정치적 희망에 새롭게 헌신하게 된 열정적 복음주의자에 대한 유비로 읽어 볼 수 있다. 기억할지 모르겠지만, 파일은 무기보다 더 위험한 무언가를 가지고 인도차이나(베트남)에 도착한 보스턴 사람이다. 그는 이상을 가지고 도착했으며 그것을 구체화하는 데 헌신한다. 파일이 새롭게 발견한 행동주의는 소년다운 동시에 위험하다. 최악의 종류다. 즉, 그것은 올바른 형태의 정의와 민주주의를 꿈꾸고서 이제 왕국에 대한 자신의 전망을 실현해 볼 실험실 같은 기능을 할 실험적 영토를 찾고 있는 '이론가들'이 그리는 철인왕에 대한 전망이다. 이 경우에, 파일은 여기저기 책장 모서리를 접고 가장자리에 잔뜩 메모를 한 요크 하딩의 책을 들고 도착했다. 이 책들은 지역에 민주주의를 구축하기 위한 청사진이었다. 이 하딩이라는 사람에 따르면, "동양에 필요한 것은 제3세력이었다." 그리고 파일은 그 세력을 동원하기 위해 이곳에 왔다.[2] 활동가의 열정을 지닌 지적 사도였던 파일은 "이미 민주주

---

2 Graham Greene, *The Quiet American* (New York: Penguin, 1975), p. 25 (이후에는 본문에서 인용할 때 QA로 표기함). 『조용한 미국인』(대성).

의의 딜레마와 서양의 책임에 몰두하고 있었다. 그는…한 개인이 아니라 한 나라, 한 대륙, 한 세계를 위해 선을 행하겠다고 굳게 마음먹은 상태였다.…그는 우주 전체를 개선하겠다는 마음으로 그 일을 할 수 있는 곳에 도착했다"(QA, p. 18).

거기에 더해, 파일은 순수에 관한 환상을 지닌 채—선한 의도라는 무기와 "선한 양심"이라는 위험한 엄폐물을 가지고—그곳에 와 있다.[3] 그린의 화자인 토머스 파울러는 우리 모두가 자유주의자라는 의미에서 그가 자유주의자라고 말한다. "나는 인도에 머문 적이 있었으며, 파일과 나는 자유주의자들의 해악을 알고 있다. 더 이상 자유주의 정당이 없다. 자유주의가 다른 모든 정당을 감염시켰다. 이제 우리는 자유주의적 보수주의자 아니면 자유주의적 사회주의다. 우리 모두가 선한 양심을 가지고 있다. 차라리 나는 착취하는 대상을 위해 싸우고 그 대상과 함께 죽는 착취자가 되겠다"(QA, p. 96). 왕성한 '이론'과 짝을 이룬 '최선의 의도'는 현실 정치(Realpolitik)가 아니라 이상 정치(Idealpolitik)를 위한 백지 수표가 되고, 파괴적 영향을 남기게 된다. 나중에 파울러는 이렇게 말한다. "자신이 초래한 모든 재난에 대해 그보다 더 선한 동기를 지닌 사람을 만나 보지 못했다"(QA, p. 60).[4]

파일이라는 인물을 경고를 담은 우의로 읽을 수 있다면, 그가 풍자만화 같기도 하다는 점을 인식해야 한다. 사실, 우리는 그에 관한 모든 정보를 파울러의 지친 목소리를 통해서 알게 된다. 외국인 기자인 그는 푸엉이라는 현지 여성을 사귀고 있지만 (이혼을 허락하지 않는) 영국 출신 가톨릭 신자인 아내에게 여전히 묶여 있다. 파일이 열성적인 (복음주의적) 행동주의에 대한 묘사라면, 파울러는 내키지 않아 하는 아

---

[3] 따라서 "현실이 그가 소중히 여기는 낭만적 사상에 부합하지 않을 때 그의 눈과 입에는 고통스러워하고 실망하는 모습이 나타났다"(QA, p. 74).

[4] "나의 첫 번째 본능은 그를 보호하려는 것이었다. 나는 나 자신을 보호해야 할 필요성이 더 크다는 생각을 한 번도 해본 적 없었다. 우리가 너무나도 지혜로워서 순진함으로부터 우리 자신을 보호할 수 있다고 생각할 때 순진함은 언제나 소리 없이 보호를 요청한다. 순진함은 자신의 종을 잃어버리고 악의가 전혀 없이 세상을 헤매고 다니는 말 못하는 나병환자와 같다"(QA, p. 37).

우구스티누스주의자의 초상일지도 모른다는 생각이 든다.[5] 그를 단순히 냉소적인 사람으로 읽고 싶은 유혹을 느낄지도 모르지만, 파울러는 그런 냉소주의를 명백히 거부한다.[6] 오히려 그는 구원을 줄 수 있다고 자부하는 정치 이데올로기에 회의적이다. 그는 혁명적 충동에 헌신하지 않는다. 새로운 체제가 대개는 다른 방식으로 딱 그만큼 나쁘다고 결론 내릴 정도로 충분히 많은 것을 목격했기 때문이다. 그가 자주 말하듯이, 파울러는 관여하지(engagé) 않는다. 그는 하나의 대의에 헌신하거나 하나의 운동과 자신을 동일시하지 않는다.[7] 그는 그런 책략에 관심이 없다. 그저 자신이 "기자", 즉 "사실"의 "관찰자"일 뿐이라고 생각한다.[8] "나는 관여하지 않는다." 그는 "관여하지 않기"가 자기 "신조의 한 항목"이라고 되풀이해서 말한다(QA, p. 28).

하지만 이 거리 두기와 분리는 유지할 수 없는 계략이다. 첫째, 폭격당한 망루의 잔해 속에서 부상자들이 울부짖는 동안 파울러는 자신이 이미 관여하고(engagé) 있으며, 자신을 둘러싸고 있는 것에 자신도 연루되어 있고 책임이 있음을 깨닫는다. 파일이 선한 양심의 순수성을 부정당하는 경험을 하는 동안, 파울러는 초연함의 순수성이 부정당하는 경험을 한다. "내게는 어둠 속에서 울부짖는 그 목소리에 대한 책

---

[5] 물론 푸엉은 베트남 사람으로, 파일과 파울러 모두에 의해 꼭두각시나 도구 같은 취급을 받는다. 파일은 스스로 도덕적으로 우월한 입장을 취하며 자신이 정말로 그녀의 '이익'에 신경을 쓴다고 주장한다. 파울러는 거칠지만 더 정직하다. "자네는 그녀의 이익을 챙기도록 해. 난 그녀의 몸만 원할 뿐이야"(QA, p. 59). 여기에는 푸엉을 진심으로 사랑하는 것은 파울러이고, 그녀의 '이익'에 신경을 쓴다는 파일이 실제로는 푸엉이라는 구체적인 사람에게 신경을 쓰지 않으며 그녀를 단지 자신의 (여러) 이상으로 채워야 할 그릇으로 취급하고 있다는, 단호하게 냉소적인 확신이 동반된다.

[6] 일찍부터 파울러는 파일의 열성적 태도에 대해 "언론인들의 무시하는 태도와 성숙하지 못한 냉소주의와는 다른" 신선한 "변화"라고 높이 평가했다(QA, p. 24).

[7] engagé가 '맹세하다'라는 뜻의 고 프랑스어 engagier에서 온 말이라는 점에 주목하라.

[8] "-주의와 -정치. 나는 사실을 원한다. 고무 농장주가 자신의 노동자를 때린다. 좋다. 나는 그에 반대한다. 그는 식민지 장관에게 그렇게 하라는 지시를 받지 않았다. 프랑스에서 나는 그가 아내를 때렸을 것이라 생각한다 나는 사제 한 사람을 만났다. 너무 가난해서 갈아입을 바지도 없는 그는 콜레라가 창궐하는 동안에도 계속해서 오두막을 찾아다니며 하루에 열다섯 시간을 일한다. 밥과 소금에 절인 생선밖에 먹지 못한 채 오래된 컵－큰 나무 접시－으로 미사를 집전한다. 나는 하나님을 믿지 않지만 그 사제의 편에 서겠다"(QA, pp. 95-96).

임이 있다. 나는 초연함을, 이 전쟁의 일부가 아님을 자랑해 왔지만, 마치 내가 스텐[기관단총]을 사용한 것처럼 그 상처를 입혔다"(*QA*, p. 113).[9] 파스칼(Pascal)의 인식론적 도박꾼처럼, 우리는 언제나 이미 내기에 참여하고 있다. "당신은 판돈을 걸어야 한다. 그것은 선택이 아니다"(*QA*, p. 138).[10] 그런 다음 파울러는 매우 의도적으로 '관여하게' 되며, 파일의 그릇된 노력을 좌절시키는 데 몰두한다. 파울러가 헹 씨에게 "그를 멈춰야 해"라고 말하자 헹은 이렇게 대답한다. "언젠가…우리는 어느 쪽이든 편을 들어야 해. 여전히 인간으로 남아 있고 싶다면 말야"(*QA*, p. 174).[11]

이 소설을 하나의 비유로 읽겠다고 하면서 내가 냉소적 교훈을 제시하더라도 양해해 주길 바란다. 선한 의도를 가진 파일의 행동주의가 위험하다면, 초연한 중립이라는 파울러의 생각은 환영일 뿐이다. 따라서 우리는 어떤 계산된 양가성과 가꾸어진 신중함을 지니고 문화의 공간 속에서 살아갈 수밖에 없다(혹은 그럴 자유가 있다?). 이 세상의 활동주의나 '대안' 사회인 교회로의 유사-베네딕투스적 퇴각의 유혹을 느끼는 것처럼 보이는, 정치적인 것에 대한 그리스도인의 참여를 생각할 때 우리가 여기서 배워야 할 교훈이 있으리라 생각한다.[12]

한스 부어스마의 탁월한 저서 『천상적 참여』(*Heavenly Participation*) 역시 비슷한 우려에서 출발한 것처럼 보인다. 개신교에서는 피조물의 선함과 '내재

---

9 이 내향적 독백을 참고하라. "너는 가담하지 않았다고(*dégagé*), 지도자-작가가 아니라 기자라고 얼마나 자랑스러워하고 있는가! 그리고 배후에서 얼마나 엉망진창을 만들고 있는가!"(*QA*, p. 119) 어쩌면 결국 그는 파일과 전혀 다르지 않을지도 모른다.
10 예비 심문을 하는 비고 형사의 책상에 『팡세』(*Pensées*)가 놓여 있는 첫 장면을 시작으로 이 책 전체에서 파스칼이 곳곳에 등장한다.
11 물론 파울러는 푸엉에게 상관없는 사람으로 남아 있으려고 하지 않았다.
12 Rod Dreher, *The Benedict Option: A Strategy for Christians in a Post-Christian Nation* (New York: Sentinel, 2017)을 보라.

적' 삶을 중시하는 사이에 세계를 탈주술화할—세계를 성자 안에 거하는 삶(골 1:17)으로부터 분리시킬—위험을 무릅쓴다. 이렇게 개신교가 피조물의 선함을 긍정함으로써 복음주의적 경건 안에 존재하는 기능적 영지주의로 보이는 것을 거부하는 것은 옳을지도 모르지만, 부어스마(와 테일러)는 영지주의를 거부하는 방법이 둘 이상 존재한다고 강조할 것이다. 창조 질서에 자율성을 부여하는 존재론적 틀을 받아들이게 된다면, 우리에게 남는 것은 피조물이 아니라 평평해진 '자연'일 뿐이다. 부어스마의 우려에서 중요한 부분은, 복음주의 개신교인들이 자신도 모르는 사이에 이러한 존재론적 패러다임을 받아들이고 말았다는 것이다. 나는 이와 정치적으로 관계있는 무언가가 새로운 종류의 복음주의적 행동주의—우파든 좌파든—를 통해 표현되었다고 주장하고 싶다. 이런 행동주의는 파일의 방식으로 하나님 나라의 구현에 몰두하며, 따라서 지상 도성에서 기원한 이데올로기에 걸려들기(혹은 속아 넘어가기) 쉽다. 우리는 우리가 인식하는 것보다 더 펠라기우스주의적이다.[13]

따라서 부어스마는 선배들의 '내세적' 경건에 과도하게 반응하는 젊은 복음주의자들이 추를 반대 방향으로 움직였다고 우려한다. 그렇기 때문에 그 책에서 그는 전혀 예상하지 못한 논쟁 상대, 즉 그가 "천상에 반대하는" 복음주의라 부르는 것을 논박한다.[14] 우리 중에는 과연 그런 것이 존재하는지 의아해하는 사람도 있을 것이다. 사실 개혁주의 전통의 카이퍼주의 분파에 속한 우리는 내세적 복음주의자들이 피조물의 선함을 소중히 여기도록 하기 위해 평생을 바쳐 왔다. 반면에 부어스마는 추가 이미 반대 방향으로 가 있

---

[13] "문화적 펠라기우스주의"에 관한 논의는 James K. A. Smith, *How (Not) to Be Secular: Reading Charles Taylor* (Grand Rapids: Eerdmans, 2014), pp. 55–57를 보라.

[14] Hans Boersma, *Heavenly Participation: The Weaving of a Sacramental Tapestry* (Grand Rapids: Eerdmans, 2011), p. 187.

다고 우려한다. 천상이 사라지고 말았다. 나는 그런 경우라면 천상 도성 역시 버려졌다고 주장하려 한다. 하지만 우리가 지상 도성과 섞여 사는 삶을 인도하는 것은 천상 도성에 속한 우리의 시민권이다. 타락했지만 구속된 피조물의 지형을 헤쳐 나갈 수 있게 우리를 돕는 것은 천상 도성을 **향한** 우리의 순례다. 하나님의 도성의 정치는, 거룩한 양가성 혹은 거리를 둔 참여라고 부를 수 있는 태도, 즉 장차 올 왕국에 닻을 내린 채 현시대에서 우리 이웃을 사랑하기 위해 열심히 노력하는 태도를 배양하는 교회론에서 그 중심을 발견한다. 그렇기 때문에 우리가 지금까지 살펴본 아우구스티누스의 『신국론』의 두 핵심 주제에서 우리는 많은 것을 배울 수 있다. 그것은 (1) 예배의 한 양식으로서 정치에 대한 예전적 혹은 의례적 분석과 (2) 그리스도의 몸의 예전적 실천을 정치적 정체성의 중심으로 삼지만 그다음 그것이 공동선에 대한 관심으로 흘러드는, 기독교적 정치 참여에 대한 교회 중심적 이해다. 따라서 마지막으로 나는 이것이 정치적 동물인 우리의 소명에 대한 교회의 자세에 어떤 함의를 갖는지 생각해 보고자 한다.

신중함 기르기: 교회의 무게 중심 만들기

복음주의 개신교인들은 정치적 삶—더 일반적으로는 문화적 노력—에 가장 열성적으로 참여하는 사람 중 일부다. 근본주의적이었던 그들의 과거인 내세적이고 문화를 무시하며 반정치적인 기독교를 극복하기 위해 적극적으로 노력하기 때문이다. 기독교 우파와 기독교 좌파 모두 복음주의 개신교인들이 내세적 정적주의를 버렸다는 증거다. 이제 남은 것은 '피조물의 선함'이라는 명분을 내세워 '정치적인 것'을 복음주의적으로(또한 많은 경우 '카이퍼주의적으로) 긍정하는 것이다. 정치는 그리스도께서 단호하게 '내 것!'이라고 말씀하시는 피조물의 '영역' 중 하나로 인정받게 되었다. 그러나 이제 신적 소명 의식을 가지고 정치 영역으로 들어가 하나님 나라의 모양으로 세상을 개조하고 이 땅에 천국을 준비하자는 것이다.

나는 피조물의 선함과 정치의 유익을 말하는 이런 주장에 공감한다.[15] 하지만 정치 영역에 적극적으로 뛰어들려는 태도가 갖는 위험성은, 그 '영역' 주위에서 이미 소용돌이치고 있는 강력한 흐름을 과소평가하는 경향이 있다는 것이다. 다시 말해서, 파일 같은 이런 열성적 태도는 정치를 단순히 전략 문제로(따라서 **바른** 전략을 세우는 것으로), 우리가 **행하는** 무언가로 바라보는 경향이 있으며, 정치적 실천의 **형성적** 영향력, 즉 그것이 우리**에게** 무언가를 행한다는 것을 과소평가한다.[16] 바로 이 지점에서 나는 제국의 정치에 대한 아우구스티누스의 더 섬세한 분석이 21세기를 사는 우리에게 중요한 가르침을 준다고 생각한다. 그가 **사랑**의 관점에서 정치적인 것을 정의하기 때문에, 또한 우리의 사랑 형성은 **예배**와 결합되어 있기 때문에, 아우구스티누스는 비판적 뉘앙스를 만들어 내는, 정치적 실천의 '예전적 힘'이라 부를 만한 것을 인식할 준비가 되어 있었다.

아우구스티누스의 "백성" 정의(『신국론』 19.24)를 살펴보면서 지적했듯이, 지상 도성의 여러 정치적 구조는 "국가"(commonwealth)의 자격을 갖추고 있지만 정의롭지는 못하다. 잘못된 사랑의 대상을 겨냥(즉, 사랑의 대상을 잘못 구성)하기 때문이다. 따라서 제국에 대한 아우구스티누스의 교정된 이론에서는 근본적으로 비판적 평가를 내리며, 이것은 마치 그가 신성로마제국을 창시한

---

[15] 나는 이에 관한 긍정적 입장을 James K. A. Smith, "The Reformed (Transformationist) View", *Five Views on the Church and Politics*, ed. Amy E. Black (Grand Rapids: Zondervan, 2015), pp. 139-162에서 자세히 설명했다.

[16] 1장에서 강조했듯이, 이것은 '정부'라는 협소한 경계를 넘어선 폴리스에도 동일하게 적용된다.

것처럼 (잘못) 아우구스티누스를 호명하는 사람들의 주장처럼 '지상 도성'을 낙관적으로 긍정하는 것이 전혀 아닙니다.[17] 이 점에서, 정치적인 것에 대한 '예전적 분석' 덕분에 아우구스티누스는 정치적 행동주의에 대한 복음주의적(파일 식) 열정이 인식하지 못했던 대립에 주의를 기울일 수 있었다. 즉, 지상 도성의 정치 구성에 참여하는 것은 **예배와 종교적 정체성**의 문제다. 제국의 공적 실천은 '단지 정치적'이거나 '단지 세속적'이지 않다. 그것은 궁극적으로 하나님의 도성과 대립하는 텔로스를 지향하는 '의미로 가득 차 있는' 형성적 실천이다. 다시 말해서, 제국의 공적 실천 안에는 전혀 다른 텔로스, 하나님 나라에 맞서는 나라가 새겨져 있기 때문에 그것은 **우상숭배적** 실천이다. 정치적인 것은 준궁극적으로 남기를 거부한다.

그러나 제국과 지상 도성의 정치적 구성에 대한 아우구스티누스의 훨씬 급진적인 비판에서는 로마나 지상 도성의 다른 정치 구성을 지나치게 단순한 방식으로 전면적으로 거부하지 **않는다**. 따라서 대립에 초점을 맞추는 아우구스티누스주의가 급진적이고 본질적인 비판을 포함한다고 해서 그것이 근대성이나 자유 민주주의에 대한 '전면적' 비판을 수반하지는 않는다. 오히려 대립에 초점을 맞추는 아우구스티누스의 평가는 여전히 지상 도성의 사랑에

---

[17] 참고. Oliver O'Donovan, *The Desire of the Nations: Rediscovering the Roots of Political Theology* (Cambridge: Cambridge University Press, 1996). 교회가 더 이상 통치자들을 심판할 필요가 없다고—그 나라가 도래했다고—생각할 때 우리는 기독교 세계의 선교 기획에서 적그리스도로 미끄러져 들어가고 만다. 카이사레아의 에우세비오스(Eusebius of Caesarea)는 바로 이 유혹에 빠지고 말았다. "그 유혹이란 바로 지배 권력의 회심을 성취되고 완전한 것으로 보고 선교를 포기하는 것이었다"(p. 197). 에우세비오스는 콘스탄티누스의 승리를 재림(parousia)으로 혼동했다(p. 198). 다시 말해서, 그는 종말론의 나머지를 제거해 버렸다. 간단히 말해서, 에우세비오스는 (기독교 세계가 **곧** 선교의 포기라는 표준 설명과 달리) 선교를 포기했기 **때문에** 기독교 세계 기획을 포기했다. "기독교 세계의 모호성은…그 선교적 맥락에 맞춘 초점을 상실한 데서 시작되었다…기독교 세계라는 관념의 위험—종교적으로 중립 국가라는 후기-기독교 세계 관념에 동반되는 것과 정확히 동일한 위험—은 부정적 공모에 따른 위험이었다"(pp. 212-213). 하지만 아우구스티누스는 [히에로니무스(Jerome)가 아니라] 암브로시우스(Ambrose)의 모범을 따름으로써 바로 이 실수를 하지 **않을** 수 있었다(pp. 199-202).

대한 섬세한 설명을 허용하며, 그에 대해 어느 정도 긍정적 태도를 유지한다. 이 긍정적 태도가 하나님의 시민들이 제국의 전략에 마음껏 참여할 수 있다는 낙천적 확신으로 깔끔하게 전환되지는 않겠지만, 보니파키우스 같은 사람에게 그리스도에 대한 충성에 의해 규율되는 방식으로 제국 안에서 자신의 역할을 담당하기를 허락하고 심지어 격려하는 입장이라고 말할 수 있다.

이것은 하나님의 도성 시민들을 위한 정치 활동의 '무게 중심'을 찾으려는 노력이라고 말할 수 있다.[18] 만약 천상 도성의 시민들이 현시대에서 경쟁하는 피조물의 영토를 차지하고 "순례자", 유배자, "이방인 사회"로 지상 도성의 시민들 사이에서 살아간다면(『신국론』 19.17), 그것은 정치적 삶의 중추적 에너지를 어디서 찾느냐는 문제가 된다. 아우구스티누스를 읽으면서 '지상 도성'과 '정치적인 것'을 동일시하는 경우가 너무도 많다. 그 결과 지상 도성에 더 제한적으로 의심을 품은 채 참여해야 한다는 주장은 정치에 **무관심한** 입장을 옹호하는 것으로 받아들여진다. 하지만 지상 도성과 정치적인 것을 그런 식으로 동일시해서는 안 된다. 하나님의 도성 역시 친척 관계를 넘어서서 작동하는 사회적 조직화의 방식이라는 의미에서 정치적이다. 따라서 '이방인 사회'가 지상 도성에 참여할 수 있는지, 혹은 어느 정도까지 참여할 수 있는지에 관한 문제는 이 이방인들이 '정치적'일 수 있는지, 그렇다면 어느 정도까지 정치적일 수 있는지에 관한 문제가 **아니라**, 그들이 **지상 도성 방식**의 정치에 어느 정도까지 참여할 수 있는지에 관한 문제다.[19] 아우구스티누스는 결코 우리가 이중 시민권을 가지고 있다고 말하지 않는다. 하나님의 도성 시민은

---

18 혹은, 약간 다르지만 앞서 제시했던 '매는 줄' 은유를 사용하자면, 그리스도인들은 다툼의 대상인 피조물의 영토 안에서 지상 도성의 시민들과 더불어 살아가지만, 마치 건물 꼭대기의 고정 장치에 매달린 채 마천루의 창문을 닦는 사람처럼 천상 도성과 장차 올 하나님 나라에 묶인 채로 지상 도성에서 일하고 있다고 말할 수도 있다.

19 따라서 뒤에서는 이 둘이 함몰되는 것을 피하기 위해 '지상 도성의 정치'라는 표현을 사용할 것이다.

언제나 이미 자신이 이방인 거류민의 상황에 처해 있음을 인식할 것이다. 문제는 '정치적'일지 말지가 아니라 **어떻게** 정치적일 것인가다.

계산된 양가성: 상황에 따른 협력을 위한 네 가지 원칙

아우구스티누스는 천상의 시민들의 정치적 에너지를 위한 무게 중심이 **교회**라고 주장하며, 궁극적으로 지상 도성의 정치를 비판하는 평가를 내리지만, 그렇다고 해서 그의 입장이 지상 도성의 정치에 참여하는 것을 마니교적으로, 절대적으로 거부하는 태도를 뜻하지는 않는다. 오히려 아우구스티누스의 정치 현상학에서는 네 가지 요인에 근거한 선택적·의도적 협력을 지지한다. 나는 이 네 요인이 이 책에서 내가 펼쳤던 주장의 함의를 압축하고 있다고 생각한다.

  1. **무질서한 사랑조차도 피조물의 욕망을 증언한다.** 형식적 차원에서, 무질서한 사랑의 구조조차도 결코 제거할 수 없는 피조물의 욕망을 증언한다. 여기서 지상 도성의 정치에 대한 아우구스티누스의 설명은 우상숭배에 대한 그의 설명을 거울처럼 반영한다고 말할 수 있다. 우상숭배는 인간-됨을 구성하는, 예배하고자 하는 제거할 수 없는 종교적 충동에 대한 끈질긴 증거다. 따라서 우상숭배는 타락에 의해 잘못 **지향하는** 피조물의 영속적 **구조**에 대한 증언이다. 아우구스티누스는 우상숭배적 예배의 잘못된 방향에 여전히 비판적일 테지만, 욕망 자체는 피조물의 구조에 대한 증거다. 이는 지상 도성의 정치에도 적용된다. 지상 도성의 정치적 욕망이나 사랑은 궁극적으로 도착적이며 잘못 지향하지만, 그럼에도 그 지향적 도착이 피조물의 구조를 보여 준다. 그런 의미에서 그는 지상 도성조차도 천상 도성의 "표지"라고 말한다(『신국론』 15.2). 따라서 로마의 "평화"에 대한 아우구스티누스의 억제된 평

가를 이해할 수 있다. 평화를 향한 욕망은 구조적이다. 아우구스티누스는 카쿠스(Cacus, 그리스 신화에 등장하는 괴물―옮긴이) 같은 짐승조차도 일종의 평화를 욕망했다고 지적한다. "어떤 피조물의 타락도 그 본성의 마지막 흔적까지 파괴할 정도로 본성에 반하지는 않기 때문이다." 이것이 카쿠스에 적용되었다면 제국에도 분명히 적용될 것이다. 하지만 아우구스티누스가 이에 양가적 태도를 보인다는 점에 주목하라. 그가 평화의 **구조**를 인정한다고 해서 이 평화를 근원적으로 비판하지 않는 것은 아니다. "정의로운 이들의 평화와 비교할 때 불의한 이들의 평화는 평화라고 불릴 가치도 없다"(19,12).

하지만 그다음에 중요한 "그러나"가 이어진다. "그러나 왜곡된 것조차도 반드시 그 사이에서 그 존재를 가지는 것들 혹은 그것을 구성하는 것들이 이루는 질서 일부에 있거나 그 질서로부터 유래하거나 그 질서와 연결되어야―즉, 어떤 의미에서 그 질서와 평화로운 관계를 이뤄야―한다"(19,12). 하지만 이것은 도덕적 평가가 아니라 **존재론적** 주장이다. 이것은 잘못 지향하는 악마에 관한 아우구스티누스의 계속되는 설명과 짝을 이룬다. "악마의 본성조차도 그것이 본성인 한 악하지 않다"(19,13). 천상 도성은 악마의 유비다. 그것들이 도착되고 잘못 지향되었더라도 둘 다 창조주에 참여하는 영속적 구조를 증언한다.

2. **모든 비판은 상황 의존적이다. 어떤 (기독교적) 비판도 전면적이거나 절대적일 수 없다.** 따라서 아우구스티누스의 지상 도성 비판은 결코 '전면적'이거나 '절대적'일 수 없다. 그의 참여적 존재론이 그런 비판을 배제하기 때문이다. 이것은 지상 도성에 대한 그의 섬세한 설명의 두 번째 양상과 연결된다. 아우구스티누스는 사랑의 지향성에 관심을 기울이기 때문에 덕의 목적론적 성격에도 관심을 기울인다. 그 덕분에 상황에 따라 덕과 비슷한 것이 악덕보다 더 낫다고 인정할 수 있게 된다. 로마의 "평화"에 대한 아우구스티누스의

설명에서 이러한 섬세한 묘사—결코 인정이 아니다—를 재확인할 수 있다. 앞서 지적했듯이, 강도떼조차도 평화와 "비슷한 것" 혹은 평화의 "그림자"를 유지한다(19.12). 없는 것보다 비슷한 것이라도 있는 편이 나으며, 순전한 어둠보다 그림자가 낫다. 그렇기 때문에 "그[지상의] 도성조차도 그 자체의 인간적 방식이라는 점에서, 그들의 소유에 의해 더 낫다"(15.4, 강조는 추가됨). 지상의 평화—평화와 비슷한 것일 뿐이지만—를 향한 욕망이 역시 평화의 부재보다는 나으며, 따라서 하나님의 도성 시민은 더 정의로운 자들이 (훨씬) **덜** 정의로운 자들에게 승리할 때 기뻐할 수 있다. 결정적으로 아우구스티누스는 우리에게 **정도**라는 요소를 인정하기를 권한다.[20] 그러나 아우구스티누스가 말하는 정도("더 정의로운 자들")를 마치 '정의'라는 컵이 더 많거나 더 적게 차 있다는 식으로, 혹은 지상 도성이 참된 정의에 이르는 '길'에서 얼마나 멀리 갔는지의 문제이기라도 한 것처럼 성취의 정도라는 관점에서 이해해서는 안 된다. 성취-정도 모형은 아우구스티누스가 주장하는 근본 대립을 약화시킨다. 오히려, 정도 평가는 **방향** 평가이며, 이 비슷한 것이 어느 정도까지 올바른 방향을 지향하는지 그 정도를 평가하는 것이다. 평가 도구는 자가 아니라 각도기다. 평화의 부재보다 평화와 **비슷한 것**이 더 낫다고 인정한다고 해서 비

---

20 바빙크에게서도 비슷한 섬세함을 발견할 수 있다.

> 그리스도인으로서, 개신교인으로서, 개혁주의 그리스도인으로서 현재의 시대와 대립하며 맞설 필요가 없다. 이 시대는 우리에게 살며 일할 곳을 주신 하늘 아버지의 동일한 뜻으로 다스려지기 때문이다. 만약 우리가 루소 같은 자연주의자들이라면 우리는 엄격한 보수주의로 돌아가기 쉬울 것이다. 우리가 현실 너머에서 온 기준을 가지고 있지 않다면, 반대로 상상력의 영역에서 그러한 기준을 빌려 온다면 무역사적 급진주의 안에서 우리의 안녕을 추구하기 쉬울 것이다. 그러나 우리가 사물의 더 고등한 질서, 즉 역사의 사실들뿐만 아니라 그분 말씀의 증언을 통해서도 우리에게 다가오는 하나님의 거룩하고 은혜로운 뜻을 믿는다면, 우리는 현재를 가늠하고 변화시킬 규범을 발견한 셈이다. 따라서 우리는 적어도 원칙적으로는 현실을 무조건 정죄하거나 정당화할 위험을 극복할 수 있다. [Herman Bavinck, "On Inequality", *Essays on Science, Religion and Society*, ed. John Bolt, trans. Harry Boonstra, Gerrit Sheeres (Grand Rapids: Baker Academic, 2008), pp. 161-162]

숫한 것 자체를 인정한다는 뜻은 아니다. 오히려 지상의 평화와 정의를 비슷한 것으로 간주하는 것은 그것의 본질적 실패에 대한 근본적 비판 안에서 그것을 바라본다는 뜻이다. 아우구스티누스가 여기를 인정하는 태도를 과대평가하는 독자가 너무도 많으며, "그분을 제외한 어떤 존재에게도 제사를 드리는 것을 금하시는 하나님, 지극히 높으신 한 분 하나님이 그분의 은혜에 따라 순종하는 도성을 지배하시는 곳에 정의가 존재한다"(19.23)라는 그의 끈질긴 주장을 무시하는 경우가 많아 보인다. 그럴 가능성이 (타락의 잘못된 **지향**에서 기원한) 지상 도성에서는 사실상 배제되기 때문에 지상 도성은 "참된 정의"가 이뤄지는 공간이 될 수 없다(19.24). 그럼에도 아우구스티누스의 설명에서는 무질서의 정도를 인정하기 때문에, 그는 흔히 고립된 영토로서의 교회로 퇴각하기 전에 나타나는 '너희 집이 온통 천연두에 오염되었다'는 식의 악마화와 거부를 피한다.

3. **궁극적 차이가 있는 곳에서도 준궁극적 수렴을 인정하라.** 이 섬세함—아우구스티누스로 하여금 특정한 문화적 구조가 다른 것에 비해 바르게 정향되는 데 더 근접해 있음을 인정할 수 있게 해 주었던—은 또한 궁극적·목적론적 갈라짐이 존재하더라도 현시대에는 수렴의 양상들이 존재할 수 있음을 상황 의존적으로 인정할 수 있게 해 준다. 다시 말해서, 사랑이 다소 나쁘게 정향될 수 있다는(샬롬의 텔로스를 다소간 지향할 수 있다는) 사실에 주목함으로써, 아우구스티누스는 '제국'에 대한 동시대의 장광설을 특징짓는 경향이 있는 전부—아니면—전무 **식**의 접근 방식을 피하는 문화적 비판을 위한 기준과 원칙을 확보할 수 있었다. 나는 아우구스티누스가 ('영역'의 관점에서 이 문제를 정태적으로 분석하지 않고) '지향성'의 관점에서 사랑을 설명하는 접근 방식 덕분에 다른 사회 구성에 비해 잘못된 방향을 덜 지향하는 사회 구성을 신중하게 인정하는 동시에, 지상 도성의 문화적 실천에 참여하는 것이 결국에

는 **예배**의 문제, 따라서 우상숭배 문제라는 예리한 감각을 유지할 수 있다고 주장한다.

하지만 또한 사랑의 역학에 대한 이런 강조 때문에 그는 천상 도성의 정치적 '내려옴'(fallout)을 지상 도성을 위한 회복으로 상상할 수 있었다. 기독교 신앙과 국가 이익의 양립 불가능성에 관해 묻는 이교도 볼루시아누스(Volusian)의 질문에 대한 아우구스티누스의 대답에서 이를 확인할 수 있다. 그 질문은 이렇다. "그리스도의 설교와 가르침은 국가의 실천과 절대로 양립할 수 없습니다. 많은 이가 말하듯이, 그분은 우리가 아무에게도 악을 악으로 갚지 말아야 한다고 분명히 명령하셨기 때문입니다."[21] 이에 대해 아우구스티누스는 이렇게 대답한다. 사실 예수의 위대한 계명―"네 마음을 다하고 목숨을 다하고 뜻을 다하여 주 너의 하나님을 사랑하라"와 "네 이웃을 네 자신 같이 사랑하라"(마 22:37, 39)―안에서 "칭찬할 만한 국가의 안전을 찾을 수 있습니다. 공동선, 즉 가장 고귀하고 가장 참된 선이신 하나님을 사랑할 때, 인간들은 사랑하는 성향을 그분에게서 숨길 수 없기에 그분 때문에 서로를 사랑함으로써 그분 안에서 진심을 다해 서로를 사랑할 때, 믿음과 견고한 조화의 토대와 결속에 의해 최선의 도성이 세워지고 보호를 받기 때문입니다."[22] 우리 이웃을 사랑하라는 부르심 때문에 우리는 이웃들이 살고 있는 공유된 영토로 들어갈 수밖에 없으며, 하나님이 우리의 동료 시민들을 위해 바라시는 바와 조화를 이루는 선들을 인정할 수밖에 없다. 아우구스티누스는 국가를 위한 책임을 얼마나 폭넓게 공유할 수 있을지 상상할 수 없었겠지만, 자유 민주주의라는 현실은 이 부르심과 책임을 더 강화할 뿐이다.

---

[21] Augustine, *Letters 100–155*, trans. Roland Teske, SJ, ed. Boniface Ramsey, *The Works of Saint Augustine* II/2 (Hyde Park, NY: New City Press, 2003), 136.2.

[22] 같은 책, 137.17.

4. 종말론을 잃어버리지 말라. 목적론적 감수성을 계발하라. 아우구스티누스는 무질서한 공동체에서 나타나는 사랑의 양상조차 제한적으로, 상황에 따라 긍정할 수 있다고 보았으며, 하나님의 도성 시민들이 그러한 사랑을 '이용'할 수 있다고 설명했다. 사례 하나만 생각해 보라. 아우구스티누스는 지상 도성의 내재적 평화가 궁극적으로는 공허하며 지속 불가능하다고(허무주의라고?) 지적하면서도 그것을 "거부해서는 안 된다"고 분명히 주장한다(19.26). 지상 도성의 내재적 평화에 대해 지적하면서도 그는 하나님의 도성 시민들에게 "바벨론의 평화를 이용해야" 한다고 가르친다. 시간 사이에 있는 이 시간(현시대)에 두 도성이 '섞여 있기' 때문에, 포로 생활을 하던 이스라엘 백성이 바벨론의 평안을 추구하라는 가르침을 받았듯이—"그 성읍이 평안함으로 너희도 평안할 것"이므로(렘 29:7)—지상 도성의 평안을 추구하는 것이 하나님의 도성 '순례자들'의 이익에도 부합한다.

지상 도성이 '평화'를 '이용'한다는 것은 무엇을 뜻하며 그 **목적**은 무엇인가? 여기서 두 핵심 요소에 주목해야 한다. 첫째, 지상 도성의 평화를 '이용'한다는 것은 제국을 '기독교화'하려는 계획을 뜻하지 않는다. 아우구스티누스는 에우세비오스가 아니다. 지상 도성 안에서 조금이나마 정치적 평화를 추구하는 목적은 **교회를 위함**이다. 즉, "우리가 모든 경건과 사랑으로 고요하고 평화로운 삶을 살기 위함이다"(19.26, 딤전 2:2을 인용함). 이것은 제국을 '변혁'하려는 기획처럼 들리지 않는다. 오도노반의 공식을 떠올려 보면, "가장 참되게 기독교적인 국가는 자신이 가장 철저히 '세속적'임을 이해한다."[23] 그 국가는 지금이 어떤 때인지 알고 있고, 오실 왕을 기다리며, 이 종말론에 의해 통제된 기대를 가지고 있다.

---

[23] O'Donovan, *Desire of the Nations*, p. 219.

둘째, 그럼에도 우리가 정치적 실현에 대한 피조물의 요청에 응답해야 할 피조물로서의 소명을 다하지 않아도 되는 것은 아니다. 다시 말해서, **정치체**들을 만들어 내는 문화적 일은 창조의 본성이 요구하는 바다. 십자가, 부활, 새 창조가 그 소명을 대체하지는 않는다. 그것을 갱신할 뿐이다. 특히, 약한 이들을 보호하고 우리 가운데 있는 과부, 고아, 이방인들을 돌보는 정치체와 정책, 체제와 제도를 만들어 가는 동시에 우리가 상업, 교육, 예술, 심지어 놀이에서 피조물로서 우리의 다양한 소명을 추구할 수 있는 여지를 만드는 것을 우리의 이웃을 사랑하는 것과 동일한 소명으로 다시 바라보게 한다. 베른트 바넨베취가 주장하듯이, "비록 그리스도인들은 끊임없이 정치를 필요악으로 바라보려는 유혹을 받지만, 바르게 이해된 기독교 예배는 근본적으로 긍정적 태도만을 허용할 뿐이다. 모든 것을 말하고 행했을 때 필수적인 세속의 일인 정치를 경멸해서는 안 되며, 사적 삶과 마찬가지로 믿음이 스스로를 증명해야 하는 필수 공간으로 보아야 한다. 정치의 목적은 신체적·사회적 필요를 지닌 인간을 돌보고 그들의 어려움을 덜어 주는 것이다."[24] 따라서 우리는 뒤섞인 공간(*permixtum*), 즉 우리의 공동의 삶이라는, 경쟁의 대상이지만 선한 공간에 참여하고 그 안에서 협력하며, 미약하더라도 지상 도성을 하나님의 도성을 향해 구부릴 수 있기를 바라며 그렇게 한다.

바로 이 맥락에서 아우구스티누스는 인내의 중요성을 이야기한다. 다시 한번 볼루시아누스에게 대답하면서 아우구스티누스는 복수를 삼가라는 예수의 명령["누구든지 네 오른편 뺨을 치거든 왼편도 돌려 대며"(마 5:39)]이 사실은 국가를 위한 선물이라고 주장한다. "그렇게 하지 않으면 당신은 인내보다 복수를 추구함으로써 영원한 선보다 일시적 선을 더 소중히 여기게 될 겁니다."

---

[24] Bernd Wannenwetsch, *Political Worship: Ethics for Christian Citizens*, trans. Margaret Kohl (Oxford: Oxford University Press, 2004), pp. 175-176.

계속해서 그는 이렇게 말한다. "복수하려는 욕망 때문에 다른 것은 차치하더라도 인내 자체를 잃지 않도록 조심해야 합니다. 우리는 원수가 우리의 뜻에 반해 가져갈 수 있는 모든 것보다 인내를 더 소중히 여겨야 하기 때문입니다."[25] 이것은 궁극적으로 종말론으로 우리의 정치적 기대에 제한을 가하는 것을 의미한다. 하나님 나라는 우리가 만드는 무언가가 아니라 우리가 기다리는 무언가다.

마지막으로, 우리의 정치 참여에는 한계가 있다. "따라서 여기 땅 위에서 순례하는 천상 도성조차도 참된 종교와 경건에 해가 되지 않는 **한** 지상의 평화를 이용하고 죽을 수밖에 없는 인간 본성 때문에 필요한 것들에 관해 인간 의지의 타협을 변호하고 추구한다"(『신국론』 19.17, 강조는 추가됨). 중요한 것은 그 '한계'를 분별하는 것이다. 어느 지점에서, 어떤 방식으로 지상 도성의 정치 구성을 실천하는 것이 참된 종교에 **해가 되는가**? 여기서 다시 한번 아우구스티누스의 직관은 교리적이기보다는 예전적이다. 이러한 정치적 실천들—이러한 세속적 예전들—은 어떤 방식으로, 어느 정도까지 하나님의 백성을 왜곡되게 형성하며 천상 도성을 향한 갈망으로부터 그들을 벗어나게 만드는가?

역으로 우리는 교회의 예배를 하나님의 백성의 정치적 중심 잡기로 이해할 수 있다. 우리는 보냄받기 위해 모이며, 일하기 위해—하나님의 선교(missio Dei)에 참여하는 그리스도인의 활동을 담당하기 위해—보냄받는다. 따라서 '선교'란 그리스도인들이 하나님의 영광을 위해, 하나님 나라의 샬롬을 지향하는 방식으로 자신들의 소명을 추구하는 것이 무엇을 뜻하는지 지칭하는 약어일 뿐이다. 하지만 선교와 소명과 문화 만들기에 대한 기독교적 강조는

---

[25] Augustine, *Letters 100–155*, 138.11.

모두 '성향의 빗나감'에 대한 더 근본적인 우려에 뿌리내리고 있어야 한다. 만약 교회가 하나님의 형상을 지닌 사람들을 파송해 하나님이 만드신 선하지만 깨어진 세상 안에서 그들의 사명을 감당하게 하는 원심 분리기라면, 또한 동시에 성향의 재형성을 위해 구심적으로 모이는 실천 공동체가 되어야 한다. 이런 방식으로 기독교 예배는 하나님의 도성의 '시민론'이 되어 공동선을 위해 보냄받고 이웃뿐만 아니라 원수까지도 사랑하도록 보냄받은 백성을 형성한다.

돈키호테를 칭송하며

지상 도성 정치의 냉혹한 현실주의와 약삭빠른 합리성 속에서 교회가 보여 주는 소망의 정치에는 언제나 돈키호테처럼 보이는 부분이 있을 것이다.[26] 결국 정치신학에서는 우리에게 왕국을 상상하고 절대로 도착하지 않을 것처럼 보이는 왕을 기다리라고 요구하지 않는가? 돈키호테가 우스꽝스러운 것은 그가 기사도와 중세 기사 이야기에 관한 책에서 연료를 공급받고 그런 책으로 가득 차 있는 상상력의 틀로 세상을 지각했기 때문 아닌가? 돈키호테는 한 책에 자신의 상상력이 매료되어 존재하지 않는 것을 보는 현실-부정 그리스도인의 양자라고 말할 수 있지 않을까?

당신은 이 유비를 부인하고 싶은가? 아니면 돈키호테를 구하고 싶은가?

돈키호테 안에는 우리가 부인하기를 꺼리는 아름다운 무언가가 존재하지

---

[26] 칸트(Kant)와 헤겔로부터 카를 슈미트(Carl Schmitt)와 발터 벤야민(Walter Benjamin)에 이르기까지 독일 철학 속 돈키호테의 모험을 다룬 매혹적 연구인 Adam Y. Stern, "Political Quixoticism", *Journal of Religion* 95 (2015): pp. 213-241를 보라.

않는가?[27] 정말이지 기사-방랑자의 비현실적 지각에는 복음과 깊이 맞닿는 무언가가 존재한다. 예를 들어, 그가 여인숙에서 만난 청소하는 여인을 묘사하는 이 감동적인 문단을 생각해 보라.

여자가 문에 들어서자마자 돈키호테는 인기척을 느꼈고, 약을 바른 갈비뼈에는 통증이 있었지만 침대에 앉아 두 팔 벌려 그의 아름다운 아가씨를 맞이했다. 아스투리아스 여자는 머뭇거리면서도 조용히 두 손을 앞으로 내밀고 자기 애인을 찾으려다가 돈키호테의 팔에 부딪쳤다. 돈키호테는 그녀의 손목을 꽉 잡고 그녀가 뭐라 말할 새도 없이 자기에게로 끌어당겨 침대에 앉혔다. 그러고선 그녀의 슈미즈를 더듬었다. 슈미즈는 거친 싸구려 삼베로 된 것이었으나 그에게는 아주 질 좋고 얇은 비단처럼 느껴졌다. 그녀는 손목에 유리 염주를 끼고 있었으나 그에게는 그것이 동양의 귀한 진주로 여겨졌다. 그녀의 긴 머리는 어떻게 보면 말갈기 같았으나 그에게는 태양도 어둡게 만드는 아라비아의 빛나는 황금 다발처럼 보였다. 그녀의 숨결은 분명 어제 만든 퀴퀴한 샐러드 냄새를 풍겼으나 그에게는 부드러운 향내 같았다. 간단히 말해서, 그는 상상 속에서 자기가 책에서 읽은 다른 공주, 즉 사랑에 굴복해 지금 언급한 온갖 치장을 하고 크게 다친 기사를 보러 온 공주의 형태와 외모를 따라 그녀를 묘사했다. 이 불쌍한 양반이 얼마나 눈이 멀었던지, 그녀의 감촉이나 숨결이나 그 외 하녀의 특징을 제대로 보여 주는 모든 것도 그를 방해하지 못했다. 노새 몰이꾼이 아닌 다른 사람이었더라면 토하고도 남았을 텐데 말이다. 오히려 그는 팔로 아름다움의 여신을 안고 있는 것 같았다.[28]

---

27 스트래퍼드 축제(Stratford Festival, 캐나다 스트래퍼드시에서 열리는 연극제로, 스트래퍼드라는 이 시의 이름 역시 윌리엄 셰익스피어의 고향 지명에서 따온 것이다-옮긴이)에서 〈맨 오 브 라 만차〉(*Man of La Mancha*, 『돈키호테』에서 영감을 얻은 뮤지컬-옮긴이) 공연을 보면서 이 생각이 떠올랐음을 고백해야겠다.

28 Miguel de Cervantes, *Don Quixote*, trans. Edith Grossman (New York: Ecco, 2005), p. 113. 소설

이 장면에서 호세아와 고멜의 노래가 흐르게 할 수도 있으며, 그렇기 때문에 이 장면은 또한 그리스도와 그분의 신부를 떠올리게 한다. 그리고 다른 방식으로 신부가 받은 부르심, 즉 그리스도의 몸의 정치적 소명을 보여 준다. 세상은 다르다는―다를 수 있다는―소망을 전한다는 이유로 웃음거리가 되고 경멸을 당하게 되더라도 우리의 이웃과 원수 안에서 다른 이들이 볼 수 없거나 보기를 거부하는 것을 보는 것이다.

돈키호테는 우스꽝스러우며, 경험주의자인 산초는 현실을 확인시켜 주며 우리를 계속 웃게 만든다. 산초는 냉정하게 있는 그대로 말하는 솔직한 사람이며 절대로 미소를 짓지 않기 때문에 돈키호테가 훨씬 더 우스꽝스러워진다. 그는 날카롭게 현실 정치를 설파하는 목소리다. 그는 그리스도께 영감을 받은 소망의 정치인인 우리가 세상이 다를 수 있다고 감히 상상할 때 무미건조하게 우리에게 '현재의 상황'을 상기시킨다. 힘에의 의지가 지배하는 정치적 이기주의와 냉소적 권력 투쟁의 시대에 정의를 위해 일하는 것―자비로운 경제와 생명을 주는 도시, 사람의 능력을 길러 내는 교육 체계를 건설하기 위해 노력하는 것―은 풍차를 향해 돌진하는 것처럼 보일 때도 있다. 용서와 자비와 긍휼이 정치 체제에 움푹 파인 자국을 낼 수 있다고 상상하는 것은 노련한 정치인들이 순진하고 무지한 생각이라고 비웃으며 거부하는 자세다. 그들은 "믿음, 소망, 사랑이 폴리스에 속한다고 상상할 정도로 어리석은 돈키호테 부족을 보라!"라고 말하며 깔깔댄다.

이처럼 멸시하며 조롱하는 웃음은 세르반테스(Cervantes)의 소설에 담긴 해학이 의존하는 것과 동일한 것에 의존한다. 즉, 자신은 편견 없이 본다고 믿으면서 우리에게 '객관적' 현실에 대한 하나님의 관점을 제공한다고 전제

과 뮤지컬 〈맨 오브 라 만차〉의 차이점 중 하나는, 뮤지컬에서는 돈키호테의 상상력의 힘이 너무 커서 하녀조차 갑자기 자신을 새롭게 바라보기 시작한다는 점이다.

하는 화자에 의존한다. 우리는 그가 상황을 있는 그대로 보여 준다고 생각하기 때문에 농담을 알아듣는다. 우리 사이의 정치적 '현실주의자들'은 자신들이 세상에 대해 걸러지지 않은 견해를 가지고 있다고 믿는다. 그리고 미래에 대해 절망하는 기독교적 자세는 자신도 모르는 사이에 이러한 세속화된 견해에 현실을 내주고 만다.

하지만 우리가 아직도 『돈키호테』를 읽는 것은, 세르반테스가 우리에게 보여 주는 세상이 우리가 원하는 세상이며 그가 이해한 세상이 계속 우리 머릿속에 맴돌아서 화자가 무언가를 놓치고 있거나 무언가를 잊어버리거나 무언가를 숨기고 있는 것은 아닌지 궁금하게 하도록 만들기 때문이다. '현실'을 직시하라고 주장하는 두려움과 축소의 정치 역시 마찬가지다. 궁극적인 무언가에 대한 어떤 **믿음**에 영향받지 않고서 세상에 대한 '견해'를 갖지는 않는다. 정치적 현실주의로 통하는 것은 세상에 대한 누군가의 궁극적 견해―(대개는 의심을 낳지만) 어떤 **믿음**에 뿌리내리고 있으며, (절망의 형식을 취하기는 하지만) 어떤 **소망**을 지향하고, (아우구스티누스가 우리에게 가르치듯이 그 기본적인 사랑은 자기애이며 지배 욕망이기는 하지만) 어떤 **사랑**에 의해 활력을 얻는 견해―다.

또한 이것은 '현실주의'를 자처하는 모든 견해에는 논쟁의 여지가 있으며, 번영하는 폴리스에 대한 성경적 전망이 단지 '종교적'이라는 이유로 배제되어서는 안 된다는 것을 뜻한다. 궁극적으로 종교적이지 않은 정치는 존재하지 않는다. 따라서 복음의 선포가 정치를 상상하는 급진적으로 다른 방식―현실을 은폐하지 않고 **폭로하는** 경쟁적 형태의 믿음, 소망, 사랑―으로 제시될 기회와 가능성이 열린다. 이 모든 것은 누가 세상을 설명하는 화자라고 생각하는지에 달려 있다. 우리를 사랑하시고 우리를 위해 자신의 생명을 내주셨으며 죽은 자 가운데서 부활하신 왕이 그 화자라면 어떻겠는가?

물론, 세상을 바라보는 경쟁하는 여러 견해에 대한 '검증'은 종말론적일 수밖에 없다. 그렇기 때문에 그리스도인이 정치적 자세를 취할 때 핵심은 **기다림**이다. 우리는 왕국을 성취하지 않는다. 왕을 기다린다. 이것은 겁먹은 채로 기다리는 정적주의나 체념하여 냉담하게 기다리는 자세를 뜻하지 않는다. 『정의의 소명』(The Justice Calling)에서 베서니 행크 후앙(Bethany Hanke Hoang)과 크리스틴 디드 존슨은 하박국을 본보기로 삼는다. 불의를 슬퍼하며 하나님께 따지던 하박국은 그의 불평에 대한 하나님의 응답을 기다리면서 성루에 자리를 잡는다(합 2:1). 두 저자는 "우리가 '자리를 잡는다'는 것이 무엇을 뜻하는가?"라고 묻는다. "우리 삶에서 성루는 무엇을 상징하며, 거기에 올라가는 데는 어떤 의미가 있는가? 우리 주변의 모든 것이 행동을 요청하는 상황에서 기다림의 역할은 무엇인가? 기다림 자체도 행동일 수 있는가?"[29] 적극적 기다림은 천상 도성의 시민들을 구별 짓는 특징으로, 세상을 정세와 권세에 내주는 정적주의 및 은혜와 무관한 개선을 상상하는 행동주의 둘 다에 저항한다. 후앙과 존슨이 주장하듯이, "'성루'가 어디든지 우리가 현실을 더 명확히 보기 위해 가는 곳"[30]이라면 나의 주장은 에클레시아가 우리의 가장 중요한 성루라는 것이다. 에클레시아의 형성적 훈련과 실천은 하나님이 우리의 지각을 성화하여[31] 우리가 현실을 더 명확히—즉, 계시와 세상의 소망에 비추어—볼 수 있게 하시는 방법이다. 에클레시아에서 우리의 사랑은 왕을 향해 재조정되고 다시 왕을 가리키며, 그다음 우리는 세상이 어떻게 달라질 수 있는지를 증언하도록 뒤섞인 공간(permixtum) 안으로 보냄 받는다.

---

[29] Bethany Hanke Hoang and Kristen Deede Johnson, *The Justice Calling: Where Passion Meets Perseverance* (Grand Rapids: Brazos, 2016), p. 102.

[30] 같은 곳.

[31] James K. A. Smith, *Imagining the Kingdom: How Worship Works*, Cultural Liturgies 2 (Grand Rapids: Baker Academic, 2013), pp. 151-164를 보라.

우리가 하는 가장 혁명적인 행동은 **소망**하기다. 소설가 메릴린 로빈슨(Marilynne Robinson)은 간결하게 이렇게 말한다. "두려움은 그리스도인의 마음의 습관이 아니다."[32] 그리스도인이 된다는 것은 정치에 참여하지만 **두려움 없이** 참여하는 사람이 되는 것을 뜻한다. 두려움은 우리를 마비시키며, 두려움에 마비되었을 때는 그 누구도 좋은 결정을 내리지 못한다. 우리는 어떤 위협은 과대평가하고 어떤 위협은 무시한다. 우리는 명확하게 볼 수 없으며, 우리의 공황을 조장하는 이들에게 조작되기 쉽다. 그러나 우리는 두려움에 마비된 백성이 되어서는 안 된다. 우리의 왕께서 거듭해서 우리에게 "두려워하지 말라"고 말씀하신다. 당신은 큰 기쁨을 가져다주는 복된 소식을 이미 들었다. 왕께서 살아 계시며 보좌에 앉으셔서 통치하신다. 그뿐만이 아니다. 그분은 또한 아버지의 오른편에서 우리를 위해 중보하고 계신다. "두려워하지 말라."

---

[32] Marilynne Robinson, *The Givenness of Things: Essays* (New York: Farrar, Straus and Giroux, 2015), p. 125.

인명 찾아보기

갤스턴, 윌리엄(William Galston) 241
거기스, 셰리프(Sherif Girgis) 265주7
게르첸, 알렉산드르(Alexander Herzen) 147
게이츠, 헨리 루이스, 주니어(Henry Louis Gates Jr.) 178
고스키, 필립(Phillip Gorski) 46주33
고프닉, 애덤(Adam Gopnik) 71, 72, 73
그래빌, 스티븐(Stephen J. Grabill) 217주60
그랜트, 조지(George Grant) 87주66
그레고리 대제(Gregory the Great) 209주53, 232
그레고리, 에릭(Eric Gregory) 230주3, 258주61
그린, 그레이엄(Graham Greene) 351, 352
길, 로빈(Robin Gill) 319주53

나르키소스(Narcissus) 147
네스티, 마크(Mark Nesti) 69주29
넬슨, 에릭(Eric Nelson) 137주34, 212주56
뉴하우스, 리처드 존(Richard John Neuhaus) 87주68
니버, 리처드(H. Richard Niebuhr) 55주2, 279
니스벳(H. B. Nisbet) 218주62
니체, 프리드리히(Friedrich Nietzsche) 57

니콜라오 5세(Nicholas V, 교황) 297주21

다우섯, 로스(Ross Douthat) 43주26
다익스트라, 크레이그(Craig Dykstra) 308주32, 341, 342주87
단테(Dante) 62, 182
대니얼스, 스콧(T. Scott Daniels) 327주70
더니스, 윌리엄(William A. Dyrness) 217주61
데이커마, 브라이언(Brian Dijkema) 226주73
데카르트, 르네(René Descartes) 197, 290
도다로(R. J. Dodaro) 99주101
도메네치, 벤(Ben Domenech) 223
도이어베르트, 헤르만(Herman Dooyeweerd) 38주16, 58주6, 201, 234, 235, 236주17, 239
두디, 존(John Doody) 49주34, 70주33, 83주55
듀빈, 제러드(Jered Dubin) 69주28
드닌, 패트릭(Patrick J. Deneen) 85주60
드레이퍼스, 휴버트(Hubert Dreyfus) 65, 66주23-24, 68, 74
드리어, 로드(Rod Dreher) 85주60, 354주12
디오클레티아누스(Diocletian) 172주12, 251

라 조, 프랜시스(Francis La Jau) 314
라우쉬, 조너선(Jonathan Rauch) 233주11
라우스, 조셉(Joseph Rouse) 88주69
라이트(N. T. Wright) 117주9, 129주29, 149주45
라잇하르트, 피터(Peter Leithart) 11, 18, 50, 137주35, 177주15, 203, 212, 216, 246주38, 259
락탄티우스(Lactantius) 175주12
래드너, 이프리엄(Ephraim Radner) 59주7, 208-212, 306-310, 313주36, 317
랜드, 아인(Ayn Rand) 57
램지, 보니파세(Boniface Ramsey) 332주77, 334주78, 364주21
러스킨, 존(John Ruskin) 45, 226
레구트코, 리샤르트(Ryszard Legutko) 85주60
레빈, 유벌(Yuval Levin) 220주65, 224, 253
레오 13세(Leo XIII, 교황) 222
로빈슨, 메릴린(Marilynne Robinson) 11, 373
로이드, 빈센트(Vincent Lloyd) 299주22
로크, 존(John Locke) 158, 197, 290
로텔, 존(John E. Rotelle) 328주73
로티, 리처드(Richard Rorty) 85주58, 86
롤스, 존(John Rawls) 57, 79, 84, 85주58, 86, 102주106
롱, 키런(Kieran Long) 48
루돌프, 마야(Maya Rudolph) 179
루소, 장 자크(Jean Jacques Rousseau) 232, 245주36
루터, 마르틴(Martin Luther) 96, 97, 274주12
루트, 어맨다(Amanda Root) 82주52
뤼박, 앙리 드(Henri de Lubac) 94주82
리딩스, 빌(Bill Readings) 35주8

리오타르, 장프랑수아(Jean-François Lyotard) 35
린드벡, 조지(George Lindbeck) 343주90

마라트, 레미(Rémy Marathe) 62, 74
마쉬, 찰스(Charles Marsh) 18-19, 52, 278, 279
마스, 판 더(M. van der Maas) 217주60
마우, 리처드(Richard Mouw) 15, 19, 38주16, 75-80, 156주49, 157주51, 161, 217주60, 235-238
매카시, 코맥(Cormac McCarthy) 31주1, 140
매케인, 윌리엄 알렉산더(William Alexander McCain) 179
매킨타이어, 알래스데어(Alasdair MacIntyre) 82-86, 87주67, 89, 90주75, 110, 139주38, 175주14, 210, 239주24, 252, 255주58, 289, 293, 341
맥그로, 브라이언(Bryan McGraw) 100주102
맥나이트, 스캇(Scot McKnight) 149주47
맥카라허, 유진(Eugene McCarraher) 83주55
머리, 짐(Jim Murray) 72
머리, 찰스(Charles Murray) 79
머피, 프란체스카(Francesca Murphy) 266
멘델슨, 대니얼(Daniel Mendelsohn) 323-325
멘도사, 로드리고(Rodrigo Mendoza) 303
모리악, 프랑수아(François Mauriac) 189
몬스마, 스티븐(Stephen V. Monsma) 234주12
무어, 로완(Rowan Moore) 47
미들턴, 리처드(J. Richard Middleton) 137주36
밀러(A. V. Miller) 216주59
밀뱅크, 존(John Milbank) 35주7, 45, 82-86,

87주67-68, 89, 90주76, 94, 100주103, 106, 255주58, 317주47, 318, 321

바넨베취, 베른트(Bernd Wannenwetsch) 43, 44, 50주35, 114, 117, 166, 366
바로(Varro) 69
바르톨로뮤, 크레이그(Craig Bartholomew) 122주20
바빙크, 헤르만(Herman Bavinck) 19, 38주16, 149주46, 234, 245, 245주36, 362주20
바코트, 빈센트(Vincent Bacote) 217주61, 321주58
바흐, 요한 제바스티안(Johann Sebastian Bach) 341
반 다이크, 크리스티나(Christina Van Dyke) 95주85
반 다이크, 해리(Harry Van Dyke) 247주41
반드루넨, 데이비드(David VanDrunen) 56주4, 95-99
배스, 도로시(Dorothy Bass) 342주87
밴텀, 브라이언(Brian Bantum) 53, 314-317
뱁티스트, 에드워드(Edward E. Baptist) 296주19
버브루기, 매그너스(Magnus Verbrugge) 201주34
버크, 에드먼드(Edmund Burke) 248주45
베리, 웬델(Wendell Berry) 111주3
베아트리체(Beatrice) 62
베이커, 딘피터(Deane-Peter Baker) 253주53
베즈너, 스티브(Steve Bezner) 284주2
벤야민, 발터(Walter Benjamin) 368주26
보나세라, 아메리고(Amerigo Bonasera) 281-282, 338

보니파키우스(Boniface) 331-336, 359
보울린, 존(John Bowlin) 149주46
보즈, 슈미(Shumi Bose) 48
보컴, 리처드(Richard Bauckham) 112, 113, 327
보텀, 조셉(Joseph Bottum) 59, 258주60
볼러, 조던(Jordan J. Ballor) 217주60
볼루시아누스(Volusian) 364, 366
볼트, 존(John Bolt) 235주14, 245주36, 362주20
부르디외, 피에르(Pierre Bourdieu) 114, 293, 317주46, 339
부버, 마르틴(Martin Buber) 137
부시, 조지(George W. Bush) 311
부어스마, 한스(Hans Boersma) 15, 92주79, 354, 355
분스트라, 해리(Harry Boonstra) 161주55, 245주36, 362주20
브라운, 피터(Peter Brown) 345주92
브랜덤, 로버트(Robert Brandom) 88주69, 218주62
브레서튼, 루크(Luke Bretherton) 321
브레이포글, 토드(Todd Breyfogle) 94, 99, 100주103
브루그만, 월터(Walter Brueggemann) 137주36
브룩스, 데이비드(David Brooks) 36
블랙, 에이미(Amy E. Black) 38주16, 221주66, 234주12, 357주15
블런트, 로이, 주니어(Roy Blount Jr.) 72
비첨, 톰(Tom L. Beauchamp) 58주6
비텐슨, 헨리(Henry Bettenson) 19주1, 67주25, 172주7, 231주5, 261주2, 350주1

사이먼, 베넷(Bennett Simon) 285주3

사익스, 크리스토퍼(Christopher Sykes) 345주93
샌델, 마이클(Michael Sandel) 243
선스타인, 캐스(Cass Sunstein) 80주49, 250주49
세르반테스, 미겔 데(Miguel de Cervantes) 369주28, 370, 371
셀리그먼, 애덤(Adam B. Seligman) 285주3
셰런, 크리스천(Christian Scharen) 255, 318, 319, 321주58
셰익스피어, 윌리엄(William Shakespeare) 31, 133, 134
셰털리, 마고 리(Margot Lee Shetterly) 135
셸리, 퍼시 비쉬(Percy Byssche Shelley) 167, 168
소로, 헨리 데이비드(Henry David Thoreau) 86
송, 로버트(Robert Song) 122주20
쉰들러, 데이비드(David C. Schindler) 83주55
슈메만, 알렉산더(Alexander Schmemann) 347
슈미트, 카를(Carl Schmitt) 368주26
슈티트, 게르하르트(Gerhardt Schtitt) 63
스미스, 게리(Gary Smith) 72
스미스, 애덤(Adam Smith) 158
스미스, 제임스(James K. A. Smith) 38주17, 46주33, 55주2, 70주32-33, 82주53, 92주81, 110주1, 114주8, 117주9, 173주8, 174주10, 221주66, 223주70, 232주6, 234주12, 245주35, 250주49, 286주4, 355주13, 357주15, 372주31
스윈턴, 존(John Swinton) 317, 318주48
스키피오(Scipio) 102
스킬렌, 제임스(James Skillen) 235

스타우트, 제프리(Jeffrey Stout) 57주5, 83-93, 106, 110주2, 175주14, 218주62, 235, 252주51, 255주58, 289
스탠리, 존(Jon Stanley) 149주46
스턴, 애덤(Adam Y. Stern) 368주26
스토파드, 톰(Tom Stoppard) 133
스트라우스, 기디언(Gideon Strauss) 76주42, 222주67
스트론스태드, 로저(Roger Stronstad) 127주27
스티글러, 조지(George Stigler) 302
스티플리, 헬렌(Helen Steeply) 62

아감벤, 조르조(Giorgio Agamben) 140
아렌트, 한나(Hannah Arendt) 44주29
아리스토텔레스(Aristotle) 30
아리우스(Arius) 36
아우구스투스(Augustus, 카이사르) 114, 124, 127주27, 144-146, 180
아우구스티누스(Augustine) 15, 16, 18, 19, 20, 40, 49, 54, 61, 66-70, 73, 83, 84, 85주60, 88주69, 89주73, 90주74, 92주81, 93-108, 110주2, 125주24, 153, 172, 175주12, 191, 231, 258주61, 260, 261, 262, 275주14, 277, 308주34, 328-336, 345주92, 350, 356-368, 371
아우디, 로버트(Robert Audi) 85주58, 243주32
아주라라, 고메스 에아네스 드(Gomes Eanes de Azurara) 290
아타나시우스(Athanasius) 36
알리피우스(Alypius) 334
암브로시우스(Ambrose) 358주17
애덤스, 케이(Kay Adams) 282
앤더슨, 라이언(Ryan T. Anderson) 265주7

앨린스키, 솔(Saul Alinsky) 255주58
앳킨스(E. M. Atkins) 99주101
얀시, 조지(George Yancy) 53주38
업다이크, 존(John Updike) 251
에머슨, 랠프 월도(Ralph Waldo Emerson) 86
에우세비오스, 카이사레아(Eusebius of Caesarea) 358주17, 365
에이브러햄, 윌리엄(William Abraham) 125주25
에커트, 모린(Maureen Eckert) 64주19
에퀴아노, 올라우다(Olaudah Equiano) 297주20, 298-301
엘리엇, 제임스(James W. Eliot) 168주1
앵글하트, 트리스트럼, 주니어(H. Tristram Englehardt Jr.) 58주6
영, 에이머스(Amos Yong) 127주27
오도노반, 올리버(Oliver O'Donovan) 11, 16, 18, 52, 60주10, 78주45, 87주66, 92주79, 114, 120주68-69, 121, 122주20, 123-124, 125주24, 126, 128, 129, 130, 131, 132주33, 135-136, 137-140, 142-143, 144, 145, 146, 148, 149, 151, 153, 169, 170, 172, 173주8, 175주12, 176, 177, 180, 181, 182주17-18, 183-199, 202, 203, 204, 207, 209주53, 211, 212주56, 213, 214, 216, 218, 232, 233, 242주30, 243, 259, 262, 263, 264, 266-269, 270-275, 279, 280주20, 365
오도노반, 조운 록우드(Joan Lockwood O'Donovan) 118, 170주3, 171주6, 247주42
오브라이언, 저스틴(Justin O'Brien) 190
오비디우스(Ovid) 147
온타르, 세뇨르(Senhor Hontar) 304, 305

올센, 레기네(Regina Olsen) 62
올타이스, 제임스(James H. Olthuis) 56주3, 236주18, 238주22
와익스트라, 스티브(Steve Wykstra) 95주85
왓슨, 닉(Nick Watson) 69주29
왓슨, 마이커(Micah Watson) 100주102, 182주18
왓츠, 아이작(Issac Watts) 294주16
요더, 존 하워드(John Howard Yoder) 110주2, 205주41
요시프슨, 데이비드(David Yosifson) 302
요한 바오로 2세(John Paul II, 교황) 222, 227
우드베리, 로버트(Robert Woodberry) 205
워, 에벌린(Evelyn Waugh) 345
워드, 그레이엄(Graham Ward) 83주55, 154주48, 297주21
워드, 피트(Pete Ward) 318주48
워커, 앤드루(Andrew Walker) 243
월리스, 데이비드 포스터(David Foster Wallace) 61-66, 70, 197, 287
월린, 셸던(Sheldon Wolin) 84주56, 106주107
월터스, 알(Al Wolters) 122주20
월터스토프, 니콜라스(Nicholas Wolterstorff) 19, 38주16, 85주58, 174주9, 191주26, 205, 243주32, 249주46
웨버, 로버트(Robert Webber) 151, 153
웰러, 로버트(Robert P. Weller) 285주3
웹, 스티븐(Stephen H. Webb) 125주24
위고, 빅토르(Victor Hugo) 200
위트블릿, 존(John Witvliet) 285주3
위티, 존, 주니어(John Witte Jr.) 205
윌라드, 달라스(Dallas Willard) 342주87
윌리몬, 윌리엄(William H. Willimon) 17, 110주2

인명 찾아보기 **379**

윌리엄스, 로완(Rowan Williams) 226
윌슨, 토드(Todd Wilson) 326주69, 330주75
윌슨, 톰(Tom Wilson) 60주10
이나주, 존(John Inazu) 231, 232, 250, 252, 254
이레나이우스(Irenaeus) 36, 170주3

자먀찐, 예브게니(Yevgeny Zamyatin) 34주6
자베르(Javert) 199-202
잭슨, 티모시(Timothy P. Jackson) 102주106
저먼, 케빈 폴(Kevin Paul German) 35주8
제노비스, 유진(Eugene D. Genovese) 295주17
제닝스, 윌리 제임스(Willie James Jennings) 35, 36, 37, 42, 53, 237주20, 255, 281, 289-301, 306, 309, 314, 317, 343주89
제이콥스, 앨런(Alan Jacobs) 122
조이스, 마이클(Michael Joyce) 63-64
조지, 로버트(Robert P. George) 265주7
조페, 롤랑(Roland Joffe) 303
존슨, 크리스틴 디드(Kristen Deede Johnson) 92주80, 166주60, 235주13, 246, 372
즈완스트라, 헨리(Henry Zwaanstra) 161
지글러, 제이슨(Jason Zeigler) 69주29

차일드리스, 제임스(James E. Childress) 58주6
채플린, 조너선(Jonathan Chaplin) 38주16, 122주20, 201주34, 235-246
체스터턴(G. K. Chesterton) 59
치퍼필드, 데이비드(David Chipperfield) 47

카를슨시스, 스탠리(Stanley W. Carlson-Thies) 234주12
카뮈, 알베르(Albert Camus) 189-190

카베사, 돈(Don Cabeza) 303, 304, 305
카슨(D. A. Carson) 55주2
카이퍼, 아브라함(Abraham Kuyper) 18, 38주16, 82주51, 124주23, 156, 157주51, 159-166, 202, 217주60-61, 218주62, 221, 234, 235, 245, 279, 321주58, 331
카쿠스(Cacus) 361
카터, 캐머런(J. Kameron Carter) 36주11, 53, 129주29, 131주32
칸, 스티븐(Steven M. Cahn) 64주19
칸, 조너선(Jonathan Kahn) 299주22
칸트, 임마누엘(Immanuel Kant) 368주26
칼뱅, 장(John Calvin) 245주36
캐버너, 윌리엄(William Cavanaugh) 33주5, 302주24, 306, 307
케이밍크, 매튜(Matthew Kaemingk) 255주56
켈리, 션 도런스(Sean Dorrance Kelly) 65, 66주23-24, 68, 74
코널리, 윌리엄(William Connolly) 87주68, 92주80, 235
코빙턴, 제시(Jesse Covington) 100주102
코폴라, 프랜시스 포드(Francis Ford Coppola) 281, 283, 340
콘, 제임스(James H. Cone) 59주7
콘스탄티누스(Constantine) 175주12, 203, 204, 358주17
콜, 마거릿(Margaret Kohl) 43주27, 117주10, 366주24
콜스, 로먼드(Romand Coles) 91주77
콜슨, 척(Chuch Colson) 156주49
콤스, 션(Sean Combs) 179
쿠니오, 테런스(Terence Cuneo) 341주83, 346, 347
크라우치, 앤디(Andy Crouch) 262주5

크랜머, 토머스(Thomas Cranmer) 118, 120주18-19, 122
크리스톨, 어빙(Irving Kristol) 60주10
클라우저, 로이(Roy A. Clouser) 78주47
클루스터먼, 넬슨(Nelson D. Kloosterman) 217주60
키르케고르, 쇠렌(Søren Kierkegaard) 62, 197
킴, 데이비드 규만(David Kyuman Kim) 46주33
킹, 마틴 루터, 주니어(Martin Luther King Jr.) 202

타인(M. Tine) 62
탈러, 리처드(Richard Thaler) 38주17, 80주49, 250주49
테스크, 롤런드(Roland Teske) 332주77, 334주78, 364주21
테오도시우스(Theodosius) 261, 274
테일러, 찰스(Charles Taylor) 41주25, 52, 57, 75, 76주41, 156-160, 170주4, 172, 192, 253주53, 295, 349, 355
토드, 올리비에(Olivier Todd) 190
토마스 아퀴나스(Aquinas Thomas) 91주77, 94주82, 95주84, 100주102
토피, 존(John Torpey) 46주33
튜링, 앨런(Alan Turing) 134

파스칼, 블레즈(Blaise Pascal) 354주10
파울러, 토머스(Thoas Fowler) 352, 353, 354
판안트베르펜, 조너선(Jonathan VanAntwerpen) 46주33
패로우, 더글러스(Douglas Farrow) 149주47, 206, 207, 216, 243주31
패리, 짐(Jim Parry) 69주29

패펀로스, 킴(Kim Paffenroth) 49주34, 70주33, 83주55
퍼트넘, 로버트(Robert Putnam) 79
페닝스, 레이(Ray Pennings) 223주68
페리노, 데이너(Dana Perino) 311-312
페티, 톰(Tom Petty) 30
포레스, 호세 데 아코스타(José de Acosta Porres) 293
포스터, 리처드(Richard Foster) 342주87
폭스제노비스, 엘리자베스(Elizabeth Fox-Genovese) 295주17
폰테인, 조니(Johnny Fontaine) 282
푸엣, 마이클(Michael J. Puett) 285주3
푸조, 마리오(Mario Puzo) 281
푸코, 미셸(Michel Foucault) 296
프린스테러, 하윌라우머 흐룬 판(Guillaume Groen van Prinsterer) 245, 246, 247주41, 248, 257
플랜팅가, 앨빈(Alvin Plantinga) 253주53, 263주6
피노체트, 아우구스토(Augusto Pinochet) 302주24
피셔봄, 루번(Reuben Fischer-Baum) 68주27
필립스, 엘리자베스(Elizabeth Phillips) 322주61

하딩, 요크(York Harding) 351
하버마스, 위르겐(Jürgen Habermas) 137주34
하우어워스, 스탠리(Stanley Hauerwas) 15, 17, 82, 83, 86, 89, 90주76-77, 106, 110, 111, 1/5주11, 1/5주14, 177주15, 205주41, 209, 210, 255주58, 289, 292, 307, 308주33, 317, 320주57, 321, 341

하이데거, 마르틴(Martin Heidegger) 95주84, 101주105
하이킹, 존 본(John von Heyking) 40
하이트, 조너선(Jonathan Haidt) 39주18, 194주30
하인즈(W. C. Heinz) 72
해밀턴, 마크(Mark Hamilton) 69주29, 70
핸비, 마이클(Michael Hanby) 49, 70, 83주55
핼리, 필립(Philip Hallie) 308주32
핼펀, 데이비드(David Halpern) 80주49
행키, 웨인(Wayne Hankey) 94
헌터, 제임스 데이비슨(James Davison Hunter) 41주24, 112주5, 113주6, 209, 219주64, 253
헤겔, 게오르크 빌헬름 프리드리히(Georg Wilhelm Friedrich Hegel) 216, 218주62, 368주26
헤이건, 톰(Tom Hagen) 282
헤이스, 리처드(Richard B. Hays) 132주33
헤프트, 제임스(James L. Heft) 158주52
헨델, 게오르크 프리드리히(George Frederic Handel) 341

호메로스(Homer) 66주24
호튼, 마이클(Michael S. Horton) 56주3, 122주20
홉스, 토머스(Thomas Hobbes) 197
후설, 에드문트(Edmund Husserl) 101주105
후앙, 베서니 행크(Bethany Hanke Hoang) 166주60, 372
후퍼, 톰(Tom Hooper) 200
휘터, 라인하르트(Reinhard Hütter) 44주29
휴즈, 케빈(Kevin L. Hughes) 49주34, 70주33, 83주55
휴즈, 테드(Ted Hughes) 147
흐리피운, 산더(Sander Griffioen) 75-80, 235-238
히스탠드, 제럴드(Gereld Hiestand) 326주69, 330주75
히에로니무스(Jerome) 358주17
히친스, 크리스토퍼(Christopher Hitchens) 168주1
힐, 에드먼드(Edmund Hill) 106주107, 328주73
힐리, 니콜라스(Nicholas Healy) 320주57
힐리, 진(Gene Healy) 43주26

주제 찾아보기

개인주의 60주10, 71주34, 140, 182주17, 191, 196, 211, 220주65, 224, 233, 243
　표현적 175주12
겸손 96, 186주22, 252-254, 260-261
계몽주의 169, 170, 289주8
공민 종교 18, 33, 69, 210
교회론 17-18, 83, 84주56, 161, 206, 210, 218, 279주18, 317-322, 356
군사-연예 복합체 49, 70
권리(바로잡음) 82, 139, 157, 172주6, 173주9, 187, 205, 247, 249주46
권위 131, 146-153, 184, 185, 192-194, 213, 259, 269
　성경의 121
　세속적 272-274
　신적 138, 184
　정치적 135, 138-140, 180-182
기독교 세계(Christendom) 18, 52, 87주68, 169, 180-183, 195-197, 204-214, 229, 259-280, 358주17

나스카 67
내셔널 몰 60-61, 109

대표 149, 182주16, 183, 193-194

덕 41, 60, 79, 86-93, 96, 106, 224, 230, 249-258, 285, 289, 292, 321, 337, 361
　공민적 68, 162
　인식적 266
두 왕국 38, 95-97, 146, 175주11, 183주19, 273, 274주13

로마 67-68, 100-103, 146, 172주7, 203-204, 335, 358-361
〈로젠크란츠와 길덴스턴은 죽었다〉 133-134
르완다 59, 210, 305-314

맨해튼 251, 324
미국 미식축구 리그(NFL) 68주28
민주주의 49, 52, 61, 80-93, 106-108, 135-139, 168-220, 241, 252주51, 255주58, 260, 269, 326, 351, 358, 364

바벨론 81, 99, 103, 150, 205주41, 365
배타적 인본주의 75, 76주41, 192
백인됨 129주29, 255, 289-301, 314
보조성 45주32, 95, 221-228
분별 51-53, 117-118, 173-177, 188, 199, 206, 212, 215, 219

주제 찾아보기　383

사회적 건축 23, 47-48, 72, 295
사회적 상상 50, 76주41, 109, 114, 126, 160, 174, 233, 247, 255, 297, 315. 또한 '상상력'을 보라.
살라망카 학파 274주13
상상력 20, 46, 49, 74, 113, 122-130, 138, 173-174, 186, 191-195, 246, 257, 261, 274, 280, 294-305, 309, 327, 362주20, 368-369. 또한 '사회적 상상'을 보라.
샬롬 46, 50, 80, 99, 112주5, 153-166, 219, 286, 350, 363, 367
섭리 42, 125, 139, 158, 175, 215-218
성공회 기도서 115, 122, 339
성만찬 121, 152, 154, 254, 319
세례 28, 37, 64주20, 109, 204, 282-284, 300, 314-317
세속주의 84, 87-90, 153-166, 177, 192주27, 243, 249, 258
소망(희망, 기대) 20, 32, 42-43, 51, 52, 125, 142, 149주46, 150, 186, 187, 207, 208, 215, 246, 254, 257, 259, 260, 261, 277-278, 280, 301, 328-329, 345주92, 366, 368-373
수정 헌법 1조 183주19, 274주13
승천 128, 146-153, 165, 196, 207, 256, 271
시민 사회 45, 68, 76, 162-166, 167-168, 203, 205, 211, 220-228, 235-243, 250
시민권 29, 63, 97, 114, 249-255, 330
  이중 55, 96-98, 359
  천상의 20, 50, 114, 188, 330, 360
  시장 82주52
식민주의 293-298
  상상으로서의 293-294
신실한 현존 112주5, 219
신자유주의 82주52

신칼뱅주의 22, 58주6, 78주47, 124주23, 229-258
아비투스 294
『안티고네』 182주18
엔캅시스 240주25
연대 31, 33-37, 40, 43, 48, 50, 111, 170주4, 187, 232-233, 346
영역 주권 173주8, 221, 224, 225, 235, 240, 242-249
영토 38, 105, 110, 185, 193, 206, 231-232, 240, 276, 322, 326, 359, 364. 또한 '장소(공간)'를 보라.
예수론 146
예전적 교리 교육 115, 330, 333, 342-343
원칙에 입각한 다원주의 164주58, 234-235, 243-250
위선 285주3
은근한 자극 41, 80
〈이미테이션 게임〉 134
이방인 거류민 18-20, 110주2, 111
이스라엘 120, 126-132, 135-152, 182주16, 193, 205, 212, 268-270, 280주20, 297주20
이혼 266
인종 53, 91, 129주29, 131주32, 178, 233, 237주20, 289-301, 314-317
인종화(인종적 구별) 289-290, 314
  도착된 제자도로서의 315-316
일반 은혜 15-18, 82주51, 131, 161, 164, 173주8, 175주13, 215-218, 246
입헌주의 194, 205, 208, 209주50

자비(긍휼) 24, 184-202, 261주4, 262, 268, 274, 303, 308주34, 339-340, 344, 347, 370

자연권 186-187
자연법 94주82, 100주102, 120, 128, 175주11, 182-186, 196, 216, 244-245, 259-280
자유 36, 61, 119주17, 137주34, 172주6, 184, 192, 211, 300
  말하기의 187
  종교의 250주48
자율 35, 79, 94, 184, 187주25, 257, 327
장소(공간) 175-176, 218, 232, 298, 324-325, 362주20. 또한 '영토'를 보라.
적그리스도 173, 182, 198-199, 206, 273-274주12, 358주17
전례독서 120주18, 121-122, 254
전례력 151-153
정복 175, 289, 292, 297주20
정부 27, 30-34, 39, 43-45, 68, 76, 82, 97, 144, 145, 148, 177, 180-185, 194-198, 209주53, 234주11, 259-280
  의 크기 220-228
정의 35, 57주5, 78-80, 84, 102-103, 120, 154-166, 173주9, 186, 189-190, 215, 227, 237주20, 256-257, 260, 274-280, 281-282, 336, 362-363, 370-373
  공적 239-249
  와 예배 67, 93, 102-103
  와 용서 186, 189-190.
  또한 '자비(긍휼)'를 보라.
종교개혁 156-157, 170, 349
종말론 42, 75, 153, 235, 254, 297주21, 322주61, 332-333, 345, 365
지배 욕망 68, 256, 327, 371
지상 도성 19-20, 34, 44주29, 49, 52-53, 55, 68, 82, 84, 93-108, 109, 111, 150, 154, 168, 185, 205주41, 215, 232, 256-257, 262, 306, 327-331, 335, 349-368

첼시 324
추수감사절 329
축도 29, 121, 284

카르타고 328
캐나다 207
콘스탄티노플 203
콘스탄티누스주의 203, 205주41, 274, 292주12

〈프라이데이 나이트 라이츠〉 73
프랑스 혁명 170, 248

『하나님의 나그네 된 백성』 17-18, 110주2
하늘(천국, 천상) 20, 111주3, 119, 146, 149주46, 153, 158-160, 165-166, 332, 349-350, 355-356
  의 소멸 349
헌법 182, 250
헌법, 미국 91주78, 183주19, 274주13
현상학 70주33, 84, 93, 101-108, 192, 286주5, 337주79, 360
현시대(saeculum) 17, 44주29, 56주3, 77, 104-105, 110, 112, 118, 146, 147-148, 154, 164, 174, 181-185, 199, 208, 219, 232, 242, 271-272, 274주12, 276-277, 287, 322, 325, 331, 336, 344, 356, 359, 363-365
현실 정치 352, 370
혼합(뒤섞임, permixtum) 105, 107, 331, 366, 372
흑인 민권 운동 18-19, 52, 278-280
흑인 신학 53. 또한 '인종'을 보라.
〈히든 피겨스〉 135-136

옮긴이 **박세혁**은 서울대학교 서양사학과를 졸업하고 연세대학교와 에모리 대학교에서 신학을 공부했으며, GTU(Graduate Theological Union) 박사과정에서 미국 종교사를 공부했다. 『하나님 나라를 욕망하라』, 『하나님 나라를 상상하라』, 『배제와 포용』, 『복음주의자의 불편한 양심』, 『복음주의 지성의 스캔들』, 『복음주의와 세계 기독교의 형성』, 『과학신학』, 『소비사회를 사는 그리스도인』, 『가치란 무엇인가』, 『하나님 편에 서라』, 『하나님 나라의 모략』(이상 IVP), 『목회자란 무엇인가』, 『목회의 기초』(이상 포이에마), 『이렇게 답하라』, 『예수 왕의 복음』(이상 새물결플러스), 『습관이 영성이다』(비아토르), 『세계관 그 개념의 역사』(도서출판CUP), 『약한 자의 친구』(복있는사람), 『배제의 시대, 포용의 은혜』(아바서원), 『원라이프』(성서유니온선교회) 등을 우리말로 옮겼다.

왕을 기다리며

초판 발행 2019년 5월 27일
초판 2쇄 2025년 9월 30일

지은이 제임스 스미스
옮긴이 박세혁
펴낸이 정모세

편집 이성민 이혜영 심혜인 설요한 박예찬
디자인 한현아 서린나 | 마케팅 오인표 | 영업·제작 정성운 이은주 조수영
경영지원 이혜선 이은희 | 물류 박세율 정용탁 김대훈

펴낸곳 한국기독학생회출판부 | 등록번호 제2001-000198호(1978.6.1)
주소 04031 서울시 마포구 동교로 156-10
대표 전화 (02) 337-2257 | 팩스 (02) 337-2258
영업 전화 (02) 338-2282 | 팩스 080-915-1515
홈페이지 http://www.ivp.co.kr | 이메일 ivp@ivp.co.kr
ISBN 978-89-328-1635-7
ISBN 978-89-328-1636-4(세트)

ⓒ 한국기독학생회출판부 2019

책값은 뒤표지에 있습니다.
무단 전재와 복제를 금합니다.